儒家商道智慧

黎红雷——著

人民出版社

目　录

引言　中国企业家靠什么办企业

2013 年 5 月中下旬，我应邀前往哈佛大学演讲，顺访波士顿几所高校。期间，麻省理工斯隆管理学院企业家精神研究中心主任罗伯茨（Edward B Roberts）教授问了我一个问题。据他观察，中国的企业家，特别是改革开放早期的民营企业家，在他们创业的时候，基本上没受过什么现代管理科学的教育，没读过什么工商管理硕士（MBA）或高级管理人员工商管理硕士（EMBA）。那么，他们靠什么办企业？这个问题我想了一下，回答了四个字："文化资本"——指的就是几千年来影响中国人思维方式和行为方式的、以儒家思想为代表的中国传统文化。

一、中国企业家的"文化资本"

"文化资本"（capital culture）是当代法国著名社会学家皮埃尔・布迪厄（Pierre Bourdieu）提出的概念。布迪厄认为，在当代社会，文化已渗透到社会的所有领域，并取代政治和经济等传统因素跃居社会生活的首位。也就是说，现代政治已无法仅凭政治手段解决问题，而现代经济也无法只依靠自身的力量而活跃。假如没有文化的大规模介入，那么无论是政治还是经济都是缺乏活力的。①

---

① 参见高宣扬：《布迪厄的社会理论》，同济大学出版社 2004 年版，第 14—15 页。

在布迪厄看来，文化资本的积累通常是以一种再生产的方式进行的。文化资本的再生产主要通过早期家庭教育和学校教育来实现。家庭无疑是文化资本最初也是最主要的再生产场所，在充分反映父母文化素养和兴趣爱好的家庭环境中，他们的一举一动都将成为孩子们竭力仿效的对象。孩子们正是通过这种无意识的模仿行为继承父母的文化资本并将其身体化的。通常情况下，家庭主要是培养“教养”和“规矩”等广义的品位及感性的地方，而学校则是一个传授系统性专业化知识与技能的场所。孩子们从学校获得的主要是系统性知识及社会技能等文化资本，这些知识与技能往往通过考试的形式正式获得社会的承认并通过颁发文凭的方式被固定与制度化。①

在中国古代社会，“文化资本”的积累，一方面是通过家风、家教、家训等形式的家庭教育，由前辈（包括父母、祖父母和家族中的其他长辈）经过言传身教而代代延续；另一方面是通过官学、私学的教育，并通过科举考试的形式，而获得社会的认可和制度化。前者可称为“小传统”，后者可称为“大传统”。进入近代以来，中国1905年废除科举考试制度，1912年民国政府教育部明令取消读经，就制度层面而言，现代中国人与“大传统”已经暌违一个世纪。但为什么以儒家思想为代表的中国传统文化却依然默默地影响着当代中国人的思维方式和行为方式呢？

在当代中国学者李泽厚看来，由孔子所创立的儒家思想文化，“已无孔不入地渗透在人们的观念、行为、习俗、信仰、思维方式、情感状态……之中，自觉或不自觉地成为人们处理各种事务、关系和生活的指导原则和基本方针，亦即构成了这个民族的某种共同的心理状态和性格特征”②。换句话说，儒家思想在中国绵延2000多年，已经成为中国人生生不息、代代相传的内在文化基因，融化在中国人的文化血液之中，成为所有中国人观事明理、待人接物的思维方式和行为方式。近百

① 参见朱伟珏：《文化资本与人力资本——布迪厄文化资本理论的经济学意义》，《天津社会科学》2007年第3期。

② 李泽厚：《中国古代思想史论》，人民出版社1985年版，第34页。

年来，尽管其中的“大传统”中断了，但其“小传统”却依旧以口口相传、代代延续的形式而顽强地存在着，持续地发挥着影响力。

在民间，这种“小传统”被通俗地称为“老人言”。所谓“不听老人言，吃亏在眼前”。这些“老人言”，经过千百年的时间磨炼、亿万人的实践检验，蕴涵着不少深刻的人生智慧。当然，它们有些已经陈旧，跟不上时代前进的步伐；有些模棱两可，让人难以把握；甚至有些相互矛盾，令人无所适从。但从总体上看，它们对于当代社会生活的影响是积极的、正面的。所谓“外行看热闹，内行看门道”，在中国 30 多年改革开放中先行一步的企业家们，就是看出了其中的“门道”，自觉不自觉地将这些司空见惯的“老人言”、这些潜藏于社会底层之中的“小传统”，转化为自己开拓事业的“文化资本”，从而在没有接受过现代管理科学训练的情况下，也能够把企业办起来，并且取得成功。

举些例子。这些企业家们也许没学过什么“企业组织学”，但总听说过老人言：“在家靠兄弟，出门靠朋友。”当代中国的民营企业刚开始基本上都是家族企业，靠的是父子夫妻、兄弟姐妹抱团打天下，然后从家庭化组织到拟家庭化组织。现在大多数民营企业的成员已经不是当初血缘意义上的兄弟姐妹，而是没有血缘关系的伙伴。但是老板却把员工当成自己的“家人”，把企业当作一种“拟家庭化组织”。这实际上就是找到了一种企业组织的方式。

这些企业家们也许没学过什么“企业管理学”，但应该从小就看到过自己的父母对家庭成员的教育和管理。一个父亲，一个母亲，传统的家庭管理是“严父慈母”，一个严，一个宽，一个唱红脸，一个唱白脸，但都是着眼于对子女的教育，寓教育于管理，寓管理于教育。传统中国的父母很重视对子女的教育，特别是品德教育、做人的教育。老人言：“生子不教如养牛，生女不教如养猪。”父母作为孩子人生的第一个老师，既要养还要教，既要教还要严。“生不养，母之错；养不教，父之过；教不严，师之惰”。企业家们把它运用到企业管理中，就形成了教化与规范员工的宽严并济的管理模式。

这些企业家们也许没学过什么“企业经营学”，但中国有几千年的经商传统，即使在政治挂帅的年代，“资本主义尾巴”也总是割不掉。中国古代商人如何经商？一句话：“和气生财。”老人言：“人无笑脸休开店，说话和气招财多”——这里说的是经营的态度；“诚招天下客，誉从信中来”——这里说的是经营的品牌；“人弃我取，人取我与”——这里说的是经营的策略。这些前辈商人的“经商秘诀”，奠定了当代中国企业家经营哲学的文化底色。

这些企业家也许没学过什么“企业领导学”，但总听说过老人言：“上梁不正下梁歪”；“兵熊熊一个，将熊熊一窝”。带兵打仗，当将军的要身先士卒；教育孩子，当家长的要以身作则；教育学生，当教师的要言传身教。一个企业老板，实际上是集上述三种身份于一身：企业是军队，老板就是“军长”；企业是家庭，老板就是“家长”；企业是学校，老板就是“校长”。企业家既要有“军长”的威风，也要有“家长”的威信，更要有“校长”的威严。这些领导品质从何而来，全靠自己的修身养性和以身作则。这也就决定了当代中国企业家的领导风格。

这些企业家也许没学过什么“企业战略学”，但总听说过老人言：“人无远虑，必有近忧”；“生于忧患，死于安乐”。有忧患才可能有准备，有忧患才可能有规划，有忧患才可能有奋起，有忧患才可能有未来。“人生不满百，常怀千岁忧”，忧虑的是未来，着眼的是现在。“勿临渴而掘井，宜未雨而绸缪。”风雨是无常的，变化是永恒的。只有以变应变，方能永远立足于不败之地。经商办企业，要积极把握机会，主动求变；顺应时势，以变应变；拓展生意，以变求强。这些，就形成了当代中国企业家的战略思维。

进一步分析，这些“老人言”背后蕴涵的是“圣人言”的智慧，这些“小传统”之中体现的是“大传统”的精神。比如“兄弟抱团”，我们会想到《论语》上的话：“四海之内皆兄弟也”；“宽严并济”，我们会想到《孟子》上的话：“徒善不足以为政，徒法不能以自行。”至于“和气生财”，应该是《论语》“礼之用，和为贵”思想在经商谋利活动中的运用；“以身作则”，则是《论语》“其身正，不令而行”思想的说明。还有，“人无远虑，必有近忧”直接就是孔子在《论语》中的原话；

“以变应变”显然就是《周易》哲学的精髓。也就是说，这些“老人言”的内涵基本上都是来源于儒家的经典。质言之，当代中国企业家的“文化资本”，实际上是通过“小传统”所体现的“大传统”，他们其实是在创办企业的过程中，自觉不自觉地实践着儒家的思想。

那么，这些企业家算不算是“儒商”呢？

二、“儒商”的前世今生

提到“儒商”，大家马上就会想起一个人，这就是孔子3000弟子72贤人十大哲人中、唯一一个经商的弟子子贡。依据《史记·货殖列传》记载：子贡曾在孔子那里学习，离开后到卫国做官，又利用卖贵买贱的方法在曹国和鲁国之间经商。孔门七十多个高徒之中，端木赐（即子贡）最为富有。孔子得以名扬天下的原因，是由于有子贡在人前人后辅助他。又据《史记·仲尼弟子列传》记载：子贡问孔子道：“富有而不骄纵，贫穷而不谄媚，这样的人怎么样？”孔子说：“可以了；不过，不如即使贫穷却乐于恪守圣贤之道，虽然富有却能处事谦恭守礼。”另据《论语·子张》记载：有人毁谤孔子，子贡说：“不要这样做！孔子是毁谤不了的。别人的贤能，好像小山丘一样，还有可能穿越过去；而孔子就像太阳和月亮，凡人不可能超越他。”子贡作为孔子的弟子，既能成功经商致富，又能遵循儒家之道，还能坚定地捍卫孔子的形象，这样的人称之为“儒商”，确属实至名归。

与子贡同时代的还有另外一位著名的商人，这就是先从政后经商的陶朱公范蠡。据《史记·货殖列传》记载，范蠡协助越王洗雪会稽被困之耻以后，便将治国之计用于治家之策，到了陶邑改名叫朱公，治理产业，囤积居奇，随机应变，与时逐利。19年期间，他三次赚得千金之财，两次分散给贫穷的朋友和远房同姓的兄弟，被称为“富而好德”的君子。范蠡不是孔门弟子，但其“富而好德”与孔子的“富而好礼”精神相通，陶朱公应该也是具有儒家气质的商人。故后世经常将子贡

（端木赐）与陶朱公相提并论，诸如“陶朱事业，端木生涯”、“经商不损陶朱义，货殖何妨子贡贤”等等。在这个意义上，子贡和陶朱公可以说是古代儒商的“双璧”。

实际上，“儒商”的称谓是后起的。据周生春考证，宋代以前，不见有人使用“儒商”或相近的“儒贾”等词。“儒贾”一词的出现和流行，当在明朝嘉靖、万历之际，如耿定向为程豪所做《儒贾传》（作于1598年之前）。“儒商”一词，最早出现于清朝康熙年间人杜浚所撰《汪时甫家传》中，其时约在1671—1687年之间。“自嘉靖、万历起，随着工商业的迅速发展和大批读书人弃儒而商，商贾而非士人成为社会的明星，人们对儒而贾行者批评增多，对商贾中之儒者的赞扬开始出现，且日渐流行。儒行的体现者儒商、儒贾越来越多地被用作褒义词，渐成以褒义为主的词语。这一现象表明，在社会迅速商业化和道德日益沦丧的同时，人们开始呼唤和强调士人，尤其是商贾的道德和商业伦理，以重建以儒家价值观为基础的道德规范、商业伦理和商业精神，促进商业和社会的良性发展。”据此，周生春提出：“传统儒商是具有以儒家为核心的中华文化底蕴，关爱亲友、孤弱，热心乡里和社会公益之事，能做到儒行与贾业的统一和良性互动，具有厚重文化底蕴的工商业者。”①

关于当代儒商，学界至今没有统一的定义。学者各抒己见，但基本上都是沿着上述传统儒商的特征而进一步发挥，强调其伦理道德属性。确实，当代中国，在“社会迅速商业化和道德日益沦丧”这一点上，与明清时期不无相似之处；人们在“呼唤商贾的道德和商业伦理，以重建以儒家价值观为基础的道德规范，促进商业和社会的良性发展”这一点上，也与古人有许多共鸣之处。但是，在经济全球化、文化多元化的当代社会，企业家所面临的问题，与传统社会的工商业者相比，既有相同之处，更有相异之点。其中最大的不同，就是现代企业的组织、

① 周生春、杨缨：《历史上的儒商与儒商精神》，原载《中国经济史研究》2010年第4期，收入黎红雷主编：《治道新诠》，中山大学出版社2011年版，第506页。

管理、经营、领导等问题。解决这些问题，既需要技术上的手段，更需要文化上的智慧。管理技术固然可以向西方学习，管理文化却只能吸收本民族文化的营养。更何况如上所述，改革开放初期成长起来的一代企业家，他们基本上没有接受过西方管理科学技术的训练。在这种情况下，他们从父辈口口相传、耳闻目睹的“小传统”中汲取灵感，从而自觉不自觉地运用以儒家思想为代表的中国优秀传统文化，去组织、管理、经营、领导企业，并且成功了。对于这些切实笃行儒家思想的现代商人，有什么理由将他们排除在“儒商”之外呢？

这里，其实关系到我们如何全面而准确地理解儒家思想的问题。我们知道，儒学发展两千多年，北宋是个转折点。在此之前，儒学主要是以“周孔之政”的面貌出现，人们看重的更多是其中的治国理政之道。从汉代历史学家司马谈的“夫阴阳、儒、墨、名、法、道德，此务为治者也”①，到北宋初年宰相赵普的“半部《论语》治天下”②，就体现了当时人们的看法。在此之后，从宋初三先生（胡瑗、孙复、石介），到程朱理学、陆王心学，儒学则主要是以“孔孟之道”的面貌出现，人们看重的更多是其中的修身养性之理。从二程的“存天理，灭人欲”到王阳明的“致良知”，就反映了当时人们的心态（上述传统儒商的定义，就多多少少受到这种心态的影响）。“治国理政之道”相当于我们今天讲的管理智慧，“修身养性之理”则相当于我们今天讲的伦理智慧。管理还是伦理，哪个才是儒学的本来面貌？我们今天纠缠这个问题，既没有必要也没有意义。因为在经典儒学那里，修身养性与治国理政本来就是并行不悖的，即《大学》所谓“格物、致知、正心、诚意、修身、齐家、治国、平天下”。而任何人对于经典的诠释，都有其所处的时代背景和问题意识。对于继承了以往所有传统的我们，只能说儒家的智慧既是治国理政之道也是修身养性之理，今人无论从其中汲取管理智慧还是

① （西汉）司马迁撰，（南宋）裴骃集解，（唐）司马贞索引，（唐）张守节正义：《史记·论六家要旨》，中华书局1959年版，第3288页。

② （宋）罗大经：《鹤林玉露》卷七，《鹤林玉露》，中华书局1983年版，第128页。

伦理智慧，都是对经典儒学的传承与弘扬。当代中国企业家主动地汲取经典儒学的管理智慧，我们当然不能将他们排除在儒学之外；既然他们是运用儒学（包括其管理智慧和伦理智慧）经商办企业，我们当然就不能将他们排除在“儒商”行列之外。

在我看来，所谓“当代儒商”，就是践行儒家商道的当代企业家①，其行为包括：尊敬儒家先师孔子、承担儒家历史使命、践行儒家管理理念、秉承儒家经营哲学、弘扬儒家伦理精神、履行儒家社会责任等。

第一，尊敬儒家先师孔子。孔子是万世师表，是中国文化的精神导师，也是儒商的精神导师，儒商鼻祖子贡就是他老人家耳提面命培养出来的。尊敬孔子，就是尊重孔子所创立的儒家思想，就是尊重以儒家思想为代表的中国传统文化。联合国教科文组织将孔子列为世界十大历史文化名人之首。诺贝尔奖获得者、瑞典物理学家汉内斯·阿尔文（Hannes Alfven）说过：“人类要生存下去，就必须回到 25 个世纪以前，去汲取孔子的智慧。”② 今天，孔子已经成为中国文化的名片，遍布全世界的 500 所“孔子学院”就是一个标志。当然，尊敬孔子，并不是将其当成神祇来顶礼膜拜。孔子是人不是神。今人尊敬孔子，敬仰的是他的精神，接受的是他的教导，笃行的是他的学说。现在不少企业，在企业内部竖立孔子像，建立孔子堂，组织员工学习孔子的学说，自觉地以儒学作为企业的指导思想，体现了对孔子及其儒学的尊重与继承。

第二，承担儒家历史使命。北宋儒者张载有一段话：“为天地立心，为生民立命；为往圣继绝学，为万世开天平”，为社会确立精神信仰，为民众确立生命意义，为前圣继承已绝之学统，为万世开拓太平之基业——这是一代代儒者包括儒商在内必须承担的历史使命。当代中国社会信仰缺失，没有共同的精神信仰，人们只信一个字——钱，那很可怕。其实中国作为一个文明型国家，虽然自古以来就没有全国统一的宗

① 这里的“企业家”是一个泛称，包括从个体工商户、私营企业主到社会企业家在内的企业领导者。

② 澳大利亚《坎培拉时报》（*Canberra Times*）1988 年 1 月 24 日。

教，但是却存在着全民共同的信仰。先秦儒家荀子提出：“天地者，生之本也；先祖者，类之本也；君师者，治之本也。”① 到了清朝初年，正式确定“天地君亲师”为全国民众的共同信仰，家家户户都供奉的“神主牌”。辛亥革命以后，人们把君主赶跑了，“神主牌”变成“天地国亲师”（至今民间社会特别是南方农村依然存在，其中祭拜祖先更是普遍流行的信仰仪式）。② 如何转化这一传统社会的精神遗产，使之成为重建当代社会精神信仰的宝贵资源，是我们面临的时代课题。为此，笔者曾提出以下五点：尊天道以心存敬畏，亲大地以保护环境，爱祖国以振兴中华，隆祖先以继承传统，敬师长以传续文化。③ 现在有的企业，在公司内部设立“祖宗堂”，安放“天地国亲师”和本企业员工祖先姓氏牌位，供员工祭拜，既体现了企业对员工精神需求的关心，更反映出企业家对传统精神信仰的自觉继承和当代转化。

第三，践行儒家管理理念。儒家思想的重要来源是周代以前的文物典章制度，所谓“尧舜禹汤文武周公之治，集于孔子，孔子之道，著于孟子”，这就表明，儒家思想从一开始就与管理结下了不解之缘。④ 汉武帝“罢黜百家，独尊儒术”，将儒家思想作为官方的统治思想。历代政治家和思想家对于治国理政的实践与思考，形成了极其丰富的管理智慧。⑤ 治理国家与治理企业，其共同点都是对人类群体的组织、管理、经营和领导。古人说“半部《论语》治天下”，现在不少企业，把《论语》作为企业管理的教科书，把儒学称之为“世界上最牛的管理思想”，把传统儒家的治国之道，转化成现代管理的智慧，并运用到企业管理的

① （清）王先谦撰，沈啸寰、王星贤点校：《荀子·礼论》，《荀子集解》，中华书局 1988 年版，第 349 页。

② 参见黎红雷：《企业与社区如何祭祖》，载《光明日报》2017 年 1 月 21 日。

③ 参见黎红雷：《天地君亲师：儒家精神信仰思想的现代转化》，《现代哲学》2015 年第 5 期。

④ 参见黎红雷：《儒家管理哲学》，广东省高等教育出版社 2010 年版，第 16 页。

⑤ 参见黎红雷：《恭宽信敏惠：儒家治国理政思想的现代启示》，《孔子研究》2015 年第 3 期。

实践中去，这对于提升当代企业家的管理水平，创立既有民族性又有时代性的中国管理模式，具有十分重要的意义。

第四，秉承儒家经营哲学。长期以来，人们认为儒家只讲“义”而不讲“利”，其实这是一种误解。孔子确实说过“君子喻于义，小人喻于利”①；但这里的“君子”与“小人”是阶层地位上的区别：“君子”指国家统治者，“小人”则指小民老百姓。所谓“君子喻于义”，是在承认当时国家统治者已有的物质利益的基础上，对他们提出更高的道德要求；所谓“小人喻于利”，则是强调只有满足被统治者的基本物质需求，才能对他们进行必要的精神指导。据此，儒家义利观最经典的表述，应该是孔子所说的：“礼以行义，义以生利，利以平民，政之大节也。”② 在孔子看来，管理者的职责就在于循礼而行义，只有行义，才能创造出物质利益，从而满足人民的需要，这就是为政的真谛。现在有的企业，以“利他主义”为基础，形成了自己的企业文化。在他们看来，考量一个企业成功的重要准则，不是我们自己有没有成功，而是我们的客户有没有因为我们而成功。放弃自己的利益，让别人先成功，自己才能成功，这正是“义以生利，利以平民”思想的商业化表述。

第五，弘扬儒家伦理精神。孔子当年办学的目的是培养“君子”。在孔子之前，“君子”本来指有位的管理者；从孔子开始，则赋予了“君子”有德的内涵。道德修养是中国式管理者的重要标志。汉儒董仲舒提出“三纲五常”学说。所谓“三纲”指“君为臣纲，父为子纲，夫为妻纲”，要求为臣、为子、为妻的必须绝对服从于君、父、夫，同时也要求君、父、夫为臣、子、妻作出表率。其中的“绝对服从”显然来自法家的思想，“作出表率”则为先秦儒家所主张。所谓“五常”指“仁义

---

① 程树德撰，程俊英、蒋见元点校：《论语·里仁》，《论语集释》，中华书局1990年版，第262页。

② 《十三经注疏》整理委员会整理：《春秋左传·成公二年》，《春秋左传正义》，北京大学出版社1999年版，第691页。

礼智信”，作为儒家道德伦理思想的精华，实际上构成了中国古代社会的“核心价值观”。当代中国社会，道德滑坡，企业家作为社会精英，不应随波逐流，而应带头“复五常以提升道德”。具体来说就要：修仁道以培育爱心，守道义以保持节操，明礼仪以和睦待人，求智慧以行为有度，本信诚以成就事业。[①] 现在有的企业，把儒家的“仁义礼智信”等道德伦理信条细化为员工可以践行的日常行为规范，编制“员工价值观行为手册”，以涵养员工高品行的人品，形成高品位的企品，生产出高品质的产品，从而激发了儒家道德伦理思想在当代企业中的活力。

第六，履行儒家社会责任。儒家的责任观，集中体现在孟子的这句话上：“穷则独善其身，达则兼善天下。”[②] 孟子主张，士人要崇尚道德，喜爱礼义。失意时，能独自修养自己的身心；得志时，便使天下的人都得到好处。孟子这里说的，原本是“士人”即读书人的品质，但也可以理解为对一切仁人志士的要求；从“独善其身”到“兼善天下”，则包括了对自己、对他人、对社会、对自然等四个方面的责任。现在有的企业，提出“共创财富，公益社会”的企业使命，从诚实经营、绿色环保、关爱员工到公益慈善，全面履行企业的社会责任，正是对儒家责任观的自觉践行。

那么，“当代中国有儒商吗?”如果这样问，估计很多人难以肯定；而如果问“当代中国有儒商行为吗?”估计很多人又难以否定。之所以“难以肯定”，是因为在一个价值多元化的当代社会，如果仅仅用某种思想文化来界定某个人的身份属性，恐怕是不现实的；之所以“难以否定”，是因为在一个具有2000多年文化传统的当代中国，如果完全忽视儒家思想对当代人行为的影响，同样也是不现实的。简单地说，当代儒商就是运用儒家思想办企业的企业家。而正如上节所述，经过2000多

① 参见黎红雷：《仁义礼智信：儒家道德教化思想的现代价值》，载《齐鲁学刊》2015年第5期。

② （清）焦循撰，沈文倬点校：《孟子·尽心上》，《孟子正义》，中华书局1987年版，第891页。

年的浸润，儒家思想已经无孔不入地渗透在人们的观念、行为、习俗、信仰、思维方式、情感状态之中，成为中华民族的文化血液、中华文化的内在基因、中国人的思维方式和行为方式。中国企业家既然生长在这块土地之上、活动在这样的人群之中、在这种文化氛围之下办企业，就不可能不接受儒家思想的影响，不可能不运用儒家思想来办企业。只不过有的公开，有的不公开；有的自觉，有的不自觉；有的系统，有的不系统；有的有意识，有的无意识罢了。在这个意义上，当代中国企业家，特别是成功的企业家，他们都是儒商行为的实践者。

质言之，“儒商”不是外界套给企业家的光环，而是企业家自己的自觉选择。因此，“儒商”不是一种身份，而是一种行为；不是一种荣誉，而是一种责任；不是一种境界，而是一种承担。需要指出的是，企业家毕竟是办企业的，在商言商，有用就学，活学活用。在当今世界经济一体化、文化多元化的背景下，企业家运用古今中外一切优秀思想文化来经商办企业，这是完全可以理解的，也是十分必要的。孔子本人主张“和而不同”①，以儒家思想为代表的中国传统文化同时也包含着先秦时期本土产生的儒、墨、名、法、道、兵、阴阳等诸子百家的思想，以及从古代印度传入后被中国化的佛教禅宗的思想。此外，孔子也早已走向世界，放眼全球，除了华人之外，许多非华裔的企业家也是孔子的信徒、儒家思想的实践者。而本书所重点关注的当代中国企业家的儒商实践，不仅解决了他们自己如何经商办企业的问题，同时也为当代世界管理理论的发展提供了全新的视野。

三、儒商实践与当代管理理论的发展

自1911年泰罗的《科学管理原理》一书出版以后，西方管理理论

① 程树德撰，程俊英、蒋见元点校：《论语·子路》，《论语集释》，中华书局1990年版，第935页。

逐渐成熟，从以科学管理为代表的“古典管理理论”，到以人际关系学说为先导的“行为科学管理理论”，再进入“管理理论丛林”的奇观。进入21世纪以来，随着经济全球化、企业国际化、文化多元化、信息网络化的趋势，新的管理理论再次层出不穷。当代管理理论，从对物的研究转向对人的研究，从对企业本身的研究转向企业与环境关系的研究，从管理科学转向管理文化，从刚性管理转向柔性管理，从集权管理转向参与管理，从常规管理转向创新管理……当代中国企业家的儒商实践，正好超越了20世纪西方管理理论的教条，引领着当代世界管理理论发展的新潮流，在企业的组织、管理、经营、领导等方面，提供了鲜活的经验和深刻的启迪。

企业如何组织？西方古典管理理论以“经济人”的人性假设为出发点，强调工作效率而忽视了人的社会的、心理的需要，实际上是一种“没有人的组织”；行为科学管理理论过分强调个人的情感和需要，而忽视了正式组织的存在；当代管理理论则强调在企业组织内部营造愉悦的团体氛围，员工之间形成和谐、融洽、协调、友善的关系，每个员工都能意识到自己所扮演的角色，并积极地参与到组织文化中来。①

受儒家思想影响，中国人十分重视家庭，人们围绕着“家”衍生出人际关系和群体秩序，可以说“家”就是中国人一生中最重要的组织。当代中国企业家承续传统的家文化，把公司当作“家”，把员工当作“家人”，自己则当一名尽职尽责的“家长”。在这样的互动参与过程中，员工逐渐形成了主人翁精神，对企业产生了依恋和热爱，使劳资关系更为和谐，企业氛围更为融洽。这样的“拟家庭化组织”，既维护了组织的秩序又满足了员工的情感需求，具有强大的生命力。

企业是由人组成的，而人是需要教育的。传统的西方企业组织并不重视员工的教育，这种情况直到彼得·圣吉（PeterM.Senge）提出“学习型组织”（learning organization）的概念以后，才得以改变。而在

① 参见［美］理查德·L. 达夫特：《组织理论与设计（第9版）》，清华大学出版社2008年版，第27页。

中国文化中，儒家十分重视教育，尤其是道德教育。孔子指出："君子之德风，小人之德草，草上之风必偃。"① 在儒家看来，管理就是教育，管理者就是教育者，管理的过程就是教育的过程。受儒家思想影响的当代中国企业家，将《论语》和《弟子规》等传统文化经典引入企业，教育员工学会做人，学会做事。这种以德育人的企业教化模式，对于凝聚企业共同愿景，塑造同心同德、上下一致的企业组织文化，具有重要的作用。

企业如何管理？在古典管理时代，管理者以"胡萝卜加大棒"的策略驱使员工进行工作。在行为科学管理时代，麦格雷戈（Douglas M. McGregor）提出"Y 理论"，认为促使人们朝着组织的目标而努力，外力的控制及惩罚的威胁并非唯一的方法；人为了达到自己承诺的目标，自然会坚持"自我指导"与"自我控制"；尊重需要及自我实现需要的满足，即可以驱使人们朝着组织的目标而努力。当代管理的重心由此而发生根本转向，从刚性管理转向柔性管理，从单一的制度管理转向制度与价值观相结合的企业文化管理。

儒家主张"德治"，其道德教化的目的，就是激发人们的自我修养与自我觉悟。孔子说："道之以政，齐之以刑，民免而无耻；道之以德，齐之以礼，有耻且格。"② 但是儒家并不反对"法治"。孟子说："徒善不足以为政，徒法不能以自行。"③ 荀子说："治之经，礼与刑，君子以修百姓宁，明德慎罚、国家既治、四海平。"④ 在治理国家的实践中，儒家则主张将宽和的道德教化与严厉的法律惩罚结合起来。如孔子所言：

---

① 程树德撰，程俊英、蒋见元点校：《论语·颜渊》，《论语集释》，中华书局 1990 年版，第 866 页。

② 程树德撰，程俊英、蒋见元点校：《论语·为政》，《论语集释》，中华书局 1990 年版，第 68 页。

③ （清）焦循撰，沈文倬点校：《孟子·离娄上》，《孟子正义》，中华书局 1987 年版，第 484 页。

④ （清）王先谦撰，沈啸寰、王星贤点校：《荀子·成相》，《荀子集解》，中华书局 1988 年版，第 461 页。

"宽以济猛，猛以济宽，政是以和。"①

受儒家思想影响的当代中国企业家，将企业管理分成人员、制度、企业文化三个层面。在他们看来，管人就是管思想，制度就是管行为，企业文化则要营造扬善去恶的组织氛围。他们强调"以德治企"，始终不懈地抓住"德"这个做人的根本，组织员工学习中国传统文化，严格要求自己。但是，他们又不会放弃制度的规范功能，凡是有损企业形象的事，无论付出多大代价，都要及时纠正。并且，他们不是为了惩罚而惩罚，而是将惩罚也作为教育的手段。一方面让违规者知道，不能过这个槛，如果过了，就要付出代价；另一方面通过惩罚少数人而教育大多数人，"以霹雳之手段行菩萨之心肠"，把做人的规则作为第一道防线，而以制度作为最后一道防线。这种德主刑辅、宽严并济的管理手段，正是企业的健康成长之道。

企业如何经营？在古典管理时代，企业经营者的唯一目的就是为股东（stock holder）谋取利润。直到20世纪80年代，利益相关者（stake holder）理论的出现，才真正为企业社会责任思想提供了坚实的理论土壤——各类利益相关者才能形成社会表现的预期，承受企业社会行为的影响以及评价企业社会行为的结果。德鲁克（Peter F. Drucker）指出：在处理企业赚取利润和行善之间的关系时，通常有两种截然不同的做法：一种是"赚钱行善"（do well to do good），另一种是"行善赚钱"（do well by doing good），而遗憾的是，许多大公司依旧停留在前者，他们从事公益活动要么是作秀，要么就是屈从于社会某一阶段和时势的压力。

儒家对于义利关系有着十分明确的看法。孔子指出："义以生利，利以平民。"② 这一命题在儒家管理价值论中，处于至关重要的核心地

① 《十三经注疏》整理委员会整理：《春秋左传·昭公二十年》，《春秋左传正义》，北京大学出版社1999年版，第1407页。

② 《十三经注疏》整理委员会整理：《春秋左传·成公二年》，《春秋左传正义》，北京大学出版社1999年版，第691页。

位。所谓“义以生利”，就是精神价值创造物质价值、精神价值制约物质价值的过程。这一过程，包括价值认识上的“见利思义”，行为准则上的“取之有义”，实际效果上的“先义后利”，以及价值评判上的“义利合一”等各个环节。①

受儒家思想影响的当代中国企业家，对于企业的社会责任有着十分清醒的认识。清末商人胡雪岩说过：“为人不可贪，为商不可奸，若要做善事，还是先赚钱。”当代中国企业家一方面提出：“赚钱过三关，法律是底线，道德要约束，良心最值钱”；另一方面又提出：“独善非至善，兼济方圆满，善心有善报，天地大循环。”——这就将上述德鲁克所谓“行善赚钱”与“赚钱行善”两种思路圆满地结合起来。

当前，世界正在进入从信息技术（Information Technology，简称IT）时代向数据处理技术（Data Technology，简称DT）时代的转型。当代中国企业家敏锐地意识到，这两者之间表面看起来似乎是一种技术上的不同，但实际上是思想观念层面的差异。其中最重要的是成功者必须拥有利他思想。只有让你的员工，让你的客户，让你的合作伙伴比你更强大，只有让你的竞争对手比你更强大，社会才会进步，你也才有可能成功。因此，他们秉持儒家“悦近来远”的理念，帮助员工成长，帮助客户成功，而使自己的企业获得成功；他们秉持儒家“立诚讲信”的理念，为员工服务，为顾客服务，而打造自己的营销品牌，使企业不断成长。

企业如何实施领导？以往的西方企业管理理论，从古典管理理论，到行为科学管理理论，再到“管理理论的丛林”，层出不穷，林林总总，但其指向只有一个，那就是对企业员工行为的管理；直到德鲁克提出“自我管理”（self-management）理论，企业领导者本身的自我管理问题才被提上议事日程。正如德鲁克所指出：“一个有能力管好别人的人不一定是一个好的管理者，而只有那些有能力管好自己的人才能成为好的管理者。事实上，人们不可能指望那些不能有效地管理自己的管理者去

① 参见黎红雷：《儒家管理哲学》，广东省高等教育出版社2010年版，第129页。

管好他们的组织和机构。从很大意义上说，管理是树立榜样。那些不知道怎样使自己的工作更有效的管理者树立了错误的榜样。”①

领导者的“自我管理”，用儒家的话来说就是“正己”。孔子指出：“其身正，不令而行；其身不正，虽令不从。”②在孔子看来，如果一个治国者把自己端正了，那么治理国政又有什么困难呢？如果连自身都不能端正，那么又如何去端正别人呢？受此影响，运用儒家思想办企业的当代中国企业家，在管理他人之前总是首先考虑如何管理好自己，要求员工做到的自己一定要先做到。在他们看来，一个企业立下规矩是要求其全体成员遵守的，而全体成员遵守的关键是这一企业的领导者要带头遵守。领导者既是一个组织中发号施令的人，也是这个组织中的“排头兵”——所有的成员都向领导看齐。一个领导的执行力是下属执行力的上限。以身作则，上行下效，这就是中国人所理解的领导方式。

至于中国人所理解的领导行为，主要有两个方面，一个是拍板，一个是用人。在“拍板”即战略决策方面，受儒家经典《周易》“唯变所适”思想的影响，当代中国企业家主张“市场万变，你应该变到它的前面去”，企业应该主动颠覆封闭的局面，而不是被封闭的局面所颠覆。在“用人”方面，受儒家“德才兼备”思想的影响，当代中国企业家主张“价值观第一，能力第二”，对于能力强但其价值观跟公司不匹配的人，坚决不用。在他们看来，如果一家公司失败了，绝对不是因为钱的问题，而是团队出了问题。只有打造一个强有力的团队，才能保证企业的长治久安。

当代管理学正面临着根本的“范式转移”（Paradigm shift），曾引领风骚的西方管理理论，已经不能独自应对当代世界经济全球化、企业国际化、文化多元化、信息网络化背景下的管理实践要求，东西方管理理论的相互补充与不断融合成为必然的趋势。因此，中国企业家的儒商实

① D. F. Drucker，*The Effective Executive*，New York：Haper &Row，1985.

② 程树德撰，程俊英、蒋见元点校：《论语 · 子路》，《论语集释》，中华书局1990年版，第901页。

践及其理论结晶——“儒家商道智慧”，必将为当代世界管理学的发展，作出重大的贡献！

四、儒家商道与当代企业儒学的开拓

企业儒学，是儒家思想在现代企业中的应用与发展，它将儒家的治国理念转化为现代企业的治理哲学，以儒学之道驾御现代管理科学之术，不但解决了企业自身的经营管理问题，而且为儒学在当代的复兴开拓了新的途径。服膺儒学的当代中国企业家，尊敬儒家先师孔子，承担儒家历史使命，践行儒家管理理念，秉承儒家经营哲学，弘扬儒家伦理精神，履行儒家社会责任，在儒家的家庭观与企业组织、儒家的教化观与员工教育、儒家的德治观与企业管理、儒家的义利观与企业经营、儒家的诚信观与企业品牌塑造、儒家的领导观与企业领导方式、儒家的时变观与企业战略思维、儒家的责任观与企业社会责任等方面，对企业儒学进行了积极的探索。

一是拟家庭化的企业组织形态。中国人是世界上最重视家庭的族群，儒家学派是世界上最重视家庭的思想学派。中国人的家庭，不仅是生儿育女的地方，而且是生产消费的组织，更是学习教育的场所。《周易·序卦》上说：“有男女然后有夫妇，有夫妇然后有父子，有父子然后有君臣，有君臣然后有上下，有上下，然后礼义有所措。”在儒家看来，家庭组织是所有社会组织的基础，家庭关系是所有社会关系的前提，家庭制度是所有文明制度的起点。从根本上说，儒家追求的是“天下一家”的理想。据《论语·颜渊》记载：孔子的弟子司马牛忧愁地说自己没有兄弟。子夏安慰他说：君子和人交往态度恭谨而合乎礼节，那么“四海之内，皆兄弟也”。沿着这一思路，北宋儒者张载提出“民胞物予”的著名命题。在他看来，天地是人类万物共同的父母，人类和万物共同禀受天地而生。所以我和天下的民众都是相互依存的血脉同胞，和天下的万物都是亲密无间的友好伙伴。在这里，已经没有所谓“家人”和“外人”、“熟人”和“陌生人”，乃至“人类”与“万物”的区别。这是孔子仁爱思想的最高张扬，也是儒家家庭观的最终目标。

服膺儒学的当代中国企业家，承续传统的家文化，企业家把公司当作“家”，把员工当作“家人”，自己则当一名尽职尽责的“大家长”。他们清醒地看到，如果老板把员工当成工具，没有把他们当成家人，他们就把老板当成提款机。所以需要大家一起来改变现状，管理者多对员工进行人文关怀，员工多融入企业的文化与生产环境中。企业的价值在于员工的幸福和客户的感动。现代社会发展的一个重要推动力量来源于企业，企业已经成为社会的中坚力量，我们要创造一个和谐美好的幸福社会，推行拟家庭化的企业组织，建设幸福企业大家庭，就是一个很好的途径。

二是教以人伦的企业教化哲学。教化是儒家的基本功能。据《论语·为政》篇记载，有人问孔子：“你为什么不参与政治呢?”孔子回答道：“《书经》上说，‘孝啊，只有孝敬父母，又能友爱兄弟’。把这种风气影响到政治上去，这也就是‘参与政治’了呀，又怎样才算是‘参与政治’呢?”在孔子看来，道德教化与治国理政的功能是相通的，教化就是政治，政治就是教化。用现代的话来说，管理就是教育，管理者就是教育者，管理的过程就是教育的过程。在儒家看来，对于人的教育，最根本的是伦理道德的教化。据《孟子·滕文公上》描述，在尧的时代，天下还不太平，尧便提拔舜来全面治理；大禹疏通河道，百姓才能耕种收获；后稷教人民种植五谷，人民才能养育。但人们吃饱、穿暖、安居而没有教育，便同禽兽差不多。圣人又忧虑这件事，便任命契担任司徒，把伦理道德教给人民——父子讲亲爱，君臣讲礼义，夫妇讲内外之别，长幼讲尊卑次序，朋友讲真诚守信。这就是所谓“教以人伦”。由此，便形成了源远流长的儒家教化传统。

服膺儒学的当代中国企业家，立志以儒家思想构建学习型企业，积极推行人伦教化，为社会培养德才兼备的栋梁人才。在他们看来，中国传统文化以“五福”（长寿、富贵、康宁、好德、善终）作为人生圆满的最高追求。而“五福”里面最重要的一点就是“好德”，德行是因，长寿、富贵、康宁、善终都是果，有因才有果。我们只要把好德的因种好了，长寿、富贵、康宁、善终就自然会有结果，才有真正的“五福临门”。企业不仅仅只是提供员工一个工作岗位和工资，最重要的是要给员工营造一个学习成长的环境。员工不能一味沉浸于追求利益，停留在每天获得一点工资上，最重要的是要成长，成长才是大利。而从企业来说，能为社会培养一批又一批承担中华民族复兴的栋梁之才，则是光荣的使命和最高的追求。

三是道之以德的企业管理文化。“德治”是儒家管理哲学的基本原则。孔子指出：“道之以政，齐之以刑，民免而无耻；道之以德，齐之以礼，有耻且格。”① 其中的“道”是“引导”、“领导”的意思，“政”指政令，“刑”指“刑罚”，“德”指“德教”，“礼”指“礼法”。至于其中的“格”字，有多种解读，综合起来，可理解为“自我改正而真心归服”。如此，孔子原话的大意是：用政令来引导他们，用刑罚来规范他们，民众只是企求免于犯罪，内心却没有羞耻感；用德教来引导他们，用礼法来规范他们，则民众不但有羞耻感，并且能够自我改正而真心归服。当然，儒家也并不是主张完全可以不要刑律，不要政法，只不过他们看到：“教之以政，齐之以刑，则民有遁心”。为了更好地维护社会的稳定，扩大统治的基础，他们把道德教化放在国家管理的首位。显然，在儒家看来，道德比起刑法来说，更容易获得民心，从而更容易取得有效和持久的管理效果。正如孟子所言：“以力服人者，非心服也，力不赡也；以德服人者，中心悦而诚服也，如七十子之服于孔子也。《诗》云‘自西自东，自南自北，无思不服。’此之谓也。”② 恃仗实力来使人服从的，人家不会心悦诚服，只是因为他本身的实力不够的缘故；依靠道德来使人服从的，人家才会心悦诚服，就好像七十多位大弟子信服孔

① 程树德撰，程俊英、蒋见元点校：《论语・为政》，《论语集释》，中华书局 1990 年版，第 68 页。

② （清）焦循撰，沈文倬点校：《孟子・公孙丑上》，《孟子正义》，中华书局 1987 年版，第 221—222 页。

子一样。儒家“德治”所致力的，就是这种使人“心服”的功夫。

服膺儒学的当代中国企业家，致力于塑造新时期的工商业文明，创立独特的经营和管理机制，把社会、他人、自身利益融为一体，创造了以中华传统优秀文化为底蕴的崭新管理模式，使中国特色的社会主义价值观和世界级企业的管理制度融为一体，确立了中西合璧的普适性企业文化。在他们看来，中国文化的内涵就是一个“德”字。“德”是做人应有的规矩、做人最基本的属性，丢掉了这个根本，人在处理事情、处理人与社会、与自然的关系的时候，无论做官、经商，还是做学问，就会出现大麻烦。以“德”为根本，每个人都会严格要求自己。“德”尤其是一个合格的企业领导者应该具备的基本素质和风范。以德平天下人心，大家就会无怨无悔地跟着你走。

四是义以生利的企业经营理念。儒家主张“义以生利”，把管理活动当作精神价值创造物质价值、精神价值制约物质价值的过程。在价值认识上是“见利思义”，《左传·昭公三十一年》指出：“是故君子动则思礼，行则思义；不为利回，不为义疚。”① 在行为准则上是“取之有义”，孔子指出：“富与贵，是人之所欲也；不以其道得之，不处也。贫与贱，是人之所恶也；不以其道得之，不去也。”② 在实际效果上是“先义后利”，荀子指出：“先义而后利者荣，先利而后义者辱；荣者常通，辱者常穷；通者常制人，穷者常制于人。”③ 在价值评判上是“义利合一”，荀子指出：“义与利者，人之所两有也。虽尧舜不能去民之欲利，然而能使其欲利不克其好义也，虽桀纣亦不能去民之好义，然而能使其好义不胜其欲利也。故义胜利者为治世，利克义者为乱世。上重义则义

---

① 《十三经注疏》整理委员会整理：《春秋左传正义》下册，北京大学出版社1999年版，第1521页。

② 程树德撰，程俊英、蒋见元点校：《论语·里仁》，《论语集释》，中华书局1990年版，第232页。

③ （清）王先谦撰，沈啸寰、王星贤点校：《荀子·荣辱》，《荀子集解》，中华书局1988年版，第58页。

克利，上重利则利克义。”[①] 这些论述，全面地展现了儒家义利观的丰富内涵。[②]

服膺儒学的当代中国企业家，基于儒家的义利观，以“利他主义”为基础，形成了自己的经营哲学。在他们看来，考量企业成功的重要准则，不是我们有没有成功，而是我们的客户有没有因为我们而成功？如果我们过早地成功了，客户就不会成功。当然，如果能够做到一起是最好，我也成功了、客户也成功了，但是只有一条路的时候，你要放弃什么？那就是放弃自己的利益，让别人先成功。这是 21 世纪做企业的普遍原则。20 世纪做企业要用好 IT（Information Technology 信息技术），21 世纪做企业则要用好 DT（Data Technology 数据处理技术）。两者有巨大的区别，DT 代表这个世纪最了不起的东西，利他主义。相信别人要比你重要，相信别人比你聪明，相信别人比你能干，相信只有别人成功你才能成功。21 世纪一定是从以我为中心，变成以他人为中心。

五是诚信为本的企业品牌观念。“诚信”是儒家的道德范畴。所谓“诚”，就是真实无妄、诚实不欺的意思；所谓“信”，就是心口合一、言行一致的意思。儒家创始人孔子十分重视“信”德，指出：“人而无信，不知其可也。”[③] 孔子的孙子子思则十分重视“诚”德，指出：“诚者物之终始，不诚无物，是故君子诚之为贵。”[④] 在子思所著的《中庸》一文中，“诚”与“信”开始相提并论：“在下位不获乎上，民不可得而治矣。获乎上有道，不信乎朋友，不获乎上矣；信乎朋友有道，不顺乎亲，不信乎朋友矣；顺乎亲有道，反诸身不诚，不顺乎亲矣；诚身有道，

---

① （清）王先谦撰，沈啸寰、王星贤点校：《荀子·大略》，《荀子集解》，中华书局 1988 年版，第 502 页。

② 参见黎红雷：《儒家管理哲学》，广东高等教育出版社 2010 年版，第 127—136 页。

③ 程树德撰，程俊英、蒋见元点校：《论语·为政》，《论语集释》，中华书局 1990 年版，第 126 页。

④ （东汉）郑玄注，（唐）孔颖达疏，龚抗云整理，王文锦审定：《礼记·中庸》，《礼记正义》，北京大学出版社 2000 年版，第 1450 页。

不明乎善，不诚乎身矣。”孟子沿着子思的思路，进一步明确将“诚”与“信”联系起来，说道：“彼以爱兄之道来，故诚信而喜之。”[①] 荀子也把“诚”与“信”结合起来，说道：“诈伪生塞，诚信生神，夸诞生惑。”[②] 从此，“诚信”作为一个表达“内诚于心而外信于人”的重要道德范畴，成为人们的立身之本、交往之道、治国之要和事业之基。

服膺儒学的当代中国企业家，基于儒家的诚信思想，提出“人品、企品、产品，三品合一”，以员工高品行的人品，形成高品位的企品，生产出高品质的产品。这样的品牌观念，追求的是消费者百分百的安心，体现的是企业对消费者的承诺与责任，赢得的是消费者对品牌的信赖与赞誉，是一种更为高超的品牌营销学。企业要经营，要生存，要盈利，经营之道是什么？《论语》里面有一句话叫“修己以安人”，表面上看好像和经营没什么关系，但事实上，这是最根本的经营之道。“修己”，有两个主体，一个是企业家自身，一个是全体员工。每一个人都要修己，修身心、尽本分。然后“安人”，是让人心安定。主要有两个对象群体，一个是员工，一个是顾客。如果把自己修炼好，同时把顾客、员工安顿好，企业还会不成功？还会没有利润吗？品牌的一个含义是定位品牌在消费者心目中的感觉，品牌的口碑，就是消费者对品牌的信赖与赞誉，企业的品牌追求就在于消费者百分百的安心，这与儒学是相融的。

六是正己正人的企业领导方式。儒家经典中虽然没有使用“领导”一词，却有着十分丰富的领导思想。实际上，儒家所追求的“圣王之道”就是一种领导之道。历代先贤对领导素质、领导风格、领导方式、领导技巧、领导体制、领导作风、领导艺术等方面的探索已经形成了一套较为成熟的套路，并有着自己鲜明的特色。从领导者的素质修养来

① （清）焦循撰，沈文倬点校：《孟子·万章上》，《孟子正义》，中华书局 1987 年版，第 627 页。

② （清）王先谦撰，沈啸寰、王星贤点校：《荀子·不苟》，《荀子集解》，中华书局 1988 年版，第 51 页。

看，儒家强调由“内圣”开出“外王”，即通过领导者内在的道德修养实现外在的王道理想。从领导活动的风格技巧来看，儒家主张执经达权，唯变所适，因时制宜、因地制宜、因人制宜、因事制宜，左右而逢源，无往而不通。从领导活动的行为方式来看，儒家主张以“为政以德”而达到“无为而治”，以身作则，因势利导，以最小的领导行为获得最大的管理效果。特别是儒家所主张的“正己正人”的理念，已经成为中国人（包括领导者与被领导者）普遍接受的领导原则。①

服膺儒学的当代中国企业家，十分强调企业领导者的以身作则，就是中国式领导风格的体现。在他们看来，以身作则，不是劝导他人的重要途径，而是唯一途径。这里“唯一途径”的话说得固然重了点，但是以身作则确实是能不能树立企业文化的根本基础。企业做什么事，就怕含含糊糊，制度定了却不严格执行，最害人。一个企业立下规矩是要求其全体成员遵守的，而全体成员遵守的关键是这一企业的领导者要带头遵守。在军队里，领导应该身先士卒；在企业里，管理者更应该如此。一个公司风气正不正，最关键的还是第一把手自己为人正不正。假如领导人有一个办大企业的目标，那么就得要求自己把事做正。

七是与时变化的企业战略思维。与很多人心目中儒家的“保守”形象不同，真正的儒家其实是主张与时变化、趋时而动的。现代新儒家学者方东美曾以人格类型拟喻中国古代哲学思想流派之格局，他将儒家称为崇尚“时”、“中”的“时际人”；将道家称为崇尚“虚”、“无”的“太空人”；称佛家为崇尚“不滞”、“无住”的“时空兼综而迭遣者”。方东美指出：“儒家代表典型之时际人，意在囊括万有之一切——无论其为个人生命之尽性发展，天地万物自然生命之大化流衍，社会组织之结构体系，价值生命之创造成就，乃至性体本身之臻于终极完美等等，——悉投注于时间之铸模中，而一一贞定之，使依次呈现其真实存在。问题的关键是：何谓时间？最简单之答复曰：时间之本质在于

① 参见黎红雷主编：《中国管理智慧教程·中国式领导的智慧》，人民出版社2006年版。

变易。”① 儒家的时变观，其内容有时变与顺变、时变与因变、时变与权变、时变与不变、时变与时中等。

服膺儒学的当代中国企业家，致力于成为“时代的企业”，随着时代变化而不断变化。在他们看来，只有时代的企业，没有成功的企业。为什么这么说呢？企业都想长盛不衰，但实际上我们很难看到这样的企业。一般来讲，很多企业都是昙花一现。如果这个企业成功了，那么，它所谓的成功，只不过是踏上了时代的节拍。所以说，企业应该是时代的企业，也就是说跟上了时代前进的步伐就是成功的企业。儒家经典《周易》当中有个“三易”，就是变易、不易、简易，非常适合市场的原则。“不易”就是市场有一个原则，就是对用户的真诚，这个是永远不变的，“变易”就是市场万变，你应该变到它的前面去；但是“简易”就是所有的管理都应该是最简化的，我们用最简化去应付最复杂的东西。这就是最高的智慧。中国最高的智慧是中庸，应该是找到一种方法，这就是《中庸》当中说的“极高明而道中庸”。

八是善行天下的企业责任意识。儒家的责任观，集中体现在孟子的这句话上：“穷则独善其身，达则兼善天下。”② 孟子主张，士人要崇尚道德，喜爱礼义，失意时不失掉礼义，得志时不背离正道。失意时不失掉礼义，所以能够保持自己的操守；得志时不背离正道，所以不会使百姓失望。得志时，施给人民恩泽；不得志时，修养品德立身于世。失意时，能独自修养自己的身心；得志时，便使天下的人都得到好处。孟子这里说的，原本是“士人”即读书人的品质，但也可以理解为对一切仁人志士的要求；从“独善其身”到“兼善天下”，则包括了对自己、对他人、对社会、对自然等四个方面的责任。

服膺儒学的当代中国企业家，提出“共创财富，公益社会”的企

---

① 方东美：《中国哲学之精神及其发展 · 原始儒家》，见《方东美集》，群言出版社 1993 年版。

② （清）焦循撰，沈文倬点校：《孟子 · 尽心上》，《孟子正义》，中华书局 1987 年版，第 891 页。

业使命。在他们看来，企业怎么发展更快，就是八个字：小胜靠智，大胜靠德。小聪明是小胜，大道德才能大胜，做生意的人一定要明白这个道理。民营企业家赚大钱真正的秘诀，就是带头承担社会责任，带头做好人，带头做好的企业家。企业履行社会责任主要有四个方面，第一是诚实经营，第二是绿色环保，第三是关爱员工，第四是慈善捐助。特别值得一提的是，企业应当把“关爱员工”作为企业履行社会责任的重要内容。作为一个企业家首先应该善待自己的员工，企业发展成果首先惠及员工，然后才能说惠及社会帮助别人。如果企业家连自己的员工都不善待，员工收入很低，流动性很高，他还到外面作秀，甚至贷款去捐款挣面子，这就不是好的慈善。企业还要倡导人人公益的理念，在企业当中普及一种慈善文化，让慈善的理念成为绝大多数员工共同的认识，成为一种文化，使每个人能够尽可能地保持一颗善心，无愧于社会。

近代以来，在经历激烈社会转型的中国，诞生于两千多年前的儒家思想遇到了极大的冲击和挑战，甚至有人断言儒家思想的现代命运就是“进入博物馆”，只是作为历史收藏物而存在，供人观赏，勾起人们思古之幽情，却消失了在现实文化中的价值与作用。[①]但事实证明，这一论断根本站不住脚。博大精深源远流长的儒家思想，在当代社会依然具有深刻睿智的解释力和生生不息的创造力。企业是当代社会最活跃的组织，也是当代儒学最有活力的生长点。我们满怀期待，以中国企业家的儒商实践及其理论结晶“儒家商道智慧”为标志的企业儒学的兴起，必将为当代儒学的发展，谱写壮丽的新篇章！

① 参见列文森：《儒教中国及其现代命运》，广西师范大学出版社 2009 年版。

第一章　组织之道：拟家庭化的企业组织形态

■ 典型案例：苏州固锝的“幸福企业”

苏州固锝电子股份有限公司（以下简称苏州固锝）创立于1990年11月，2006年11月于深交所上市，成为中国二极管制造行业的首只A股。苏州固锝的董事长吴念博提出了“建设幸福企业”的概念，即要把企业当作“家”来爱护和经营，把所有的员工当作“家人”。

因此，苏州固锝建立了相对完善的幸福企业执行体系，首先由董事长吴念博为领导，下设分管副总经理，设立由专职人员供职的企业幸福工作部，管理由八个模块小组构成的三个区域人文小组。制造企业中最基层的组织形式是班组，班组是企业各项工作的落脚点，为此，苏州固锝提出了“幸福班组制”。一个班组七八个成员，刚好构成了一个“小家”，让员工找到了家，有了家的感觉。为了促进班组成员之间的相互关心，也为了激励领班去关怀本班组员工，苏州固锝每个月都评选“幸福班组”和“幸福领班”，还建立了一系列的人文关怀制度——新员工入职导览式培训、新员工座谈会、幸福午餐、心理疏导、志愿者走入员工家中、关爱离职员工的就业和生活、丰富员工业余生活等。

苏州固锝在公司内部倡导“家”的氛围，从新员工入职第一天起，即有专人对其进行爱的呵护，不仅在工作、学习、生活上给予他们最大的帮助，更多的是通过陪伴志工的言传身教，在思想、行动、情感上帮助他们尽早融入公司的大家庭。在人文关怀中，苏州固锝还积极培养志愿工作者以及幸福推广志工，做好志工输出的准备。幸福志工或者幸福大使的职责是义务协助更多的企业创建幸福典范，引导更多行业懂得为什么而做、如何去做，唯有越来越多的企业都开始真正落实，才能改良社会风气，我们的社会就会更加和谐幸福。

人文关怀离不开人文教育，人文教育的重点在于教会员工懂得爱和感恩，以典范精神鼓舞人、带动人，以实际行动践行典范精神。降低攀比心和强烈的欲望，员工才能感受幸福。既然企业是我家，那么我就会像爱家一样爱它，员工们就是带着这样的主人翁心态投身于“我爱我设备”、“绿色运营”和“金点子献策”的活动，使得“消除浪费，持续改善”的精实理念能够在工厂的各个角落得以落实。过去，苏州固锝推行六西格玛，企业要“求”着员工参加培训，而员工则感觉是“为了企业”而接受培训。但是倡导“家文化”之后，员工会主动向领导提培训要求。身份变为“家人”以后，员工焕发出了极大的热情和主人翁精神，在公司推行精实管理体系的过程中，这一点表现得尤为明显。

苏州固锝提倡的“家文化”不仅限于企业，它还提倡把幸福传播到社会这个大家庭中。因此，苏州固锝500多名志工除了承担企业内部的义务活动，还走入社区，开展诸多公益慈善活动。志工体系是苏州固锝一项独有的管理创新，不仅大大减少了管理成本，而且为企业培养了一支潜在的人才梯队。

吴念博表示，现今的企业家很多人把80、90后的员工当成机器，把女人当男人用，男人当机器用，机器往死里用，基本都是这样一种方式，你把他们当成东西，没有把他们当成家人，他们就把老板当成提款机。所以需要大家一起来改变现状，管理者多对员工进行人文关怀，员工多融入企业的文化与生产环境中。目前苏州固锝对留守儿童有一个方案，即公司的员工只要有孩子留在家里，在原籍没有和父母一起生活的，员工会得到相应的假期，让他们有时间带薪回家关怀他们的孩子，同时公司的志愿工作者也会组成关怀团去走访关怀这些留守的孩子，让企业一起来为国家分忧，为我们的后代做一些事情；苏州固锝的员工，只要是有80岁以上的父母亲，每月会有相应的额外补贴；公司实行上五天班休息两天的休息制度，就是要让员工可以常回家看看，关怀自家老人等，这些都是政府在推动的事情，我们企业都要跟着去做。

吴念博对公司的寄语是企业的价值在于员工的幸福和客户的感动！现代社会发展的一个重要推动力量来源于企业，企业已经成为社会的中坚力量，我们欲创造一个和谐美好的幸福社会，选择创建幸福企业是一个很好的尝试。要充分担当、肩负起企业的社会责任，创绿色企业、学习型企业、幸福企业典范，最终实现“家”的共同愿景。

（资料来源：苏州固得公司官网）

企业作为一种组织形式，来自于西方现代社会。古典管理理论以“经济人”的人性假设为出发点，强调工作效率而忽视了人的社会的、心理的需要，实际上是一种“没有人的组织”；行为科学管理理论过分强调个人的情感和需要，而忽视了正式组织的存在；当代管理理论则强调在企业组织内部营造愉悦的团体氛围，员工之间形成和谐、融洽、协调、友善的关系，每个员工都能意识到自己所扮演的角色，并积极地参与到组织文化中来。①

而在中国传统社会，家庭是最基本的组织形式。受儒家思想影响，中国人十分重视家庭，人们围绕着“家”衍生出人际关系和群体秩序，可以说“家”就是中国人一生中最重要的组织。苏州固锝承续传统的家文化，企业家把公司当作“家”，把员工当作“家人”，自己则当一名尽

① 参见［美］理查德·L. 达夫特：《组织理论与设计（第9版）》，张秀萍、王凤彬译，清华大学出版社2008年版，第27页。

职尽责的“大家长”。在这样的互动参与过程中，员工逐渐形成了主人翁精神，对企业产生了依恋和热爱，使劳资关系更为和谐，企业氛围更为融洽。这样的“拟家庭化组织”，既维护了组织的秩序又满足了员工的情感需求，具有强大的生命力。

一、西方的企业组织形态理论

苏州固锝的拟家庭化企业组织，是对西方企业组织形态理论的超越。

企业是由人组成的。从对人性假设的角度，迄今为止的西方企业组织理论，可以划分为“经济人”、“社会人”、“文化人”三种形态。

首先是“经济人”假设下的企业组织形态。20世纪初，美国工程师泰罗（Frederick Winslow Taylor）为了解决当时企业普遍存在的效率低下问题，在科学实验的基础上提出了科学管理的四条原则。它们是：“第一，为工人工作的各个组成部分研究出一套科学方法，以代替过去凭经验的方法。第二，对工人科学地进行选择、培训与提高，而在过去，是由工人自己选择工作并尽其所能来训练自己。第三，诚心诚意地和工人合作，以保证一切工作都按照已制定的科学原则进行。第四，在管理部门与工人之间，大致均等地进行分工和担负责任。管理部门把一切由它们自己做比由工人做更为合适的工作都担负起来，而在过去几乎所有的工作与大部分责任都落在工人身上。”① 依照这些原则，企业成为一个由“理性经济人”组成的、强调分工与合作、注重契约与职责、绩效与回报相一致的管理组织。

与泰罗同时代的法国企业家法约尔（Henri Fayol）提出了管理的五项基本职能：计划、组织、指挥、协调、控制，并给出了一张明确的

---

① ［美］F. W. 泰罗：《科学管理原理》，冯凤才译，中国社会科学出版社1984年版，第169—170页。

“组织图”：(1) 实行分工协作；(2) 明确职权与职责；(3) 具有严格的纪律；(4) 统一的指挥；(5) 集权与分权要恰当和合理；(6) 个人利益与整体利益的相互一致，个人利益必须服从组织整体利益；(7) 组织成员的报酬要公平合理；(8) 组织等级关系的稳定；(9) 按照等级关系（等级链或权力线）确定组织的角色；(10) 组织平等原则；(11) 组织的公平原则；(12) 组织成员在组织中的相对稳定地位的确立；(13) 有利于组织成员工作主动性和积极性的发挥；(14) 培养集体主义精神。① 这就明确把组织结构以图解的形式勾勒出来，具体分析和明确组织的一般状况、组织权力的建立路线和组织权力行使的沟通渠道等，使之成为对企业组织进行规范和控制的有效手段，保证了组织的高效率。

德国社会学家韦伯（Max Weber）则提出“理想的行政组织体系”，其要素有：(1) 劳动分工。组织结构内部每个成员所担负的工作都是简单、明确和常规性的任务。(2) 权力等级关系。组织结构内部具有确定的职权层次，低级的职位处于高层职位的监督与控制之下。(3) 高度正规化。组织结构内部依靠一套正式的法规和制度程序来规范组织成员的活动与行为，从而保证对外一致性。(4) 非人际关系。组织内部法律、法规的实施和应用对所有组织的成员都是平等的、一视同仁的，这样就可以很好地避免因为组织成员个人的个性与偏好带来不利于组织发展的负面影响。(5) 政绩选人原则。组织机构内部的人员选拔、任用或提升不以个人的情感因素为原则，而是根据候选人的专业资格、胜任工作的能力和工作政绩来评估和安排。(6) 鼓励组织中的个人（职业）发展。组织机构内部鼓励成员发展自己的职业生涯；作为对组织成员个人发展的回报，组织实行“任期”制，即使组织成员的技术已经落后仍然可以保留其职位。(7) 公私严格分明。组织要求其成员的兴趣爱好必须与组织发展的目标相一致，组织的管理人员不能把自己看作是组织的所

① 参见［法］法约尔：《工业管理与一般管理》，周安华译，中国社会科学出版社 1982 年版，第 122—123 页。

有者，必须遵守组织纪律、规章的约束。① 由此而形成的“科层制”组织架构，分工清晰，职权明确，专业化强，成为现代企业组织的基本形态。

其次是“社会人”假设下的企业组织形态。20 世纪二三十年代，在美国西方电器公司霍桑工厂所进行的试验，发现真正影响企业生产效率的，并不是物质条件的变化，而是人与人之间的关系。后期主持霍桑实验的美籍澳裔心理学家梅奥（George Elton Mayo），从中得到启发，因而提出了以下主张：第一，工人不是以金钱为刺激积极性的唯一动力的“经济人”，而是“社会人”，社会团体中的人际交往对于人的生产积极性有强烈影响。第二，生产效率的提高主要取决于工人的家庭和社会生活以及企业的工作情绪，即“士气”，而“士气”则取决于工人的家庭和社会生活以及企业中人与人的关系。第三，在企业中除了正式组织以外，还存在着非正式组织，后者是企业成员在共同工作和人际交往中形成的，有其特殊的感情和倾向，影响着其成员的行为。第四，管理者应该了解和诊断企业内部人际关系的情况，善于倾听和沟通工人的意见，引导和激励工人，从而在企业的效率和工人的感情需求之间取得平衡。②

在梅奥的基础上，美国管理学家巴纳德（Chester I. Barnard）对企业的正式组织与非正式组织的功能及其关系进行了明确的划分。在他看来，“正式组织”是有意识地协调两个以上的人的活动或力量的系统，“非正式组织”则是不受正式组织管辖的个人联系和相互作用以及有关的人们集团的总和。巴纳德认为，非正式组织对于正式组织至少有着三种积极的影响。第一，就一些易于引起争论、不便于在正式渠道提出的，难以确定的事情、意见、建议、怀疑等，在成员间交换意见。第

① 参见［德］韦伯：《经济与社会》（上），林荣远译，商务印书馆 1997 年版，第 278—281 页。

② 参见［美］梅奥：《工业文明的人类问题》，陆小斌译，电子工业出版社 2013 年版。

二，通过对协作意愿的调节，维持正式组织内部影响，以维持正式组织内部的团结。第三，维持个人品德、自尊心，并抵制正式组织的不利影响，以维持个人人格的感觉。巴纳德指出，当个人和组织之间发生冲突时，这些因素对维持一个组织的机能起着重要的作用。所以，非正式组织是社会组织的不可缺少的部分，其活动能使正式组织更有效率和效力。因此，如果企业组织的管理者同时也是非正式组织的领导者，那么这个组织将是非常成功的。①

最后是"文化人"假设下的企业组织形态。20世纪七八十年代，随着日本经济的崛起，来自东方的管理智慧开始进入西方管理学界的视野。美籍日裔管理学家威廉·大内（William Ouchi）在其《Z理论》一书中写道："从韦伯的时代以来，西方的特别是美国的组织，一直维持着官僚主义形态的特色。但是社会环境已经改变了……组织要想既在经济上有效率，又满足员工的感情需要，只有在亲密感与客观明确性之间维持一个微妙的平衡。"②

《Z理论》一书与《日本的管理艺术》、《追求卓越》、《公司文化》一起被称为企业组织管理进入文化人时代的"四重奏"。企业组织理论研究逐渐在"经济人"和"社会人"的基础上发展起来，开始将企业组织成员看作"文化人"，将企业组织所处的文化环境看作重要的影响因素，将企业组织本身看作动态、开放、有意图的社会系统。基于"文化人"的理论假设，学习型组织理论、组织流程再造理论、自组织理论、中间组织理论、模块化组织理论、组织租金理论、组织核心竞争力理论、无边界组织理论、跨文化组织理论等纷纷涌现。

与此同时，当代科学技术条件的变化也在促使着企业组织形态的转型。在信息化、知识化、计算机化、网络化、全球化的背景下，建立

---

① 参见［美］巴纳德：《经理人员的职能》，孙耀君译，中国社会科学出版社2007年版。

② ［美］威廉·大内：《Z理论》，黄明坚译，香港长河出版社1982年版，第75—76页。

在工厂化基础上的科层制结构，无论是基于“经济人”假设的“机械科层制组织结构”，还是基于“社会人”假设的“有机科层制组织结构”，都已经不能完全适应未来企业组织架构的需要。而基于“文化人”假设的“社会系统制组织结构”，以其动态、开放、自组织、多元化、网络化的新形态，更能适应互联网时代企业组织边界相对模糊、与环境密切互动、内外部关系更为复杂等特点。

总的来看，“经济人”假设下的企业组织形态，为现代企业制度的规范化奠定了基础，但由于其过分强调工作效率而忽视了人的社会的、心理的需要，过分强调制度的正规性而压抑了组织成员的自主性，实际上成为一种“没有人的组织”，从而削减了组织的活力。“社会人”假设下的企业组织形态将现实中的人重现拉回到组织关注的视野，但由于其过分偏重非正式组织而忽视了作为社会基本单位的正式组织，过分偏重人的感情和社会因素而忽视了作为人性不可或缺的理性和经济因素。而“文化人”假设下的企业组织形态，虽然适应了当代世界经济一体化、文化多元化、信息网络化的需要，但是在不同文化背景下的展开和运用，仍留下许多需要进一步探讨的空间。苏州固锝的拟家庭化企业组织，就是立足于中华民族悠久的“家”文化传统，对当代企业组织形态的积极探讨和宝贵实践。

二、儒家的家庭观与拟家庭观

苏州固锝的拟家庭化企业组织，是对儒家家庭观的创造性运用。

中国人是世界上最重视家庭的族群，儒家学派是世界上最重视家庭的思想学派。中国人的家庭，不仅是生儿育女的地方，而且是生产消费的组织，更是学习教育的场所。据《周易 · 序卦》上说：有男女然后有夫妇，有夫妇然后有父子，有父子然后有君臣，有君臣然后有上下，有上下，然后礼义有所措。在儒家看来，家庭组织是所有社会组织的基础，家庭关系是所有社会关系的前提，家庭制度是所有文明制度的起点。概括起来，儒家的家庭观主要包括“家道观”、“家计观”、“家教观”等内容。

关于“家道观”即家庭的伦理道德关系。明末清初儒者张履祥说：“家之六顺：父慈子孝、兄友弟恭、夫唱妇随。如是则父父子子、兄兄弟弟、夫夫妇妇，而家道正。”① 在儒家看来，家庭由父子、兄弟、夫妇三对关系六种身份组成，其中每一种身份都有相应的道德伦理要求，包括父母对子女的慈爱、子女对父母的孝敬，兄长对弟妹的友爱、弟妹对兄长的恭敬，丈夫对妻子的倡率、妻子对丈夫的伴随，如此等等。

所谓“父慈子孝”，用《荀子·君道》中的话来说，便是：“请问为人父？曰：宽惠而有礼。请问为人子？曰：敬爱而致文。”做父母的要宽厚仁爱而有礼节，做子女的则要敬爱父母而极有礼貌。何谓“慈”？《韩诗外传》卷七上说：“为人父者，必怀慈仁之爱，以畜养其子，抚循饮食，以全其身；及其有识也，必严居正言，以先导之；及其束发也，授明师以成其技；十九见志，请宾冠之，足以死其意；血脉澄静，娉内以定之，信承亲授，无有所疑；冠子不言，发子不笞，听其微谏，无令忧之，此为人父之道也。”其大意是：做父母的，对子女要担负起养育、教导，帮助其成家立业的责任；在教育孩子时，不要随意打骂；如果自己有过错，要听从子女的劝谏以免其担忧。何谓“孝”？《论语·为政》上说：“今之孝者，是谓能养。至于犬马，皆能养。不敬，何以别乎？”在孔子看来，做子女的当然要赡养父母，但是如果没有恭敬心，那么赡养父母与饲养狗马之类又有什么区别呢？所以“孝”的本质是子女对父母的感恩和敬重。《孝经》指出：“身体发肤，受之父母，不敢毁伤，孝之始也；立身行道，扬名于后世，以显父母，孝之终也。”爱护父母给予自己的身体，不让父母担忧，这是孝敬的开始；遵循父母给予自己的德行，建功立业，而使父母显赫荣耀，这是孝敬的终极。《荀子·子道》上说：“入孝出弟，人之小行也；上顺下笃，人之中行也；从道不从君，从义不从父，人之大行也。”在荀子看来，有善于

① 参见张履祥：《杨园先生全集·训子语》，中华书局2014年版。

规劝父母过错的儿子，父母才不会犯义乱法，遭受恶名，这才是真正的大孝行。

所谓“兄友弟恭”，用《荀子·君道》中的话来说，便是：“请问为人兄？曰：慈爱而见友。请问为人弟？曰：敬诎而不苟。”做兄姐的要仁慈地爱护弟妹而付出自己的友爱，做弟妹的要恭敬、服从兄姐而一丝不苟，其目的则在于以兄弟姐妹为基础，建立全社会和谐的人际关系。《颜氏家训·兄弟篇》指出：“兄弟者，分形连气之人也。”兄弟要是不和睦，子侄就不相爱；子侄要是不相爱，族人就疏远不亲密；族人疏远不亲密，那僮仆就成仇敌了。如果这样，即使走在路上的陌生人都会踏他的脸踩他的心，那还有谁来救他呢？世人中有能结交天下之士并做到欢爱、却对兄长不尊敬的人，他如何做到对待多数人和睦而对待少数人不和睦呢？世人中又有能统率几万大军并得其死力、却对弟弟不恩爱的人，他又如何做到亲爱外人却不亲爱弟弟呢？“兄弟同心，其利断金。”因此，“孔融让梨”之类的兄弟友爱故事才代代相传而成为佳话。

所谓“夫唱妇随”，用《荀子·君道》中的话来说，便是：“请问为人夫？曰：致功而不流，致临而有辨。请问为人妻？曰：夫有礼则柔从听侍，夫无礼则恐惧而自竦也。”做丈夫的，要尽力取得功业而不放荡淫乱，尽力亲近妻子而又有一定的界限；做妻子的，如果丈夫遵行礼义就温柔顺从听命侍候他，如果丈夫不遵行礼义就诚惶诚恐而独自保持肃敬。儒家主张，夫妻要和睦相处，相互敬重。一方面，丈夫要敬重妻子，《礼记·哀公问》：“妻也者，亲之主也，敢不敬与？”另一方面，妻子也要敬重丈夫，“贤妻良母”、“相夫教子”是社会公认的美德。

需要指出的是，在上述父子、兄弟、夫妇三对关系六种身份的家庭伦理道德中，儒家特别强调为父、为兄、为夫者的主导和表率作用。《颜氏家训·治家篇》指出：“夫风化者，自上而行于下者也，自先而施于后者也。是以父不慈则子不孝，兄不友则弟不恭，夫不义则妇不顺矣。”儒家的家庭伦理要求，是自上而下推展，自前而后施行的。所以，父母不慈爱，子女就不可能孝顺；兄长不友爱，弟妹就不可能恭敬；丈夫不仁义，妻子就不可能和顺——总之，这是一种相互对待的关系。汉儒所谓“三纲”（君为臣纲，父为子纲，夫为妻纲），既要求君、父、夫必须为臣、子、妻作出表率，也要求臣、子、妻的必须绝对服从于君、父、夫——前者确实是先秦儒家孔子、孟子、荀子等人的一贯主张，而后者则来自先秦法家韩非子的思想，今人不可以不细加辨别。至于后人附会的“君要臣死，臣不得不死；父要子亡，子不得不亡”、“天下没有不是的父母”，这些极端的观念，与儒家特别是先秦时期孔子、孟子、荀子等儒学奠基者的思想，存在着本质的区别，不可混为一谈。

关于“家计观”即家庭的生产和生活功能。《孟子·尽心下》曾经描绘了一幅农耕时代的幸福家庭蓝图：“五亩之宅，树之以桑，五十者可以衣帛矣。鸡豚狗彘之畜，无失其时，七十者可以食肉矣。百亩之田，勿夺其时，数口之家可以无饥矣；谨庠序之教，申之以孝悌之义，颁白者不负戴于道路矣。”规定了百姓的田亩宅地，教育他们栽桑养畜，教导他们奉养老人。这样，一家人男耕女织，少有所教，壮有所用，老有所养，吃饱床暖，衣食无忧，其乐融融。对于家庭的生产和消费，中国人特别重视“勤劳”和“节俭”的美德。关于“勤劳”，清儒李文照在《勤训》中指出：“治生之道，莫尚乎勤。故邵子云：‘一日之计在于晨，一岁之计在于春，一生之计在于勤。’言虽近，而旨则远矣！”关于“节俭”，《朱子家训》指出：“一粥一饭，当思来处不易；半丝半缕，恒念物力维艰。”勤俭看似小事，其实攸关一个家庭乃至一个国家的命运，正如唐朝诗人李商隐在《咏史》一诗中所言：“历览前贤国与家，成由勤俭破由奢”。

关于“家教观”即家庭的学习教育功能。据《孔子家语·致思》记载：孔子对自己的儿子孔鲤说：“鲤儿啊，我听说可以与人终日一起做而不知疲倦的事情，只有学习。”君子不可以不重视学习，家庭也不可以不重视教育。《颜氏家训》指出：我见到世上那种对孩子不讲教育而只有慈爱的，常常不以为然。要吃什么，要干什么，任意放纵孩子，不加管制，该训诫时反而夸奖，该训斥时反而欢笑，到孩子懂事时，就认为这些道理本来就是这样。到骄傲怠慢已经成为习惯时，才开始去加以制止，那就纵使鞭打得再狠毒也树立不起威严，愤怒得再厉害也只会增加怨恨，直到长大成人，最终成为品德败坏的人。“少成若天性，习惯如自然。”家庭教育的目的就是让良好的品德从小养成就像天性一样，习惯了从而成为自然的行为。

毋庸讳言，由于受到农耕时代和宗法血缘社会的限制，儒家的家庭观，不可避免地打上时代的烙印。但是，人类不同时代文明的发展既有其特殊性也有其延续性。儒家的家庭观，以家庭作为社会组织的基础，建构亲密型的人际关系，满足组织成员的经济需求与心理需求，重视组织学习和道德教化，这些，对于现代社会的企业组织依然具有重要的启迪作用。特别是其中所蕴涵的“拟家庭观”，打破了家庭组织与社会组织之间的藩篱，对于当代企业组织理论的拓展，更加具有宝贵的价值。

孔子所创立的儒家思想以“仁”为核心，“仁者爱人”、“克己复礼为仁”、“己所不欲，勿施于人”，这些都涉及“仁”的内涵。那么，仁爱思想如何培养呢?《论语·雍也》指出：“夫仁者，己欲立而立人，己欲达而达人。能近取譬，可谓仁之方也已。”要达到仁爱的境界，就要从自己做起，从身边做起。而作为人类最普遍最基本的组织形态，人人都生活在其中的家庭显然就是仁爱思想养成的最适宜的场所，家庭成员之间的孝悌行为就是仁爱规范形成的最基本的起点。故《论语·学而》指出：“孝弟也者，其为仁之本与!”但是在孔子看来，仁爱对象不能仅仅停留于家庭成员，他在《论语·学而》中提出：“弟子，入则孝，出则弟，谨而信，泛爱众，而亲仁。行有馀力，则以学文。”由此可见，孝悌可以说是仁爱行为的起点，但绝对不是其终点；仁爱的对象不应该仅仅是自己的家人，而且是更为广泛的社会大众，即所谓“老者安之，少者怀之”。

对老者如何“安”，对少者如何“怀”？在这点上，孟子和墨子发生了激烈的争辩。墨子早年曾“习儒者之业，受孔子之术”，但看来他更感兴趣的似乎是孔子所说的“泛爱众”而不是“入则孝，出则弟”。墨子主张“兼爱”，与孔子“泛爱众”的精神似乎并无根本区别。但是，如果抽掉任何前提，一个人关爱素不相识的陌生人如同关爱自己的父母一样，那他的父母会作何感想？所以《孟子·滕文公上》才说："墨氏兼爱，是无父也。"孟子针锋相对，提出自己的"推爱"逻辑，即《孟子·梁惠王上》所谓"老吾老以及人之老，幼吾幼以及人之幼"。

后人常把孟子这个逻辑称之为"爱有差等"，这固然有一定道理；但如果由此而判定孟子背离了孔子的"泛爱众"思想，则又大谬不然。《礼记·礼运》上说："人不独亲其亲，不独子其子"，即是体现了孔子的大同理想；而孟子的"老吾老以及人之老，幼吾幼以及人之幼"，则是对此大同理想"能近取譬"的落实。试想，一个人如果连养育自己的父母都不懂得关爱，他怎么可能形成关爱社会大众的仁爱之心呢？因此，从爱心的养成来看，确实是"爱有差等"的（先爱自己的父母再爱别人的父母）；从爱心的最终实现来看，事实上又是"爱无差等"的（既爱自己的父母又爱别人的父母）。就此而言，孟子并没有背离孔子的理念，他只是将儒家的仁爱之心，从"家庭化"进一步发展到"拟家庭化"而已。

从根本上说，儒家追求的是"天下一家"的理想。据《论语·颜渊》记载：孔子的弟子司马牛忧愁地说自己没有兄弟。子夏安慰他说：君子和人交往态度恭谨而合乎礼节，那么"四海之内，皆兄弟也"。沿着这一思路，北宋儒者张载提出"民胞物予"的著名命题。在他看来，天地是人类万物共同的父母，人类和万物共同禀受天地而生。所以我和天下的民众都是相互依存的血脉同胞，和天下的万物都是亲密无间的友好伙伴。在这里，已经没有所谓"家人"和"外人"、"熟人"和"陌生人"，乃至"人类"与"万物"的区别。这是孔子仁爱思想的最高张扬，也是儒家家庭观的最终目标。

三、企业组织的家庭化与拟家庭化

儒家的家庭观，对于东方国家和地区的企业组织形态产生了重大的影响。

一个典型的例子是日本。正如日本著名社会学家中根千枝所指出："在日本，通常被看作重要的和基本的人类情感的血亲关系，似乎已经被工作集团里的人伦关系所取代。这种人伦关系包含了社会生活与经济生活的各重大方面。"① 这种新的人伦关系源于日本人对于"家"的概念。日语中的"家"，有着十分丰富的内涵，它不仅指具有血亲关系的家庭，还指人类居住的组合基础，而且往往指经营管理的组织基础以及在这一基础上建立起来的社会集团。因此，日本人常常以"我家"来称呼自己的工作单位或所属的组织，而以"你家"来称呼对方的工作单位和组织。在这样的"家庭"中，组织负责满足其成员的全部社会需求，同时又对他生活的各个方面都拥有权力；组织成员一心一意地融合在这种家庭亲情之中。公司就是一个家庭，雇主是家长，雇员是家庭的成员。而且这个大"家庭"保护雇员的个人家庭，使他完全彻底地致力于公司的事务。由此，日本企业发展出诸如"终身雇佣制"、"年功序列制"、"职业培训制"、"禀议制"等各种富有特色的"家庭式"组织形态。

所谓"终身雇佣制"，指雇主在招进员工以后，不是万不得已不轻易解雇员工。这是劳资之间的一种不成文的默契，是一种终身承担的义务。通过这种制度，它给职工一种生活安定感。与此相配套的"年功序列制"，指企业成员的地位和工资待遇随着年功的积累而提高，从而激励企业人员长期留在企业并工作下去，增强了企业人事结构的稳定性。此外还有企业内福利，如盖集体宿舍、修建运动场所、建立文化娱乐室，在山麓、海滨设立职工疗养所等，既向职工开放，也让家属受惠，还以特别低廉的价格向员工供应本企业的产品等。这些制度和措施，体现了儒家"父慈子孝"的家庭伦理观：企业给员工施以关爱，犹如父母"赡养"子女；而员工对企业报以忠诚，就像子女"孝敬"父母。

所谓"职业培训制"，就是在企业内部培养企业所需要的人才。"造

① ［日］中根千枝：《日本社会》，许真、宋峻岭译，天津人民出版社 1982 年版，第 7 页。

物先造人”。在新员工培训中，以各种手段训练新人，以培养出忠诚勤奋遵守纪律的好雇员为目的；在岗位培训中，实施在职职业培训，以培养对企业的忠诚及团队意识为宗旨。为此，专门制订“职业生涯发展计划”，把员工的职业生涯分为不同阶段，分别采用相应的教育方针和教育内容，使之各尽所能，各得其所。这些制度和措施，体现了儒家的家庭教育观，企业不仅是谋生的地方，而且是学习教育、修身养性、成长完善的场所。

所谓“禀议制”，就是集体决策。企业在作出重大决策之前，决策者先将决策意向作为禀议文件下发到各级管理人员及基层，广泛征求意见。这种由上至下，又由下到上的决策方式，不但可以把争论解决在最终决策之前，保证了群体的“亲和感”，而且由于职工的参与，使其看到了自己的价值和责任，从而激发了工作的主动性。这些制度和措施，体现了儒家家庭伦理观中“从义不从父”的大孝思想，为了企业大家庭的共同利益，全体组织成员积极参与，出谋献策，不搞一言堂，从而避免了企业决策的失误。

日本企业的“家庭化”实践，证明了儒家家庭观的现代价值。但其之所以成功，与日本民族对于“家”的独特理解有关。在日本人看来，“家”指的是经济和生活的共同体，而并不是血缘关系的联结体。因此，在日本，所谓“亲子”关系并不局限于血缘意义上的父子关系，真正的父子只有辅以实际的继承关系才被认可为名分上的亲子关系。作为儿子的不见得即自然获得承继父亲之“家”的权利，而被认定为具有“亲子”身份关系的养子反可以继承一家之主的地位。由此，日本的“家”并不一定具有血缘的内涵。其家宅、家名和家业是永久存在的，可是几代以来住其宅、袭其名、从其业的人，彼此之间可能根本没有任何血缘关系。与此相关，日本人的“孝”，其对象并不是父母，而是作为命运共同体的“家”。其所谓“孝行”往往是指勤俭持家，不使家道中落，而不是对父母亲本身的侍奉。日本人对于“孝”的这种观念实际上比较接近于中国人所谓的“忠”；而对日本人而言，忠孝是完全一致的，一个人对于“家”的孝或忠在表现的方式上并无实质上的差别。

由此看来，日本人对于儒家的家庭观，突出的是其“家计观”即家庭的生产和生活功能，而将其“家道观”和“家教观”都服从并服务于“家计观”。这就为儒家家庭观在现代企业中的转化，提供了便利的条件。企业及其领导者充当“一家之主”的角色，为其员工提供了谋生的手段、成长的场所，赋予了类似父母对子女般的无微不至的“慈爱”；而员工则作为企业大家庭的成员，对自己工作与生活于其中的“家”，回报以类似子女对父母般无怨无悔的“孝心”与“忠诚”。由此，日本企业形成了“家庭化”的组织形态，成为一个生死与共、荣辱相依的命运共同体。

同样接受儒家家庭观的影响，但与日本人不同的是，中国人更看重的是其中的“家道观”即家庭伦理道德关系。由此，中国传统社会结构就形成了费孝通先生所概括的“差序格局”：“以‘己’为中心，像石子一般投入水中，和别人所联系成的社会关系，不像团体中的分子一般大家立在一个平面上的，而是像水的波纹一般，一圈圈推出去，愈推愈远，也愈推愈薄。”① 在这种文化背景之下，中国的企业如果简单地提倡“家庭化”，所带来的后果就不是命运共同体的形成，而是人际关系的疏离和企业组织的分解。以中国台湾为例，有研究者指出：“在台湾，员工若真‘以厂为家’，则这个厂是非瓦解分化不可的，因为工厂作为一个企业共同体，犹如家户经济单位一样，是为了延续个别家族和房的宗祧而存在的。企业员工首先考虑到的往往是自己家族的繁衍和持续，自私自利的行为乃不绝的发生。而且中国的分房和分家的铁律也经常要求有办法的员工在私底下做‘另起炉灶’的打算，除非牵涉到本身工作和待遇的保障，否则对于所服务的公司之存续绝少关心。从这个角度看来，‘以厂为家’不但无法激起员工的团队精神，在潜意识里恐怕还鼓励他们跳槽或‘分家’呢！”②

---

① 费孝通：《乡土中国　生育制度》，北京大学出版社 1998 年版，第 27 页。

② ［中国台湾］陈其南、邱淑如：《企业组织的基本形态与传统家族制度——中国、日本和西方社会的比较研究》，载《经济社会体制比较》1985 年第 2 期。

由此看来，儒家的家庭观能否运用于现代中国的企业组织，依然是一个悬而未决的问题。改革开放以来，不少中国企业为此进行了积极的探索，苏州固锝就是其中一个典型的案例。它不是简单地提倡员工“以厂为家”，而是老板把公司当作“家”，把员工当作“家人”，自己则当好一位尽职尽责的“大家长”，率领“家人”一起建设“幸福大家庭”。在他们看来：“企业是家，董事长是大家长，董事长像父母一样关心公司高管，爱护每一位员工。管理层也会学习效仿，这就是上行下效，兄友弟恭。管理层关怀员工，员工之间也会彼此关心，像兄弟姐妹一样。员工之间就是兄弟姐妹，彼此关心彼此爱护彼此协助。”① 这样的“家”，其成员并没有血缘关系，但却获得了血缘家庭所具有的亲密感；其成员各有各的血亲家庭，却并不会因此而带来对公司的疏离。在他们心目中，公司是自己生活中的“第二个家”，与自己的小家庭具有同等重要的价值和地位。正如一位员工的感言：“这里是一个幸福的家，是我们成长受教育的地方。家里有父母般慈爱的大家长，有兄弟般温暖的领导，有姐妹般关怀的同事。我们一起进步，一起发展，经历一场又一场的风雨，迎接一个又一个的春天。因为没有人会弃家于不顾，弃父母于不顾，弃兄弟姐妹于不顾的。”② 这里的“父母兄弟姐妹”，都不是血缘身份上的确认，而是心理情感上的认同；就情感而言，公司的“第二个家”与自己的小家庭具有同等重要的价值。

苏州固锝的“拟家庭化组织”，是对儒家家庭观的创造性转化。其实践表明，通过“拟家庭化”这种企业组织形态，中国企业依然可以践行儒家的家庭观，形成生死相依、休戚与共的命运共同体。

---

① 吴念博：《圣贤教育成就幸福企业——苏州固锝中华传统家文化实践心得报告》（内部资料）。

② 《固锝，我的另一个家》（内部资料），见《固锝幸福之路》，第 68—70 页。

四、经济契约与心理契约

企业组织的基础，来自于企业与员工之间的劳动契约，体现着劳动与报酬之间的相互交换关系。古典经济学家亚当·斯密在《国富论》中，已经提到了雇主与雇员之间的劳动契约关系，指出："劳动者的普通工资，到处都取决于劳资两方所订的契约。这两方的利害关系绝不一致。劳动者盼望多得，雇主盼望少给。劳动者都想为提高工资而结合，雇主却想为减低工资而联合。"① 但是，古典经济学强调的主要是劳动关系双方在经济交换上的契约关系，而对经济交换之外的关系却存而不论。一些社会心理学家则从另一条路径揭示了雇员与雇主之间的劳动关系。在后者看来，当员工加入企业时，他既带有经济上的需要也带有心理上的需要，因而员工与企业之间的交换关系既包含经济需要和经济交换，也包括心理需要和社会交换。也就是说，企业组织作为契约的联合体，既表现为有形的经济契约也表现为无形的心理契约，劳动关系一旦成立，员工与企业实际上签订了两份契约，一份是写在纸上的经济契约，另一份是写在心里的心理契约，它们共同构成了劳动契约。

"心理契约"的研究，最早可以追溯到美国组织心理学家阿奇利斯（Chris Argyris），他探讨了下属与主管之间一种隐性及非正式的理解与默契关系。他发现，只有当主管满足了下属的要求，下属才会达到最佳生产；只有主管与下属事先进行协商，下属和主管之间的关系才可以得到改善；只有主管尊重下属的非正式要求并确保其要求得到满足，下属才会有少的抱怨，而维持较高的生产率。阿奇利斯用"心理工作契约（psychological workcontract)"来描述这种关系。之后，美国管理心理学家施恩（E.H.Schein）把心理契约定义为"个人将有所奉献与组织

① ［英］亚当·斯密：《国民财富的性质和原因的研究》上卷，郭大力、王亚南译，商务印书馆 1972 年版，第 60 页。

欲望有所获取之间，以及组织将针对个人期望收获而有所提供的一种配合”。在施恩看来，组织与个体员工的联结，组织与个体之间的相互期望，远多于在经济和物质上的需求。这些无形的、表现为心理情感需求的期望，对组织及其成员而言才是最重要和最有意义的，它们构成了人们心理契约与认同的基本内容。它虽然不是一种有形的契约，但它确实又发挥着一种有形契约的影响。①

完整地履行包含经济契约和心理契约在内的劳动契约，对于当代中国企业劳动关系的调整，有着重要的意义。改革开放以来，我国陆续出台了一系列的劳动法律法规如《中华人民共和国劳动法》、《中华人民共和国劳动合同法》等，使得经济契约在调整劳动关系方面的力度越来越强。但是，经济契约在调整劳动关系时存在着一定的局限性，仅仅依靠经济契约而不关注心理契约，就会使员工产生失望、愤怒等消极情绪，并给企业组织带来负面的影响。例如，有的企业频频出现的员工跳楼自杀事件，并不是因为经济契约上的劳动报酬不高，而是员工没有获得尊严、信任和情感的关怀，即心理契约的期望没有得到满足。苏州固锝所推行的以“人文关怀”、“人文教育”为中心的“拟家庭化”组织文化，就是在中国传统文化背景下，将经济契约与心理契约进行融合管理的宝贵尝试。

一是满足员工的归属感。归属感指个人自己感觉被别人或被团体认可与接纳时的一种感受。美国心理学家马斯洛认为，“归属和爱的需要”是人的重要心理需要，只有满足了这一需要，人们才有可能“自我实现”。心理学研究表明，每个人都害怕孤独和寂寞，希望自己归属于某一个或多个群体，这样可以从中得到温暖，获得帮助和爱，从而消除或减少孤独和寂寞感，获得安全感。在中国，家庭是最基础的组织形态，也是人们形成归属感的最普遍的形式。苏州固锝把公司当作“家”，把员工当作“家人”。尤其公司 62% 的员工都来自外地，所谓“独在异乡为异客”，企业更应该成为员工“第二个家”，让员工找到新的归

① 参见［美］施恩：《职业的有效管理》，三联书店 1992 年版。

属感。①

二是尊重员工的人格尊严。人格尊严是指作为一个人应当受到他人最起码的尊重的权利。人格尊严具有主客观价值复合性。因此，判断一个人的人格尊严是否受到侵害，既要考虑到他本人的主观自尊感受，更要从客观角度考虑其在通常社会范围内所享有的作为“人”之最基本尊重是否被贬损；如果是，则其人格尊严遭受侵害。在现代工业大规模生产的场景中，人往往被异化为“物”，成为生产机器的一部分，就像卓别林在《摩登时代》中所表现的那样。苏州固锝对员工的人文关怀，就是要避免现代大工业对人的异化，恢复员工作为正常人的人格尊严。吴念博表示，现今的企业家很多人把80、90后的员工当成机器，把女人当男人用，男人当机器用，机器往死里用，基本都是这样一种方式。你把他们当成东西，没有把他们当成家人，他们就把老板当成提款机。所以需要大家一起来改变现状，管理者多对员工进行人文关怀，员工多融入企业的文化与生产环境中。这种由“正常人”组成的企业，就会是一个“正常的企业”，一个给员工带来幸福感的幸福企业。

三是提升员工的福利待遇。现代人事管理学认为，员工的薪酬可以区分为“个人性的报酬”和“组织性的报酬”两种。前者指企业对特定个人的劳动付出所给予的以工资、津贴、奖金等为主要标志的劳务报酬；后者则指企业对所属员工普遍给予的报酬，例如内部晋升、长期雇佣、利润分享等。而福利待遇，特别是超乎寻常、因人而异的福利待遇更是其中非常典型的一种，被证实能够明显地发挥吸引、筛选、保留员工的积极作用。为此，苏州固锝开展了一系列这方面的工作：从最初的专项用于困难员工抚慰的“竹筒岁月基金”，到年年主动为全体员工加薪；为全体外地员工租住标准化公寓，用心照顾年轻员工的起居；解决外地员工子女上苏州公办学校的入学难题；创办“幸福爱心园”，提供学习园地，让员工子女放学后在公司得到专人照顾，解决双职工的后顾

① 参见《苏州固锝：幸福企业进行时》，载《中国人力资源开发》2013年第20期。以下所引用苏州固锝的案例材料，如无特别说明，均来自此组专题文章。

之忧；给员工家庭送法律援助、维修服务、资金支持；到员工家乡开展幸福村活动，走访员工家庭等。力度如此之大的福利待遇，体现了企业的用心，令员工为之感恩，使员工恋上组织，并逐渐产生主人翁意识，增加工作投入度，从而提升了企业的绩效。

四是鼓励员工的参与管理。参与管理指的是让员工和下属参加企业的管理工作，是提高工作满意度，改善工作生活质量，从而提高生产力的一种管理手段。美国管理学家麦格雷戈（D. McGregor）提出，人有自我实现的需要，只有将其才能和潜力充分地发挥出来，才能感受到最大的满足。因此，在适当的条件下采取参与式的管理，鼓励人们把创造力投向组织的目标，使人们在与自己相关的事务决策上享有一定的发言权，为满足他们的社会需要和自我实现需要提供了机会。苏州固锝把人文教育和精益管理结合起来，提出“人人都是品管员，人人都是设备主人，人人都有金点子”的理念，以此激励全体员工群策群力，共同推进精益改善。金点子献策活动，一方面给员工带来了成就感和对工作的掌控感，使他们更加体会到工作意义和自身在集体中的价值；另一方面，也使员工在“拟家庭化组织”中所获得的归属感和主人翁意识有了表达的途径，增强了工作的满意度，改善了工作生活的质量。

五是加强员工的情感沟通。作为现代管理的重要职能，沟通是为了一个设定的目标，把信息、思想和情感在个人或群体间传递，并且达成共同协议的过程。西方管理学家似乎更强调信息的沟通。巴纳德认为，在一个协作系统的组织中，信息的沟通是其三个基本要素之一，组织的存在及其活动是以信息沟通为条件的。美国管理学家孔茨指出：“由于信息沟通把各项管理职能联成一体，所以它对企业内部职能的行使是必不可少的。”① 苏州固锝的拟家庭化组织，更看重的是管理者与员工之间的情感沟通。有一次，吴念博听见员工说：“如果董事长跟我吃一顿饭，我可以一年不要薪水。”他突然意识到员工是那么期待能跟上

① [美] 孔茨、韦里克：《管理学》（第九版），郝国华等译，经济科学出版社1993年版，第521页。

级领导坐在一起吃顿饭、说说话。这件事促使他决定建立一项“幸福午餐会”制度。幸福午餐沟通会不定期举行，专设餐桌，由干部轮流主持，从董事长到副总，从部门负责人到生产线负责人，都会跟员工边吃边聊，这种非正式沟通可以让员工放松下来，把过去想说而不敢说的问题真实地反映给管理层。这样的沟通，实际上是人与人之间、人与群体之间思想与感情的传递和反馈的过程，最终达到思想的一致和感情的通畅。

六是引导员工的全面成长。员工教育的问题，早在泰罗的《科学管理原理》中就有提出，但其关注点仅仅在于对员工进行专业技能的培训。实际上，员工不仅是 8 小时生产线上的劳动力，而是 24 小时完整的人，关注员工的全面成长，也是企业心理契约的题中应有之义。为此，苏州固锝在员工中大力开展人文教育。在他们看来，人文教育是幸福企业之根本，必须在人文关怀的基础上提升员工的道德理念。通过圣贤教育，使大家找回做人的基础，找回久远的孝道和爱心，找到作为人何为正确，找到生命的价值和意义，让每一个人都能够扮演好自己在家庭、社会以及工作中的不同角色。具体做法如下：增加员工休息时间，带薪接受圣贤教育，让员工懂得生命的价值和意义；举办定期读书会，让员工从典籍的阅读和分享中汲取精神食粮，感受到个体对公司、对社会的价值，激发他们敦伦尽分、回馈社会的信念；晨读《弟子规》，每天不间断的好话一句分享，每天增加正能量；用各种形式开展孝道的教育和践行，倡导员工感念父母恩德，及时尽孝；让个人的改变影响到自己的家庭、朋友，最终带动社会的孝亲尊师、尊老爱幼的良善风气。苏州固锝的人文教育，超越了西方企业职业训练的局限，全面满足了员工人格成长的心理需求。

五、效率逻辑与情感逻辑

企业组织目标的实现，取决于效率逻辑与情感逻辑这两种途径。

古典管理理论是从泰罗的效率管理开始的。在泰罗看来，企业的目的在于实现雇主和雇员的最大的富裕，而就员工情况来说，“只有当这个个人达到他的最佳工作效率时，也就是说，当他作出最大限度的日产量时，才会有最大的富裕”①。换句话说，达到富裕的唯一途径就是通过有效的方法提高效率，必须把精力放在“做大蛋糕”上，而不是盯在盈余分配上。因此，管理的中心环节就要以效率为核心。

到了行为管理理论时期，梅奥等人通过著名的“霍桑实验”发现，企业中除了存在着为了实现企业目标而明确规定各成员相互关系和职责范围的正式组织之外，还存在着非正式组织。这种非正式组织对于提高生产效率和工作满意度都具有强大的影响。在正式组织中，以效率逻辑为其行为规范；而在非正式组织中，则以情感逻辑为其行为规范。如果管理人员只是根据效率逻辑来管理，而忽略工人的情感逻辑，那就会引发冲突，影响企业生产率的提高和目标的实现。

巴纳德综合了泰罗与梅奥的思想，指出：企业一方面要不断取得“效率”，为此，管理必须注意经济合理性；另一方面又需要兼顾“能率”，即满足员工的动机与意愿，其中既有经济诉求，如获得工作机会和报酬，又包括大量的社会需求，例如归属感、同事友情和群体认同等，为此，管理必须同时重视社会合理性。从根本上说，组织的活力取决于其成员贡献力量的意愿，而这种意愿的持续性又取决于他在组织中获得的满足。

当代社会学家柯林斯进一步提出“情感能量”（emotionalenergy）的概念②，认为对情感能量的追求，维系着人们对工作的热情，支撑着强烈的工作动机。在柯林斯看来，工作与追求情感能量的目标不是格格不入的。相反，人们可以从工作本身获得情感能量。正是在充满高度情

---

① ［美］泰罗：《科学管理原理》，冯风才译，中国社会科学出版社 1984 年版，第 3 页。

② Radnall Collins, *Intearetion Riutal Chains*, Pirnceton: Pirnceton University perss, 2004.

感能量的工作情境中，员工才能获得一种源源不断的工作动力。在当代社会，情感链由家庭延伸到了公司和组织，组织为人们的情感激励提供了机遇，并在人们的情感生活中扮演着越来越重要的角色。苏州固锝的“拟家庭化组织”，就是将传统家庭的情感激励转移到企业组织中来，从而为员工获得组织内部的情感能量创造了条件，扫除了障碍。

一是培养员工的认同感。人们对待职业如同对待人一样，工作的不快乐会使得他们与所在组织形成一种疏离关系。职业认同感指的是个体对于所从事职业的目标、社会价值及其他因素的看法，与社会对该职业的评价及期望的一致，即个人对他人或群体的有关职业方面的看法、认识完全赞同或认可。职业认同感会影响员工的忠诚度、向上力、成就感和事业心，是人们努力做好本职工作、达成组织目标的心理基础。职业认同感一般是在长期从事某种职业活动过程中，对该职业活动的性质、内容，职业社会价值和个人意义，甚至对职业用语、工作方法、职业习惯与职业环境等都极为熟悉和认可的情况下形成的。为此，苏州固锝从新员工的入职，到在职员工的日常工作，都采取得力措施，积极培养他们的职业认同感。新员工入职，企业会安排导览式的培训、贴心式的座谈，并为每位新员工配备“师傅”。师傅不仅为新人传授工作技能，而且关心其思想和生活，使其迅速融入企业大家庭。公司各部门每月都召开员工的座谈分享会、生日庆祝会，听取意见，交流心得。在日常工作中，“知心姐姐”会走入生产一线，主动和员工交谈，解决员工实际困难，及时关注员工心理健康。这些措施，对于增进员工与企业、员工与员工之间的了解，增强员工的职业认同感，发挥了正面的作用。

二是激发员工的责任感。责任感是行为主体对于责任所产生的主观意识，即责任在人的头脑中的主观反映形式。“责任感”与“责任”有着本质的区别。“责任”指的是人分内应做之事，还需要一定的组织、制度或者机制促使人们去做，具有被动的属性；而“责任感”则是一种自觉主动地做好分内分外一切有益事情的精神状态。有了责任感，人们才能具有驱动自己一生都勇往直前的不竭动力，才能感到许许多多有意义的事需要自己去做，才能感受到自我存在的价值和意义。苏州固锝在

“拟家庭化组织”中，提出“敦伦尽分”的概念。他们认为：每一个人来到这个世间，都有自己的责任和义务。无论是在家庭还是在自己工作的公司，人人都应该承担起应尽的职责和义务。在一个企业大家庭中，每个人都要把自己对公司、对部门、对工作的一份热爱化作一份敦伦尽分，用恭敬心、感恩心以及尽职尽责的心去完成好每一份工作。所谓“恭敬心”，就是爱护天地万物，对周遭的一切人、事、物都抱持一种恭敬的心情。公司提倡“精益管理”，不断地寻找到浪费的根源并加以持续改善；提倡“经费减半销售倍增”，开源节流，提高利润率；提倡“我爱我设备”，把每一台机器都看作自己的孩子，用心呵护；提倡“答案在现场”，把工作现场放在心里，时时刻刻在现场寻找答案。正是这种“责任感”，让员工把工作当作一种不可推卸的责任担在肩头，全身心地投入其中。

三是提升员工的成就感。成就感指人的愿望与现实达到平衡时所产生的一种心理感受，即一个人做完一件事情或者正在做一件事情时，为自己所做的事情感到愉快或成功的感觉。任何人都需要成就感，否则就会觉得这辈子白活了；任何人做任何事都需要成就感，否则就会觉得这件事白干了。如果一个人对自己所做的事情没有成就感，他就不会积极投入，甚至对工作产生厌倦乃至企图逃避等负面情绪。因此，如何提升员工的成就感，是企业组织人事管理的重要课题。苏州固锝在通过人文教育推进精益管理的过程中，策划了“我为精益管理献一策”的金点子征集活动，以此激励全体员工群策群力，共同推进精益改善。员工每提出一个金点子，公司都会给予一元钱的奖励，提建议的员工自动成为金点子实施小组成员。实施完成时，评审小组按照该项目带来的效益设定奖励标准，从 100 元到 2000 元不等，并在每个季度进行金点子评比和颁奖大会。这样的活动，因时制宜，因地制宜，随时随地提升了员工的成就感。

四是树立员工的主人翁意识。所谓员工的主人翁意识，并不是说让员工把自己当成企业的主人这么简单。在企业中，员工总是与具体的岗位联结在一起的，所谓“企业的主人”，其实际的体现是“岗位的主人”。因此，员工的主人翁意识，就是员工以一种与企业血肉相连、心灵相通、命运相系的感觉，去做好本职岗位上的每一件事情，以主人的心态去面对每一台机器，每一件产品，每一位客户，所体现出来的一种积极主动的、勇于负责的意识。有了这种意识，就能够极大地提高员工本人的潜能，从而极大地提高企业的竞争力。树立员工的主人翁意识，企业的文化氛围和管理者的带头作用是不可忽视的，他们直接引导和影响着员工积极性主动性的发挥。苏州固锝公司在幸福企业文化建设中，先是提出“每位干部都是君亲师”的说法；之后，又进一步被扩展为“人人都是君亲师”，即在固锝大家庭，每个人只是分工不同，在人格上人人平等，每位员工都是自己所在岗位的“君亲师”。作为企业大家庭的成员，固锝人目标一致，方向一致；而当这个大家庭有需要的时候，每个人都勇于承担、敢于负责，为“家”来尽心付出。“管理者的第一要义就是复制出像自己一样操心的人”，这样的人，既是岗位的主人，同时也是企业的主人。

五是展现领导的亲和力。亲和力指一个人或一个组织在所在群体心目中的亲近感，及其对所在群体施加的影响力。亲和力源于人对人的认同和尊重，是心灵上的通达与投合。良好的亲和力能拉近老板与员工、员工与客户之间的心理距离，从而产生最大化的管理效能和经济效益。苏州固锝董事长吴念博就是一位具有亲和力的领导者。吴念博坚持要把企业建成员工的家，讲求“父子有亲，兄友弟恭”；而作为“大家长”，他无微不至地关爱员工乃至其父母。中秋节，吴念博会自掏腰包，作为感恩员工的慰问金，亲自为2000多位员工九十度鞠躬双手奉上，并给全体员工的父母致以一封言辞恳切的感恩信。“员工的父母就是我的父母”，固锝给每位员工父母快递的月饼，都是吴念博本人亲自挑选的。虽然成本比较高，但是吴念博认为给父母的一定是最好的。吴念博说：“有的老板收到过子弹、炸药包，而我收到的却是一封封来自千里之外员工父母的最朴实最真挚的感谢信。”正是这些细致入微的关爱，使员工切切实实感受到企业大家庭的温暖和大家长的亲和力。

六是营造企业的人情味。“人非草木，孰能无情？”人情味，源自人性之中最温情的一面，是人与人之间真挚情感的自然流露，是一种给人以爱与关怀的奇妙感觉，是一种由内而外感染他人的个性魅力，是一股可以温暖人心的精神力量。当爱心充满着我们的心灵，当人情味充满着我们的社会，人与人之间将变得更融洽更和蔼更温暖，世界将变得更美好更明亮更宽敞。苏州固锝对于员工的关怀举措，不仅囊括员工本人，还包括员工的父母、子女，乃至离职员工。公司特设黄金老人关爱计划，在职员工的父母、公婆、岳父母，80 周岁以上可享受公司每月提供的养老金 200 元。还有幸福宝宝关爱计划，为员工留在原籍 0—12 周岁的子女送上志愿关怀和关怀金，其父母每年享有带薪假期回家探望孩子、公司报销路费的待遇。公司还设立了“孝亲电话吧”，员工每周可以免费给家里打 10 分钟电话，跟父母说说工作情况，唠唠家常……这些富有人情味的举措，大大增强了企业中情感的正能量。

随着员工情感能量提升的，是企业效益的提升。作为一家生产制造型企业，固锝在进行幸福企业建设的同时，也不断从消除浪费、自动化、目视化、防呆防错等方面积极推行精益管理。吴念博指出：“幸福企业是因，精益管理是果。”如果没有一系列幸福企业项目的推广，如果没有“拟家庭文化”的践行，员工得不到尊重、关爱和信任，就不会焕发出能负责任的主人翁精神，精益管理也很难真正落地。事实证明，“情感逻辑”能够反作用于“效率逻辑”，尽管固锝并不直接通过工具理性追求绩效与利润，但其结果却远远超越了前者所达到的可能。

六、科层制结构与扁平制结构

当代企业的组织结构，正经历着从科层制结构向扁平制结构的变革。

科层制结构是在韦伯“理想的行政组织体系”理论基础上形成的。它具有以下特点：第一，严密性。科层制结构内部实行专业化的分工，并制定了严格的规章制度。专业化的分工将职位分等，而成员所在职位又与其所拥有的权利相一致，从而将整个组织统一在一个层层节制、环环相扣、秩序井然的系统之内。严格的规章制度，将组织的具体要求都公布出来，使其成员的行为有章可循，并且将组织的各种命令和决策都记录下来，使组织的运行严谨而规范。第二，精确性。科层制结构注重对人员专业素养的培训，通过培训使他们具备和增强处理事务和解决问题的能力，进而提高工作的数量和质量。同时，专业化的分工使每一位成员专注于自己的职务和岗位，拥有固定的专业技能，保证了组织运行的可操作性、组织行为的可计算性及行动结果的可预测性。第三，稳定性。科层制结构是按照等级制度在组织内部形成的层级结构，具有一个自上而下的指挥链条。为了摆脱内部人员的非理性因素对工作产生的影响，以法律、法规、条例和正式文件等来规范人员的行为，不得掺加个人情感，公私分明，使组织摆脱了各种非理性因素和长官意志，大大增加了组织的稳定性和连续性。同时，专业化的分工、严格的薪酬奖励制度和升迁制度，更是将组织成员固定在既有的工作岗位上，增加了组织的稳定性，大大降低了因组织人员变动而产生的风险。

但是，科层制结构也带有一些与生俱来不可避免的缺点。第一，理想性。科层制结构本来就是韦伯设计出来的“理想模型”，它在现实中的运用必然会打折扣，不可能照搬到现实组织中。韦伯本人也承认：作为一种理想类型的思维结构，也许像在假定的绝对空间中计算出来的物理反应一样，在现实中是极少见的。第二，非人性。科层制结构按照“理性经济人”理论假设，根本不考虑组织成员的个人情感和心理因素，完全排除了个人的喜怒哀乐，从而把人的价值以可计算性、可预测性和可控制性的目的加以分解，使组织中的人成为没有个性的标准化的角色，这样的角色定位越固定，人性也就越丧失。第三，失真性。科层制结构存在多级组织层次，信息传递层次多，这就增加了信息失真的可能性；同时，组织成员的沟通渠道长，时间和沟通成本显然要增加；另外，组织指挥链长，命令的执行效果极有可能要打折扣。

在当代信息化与全球化的背景下，企业面对的是不断变化的环境、瞬息万变的市场、追求多样化和个性化产品和服务的消费者，且行动的可计算性和结果的可预测性低，原有的科层制结构已经不能适应环境的变化，因而扁平制结构成为组织变革的新趋势。所谓扁平制结构，就是在科层制结构的基础上，通过减少管理层次，裁减冗余人员，从而建立一种紧凑、干练的组织结构。扁平制结构具有以下特点：第一，管理权力分散化。对下级实行充分授权，也就是给予组织处于最前沿、最底端的层级授权，使组织能够迅速对环境的变化作出反应。第二，信息传递多样化。在现代信息传递和网络技术的推动下，组织的信息传递可以采取纵向传递，也可以采取横向或斜向传递，而且成员也可以迅速采取逆向方式发出信息，使信息能够迅速被组织全体成员共享。第三，组织边界模糊化。在组织内部，扁平制是以工作流程为中心而不是部门职能来构建组织结构，在合理分工的基础上实行无边界的工作机制。相对于科层制结构，扁平制结构具有以下优点：第一，灵活性。组织能够对环境的变化迅速作出调整，以保持其适应性。由于层次少，信息的传递速度快，从而可以使高层尽快地发现信息所反映的问题，并及时采取相应的纠正措施。第二，有效性。由于信息传递经过的层次少，传递过程中失真的可能性也较小。此外，较大的领导幅度使领导者对下属不可能控制得过多过死，从而有利于下属主动性和首创精神的发挥。第三，多样性。扁平制没有相对固定的模式，其表现形式有矩阵型、团队型、网络型等，其中网络型又包括内部网络、外部网络、垂直网络、机会网络等。面对复杂多变的环境，组织可根据其特点选择适合自己和适应环境变化的组织结构。

扁平制结构成功的关键在于人的素质与组织的文化。一方面，扁平制结构的管理幅度宽，权力分散，不易实施严密控制，这就加重了对下属组织及人员进行协调的负担，提高了对主管人员的素质要求。另一方面，扁平制结构所隐含的人性假设是“自我实现的人”。该假设认为，人除了有社会需求之外，还有一种想充分表现自己能力、发挥自己潜力的欲望，这就是所谓“士气”。但是，古人说得好：“士为知己者死”，一个组织中的“士”，是否将这一组织及其领导者视为“知己”，能否愿意表现出“自我实现”的“士气”？这些，都有待于对组织文化与组织中人的塑造。苏州固锝的“拟家庭化组织”，在幸福企业文化建设的基础上，朝着扁平制结构的方向，作出了积极的探索。

“领班就是总经理。”在扁平制结构中，企业必须重新分配权力，即重新划分权力边界。企业管理者要回答一个问题：应保留哪方面的权力，哪方面的权力应该下放，下放到哪个层级。倘若这个问题得不到解决，就可能造成某些层级的管理人员乃至最高管理者权限过于集中，甚至会导致混乱。固锝在幸福企业的干部建设方面，提出了“领班就是总经理”的理念，充分信任，赋予领班自主权。吴念博谈道，“领班是最关键的环节，他们深深渗透在第一线，他们在员工中的影响力不可估量，所以我们提出一个口号——领班就是总经理，鼓励每一个领班都把自己放在总经理的高度去思考问题、解决问题、培养员工。你的建议和处理问题的方式是本位的还是从大局出发的，都代表着你的高度”。吴念博对领班们说：“只要你们真心关怀员工，不管是谁，所有花费公司都可以出，公司不能出的我自己出。”为此，他还自费设立了“领班关爱基金”。为了促进班组成员之间相互关心，激励领班关怀本班组员工，固锝每个月都会评选幸福班组和幸福领班。这一评选不仅要看班组产量、产品合格率等指标，还注重员工关怀的数量和质量，以及员工关怀的效应与成果等综合指标。这些做法，一方面鼓励领班们要用全局的观念来处理本班组的问题，所谓“不谋全局者，不足谋一域”；另一方面则要求领班们对第一线的员工予以切实的关怀，以促使每个班组乃至整个企业形成团队型的组织。

“答案在现场。”在实行扁平制组织结构之后，企业必须更多地依靠员工的自觉性与主动性。企业应该赋予普通员工以特定的决定权，这一方面可以减轻中、下层管理者的压力，另一方面也有利于发挥员工的积极性和创造性。苏州固锝提出“答案在现场”的口号，它指的是，每一位员工把工作现场放在心里，时时刻刻在现场寻找答案。“答案永远在现场”最初是公司人文教育中的一堂课，但是固锝员工普遍认为这句话说出了他们的心声，尤其一线员工对此感触颇深。例如，SMT 生产线员工陈磊谈道，“以前经常坐在办公桌旁，现在我们的电脑已经收掉了，办公区域也都精简调整，出现一些问题时再也用不着电话沟通了，做起事情来效率明显地提升了，每个人看待事情的出发点不一样，在现场沟通是最快捷的，也是最有效的”。而新品研发部部长张雄杰在教育班上分享：“答案在现场，那我的现场在哪里？我认为现场在我的心里。我的心在我的工作岗位上，我的心一直放在那里，脑子里就没有上班和下班这个概念，所以我们的内心就是现场。”

“干部都是君亲师。”权力向下转移后，中下层级的管理者不仅会遇到更多的决策问题，而且需要其指导和监督的员工可能也会增加。此时，倘若这些中下层管理者的管理能力没有相应提高，就有可能出现强力控制的倾向或者失控，这两种情况最终都会将企业引向无序。苏州固锝提出“干部都是君亲师”的说法。何谓君亲师？“君”指的是德才兼备的领导，“亲”指的是慈母般的关爱，“师”指的是言传身教的老师。领班柯仲辉谈道，自公司推行幸福企业及人文教育以来，他对自己和班组的变化感触颇深。过去做领班时，只知道向员工要产量、要质量，如果员工因故旷工的话，甚至会以扣工资相威胁，而并没有体恤其请假的原因。自从施行幸福班组考核制度之后，柯仲辉意识到，想让别人听你调动不是件容易事，尤其 80 后、90 后员工，他们对权威并不买账，对个体尊严和个体需要更为看重，想让他们服从你的安排，先得让他们认可你，而管理者为了征得员工的“同意”，就更需要体味员工冷暖，真心给予帮助。由此，柯仲辉通过改变管理方式，逐渐赢得了班组成员的信任，人人主动贡献力量，班组业绩也大幅上升。

总的来看，苏州固锝创造性地运用儒家的家庭观与拟家庭观建设幸福企业，形成独具特色的“拟家庭化组织”，实现了当代企业组织中经济契约与心理契约、效率逻辑与情感逻辑、科层制结构与扁平制结构之间的融合。这不但为中国企业走出了组织建设的新路子，而且为当代企业组织理论的发展提供了有益的启示。

第二章　教化之道：教以人伦的企业教化哲学

■ 典型案例：东莞泰威的“儒学愿景”

东莞泰威电子有限公司（以下简称东莞泰威）成立于1997年。2002年，公司管理层开始学习《论语》、《孙子兵法》、《了凡四训》等中国古代经典。2005年，东莞泰威开始组织全体员工诵读并实践中国文化的经典教材《弟子规》。2008年，全球金融危机爆发，很多企业陷入经营困境，而泰威却生机盎然，更坚定了管理层对中华优秀传统文化的信心。2012年，企业在内部成立泰威学院、斯美书院，提出“深信因果，践行弟子规”的核心价值观，把构建学校型企业作为愿景，以为社会培养德才兼备栋梁人才、浩然正气的谦谦君子作为自己的使命。

在东莞泰威的厂区，广场上竖立的是孔子石雕像，车间的墙壁上到处是传统文化的经典语录：“君子敬而无失，与人恭而有礼，四海之内皆兄弟也”；“孝悌忠信，礼义廉耻，仁爱和平”。办公楼则命名为“教学楼”，两边挂着木刻联语：“大学之道，在明明德在亲民在止于至善修身为本教学为先；古之圣哲教人，格物致知诚意正心修身齐家治国平天下”。在职工餐厅、阳台、宿舍等地，可以听到有播经机或者是广播循环播放国学的经典。

东莞泰威创始人、董事长李文良介绍，企业的愿景是：“成为践行儒家思想的学校型企业。”全体员工，从门卫到董事长，每一位同仁都在主动或被动学习国学经典。新员工入职时，要接受企业内部培训，培训内容除专业技能外，还进行国学文化培训。泰威在企业内部长期举办传统文化学习班，开设幸福人生讲座课程。每周一至周五，诵读经典是员工每天的必修课。早上五点半起床洗漱完毕后，六点整全体员工在食堂集中诵读国学经典。先后读过的经典有：《弟子规》、《孝经》、《礼记·学记》、《朱子治家格言》、《群书治要360》、《了凡四训》、《太上感应篇》、《化性谈》、《大医精诚》等。每周二早上全体集合升国旗、厂旗，唱国歌、厂歌，国旗下分享践行经典的收获。企业编辑《跋涉者》、《行云流水》等刊物、报纸，让大家分享各自的心得。成立蒙学馆，让员工的孩子从小就接受经典的熏陶。为有缘的员工举办传统文化婚礼，让婚礼神圣庄严，让家和万事兴深入人心。

《孝经》上说："夫孝，德之本也，教之所由生也。"在李文良看来，教育的本质就是教做人，做人首先是行孝。把孝落实了，人的动力就出来了，能力就出来了，整个格局也就出来了。在东莞泰威的教学楼上，设有一间庄严肃穆的"祖宗堂"，前排正中供奉"天地国亲师"牌位，背后两边则供奉着工厂内所有员工姓氏祖宗的牌位。"祖宗堂"平时开放给员工祭拜，在清明节、孔子诞辰等重大节日，则组织全厂员工举行隆重的集体祭拜仪式。通过这种方式，教育员工从尊重自己的祖先、圣贤，孝敬自己的父母开始，推延到整个社会，从而成为有道德感和使命感的人。

东莞泰威的核心价值观是："深信因果，践行《弟子规》。"自古以来，中国传统文化以"五福"（长寿、富贵、康宁、好德、善终）作为人生圆满的最高追求。李文良认为："五福"里面最重要的一点就是"好德"，德行是因，长寿、富贵、康宁、善终都是果，有因才有果。我们只要把好德的因种好了，长寿、富贵、康宁、善终就自然会有结果，才有真正的"五福临门"。现在的人把其他四福丢了，只剩下追求财富，当一味追求财富时，就偏离了富贵、康宁、长寿，丢掉了好德，最后也没有善终，没有善终，就是不得好死了。所以，人生的这些福报一定要把它平衡了，不能光追求财富。如果我们没有了健康、没有了长寿、没有了善终，那再多的财富也是没有意义的。

东莞泰威还组织全体员工参加国家高等教育自学考试。在李文良看来，企业不仅仅只是提供员工一个工作岗位和工资，最重要的是要给员工营造一个学习成长的环境。员工不能一味沉浸于追求利益，停留在每天获得一点工资上，最重要的是要成长，成长才是大利。而从企业来说，能为社会培养一批又一批承担中华民族复兴重任的栋梁之才，则是光荣的使命和最高的追求。《周易》上说："天行健，君子以自强不息。"东莞泰威正是希望通过引导员工持续不断的学习和成长，而把君子自强不息的浩然正气涵养出来。

（资料来源：东莞泰威公司官网）

企业是由人组成的，而人是需要教育的。在西方古典管理理论中，对于企业员工的"教育"，仅限于专业技能的培训。而在儒家看来，对于人的教育，更根本的是伦理道德的教化。据《孟子·滕文公上》描述，在尧的时代，天下还不太平，尧便提拔舜来全面治理；大禹疏通河道，百姓才能耕种收获；后稷教人民种植五谷，人民才能养育。但人们吃饱、穿暖、安居而没有教育，便同禽兽差不多。圣人又忧虑这件事，便任命契担任司徒，把伦理道德教给人民——父子讲亲爱，君臣讲礼义，夫妇讲内外之别，长幼讲尊卑次序，朋友讲真诚守信。这就是所谓"教以人伦"。由此，便形成了源远流长的儒家教化传统。东莞泰威立志以儒家思想构建学校型企业，积极推行人伦教化，为社会培养德才兼备的栋梁人才，走出了不同于西方企业的人才培养路子。

一、儒家的教化观

东莞泰威“教以人伦”的企业教化模式，是儒家教化观在当代企业的实践。

教化是儒家的基本功能。据《论语·为政》篇记载，有人问孔子：“你为什么不参与政治呢?”孔子回答道：“《书经》上说，‘孝啊，就是孝敬父母，友爱兄弟’。把这种风气影响到政治上去，这也就是‘参与政治’了呀，又要怎样才算是‘参与政治’呢?”在孔子看来，道德教化与治国理政的功能是相通的，教化就是政治，政治就是教化。用现代的话来说，管理就是教化，管理者就是教化者，管理的过程就是教化的过程。

从教化的对象看，儒家教化观与其民本思想紧密相连。《尚书·五子之歌》指出：“民惟邦本，本固邦宁。”既然民众是国家的根基，那么民众的需求就是治国者的职责。由此，儒家提出“富而教之”的思想。据《论语·子路》记载，孔子到卫国去，冉有为他驾车。孔子说：人口真多呀！冉有问：人口已经够多了，还要再做什么呢？孔子答：使他们富起来。冉有再问：富了以后，又还要再做什么呢？孔子再答：对他们进行教化。孟子进一步把孔子的“庶—富—教”思想具体化，指出，首先要让人民丰衣足食，安居乐业；然后再认真地兴办学校教育，把孝悌的道理反复讲给百姓听，这样年轻人都知道敬老而不会让老人背负重物走在道路上了。[①] 荀子则把富民和教民看作是王道政治的两个基本方面：“不富无以养民情，不教无以理民性。”[②] 不富裕无法满足民众的物质需

① 参见（清）焦循撰，沈文倬点校：《孟子·梁惠王上》，《孟子正义》，中华书局1987年版，第51—61页。

② （清）王先谦撰，沈啸寰、王星贤点校：《荀子·大略》，《荀子集解》，中华书局1988年版，第498页。

要，不教化则无法满足百姓的精神需求。换句话说：不富而教，无效；富而不教，无魂；富而后教，无忧。据《论语·阳货》篇记载，孔子的学生子游到武城这个地方当行政长官，积极以礼乐为手段推行道德教化。一次孔子带着众弟子来观光，一进入武城就听到老百姓弹琴唱歌的声音。孔子笑着说：割鸡焉用牛刀，这样的小地方，哪里需要用这么雅正的礼乐来教化呢？子游回答道：老师，我记得以前听您老人家说过：管理者接受了道德的教化，懂得宽容和仁慈，更能够爱护老百姓；而老百姓接受了道德的教化，懂得规矩和道理，更能够用他们做事。孔子说：弟子们，子游说的对！我刚才只不过是同他开玩笑罢了。这个故事表明，儒家对于人的道德教化是十分重视的。无论是作为管理者的"君子"，还是作为被管理者的"小人"，都必须接受道德教化，先学会如何做人，然后再学习如何做事。

从教化的依据看，儒家的教化观与其人性论息息相关。孔子指出："性相近也，习相远也。"① 这句话的意思是说，人人所禀受的天性，本来是差不多的，没有很大分别；一经过后天的习染，人与人之间便渐渐拉开了距离，不再相近了。在孔子看来，人性在初生时并没有什么固定的形态，就像一张白纸，可以任由后天的环境塑染。环境不同，塑染的状态（或善或恶）也不同。对于孔子来说，当然希望经过塑染后的人性是善的，这也正是他的仁学思想立论的依据和根本的目的。自孔子以后，人性可塑，导人为善，就成了儒家各派人性论的共同特色。孟子持"性善论"，认为人所禀受的天性本来就是善的。人生来就有恻隐之心、羞恶之心、恭敬之心、是非之心；把这些本心加以扩充和发展，就成为仁、义、礼、智这些善良的本性。由此，在孟子看来，塑造人性、导人为善的途径就在于"存其心，养其性"②，这里突出一个"养"字。荀子

① 程树德撰，程俊英、蒋见元点校：《论语·阳货》，《论语集释》，中华书局1990年版，第1177页。

② （清）焦循撰，沈文倬点校：《孟子·尽心上》，《孟子正义》，中华书局1987年版，第878页。

持“性恶论”，认为人生来就有“饥而欲食，寒而欲暖，劳而欲息，好利而恶害”的本性；如果顺其自然，不加限制，就会为恶作乱。由此，塑造人性、导人为善的途径就在于“化性起伪”——“以矫饰人之情性而正之，以扰化人之情性而导之也”①，这里突出一个“化”字。无论是孟子的“养”还是荀子的“化”，都是儒家教化观的表现形式，都是对人性的引导和塑造。近代被称为“儒家慧能”的王凤仪先生提出人有三性：一曰天性，是纯善无恶的，孟子说的性善正是指的天性；二曰禀性，是纯恶无善的，荀子主张的性恶正是指的禀性；三曰习性，是可善可恶的，近朱者赤，近墨者黑，告子说的性可东可西，正是指的习性。由此，王凤仪提出要去习性、化禀性、圆满天性。

从教化的内容看，儒家教化观有道德教化、礼乐教化、神道设教等三个方面。其中道德教化是核心，礼乐教化和神道设教是辅助道德教化的必要手段。首先是道德教化。孔子当年收徒办学，其主要目的是培养“君子”。所谓“君子”本义指国君的孩子，属于当时社会的统治阶层。而孔子发现，这些由于宗法血缘制度而生下来就获得统治者地位的“君子”们，本身却不具备合格统治者的德性。“德之不修，学之不讲，闻义不能徙，不善不能改，是吾忧也。”② 由此，孔子便着力开展对“君子”的道德教化，以期进一步影响民众的行为，净化社会的风气，即所谓“君子之德风，小人之德草，草上之风必偃”③。记载孔子道德教化实践的《论语》一书，涉及了包括“仁、义、礼、智、信”、“恭、宽、信、敏、惠”、“智、仁、勇”在内的几十条德目。在此基础上，后儒特别概括出诸如“五伦十义”、“三纲五常”、“四维八德”等道德教化的内容。“五伦”指君臣、父子、兄弟、夫妇、朋友等五种人伦

① （清）王先谦撰，沈啸寰、王星贤点校：《荀子·性恶》，《荀子集解》，中华书局1988年版，第435页。

② 程树德撰，程俊英、蒋见元点校：《论语·述而》，《论语集释》，中华书局1990年版，第439页。

③ 程树德撰，程俊英、蒋见元点校：《论语·颜渊》，《论语集释》，中华书局1990年版，第866页。

关系。“十义”指父慈、子孝，夫和、妇从，兄友、弟恭，朋谊、友信，君敬、臣忠等十类行为准则，要求父母要慈爱子女，子女要孝顺父母；丈夫对妻子要和气，妻子对丈夫要听随；兄姐要友爱弟妹，弟妹要恭敬兄姐；结朋要讲究情谊，交友要讲究信义；君主要尊重臣子，臣子要忠于君主。“三纲”指“君为臣纲、父为子纲、夫为妻纲”，要求为君、为父、为夫的要为臣、子、妻作出表率，为臣、为子、为妻的必须服从于君、父、夫——前者体现了孔子的精神，后者则掺入了先秦法家韩非子的思想。“五常”指“仁、义、礼、智、信”等五种恒常不变的道德原则，“四维”指“礼、义、廉、耻”，“八德”指“孝、悌、忠、信、礼、义、廉、耻”——后者是对前者的扩展。这些，就是儒家道德教化的主要内容。

其次是礼乐教化。孔子十分重视诗教、礼教、乐教，他在《论语·泰伯》中指出：“兴于诗，立于礼，成于乐。”其中的“礼”既是道德教化的内容也是推行教化的手段。荀子专门著有《礼论》，指出：“礼者，养也”，其作用就在于调养人们的欲望、满足人们的要求，使人们的欲望不会由于物资的原因而得不到满足，物资不会因为人们的欲望而枯竭，使物资和欲望两者在互相制约中增长。在他看来，思想上，循礼则通顺，不循礼则错乱；生活上，循礼则协调，不循礼则会发生毛病；行为上，循礼则温文尔雅，文质彬彬，不循礼则偏邪不正，庸俗粗野。“故人无礼则不生，事无礼则不成，国家无礼则不宁。”[①] 荀子还专门著有《乐论》，指出：“夫声乐之入人也深，其化人也速。”音乐中正平和，民众就和睦协调而不淫荡；音乐严肃庄重，民众就同心同德而不混乱。民众和睦协调、同心同德，兵力就强劲，国防就牢固，人民就安居乐业了。《礼记·乐记》则比较了礼乐在教化和治国中的不同作用和目的，指出：“故乐也者，动于内者也；礼也者，动于外者也。”乐用于陶冶内心，就会产生平易正直慈爱诚信的心情，因而让人感到快乐而心

① （清）王先谦撰，沈啸寰、王星贤点校：《荀子·修身》，《荀子集解》，中华书局1988年版，第23页。

神安宁；礼用来整饬外貌，就会给人以庄重恭敬之感，因而使人获得威严。乐追求的目标在于和，礼追求的目标在于顺。内心和悦，民众就乐于听从；外貌恭顺，民众就乐于服从。因此，深刻地体会礼乐之道，并将它们用来教化民众，治国理政，天下就没有什么难办的事情了。

再次是神道设教。“神道设教”思想，最早出自儒家经典《周易·观卦·彖辞》：“观天之神道，而四时不忒。圣人以神道设教，而天下服矣。”《周易正义》疏曰：“神道者，微妙无方，理不可知，目不可见，不知所以然而然，谓之神道。‘圣人以神道设教，而天下服矣’者，此明圣人用此天之神道，以‘观’设教而天下服矣。天既不言而行，不为而成，圣人法则天之神道，本身自行善，垂化于人，不假言语教戒，不须威刑恐逼，在下自然观化服从，故云天下服矣。”所谓天之神道，本来指四季循环等自然秩序，循环往复，生生不息，无休无止，奥妙无穷。圣人通过制定敬天祭祖的礼仪，将这种奥妙的“神道”彰显出来，其意义在于实现人道教化，从而使人心归服。

儒家重人，关注的是当下的人生。据《论语·先进》篇记载：孔子的学生子路问服事鬼神的方法，孔子回答：活人还不能服事，又如何去服事鬼神呢？子路又请教死是怎么回事，孔子回答：生的道理还没有弄明白，又怎么能够懂得死呢？在这里，孔子主张以人为重，鬼神次之，人的事情没有处理好，就不可能去考虑鬼神的事情。但从根本上说，儒家并不反对服事鬼神，只是将对鬼神的信仰与祭祀放在整个道德教化的系统中去思考而已。《孝经》上说：“孝子之事亲也，居则致其敬，养则致其乐，病则致其忧，丧则致其哀，祭则致其严。”由此看来，对鬼神的祭祀包括在孝道之中，即是儒家道德教化的题中应有之义。

《礼记·祭统》上说：“凡活人之道，莫急于礼。礼有五经，莫重于祭。是故君子之教也，必由其本，顺之至也，祭其是与！故曰祭者，教之本也。”由此，祭祀又跟礼乐教化有了紧密的联系。据《礼记·祭义》记载：孔子的学生宰我请教鬼神的含义，孔子回答说：“气也者，神之盛也；魄也者，鬼之盛也；合鬼与神，教之至也。”在孔子看来，祭祀鬼神，乃是教化之极致。《论语·学而》指出：“慎终追远，民德归厚矣。”

慎重地对待父母的离世而思考人生的意义，追念久远的祖先而效法先古的圣贤，民众的道德风气自然就醇厚了。

《荀子·礼论》指出："祭者，志意思慕之情也，忠信爱敬之至矣，礼节文貌之盛矣。苟非圣人，莫之能知也。圣人明知之，士君子安行之，官人以为守，百姓以成俗。其在君子，以为人道也；其在百姓，以为鬼事也。"其大意是说：祭祀是人们对祖先思慕感情的真实表达，是忠诚信爱的极点，是礼仪制度的最高表现。如果不是圣人，是不能懂得这一点的。圣人明确地了解它，士君子安心地实行它，百官把它作为职守，百姓把它形成风俗，君子把它作为治国之道，百姓用它侍奉鬼神。由此看来，祭祀祖先并不是什么鬼神迷信，而是具有极其丰富的人文内涵。它通过"神道设教"的形式，把复杂的道理简单化，让精深的内涵民俗化，从而深刻地影响着民众的精神气质。

从教化的实践看，儒家教化观留下了丰富的历史记录。汉代以后，由于统治者的提倡，中国社会形成了一个十分完整而庞大的教化网络，既包括官学和私学在内的各级各类学校系统，又包括乡规乡约、族法家训、民间祭祀、戏剧小说等一系列非学校系统。汉代的中央官学"太学"，鼎盛时学生达30000多人，历代的府学、州学、县学等地方官学更是遍布全国各地。私学中的书院，如江西庐山的白鹿洞书院、湖南长沙的岳麓书院、河南登封的嵩阳书院和河南商丘的应天府书院等，一度成为中国学术界的骄傲。私学中程度较低的私塾、家塾、义学等蒙学机构，不但星罗棋布，而且为后人留下诸如《三字经》、《百家姓》、《千字文》、《弟子规》等至今脍炙人口的启蒙读物。乡规乡约以北宋蓝田"吕氏乡约"为代表，提倡"德业相劝，过失相规，礼俗相交，患难相恤"。族法家训以清代《朱子治家格言》的影响最大，被士大夫尊为"治家之经"，清至民国年间一度成为童蒙必读课本之一。此外需要指出的是，自宋代以后，中国传统文化呈现出儒释道"三教合流"的趋势，儒家的教化观与佛教的"因果报应"和道教的"祸福自召"等思想相结合，更加深刻地影响着普通民众的思想观念和行为举止。

上述东莞泰威在企业教化中所举办的"泰威学院"、"斯美书院"，可以说是继承了历史上“私学”特别是书院的传统。其所采用的教材中，《论语》、《礼记》、《孝经》等来自官方厘定的“儒学十三经”；《弟子规》、《朱子治家格言》等来自民间的蒙学课本。《群书治要》是唐代魏征等人从儒家经典、诸子著述和历代史书中撷取材料，而为唐太宗编写的治国安邦教材。《大医精诚》来自唐代名医孙思邈所著《备急千金要方》开宗明义第一卷，是培养医者精诚医德的读本。《太上感应篇》由宋代李昌龄所撰写，是宣扬“善有善报、恶有恶报”的道教作品。《了凡四训》是明代袁黄（号了凡）融合儒、释、道三家思想，而给儿子留下的家训。《化性谈》是近代善人王凤仪教人尽忠孝之道而化性立命的通俗读本。这些，都可以说是拜以儒家思想为代表的中国教化传统所赐。

二、学习型组织

东莞泰威的愿景是“成为践行儒家思想的学习型企业”，也与来自西方的“学习型组织”理论相应。

“学习型组织”（Learning Organization）是美国学者彼得·圣吉（Peter M. Senge）1990年在《第五项修炼》一书中正式提出的管理理念。其基本观点是：企业持续发展的源泉，是提高企业的整体竞争优势和能力；提高整体竞争优势和能力的源泉，则是使企业成为善于学习的学习型组织。为此，就必须掌握五项技能：自我超越、改善心智模式、建立共同愿景、团体学习、系统思考——它们被统称为“五项修炼”。其中的“自我超越”，指的是不断理清个人的真正愿望，并看清现状与自己愿望间的距离，从而产生出“创造性张力”，实现自己内心深处最想实现的愿望。“改善心智模式”，指的是改善影响我们了解这个世界，以及如何采取行动的假设和成见，从而适应各种复杂环境并作出正确的决策。“建立共同愿景”，指的是树立组织全体成员心中共同的目标、价值观与使命等，从而形成强大的凝聚力，推进组织不断地发展。“团体学习”，指的是每一团体中各成员通过深度会谈与讨论，产生相互影响，以实现团体智商远大于成员智商之和的效果。“系统思考”，则是五项修炼的核心，它帮助人们从局部看整体，从表面看本质，从静态认识动态，从而从根本上研究问题、分析问题、解决问题。

学习型组织理论，虽然诞生于当代的西方世界，但其理念却与中国传统文化有着惊人的契合之处。彼得·圣吉在其《第五项修炼》的中文版“序言”中指出：“就我的了解，中国传统文化的演进途径与西方文化的演进途径略有不同。你们的传统文化中，仍然保留了那些以生命一体的观念来了解万事万物运行的法则，以及对于奥秘的宇宙万有本原所体悟出极高明、精微和深广的古老智慧结晶。”① 细加分析，学习型组织理论与中国传统文化之间确实存在着许多异曲同工之处。

一是重视学习。学习型组织理论强调学习的重要性，要求组织中的成员均应养成学习的习惯，在工作中学习，在学习中工作。只有这样，才能形成良好的学习气氛，从而不断突破组织成长的极限，保持组织持续发展的态势。儒家十分重视学习，《论语》首句就是“学而时习之，不亦说乎！”这里的“学”是读书，“习”是实践。在孔子看来，努力读书，将书本中的道理运用到实践中并取得成效，是一件十分令人喜悦的事情。《荀子》首篇就是《劝学》：“君子曰：学不可以已。”在荀子看来，学习是不可以停止的。君子广泛地学习，而且每天检查反省自己，那么他就会聪明机智，而行为就不会有过错了。荀子还比喻道：不积累一步半步的行程，就没有办法达到千里之远；不积累细小的流水，就没有办法汇成江河大海。因此，没有刻苦钻研的心志，学习上就不会有显著的成绩；没有埋头苦干的实践，事业上就不会有巨大的成就。

二是重视修炼。学习型组织理论认为，组织的障碍，多来自于个人的旧思维，例如固执己见、本位主义等，只有通过学习修炼，修正自身的行为，才能改变原有的心智模式，适应新的知识和见解。孔子主

① ［美］彼得·圣吉等：《第五项修炼——学习型组织的理论与实务》，郭进隆译，上海三联出版社 2001 年版，第 3 页。

张“克己复礼为仁”①，通过自我修炼、自我约束而达到理想的境界。关于“修身”的具体内容，《论语·子罕》提出“四绝”：“毋意，毋必，毋固，毋我。”大意是：不要凭空臆测，不要绝对肯定，不要拘泥固执，不要自以为是。《论语·季氏》提出“九思”：“视思明，听思聪，色思温，貌思恭，言思忠，事思敬，疑思问，忿思难，见得思义。”大意是：看的时候，考虑看明白了没有；听的时候，考虑听清楚了没有；脸上的颜色，考虑是否温和；容貌态度，考虑是否庄重；说话的言语，考虑是否忠诚老实；对待工作，考虑是否严肃认真；遇到问题，考虑怎样请教别人；将要发怒，考虑有什么后患；看见可得的，考虑自己该不该得。

三是重视团队。学习型组织理论主张，团队的共同愿景可以凝聚组织上下的意志力，形成共识，大家努力的方向一致，个人就乐于奉献，为组织目标而奋斗；团队智慧应大于个人智慧的平均值，透过集体思考和分析，找出个人弱点，就可以强化团队的向心力。《论语》主张：“礼之用，和为贵”，肯定和谐在组织管理中的价值；《孟子》主张：“天时不如地利，地利不如人和”，强调和谐在组织稳定中的作用。《荀子》指出：“和则一，一则多力，多力则强，强则胜物。”如果协调组织成员彼此的关系，人人各得其所，就能和衷共济；和衷共济组织就能团结一致，团结一致力量就增大，力量增大组织就强盛，组织强盛就能战胜万物了。换句话说，组织内部的人际关系得到协调，组织的资源就得到汇集和放大，从而获得“整体大于部分之和”的效果。

四是重视整体。学习型组织理论主张，应透过信息搜集，掌握事件的全貌，从而培养综观全局的思考能力，看清楚问题的本质，了解事物的因果关系。彼得·圣吉在《第五项修炼》开篇之处便提出：“自幼我们就被教导把问题加以分解，把世界拆成片片段段来理解。这显然能够使复杂的问题容易处理，但是无形中，我们付出巨大的代价——全然失掉对‘整体’的连属感，也不了解自身行动所带来的一连串后果，当

① 程树德撰，程俊英、蒋见元点校：《论语·颜渊》，《论语集释》，中华书局1990年版，第817页。

我们想一窥全貌时，便努力重整心中的碎片……这本书所提出的构想和工具，就是要打破这个世界是由个别、不相关的力量所创造的幻觉。”① 与西方文化不同，中国文化主张的是整体的宇宙观。《周易》认为，宇宙是一个动态、开放，而又内外、上下、左右各部分相互联系、相互贯通的整体。每个事物都在运动着，别的事物影响着它，它也影响着别的事物。在《周易》的观念中，个体与整体是不可分割的：只有先明确了整体定位，才能作有意义的个体定位；如果整体的发展方向不明，也就必然对个体的存在与运作带来影响。因此，中国人的思维方式，总是注重“从整体看局部”，而不仅是“从个体看全体”。②

也许是有感于学习型组织与中国传统文化的高度契合，彼得·圣吉对中国的儒、释、道思想产生了浓厚的兴趣。他拜南怀瑾先生为师，率领他的团队多次来华向南先生请教，并在其新著《修炼的轨迹》中大量吸收了中国传统文化的智慧，特别是南怀瑾先生对儒家经典《大学》中“修身”思想的独特诠释。

《大学》上说：“大学之道，在明明德，在亲民，在止于至善。知止而后有定，定而后能静，静而后能安，安而后能虑，虑而后能得。物有本末，事有终始。知所先后，则近道矣。”《大学》的宗旨，在于弘扬高尚的德行，在于关爱人民，在于达到最高境界的善。那么，如何达到这个“最高境界的善”呢？作者提出了“知、止、定、静、安、虑、得”七个步骤。南怀瑾认为，这就是修持领导能力的过程。想当个伟大的领袖，就须进入这七个修身阶段，这七件事看起来像是同一回事，实际上却是个极为漫长的过程。其中的关键是“止”。在南怀瑾看来，所谓“止”，就是“停止思想之流”（stopping the flow of thought）。这一点对领导者非常重要，因为没有达到这种状态的人，会受到贪恋、恐惧、愤怒与焦虑等各种情绪的阻碍，这些情绪让他们无法获得“正见”，也就

① ［美］彼得·圣吉等：《第五项修炼——学习型组织的理论与实务》，郭进隆译，上海三联出版社 2001 年版，第 2 页。

② 参见黎红雷：《中国管理智慧教程》，人民出版社 2006 年版，第 5 页。

是正确的判断。一旦真正做到了止，就会走上第三个阶段："三昧"，或是"定"的阶段。达到真正的"定"以后，就能达到真正的"静"。如此，你便会处于一种"安"的状态，让你能做到"虑"。当你能真正地思考，你就能达到自己应该达到的目标。

南怀瑾对《大学》"修身"思想的诠释，极大地启发了彼得·圣吉及其学习型组织理论研究团队。他们提出了"U 型理论"，企图发现思维的盲点，以引发人们的内在潜能。在他们看来，"儒家学说关心个人长期的修身或发展。南先生虽未提到这个修身的过程确切要花多少时间，但他谈道：'进入这些阶段'是培养领导能力一种'极为漫长的过程'，用东方的词汇来说，可能要经历许多世才能做到。这么说来，儒家思想补充了'U 型理论'的不足。"彼得·圣吉本人则指出："修身，'成为一个真正的人'，是我们这个时代最重要的领导议题，过去没有一个时代，像今日这般地需要这种态度。这是一个非常古老的观念，但却蕴藏了走向'全球民主'（global democracy）新时代的锁钥。"①

彼得·圣吉及其团队通过学习中国传统文化，促进了"学习型组织理论"的深化和发展，反映出东西方管理思想在当代的融合趋势。就此而言，东莞泰威依据自己对中国传统文化的理解和实践，而提出"成为践行儒家思想的学习型企业"愿景，也就丝毫不令人感到奇怪了。

三、践行《弟子规》

东莞泰威的核心价值观是："深信因果，践行《弟子规》。"我们这里先谈谈其中的"践行《弟子规》"。

《弟子规》原名《训蒙文》，是清朝康熙年间的秀才李毓秀编写的一本蒙学读本；后经清朝的贾存仁修订改编，并更名为《弟子规》。全

① ［美］彼得·圣吉、奥图·夏默：《修炼的轨迹——引动潜能的 U 型理论》，天下文化出版社 2006 年版。

文由三字一句的韵文形式组成，共360句，1080个字，可分为七章90段。这里的“弟子”就是学生，“规”是规范的意思。《弟子规》的基本精神来自《论语·学而》篇第六章孔子说的一段话：“弟子，入则孝，出则悌，谨而信，泛爱众，而亲仁，行有余力，则以学文。”编者以此为纲，并融合进儒家的其他教导，以及几千年来中国人做人做事的感悟，可以说是一本集中体现儒家道德教化思想的人生启蒙教材。如今，《弟子规》被许多中国企业采纳为员工培训的教科书，光是笔者为华商书院学员编写的企业版《弟子规》，十年来就先后翻印了300多万册，在5000多个企业推广和践行，收到了很好的效果。

以下就是东莞泰威等一些企业按照《弟子规》各章的要求，所建立的“企业员工行为规范”。①

第一章“孝”：员工对待父母和领导的行为规范

1. 在家听到父母喊自己的名字时要立刻回答，父母安排的事情要立即去做，不能养成拖延偷懒的习惯。在工作中，要养成雷厉风行、令行禁止的工作作风。

2. 在家要恭敬地聆听父母的教诲，做错了事要顺从接受父母的责备。在工作中，领导的教导、批评是关心、是爱护，切不可顶撞、强辩。

3. 在家要时刻关心父母的居住条件，让他们的住所冬暖、夏凉，切不可只顾自己小家庭的温馨，而不顾老人居住环境的优劣。在工作中，要养成心细如丝、注重细节的良好习惯。

4. 外出时要告知父母，回家时要报声平安，长期在外地，更应经常电话报平安，以免父母牵挂，有条件时常回家看看。要有固定的居所，要有固定的职业和岗位，不做无长志、无追求的人。对职业要专注，对事业要有恒心，学会辩证地分析外界的诱惑，不要轻率跳槽。

5. 要尊重父母的知情权和指导权，不因事小而不请教，如果有意

① 参见“弟子规在企业网站”，www.dzgzqy.com。

瞒着父母私自做事，则不符合子女的身份。在工作岗位上，必须按要求、按程序向上级请示、汇报，不自作主张、不越权。

6. 在家时，再小的东西也不能私自隐藏，否则会让父母生气。在单位，只要不是自己的私有物品，都不可窥视或据为己有。

7. 要尽力给父母所喜欢的东西，凡是父母所讨厌的，一定要彻底处理掉。在岗位上，企业倡导的活动要率先参与，一切影响工作环境和效率的不良爱好都要克服。

8. 保持身体健康、不受外伤是对父母极大的孝。遵纪守法、守规守矩，不犯法，不破坏道德规范，是对父母养育的报答。在岗位上，要严格按照生产操作规程和安全守则搞好安全生产，使工伤降至最低。要做到不犯法、不违背社会道德、不做损坏企业形象的事。

9. 得到父母亲喜欢、疼爱时，能够尽孝并不难，但如果得不到父母亲的喜欢和疼爱，也要和颜悦色地孝敬他们。在单位，如暂时得不到重用，是因为个人的努力程度或技术技能不够，这时，更要发奋图强，力争上游。

10. 父母亲有了过失，要耐心劝说，注意说话语气要柔和。上司决策有偏差时，要负责任地在合适的时间和场合提出建设性意见，态度诚恳，语气柔和。

11. 父母亲有了过失而不接受劝说，就等他们心情好的时候再劝。如果父母仍然不听，还需努力劝说，即使受到委屈也毫无怨言。在工作中，如果自己的建设性意见不能引起领导的重视和支持，就再找合适的机会提出，只要对企业有利的意见领导迟早会采纳，切不可对领导有怨言或消极怠工。

12. 父母亲病了，喂汤药时要先尝一尝，看看是不是太烫。要及时提醒父母亲吃药、打针，应时刻守护在父母亲的病床前，不能因为事业忙便可以推辞，要定期带父母亲到医院检查身体。如果公司出现了什么事件或机器设备出现故障而停产，作为员工应站在第一线，积极想办法出力解决问题，切不可以袖手旁观，要做到尽忠尽职。

13. 父母亲去世后，要时时感念他们的恩情，在较短的时间内不可放肆享受、肆无忌惮地追求物欲、放纵情欲。员工如果因失误而造成单位损失，要自己时常警醒，吸取经验教训，切不可好了伤疤忘了疼。

14. 父母亲的丧事要按照当地的风俗去办，祭祀时要完全出于诚心。对待去世的父母，要如同他们在世时一样。在单位，做工作要有头有尾、慎终如始地完成，做事情不可半途而废，虎头蛇尾。

第二章“悌”：员工对待兄弟姐妹和同事的行为规范

15. 在家庭中，哥哥姐姐要爱护弟弟妹妹，弟弟妹妹也要尊重哥哥姐姐，兄弟姐妹间的和睦本身就是对父母的孝。在单位中，要懂得尊重别人，无论职务高低、工龄长短，能在一起共事就是缘分，要懂得珍惜。

16. 兄弟姐妹之间把钱财看轻一些，自然就不会结怨；话语上相互忍让，自然就不会生气。在工作岗位，不要一味地计较薪金报酬，关键是要学会换位思考，薪金报酬并不是人一生追求的唯一目标，更要注重对人生价值的追求。

17. 无论就餐还是开会，或坐或走，都应谦虚礼让、长幼有序，让年长者优先，年幼者靠后。在社交场合，应养成良好的行为习惯，要培养规范的礼仪准则，主动给长者或领导让位，行走时要跟在长者或领导后边。与领导或客人共餐，要请别人先吃，不可抢先就餐，有失礼节。

18. 听到年长者或领导叫人时，应立即替他去叫。如被叫的人不在，自己应在第一时间内跑到长者面前，看长者有什么吩咐。工作中要学会上传下达，清晰表达上级的指示与要求，如实传达给下级。

19. 称呼长者或领导，不能直呼其名，有职务的称职务，没有职务的也要尊称别人。在别人面前，切忌夸大炫耀自己的能耐，要谦虚、稳重，避免显得浮浅、不更事。

20. 在路上遇到长者或领导时，要快步上前主动问候，如对方一时没说话，要退到一旁待命，等候指示。

21. 自己驾车或坐在车里遇到长者或领导，要放慢车速，主动问候或邀请长者、领导上车。送客人时要注意目送到看不见人为止，切不可虚情假意。

22. 如果长者或领导站着，自己就不可以坐下；长者或领导入座后，自己方可坐下。会议或活动时，要按安排入座，不可抢位。

23. 汇报工作或与领导谈话时，声音要控制在领导能听清楚为合适，不可过高或过低。

24. 见到长者或领导时，要快步上前问候或请示，告退时，要缓慢退出。长者或领导问话，要起立回答，眼睛要看着对方，不可东张西望。

25. 像尊重自己的父母一样尊重别人的父母，像对待自己的兄弟姐妹一样对待别人的兄弟姐妹。做儿媳或做女婿的更要真诚地孝敬对方父母。在工作中，对待其他单位的领导或客户，要像对待自己单位的领导一样尊重，这是每位员工应有的素质。

第三章“谨”：员工行为举止规范

26. 要惜时如命。人的一生非常短暂，转眼间就从少年到了老年，所以要克服睡懒觉的习惯，用更多的时间做更有意义的事情。严格遵守企业的考勤时间要求，不迟到、不早退、遵守请销假制度。

27. 要讲究个人卫生。早晨起床后，先要洗脸刷牙，每次方便后都要洗手，要勤洗澡、常换洗衣物。保持良好的个人卫生是对别人的尊重和对自身的负责。

28. 衣着穿戴要遵循岗位要求、适合个人身份。帽子要戴端正，衣服纽扣要扣好，袜子和鞋子穿整齐，鞋带要系紧。禁止另类、奇特的穿戴和打扮。

29. 脱下的衣服要挂好、洗净，放置在固定的位置，不要乱扔、乱放，以免把衣服弄脏。

30. 吃穿不可盲目跟风攀比、一味追求名牌时装，而造成经济压力。只要是符合身份、整洁大方的衣服就是合适的。

31. 对于食物，不挑食、不偏食，注意营养均衡，吃东西不可过饱，掌握中华传统食疗养生的基本知识，确保饮食科学、身体健康。

32. 饮酒要有度，不酗酒、不醉酒、不要酒疯，提倡文明饮酒。

33. 站立时身体要端庄直立，坐着时身体不要斜靠在椅背上，行走时要不急不慢从容大方，与人见面时要主动握手。

34. 不要长时间站在门口正中央，不要用一根腿支撑着身体斜靠在墙上，蹲坐时不能叉开双腿，不要让双腿抖动不止。

35. 手里执空容器时，要像拿着装满物品的容器一样小心。进入没有人的房间时，要像进到有人的房间一样小心，不要乱走乱动。

36. 做事情不要匆忙，匆忙容易出差错。不要害怕困难，要做到知难而进，再小的事情，也不要轻视，小事情更要细心去做。

37. 凡是打架嬉闹的场合，一定要远离而不靠近。凡是不正当、不合情理的事情，一定要远离而不去过问。在岗位上，要严格遵守企业保密制度，不该问的坚决不问。

38. 进入别人家门前或进入别人办公室前，要先敲门，得到允许后才可进入。走到别人家院子里，要提高声音说话，以便让里面的人知道。

39. 进入别人房间或打电话给别人时，里面的人问你是谁，要回答自己的名字，不能用“是我”来应付。

40. 借用别人物品时要事先征得别人的同意，不能不问一声就拿走，这样可以被视为偷盗。

41. 借别人物品要按时归还，以后若有急用，再借就不难。同事之间尽量不要借钱，如果借了同事的钱，一定守诺按时归还，不要影响同事之间的友谊。

第四章“信”：员工道德品质规范

42. 凡是说出口的话或承诺的事情，首要的就是真实不虚伪，信用为先。说谎话骗领导或同事，或胡言乱语说话没有分寸，是不可以的。

43. 少说话，多干事，是优秀员工的优良品质之一。说话要恰到好处、符合实际，花言巧语会让人厌恶。

44. 虚伪狡诈、尖酸刻薄、下流低俗、牢骚的话、无用的话都不能说。阿谀奉承、溜须拍马的市侩习气，要彻底戒除。

45. 没弄清楚的事情不能随便讲，更不要轻易发表意见。道听途说、没有事实根据的话不要随便传播。严格遵守企业保密制度，没有传播义务的秘密坚决不传、不说、不讨论。

46. 不合事理、不妥当或办不到的事情，不要轻易许诺，学会委婉拒绝，否则会进退两难，误人误己。

47. 与人沟通时要做到口齿清晰，说话语气不要太急，要舒缓得当、高低合适、把话讲清楚。

48. 别人的是非之事不要参与，不去多管。要学会倾听。做领导的要有很强的辨别是非的能力，针对员工的投诉要调查事实真相，不可随便下定论。

49. 向修养好、素质高、责任心强的人学习，别人的优秀表现是自己学习的榜样，只要肯努力，就会逐渐进步。

50. 要常常反省自己，不做有损集体和他人的事情。见到有损企业的事情，要加以制止，全力维护企业利益。

51. 个人的道德品质和才能会影响一生的成就，要注重思想品德，提高个人修养，加强业务学习，不断提升自我。

52. 不盲目攀比消费、贪图享受。要学会理财，使生活变得宽余而不拮据。

53. 学会宽容，勇于接受批评和指责。对于别人的夸奖和赞美要辩证分析，只喜欢听到别人称赞恭维的人，很容易骄傲、轻浮。听到赞美自己能感到惶恐不安、听到批评自己能欢欣接受，这样才会不断进步，容易得到别人的帮助。

54. 无意中做错事，叫作“错”；故意做错事，叫作“恶”。知错能改是一种美德，掩盖错误是一种恶习。

55. 有了过错，要勇于承担责任，敢于改正。不肯承认错误和承担责任，就不可能得到认可和重用。

第五章 “泛爱众”：员工人际关系规范

56. 每一个人都需要得到别人的爱，所以大家要互相关爱、互相尊重。要想得到别人的尊重，首先要学会尊重别人。

57. 行为高尚的人，自然德高望重。人们敬重的是一个人的品行，而不是看他是否有一副好的相貌。

58. 一个有丰富学问和技能的人，名望自然会很大。人们所佩服的，是有真才实学、真本领的人，而非自吹自擂的人。在职场上，慎终如始地保持谦虚态度，不自吹自擂，注重学识与技能的不断提高，自然就会有很高的名望。

59. 自己有了才能，不要只为自己牟私利，应当多做一些有利于别人和社会的事情。别人有才能和技术，不能心生嫉妒、随便讽刺挖苦别人，而要虚心学习别人的长处和优点。

60. 不要谄媚巴结富有的人，也不要对穷人傲慢无礼。如果自己有了成就，不可忘记帮助过自己的老朋友而只喜欢结交新朋友。

61. 当别人正在忙着的时候，不要随意去打搅别人。别人心情不好的时候，尽量不要打扰别人，要学会察言观色。

62. 对于别人的短处，不要揭穿和宣扬。知道了别人的隐私，也不能说出去。

63. 称赞别人的善行，本身就是一种美德。别人知道你在赞美他时，就会更加努力地去做好事。同事有了进步，要加以肯定和夸奖，这样他就会更努力地干好工作。

64. 宣扬别人的恶行，本身就是在做坏事；过分的宣扬别人的恶行，容易给自己招来灾祸。

65. 同事之间要互相劝告多做好事，让大家都成为品德高尚之人。如果不能相互劝导行善，在品德修养上就会有缺陷。

66. 同事之间交往要多付出，少索取，拿人家东西和给人家东西，要分清楚，拿人家东西要少一些，送人家东西要多一些，这是礼尚往来的基本原则。

67. 安排别人做一件事情时，先想想自己愿不愿意做；如果自己都不想做的话，就不要要求别人去做。

68. 受人之恩，要感恩在心、永生不忘，时时想着报答人家。别人对你有过错，不要放在心上，学会宽容大度，能原谅别人的过错也是一种美德。

69. 对待下属，最重要的是自身品行要端正，还要能做到慈爱、宽厚，要有亲和力。

70. 以势压人，不会让人敬佩；以理服人，才会让别人心悦诚服。

第六章“亲仁”：员工德行修养规范

71. 同样在世为人，品行高低各不相同，平庸世俗无德行的人很多，而有威望与深厚修养的人却很少。在职场上要做德行高尚的君子，切不可做只图私利而害人害己的小人。

72. 品德高尚的人说话时直言不讳，办事公道、处事公平，大家会对这种人存敬畏之心。

73. 多亲近品德高尚的人，自己的德行会一天一天得到进步，过失就会越来越少。

74. 不亲近品德高尚的人，就会有无限的害处；自身抵挡不住小人的诱惑，就会亲近小人，过失会越来越多，而终不成事。

第七章“学文”：员工学习成长规范

75. 学过的知识，就要实践运用，一味地读死书，不好好运用已经学到的知识，长此以往，心性就会变得浮华不实，不会有所成就。

76. 一味地由着自己的心性和习惯爱好行事而不注重知识的更新和积累，就不会明白做人做事的道理。

77. 读书是学习知识最重要的方式。读书要做到心记、眼看、口读，这样印象会更深刻，用起来更方便自然。

78. 读书时不要贪多，要求精，一本书未读完，不要急着换读其他的书。读书贵在专一，所以，要注意把书中的道理真正理解和消化。职场中人读书，首先要选择能够提高自己修养和能力并对自己工作有所帮助的书籍。

79. 读书、研究课题时，如果心中有疑问，要养成随时做笔记的好习惯，从多种方式求答案，直至把疑问解决掉，不要囫囵吞枣、得过且过。工作中，绝不放过问题。

80. 维持良好的工作环境、生产环境，办公用品和文件、资料都要有固定的位置存放，要摆放整齐、有秩序，便于查找和保存。

81. 古人讲墨磨偏了是心不端正，字写得不工整是思想出毛病。同样，员工生产出不合格的产品，是态度不端正造成的，所以，干工作首要的是要有端正的心态。

82. 学习时，书本要有固定的位置摆放。工作中，办公、生产所需要的资料、档案要注意随时整理、妥善存放，严格执行档案资料管理规定，保持资料的完整性。

83. 读书人爱书如命。员工要爱护自己的办公用品、生产用具，严禁乱摆乱放，在熟练使用办公生产用具的前提下，要学会保养器具、爱护公共财物。

84. 无益于身心健康的书刊、影像光盘、不良网站坚决不读、不看、不浏览，因为低俗的文化会挫败人的进取心和斗志。

85. 学习改变命运，学习提高能力。不断更新知识，才能跟上时代的步伐。打造学习型人生，打造学习型团队。

总的来看，《弟子规》的核心精神是“感恩爱众，自律自强”。企业运用《弟子规》教化员工有三个层次：第一，感恩而尽孝，让员工感谢父母，进而感谢社会；第二，尽孝而尽忠，让员工“移孝作忠”，忠于企业、忠于国家；第三，尽忠而尽力，让员工努力做好人、做好事。企业推广《弟子规》的目的在于让员工明理，从而有幸福的人生，而非功利性地培养驯服的工具。企业本身有道，利益社会国家，甚至天下宇宙，才能感召员工，从而真正实现企业的长治久安。

四、“深信因果”

东莞泰威的核心价值观主张“深信因果”，在他们看来，有因才有果；只有把好德的因种好了，才能有真正的“五福临门”之果。这里，涉及道德教化与善恶报应之间的关系问题。

儒家是相信有善恶报应的。《周易·坤卦》上说：“积善之家，必有余庆；积不善之家，必有余殃。”《周易·系辞下》进一步指出，善行不积累，就不足以成名于天下；罪恶不累积，也不足以自灭其身。小人做事，完全以利害关系为出发点，以为做些小善事，不会得到什么好处，便索性不去做了；以为出些小差错，无伤大体，便不改过，因此日积月累，罪恶便盈满天下，以致无法掩盖和不可解救的地步。简单地说，就是“善有善报，恶有恶报”；落实到日常行为，便是“勿以善小而不为，勿以恶小而为之”。这些，对于儒家的道德教化思想，给予了有力的补充和支持。

儒家的善恶报应观与道德教化相结合，便形成了“德福一致”的理念。儒家经典《尚书·洪范》提出“五福”、“六极”的概念：“五福：一曰寿，二曰富，三曰康宁，四曰攸好德，五曰考终命。六极：一曰凶短折，二曰疾，三曰忧，四曰贫，五曰恶，六曰弱。”在其看来，人生有五种幸福：一是长寿，二是财富，三是健康安宁，四是遵行美德，五是无病善终；有六种不幸的事：一是早死，二是疾病，三是忧愁，四是贫穷，五是丑陋，六是羸弱。值得指出的是，这里将“好德”纳入“五福”的系统中，超越了形骸意义上的幸福。对此，唐代儒者孔颖达解释道：“所好者德，是福之道也。好德者，天使之然，故为福也。”这里，所谓“德是福之道”，是说“好德”不仅是五福之一，也是人生获得幸福的必要条件。所谓“好德者天使之然”，则把“上天”作为打通“德”“福”之间的隔阂，取得“德福一致”的根据。孔颖达还指出：“五福、六极，天实得为之，而历言此者，以人生于世，有此福极，为善致福，为恶致极，劝人君使行善也。”[①] 为善就能获得幸福，为恶就会招致不幸。这样，“德福一致”与“善恶报应”便紧密联系了起来。

先秦儒家的“善恶报应”和“德福一致”思想，汉唐以后得到来自印度的佛教“因果报应”与本土道教“祸福自召”观念的强化。佛教主张“六道轮回”说，认为有情众生皆因缘和合而生，都处在地狱、鬼、畜生、阿修罗、人、天这六道轮回之中，其善业和恶业的“因”决定了轮回转世的“果”。如果信仰菩萨，并积善修德，就可以因善业的果报而摆脱轮回的痛苦；如果作恶则堕入轮回之中，遭受痛苦。佛教还主张“三世因果论”，认为人的灵魂是不死的，人的生命是不息的，有过去、现在、未来三世，今世的境遇是前世修来的“果”，今世的行为则是来世境遇的“因”。中土的佛教理论则主张报应的方式有三种：现报、生报、后报。东晋慧远《三报论》上说：“现报者，善恶始于此身，即此身受。生报者，来生便受。后报者，或经二生三生，百生千生，然后乃受。”所谓“现报”，就是一个个体生命在现世所受到的报应，这辈子造业这辈子承受；所谓“生报”，就是来生所受到的报应，这辈子造业下辈子承受；所谓“后报”，就是后生所受到的报应，这辈子造业几辈子甚至千百辈子还要承受。总之，从今生、来生到后生，因果报应如影随形，无处不在，无时不在，虽然有先后、强弱、轻重的不同，但都是“自然之赏罚”。

道教则提出“得道成仙论”，主张神仙是人类命运的主宰，而凡人为善者即可以修道成仙，进入神仙洞府；作恶者则死后变成鬼魂，到地狱受苦。道教还主张“承负说”，行善福及子孙，作恶殃及后代。《太平经》上说：“承者为前，负者为后。承者，乃谓先人本承天心而行，小小失之，不自知，用日积久，相聚为多，今后人反无辜蒙其过谪，连传被其灾。故前为承，后为负也。负者，乃先人负于后生者也。”[②] 所谓

---

① （唐）孔颖达著，（清）阮元校刻：《十三经注疏 · 尚书正义》，中华书局 1980 年版，第 193 页。

② 王明：《太平经合校》下，中华书局 1979 年版，第 22 页。

“承”，即个人承受先人的功过而遭到报应；所谓“负”，即个人的功过会使得其后人遭到报应。《太平经》主张一个承负周期为十代，前承五代，后负五代。在现实生活中，往往好人得不到好报，恶人受不到恶报，其原因在于个人承负先人所积功过的差异。但是，倘若个人“能行大功万万倍，先人虽有余殃，不能及此人也”。即使先人积有过，只要自身的善行能抵消先人的过之后还有余额，就可以避免先人的“余殃”。

宋明以后，儒、佛、道“三教合流”，善恶报应和德福一致的观念逐渐深入人心，而成为普通民众的精神信念，即所谓“人在做，天在看”；“抬头三尺有神明”；“善有善报，恶有恶报，不是不报，时候未到，时候一到，一切全报”等。这些观念，已经积淀为中国人心灵深处的道德信仰，而深刻影响着其日常的行为。上述东莞泰威的“相信因果”，即是对这些观念的传承。

笔者认为，在现代社会的背景下，“相信因果”，提倡善恶报应和德福一致，必须解决以下三个问题：

首先是因果报应主宰者的转换。所有宗教都主张“因果报应”，但对于谁是因果报应的主宰者，却众说纷纭。佛教认为是“菩萨”，道教认为是“神仙”，基督教认为是“上帝”，伊斯兰教认为是“真主”，如此等等。但是，这些“主宰者”对于没有宗教信仰的人来说并没有约束力，而不同的宗教信仰也抵消了“主宰者”们的权威。与此不同，在各种宗教产生或传入之前，中国人的因果报应思想是建立在对“天”的崇拜基础之上的，认为人做了善事就会得到天的福佑，反之就会受到天的谴责。孔子提出“天命”说，要求弟子们敬畏天命，认为“不知命，无以为君子也”①。在我们今天看来，所谓“天”就是自然，所谓“天命”就是自然规律。人类来自大自然，其生命存在必然受到自然环境的制约，其所作所为也必然受到自然规律的“报应”，例如，沙尘暴、水旱灾害等的肆虐就是大自然对人类疯狂掠夺自然恶行的惩罚。从根本上

① 程树德撰，程俊英、蒋见元点校：《论语 · 尧曰》，《论语集释》，中华书局1990年版，第1375页。

看，大自然才是人类善恶行为的最终主宰者，上述不同宗教所主张的“主宰者”，则可以看作是大自然的“化身”。不同宗教的信徒可以不相信其他宗教的“主宰者”，却无法脱离自然的制约和报应。西方人可以宣告“上帝死了”，却无法宣告“自然死了”——尽管科学告诉我们，地球乃至我们目前所看到的宇宙总有“死了”的一天，但同时也就意味着，目前生活在地球上的人类也“死了”，因果报应的对象也就不复存在了。“人在做，天在看”，将各种宗教的“主宰者”转换为自然的“化身”，为因果报应说提供了最终的依据。

其次是因果报应链条的转换。佛教主张“三世因果论”，认为今世的境遇是前世修来的果，今世的行为则是来世境遇的因；道教主张“承负说”，认为行善福及子孙，作恶殃及后代。它们共同的理论预设都是“灵魂不灭”论。但是，对于一个个体生命来说，“人死如灯灭”，如果有灵魂，又安放在何方？如果有人不相信“灵魂不灭”，那么佛教的今生来世说对他就不起作用；如果有人奉行“我死后哪怕洪水滔天”，那么道教的祸福子孙说对他也不起作用。而在儒家看来，一个人的个体生命，只是人类群体生命的一个片段。《孝经》上说：“身体发肤，受之父母”；《荀子·礼论》上说：“先祖者，类之本也。”父母和祖先不仅是我们身体的创造者，而且是文化传统的创造者；我辈是祖宗生命和精神的传承，子孙则是我辈生命和精神的延续。在我们今天看来，人类世代繁衍而生生不息，这本来就是一条生命的洪流，其中流淌的不仅是物质的生命也是精神的生命。前人的智慧换来今人的进步，今人的行为也同样影响着后人的发展。世界环境与发展委员会在《我们共同的未来》报告中提出：“可持续发展是既满足当代人的需要，又不对后代人满足其需要的能力构成危害的发展。”① 我们切不可“吃祖宗饭，断子孙路”，而摧毁包括自己在内的人类整体生存的根基。“善有善报，恶有恶报，不是不报，时候未到，时候一到，一切全报”——这个“全报”的对象，将不是一

① 世界环境与发展委员会：《我们共同的未来》，王之佳、柯金良译，夏堃堡校，吉林人民出版社 1997 年版，第 52 页。

个人、一个家庭，而是整个人类。由此，将个人的“灵魂不灭”转换为人类的“精神不朽”，为因果报应说提供了更为宽广而深远的链条。

最后是因果报应机制的转换。善恶报应和德福一致，本来是人们的美好愿望和不懈追求，但其能否实现却不以个人的意志为转移。《孟子·尽心上》说：“求则得之，舍则失之，是求有益于得也，求在我者也。求之有道，得之有命，是求无益于得也，求在外者也。”朱熹《四书章句集注》对此解释道：“有道，言不可妄求。有命，则不可必得。在外者，谓富贵利达，凡外物皆是。赵氏曰：‘言为仁由己，富贵在天，如不可求，从吾所好。’”道德是内在于人的本性，可求而可得；包括富贵利达在内的幸福虽然也是人们的追求，但能否得到，却取决于“天命”——虽然天命赏善罚恶，但其最终的实现，却要取决于众多的条件和复杂的环节。况且，“天道远，人道迩”①，作为天地所生万物之灵长，人类在天道面前也不是完全没有作为的。人们追求道德，同时也追求幸福，就要建立相应的“德福一致”的社会保障机制。就现代社会来说，起码要做到以下四点：一是道德要求要公正，要体现社会全体成员的公共意志和利益，以及权利与义务的统一。二是道德评价要公正，要准确定性人们行为或品质的善恶性质，以真正发挥对向善的激励和对从恶的抨击作用。三是道德赏罚要公正，使善的行为或品质受到相应的物质或精神的奖赏，恶的行为或品质受到相应的物质或精神的惩罚。四是道德结果要公正，使人们从道德义务感出发而作出的行为，在效果上成为他获得幸福的途径或方式。② 由此，因果报应的实现机制，就不仅仅寄希望于人们笃信“抬头三尺有神明”的自律，而且依托于社会保证“时时处处有公正”的他律。这样，将仅仅是个人内心的追求转换为个人与社会内外的合力，为因果报应说的实现提供了切实的保障。

---

① 《十三经注疏》整理委员会整理：《春秋左传·昭公十八年》，《春秋左传正义》，北京大学出版社 1999 年版，第 1373 页。

② 参见魏长领：《因果报应与道德公正》，《河南师范大学学报（哲学社会科学版）》2012 年第 6 期。

五、天地国亲师

东莞泰威设立“祖宗堂”，供奉“天地国亲师”以及本厂所有员工姓氏祖宗的牌位，以供员工祭拜。这是对中国传统精神信仰的继承。

“天地君亲师”作为中国传统社会的精神信仰体系，其思想来源于先秦儒家。荀子指出：“天地者，生之本也；先祖者，类之本也；君师者，治之本也。无天地恶生，无先祖恶出，无君师恶治，三者偏亡，则无安人。故礼，上事天，下事地，尊先祖而隆君师，是礼之三本也。”① 到了清朝初年，正式确定“天地君亲师”为全国民众的共同信仰，家家户户都供奉的“神主牌”。辛亥革命以后，人们把君主赶跑了，“神主牌”变成“天地国亲师”（至今民间社会特别是南方农村依然存在，其中祭拜祖先更是普遍流行的信仰仪式）。② 如何转化这一传统社会的精神遗产，使之成为重建当代社会精神信仰的宝贵资源，是我们面临的时代课题。为此，笔者提出以下五点：尊天道以心存敬畏，亲大地以保护环境，爱祖国以振兴中华，隆祖先以继承传统，敬师长以传续文化。③

第一，尊天道以心存敬畏。天，是中国古代精神信仰体系的核心。“天”字的本义指人的头颅，后演变为人头顶之上的苍天，与人脚底之下的大地相对应。孔子指出：“君子有三畏：畏天命，畏大人，畏圣人之言。”④ 这里的“畏”就是敬畏，“天命”指上天的意志，也可以理解为自然的规律。确立“敬畏自然”的精神信仰，对于人类社会有着根本性

---

① （清）王先谦撰，沈啸寰、王星贤点校：《荀子·礼论》，《荀子集解》，中华书局1988年版，第394页。

② 参见黎红雷：《企业与社区如何祭祖》，载《光明日报》2017年1月21日。

③ 参见黎红雷：《天地君亲师：儒家精神信仰思想的现代转化》，《现代哲学》2015年第5期。

④ 程树德撰，程俊英、蒋见元点校：《论语·季氏》，《论语集释》，中华书局1990年版，第1156页。

的意义。首先，“敬畏自然”是人类生存发展的起点。据现代科学研究，我们现在所处的宇宙的历史有200亿年，地球的历史有40亿年，人类的历史有300万年。作为天地自然造化的产物，人类一直对自己的“造化主”天地自然保持着一份敬畏之心。其次，“敬畏自然”是人类伦理道德的基点。现代人一般认为，伦理道德是人类社会处理人际关系的行为准则，似乎与天地自然无关；其实，只要我们认可人类生命来自于天地自然，那就同时意味着承认天地自然是人类道德的基点。一方面，天地自然是人类所要处理的最根本的伦理关系；另一方面，诸如男女、夫妇、亲子等人类社会的伦理关系也无一不是天地自然造化的产物。“敬畏自然”，我们就可以找到人类伦理道德的最终根源，并确立其最高权威。最后，“敬畏自然”是人类信仰的共通点。不同的宗教，对于信仰的对象有不同的理解，并由此而带来相互间的误解、冲突乃至争斗。儒家不是宗教，但有其信仰。在儒家看来，天地是我们人类共同的父母，天底下的同类都是我的兄弟姊妹，万物都是我的朋友。这种基于天地生人而没有人格神崇拜的精神信仰，非但不与任何现有的宗教信仰发生冲突，而且可以成为这个星球上所有人类群体和谐的黏合剂，有助于消除不同宗教人群之间的误解、冲突乃至争斗，从而为世界和平带来福音。

第二，亲大地以保护环境。在儒家的精神信仰体系中，“天地”经常并尊，而在具体功能的描述中，“地”更多地被赋予了养育万物的意义。大地，是养育万物的母亲，是人类赖以生存和发展的生态环境。由此，人类与大地的关系，便转化为人类如何对待自己生存于其中的生态环境的关系。在这方面，现代社会存在着两种针锋相对的观点，一种是“人类中心主义”，另一种是“自然中心主义”。从儒家的立场来看，这两种观点都有所偏颇。一方面，儒家主张人类天然地具有驾驭万物的权威和能力：“水火有气而无生，草木有生而无知，禽兽有知而无义。人有气有生有知亦且有义，故最为天下贵也。”① 另一方面，儒家看到了人

① （清）王先谦撰，沈啸寰、王星贤点校：《荀子·王制》，《荀子集解》，中华书局1988年版，第164页。

类与万物之间密不可分的内在关系："君子之于物也，爱之而弗仁；于民也，仁之而弗亲。亲亲而仁民，仁民而爱物。"① 质言之，儒家融合了"人类中心主义"与"自然中心主义"的合理价值，他们在肯认天地自然为最高价值根源的同时，承认天下万物也有其内在的价值，并主动承担人类作为"万物之灵"的道德义务。由此，儒家在人类利用万物的问题上形成了"取物而不尽物"的思想，用现代语言来说，就是"可持续发展"。为了实现"可持续发展"，外在的限制是完全有必要的，这其中包括了政治、经济、法律等层面的限制，但最根本的还是人们道德层面和精神信仰上的自我限制。敬畏天地自然，仁爱天下万物，并将其提升为自觉的道德行为和崇高的精神信仰，这才是人类"可持续发展"的心灵根基。

第三，爱祖国以振兴中华。尊君，是中国传统精神信仰的对象之一。而在儒家看来，"尊君"的前提是"民本"。民众是国家的基础，君主则是国家的管理者，国家成为联结民众与君主的纽带。由此，"尊君"便可转化为"爱国"。从尊重历史、继承传统的角度，我们今天可以把"热爱祖国"作为我们共同的精神信仰。首先，要热爱养育我们生命的祖国大地。祖国，顾名思义就是祖先开辟的疆域、子孙赖以生存的家园。人们世世代代在这块土地上生活、劳动、奋斗，传宗接代、繁衍生息，从而形成眷恋、怀念、爱惜乃至崇敬之情，那是发自内心、油然而生、自然而然的。其次，要热爱哺育我们成长的祖国人民。儒家的仁爱思想，一方面提倡"泛爱众"，主张"四海之内皆兄弟也"②；另一方面，又主张"能近取譬，可谓仁之方也已"③，爱人从爱自己的家人开始，爱民从爱自己的国民开始。在儒家看来，二者内在的仁爱精神是完全一致

① （清）焦循撰，沈文倬点校：《孟子·尽心上》，《孟子正义》，中华书局 1987 年版，第 949 页。

② 程树德撰，程俊英、蒋见元点校：《论语·颜渊》，《论语集释》，中华书局 1990 年版，第 830 页。

③ 程树德撰，程俊英、蒋见元点校：《论语·雍也》，《论语集释》，中华书局 1990 年版，第 428 页。

的，并不存在矛盾。最后，要热爱陶冶我们精神的祖国文化。春秋时期的管仲，协助齐桓公“尊王攘夷”，维护华夏文化，受到了孔子的高度称赞。清儒顾炎武指出：“有亡国，有亡天下……是故知保天下，然后知保其国。保国者，其君其臣肉食者谋之；保天下者，匹夫之贱，与有责焉耳。”① 这里的“国”可以理解为不同时期所建立的政治国家，“天下”则可以理解为代代相传的文化祖国。顾炎武的话，将保卫文化祖国的行为推到了更加崇高的地位。“天下兴亡，匹夫有责”，热爱并保护我们源远流长、博大精深的祖国文化，是所有华夏子孙的神圣使命！

第四，隆祖先以继承传统。尊亲，指尊崇父母或祖先。父母和祖先不仅是生命的创造者，而且是文化传统的创造者。由此看来，“尊亲”的实质是“报本”，是对人类生命源泉的尊崇，对人类文化根源的肯定，对人类文化传统的敬重。敬重传统就要继承传统。《中庸》指出：“夫孝者，善继人之志，善述人之事也。”这里的“志”指先人的意志，“事”指先人的事业。“继”的本义为“连续”，“述”的本义为“遵循”，所谓“父作之，子述之”，就是敬重传统而继承传统的意思，它不仅是从事业的角度而言，更重要的，是精神传统的代代相传。敬重传统还要光大传统。《孝经》指出：“身体发肤，受之父母，不敢毁伤，孝之始也。立身行道，扬名于后世，以显父母，孝之终也。”在儒家看来，作为人子，其最大的孝行在于遵循仁义道德，有所建树，显扬名声于后世，从而使父母和祖先显赫荣耀。这种“光宗耀祖”思想，鼓励人们奋斗向上，自强不息，建功立业，报答父母，报效国家，是一种无论对于个人，还是对于家庭和社会都有积极意义的伦理意识。即使从消极的角度来看，“光宗耀祖”的底线是不让祖先和家人蒙羞，警醒人们不要胡作非为，这也有助于削减各种社会丑恶现象的产生。更重要的是，这种“光宗耀祖”思想，对于延续和光大一个家庭、一个族群、一个国家的精神传统，都发挥着重要的作用。敬重传统更要发展传统。孟子指出：“孔

① （清）顾炎武撰，黄汝成集释，栾保群、吕宗力点校：《日知录》卷十三《正始》，《日知录集释》，上海古籍出版社 2006 年版，第 756 页。

子，圣之时者也。”① 与后人所描绘的“迂腐”形象相反，孔子虽然敬重传统，却不墨守成规，而是与时偕行，随遇而安。儒家的传统发展观，是坚持中有发展，发展中有坚持，坚持的是传统的根本精神，发展的是传统精神的表现形式。

第五，敬师长以传续文化。“尊师重道”是中华民族的传统美德。“师者，所以传道授业解惑也。”② 尊重老师的意义不仅仅是尊重老师本人，而且是尊重老师所传授的道理；尊师重道的目的则在于传承和延续人类文化之精神、民族道统之精义，从而使其薪火相传，经久不坠，历久弥新。传续文化，从个人的层面来看，就要重视学习。学习不仅可以使一个人出类拔萃、领袖群伦，还可以使整个人类文化传承发展、不断更新。传续文化，从国家的层面来看，就要重视教育。我们应该借鉴包括传统蒙学教育在内的儒家教育思想及其实践经验，将社会教育、家庭教育和学校教育有机地结合起来，坚持立德树人，大力推广家风、家教、家训教育，并在学校中进一步完善中华优秀传统文化教育，以培养既有道德又有智慧、既懂礼义又知廉耻、既会做人又能做事的现代新人。传续文化，自然就要敬重作为文化传续者的老师。就个人层面而言，老师是读书学习的指导者与引路人；就国家层面而言，老师是国家社会秩序的倡导者与维护者。荀子指出：“国将兴，必贵师而重傅，贵师而重傅则法度存。国将衰，必贱师而轻傅；贱师而轻傅，则人有快，人有快则法度坏。”③ 在他看来，老师的地位和作用，直接关系到国家的前途和命运。国家兴盛，就一定会尊重老师；老师受到尊重，国家的法律制度就能得到保存。相反，如果国家趋于衰败，就一定会轻视老师；老师受到轻视，人们就会放纵性情，国家的法律制度就要受到破坏。所以，是

① （清）焦循撰，沈文倬点校：《孟子·万章下》，《孟子正义》，中华书局 1987 年版，第 672 页。

② （唐）韩愈撰，马其昶校注，马茂元整理：《师说》，《韩昌黎文集》，上海古籍出版社 1986 年版，第 42 页。

③ （清）王先谦撰，沈啸寰、王星贤点校：《荀子·大略》，《荀子集解》，中华书局 1988 年版，第 511 页。

否尊重老师，事关国家的兴衰存亡。今天，我们要大力弘扬尊师重道的优良传统，以促成民众好学上进，社会文明进步，人类文化持续发展！

六、仁义礼智信

东莞泰威积极在员工中推行道德教化，其内容基本不外乎“仁义礼智信”等儒家的道德条目。相传成书于南宋的《三字经》指出：“曰仁义，礼智信，此五常，不容紊。”作为儒家道德体系的代表性符号，“仁义礼智信”对于当代企业和社会依然具有重要的价值。①

一是修仁道以培育爱心。“仁”是孔子的原创性概念，是儒学最核心的范畴。儒家的仁学，本质上是关于人的道德伦理，是一个人如何做人、如何待人的道理。关于如何做人，儒家的回答是“为仁由己，自我完善”；关于如何待人，儒家的回答是“仁者爱人，相互关爱”。孟子指出：“君子所以异于人者，以其存心也。君子以仁存心，以礼存心；仁者爱人，有礼者敬人。爱人者，人恒爱之；敬人者，人恒敬之。”②君子通过自我修养，提升德性，把仁和礼保存在心中，就必然外化为关爱别人和尊敬别人的行为举止。关爱别人的人，就永远得到别人的关爱；尊敬别人的人，也永远得到别人的尊敬。1993 年，世界宗教议会大会签署的《走向全球伦理普世宣言》指出：“从世界各大宗教和文化的道德准则中，提出了全人类都应当遵循的一项基本要求：每个人都应受到符合人性的对待！并以耶稣的名言‘你们愿意人怎样对待你们，你们也要怎样对待人’和孔子的名言‘己所不欲，勿施于人’作为支持。”③这就

---

① 参见黎红雷：《仁义礼智信：儒家道德教化思想的现代价值》，《齐鲁学刊》2015 年第 5 期。

② （清）焦循撰，沈文倬点校：《孟子·离娄下》，《孟子正义》，中华书局 1987 年版，第 595 页。

③ 参见何光沪：《“全球伦理”——宗教良知的国际表现》，《中国宗教》1999 年第 1 期。

表明，孔子的思想，已经成为当今全世界人类共同遵守的“底线伦理”的宝贵资源。

二是守道义以公正合宜。“义”是中国古代一种含义极广的道德范畴，指的是公正合宜的道理或行动。要做到公正合宜，在个人操守上就要做到恪守道义，保持节操；在处理义利关系时就要做到取之有义，先义后利。当代人对儒家的义利观有诸多误解。其实，儒家并不反对人们谋利，而是主张谋利的行为必须符合道义的要求。孔子指出：“富与贵，是人之所欲也；不以其道得之，不处也。贫与贱，是人之所恶也；不以其道得之，不去也。”① 这就是后世所谓“君子爱财，取之有道”的最早出处。追求富足与尊贵，这是人人都有的欲望，这里并没有“君子”和“小人”之分。而道德意义上的“君子”与“小人”，其区别则在于，前者心中拥有道义的准绳，因而不符合道义而得到的利益，就不会去占有它。儒家的“义利观”，一方面主张“因民之所利而利之”②，放手让民众谋利，官府不与民争利，这一点与现代市场经济的基本原理是兼容的；另一方面主张“义然后取，人不厌其取”③，这一点则是对市场经济的补充与完善；而孔子提出“见利思义，见危授命，久要不忘平生之言，亦可以为成人矣”④，这一点更是对“经济人”弊病的克服与救济。人不仅是经济的动物，也是道德的动物。只有将谋取利益的经济冲动与恪守道义的道德自觉结合起来，取之有义，先义后利，人生才能富足而尊严，光荣而精彩！

三是明礼仪以和睦待人。“礼”是人际交往中的道德行为规范。儒

① 程树德撰，程俊英、蒋见元点校：《论语·里仁》，《论语集释》，中华书局1990年版，第232页。

② 程树德撰，程俊英、蒋见元点校：《论语·尧曰》，《论语集释》，中华书局1990年版，第1371页。

③ 程树德撰，程俊英、蒋见元点校：《论语·宪问》，《论语集释》，中华书局1990年版，第975页。

④ 程树德撰，程俊英、蒋见元点校：《论语·宪问》，《论语集释》，中华书局1990年版，第972页。

家主张“明礼”，首先是“明礼之仪，学礼以立”。孔子将礼仪的学习与践行作为道德训练的切入点，主张“兴于诗，立于礼，成于乐”①，认为学礼、知礼、践礼乃是一个人形成独立人格并进而自立于社会的必要条件。其次是“明礼之义，辞让恭敬”。人们通过学习礼仪把握礼义，内心具有尊重他人的恭敬之心，对外就会表现为尊让他人的谦逊之举。最后是“明礼之用，以和为贵”。礼作为协调人际关系的道德规范，其功能在于促使人们和谐相处，促进社会和睦安定。儒家主张：“礼之用，和为贵”②，肯定了和谐在社会活动和人际交往中的价值。如何处理人类社会的矛盾冲突？一种方式是通过斗争，矛盾双方不是你吃掉我，就是我吃掉你，最终结果是“胜者为王，败者为寇”，也可能是“两败俱伤”。另一种方式是通过协调，尊重双方的不同价值，谋求双方共同的利益，最终实现“双赢”。当代中国著名人类学家费孝通先生的十六字箴言：“各美其美，美人之美，美美与共，世界大同”③，虽然是针对处理不同文化关系而提出的，实际上对于我们正确处理各种错综复杂的人际关系也具有重要的启示。在人际交往中，我们既要尊重自己，也要尊重他人，接受差异，理解个性，从而使社会更加和谐安定，世界更加丰富多彩，充满生机和活力。

四是求智慧以行为有度。“智”是儒家最基本的德目之一。到底什么是“智”？历来众说纷纭，笔者认为，《中庸》中的“尊德问学”三句：“君子尊德性而道问学，致广大而尽精微，极高明而道中庸”，其实就是对儒家明智思想的最好诠释。“尊德性而道问学”，就是要好学求知，明辨是非；“致广大而尽精微”，就是要慎微慎独，积善成德；“极高明而道中庸”，就是要合乎中庸，德行有度。“中庸”是儒家道德的最

① 程树德撰，程俊英、蒋见元点校：《论语·泰伯》，《论语集释》，中华书局1990年版，第529—530页。

② 程树德撰，程俊英、蒋见元点校：《论语·学而》，《论语集释》，中华书局1990年版，第46页。

③ 参见费孝通：《人的研究在中国——个人的经历》，《读书》1990年第10期。

高境界。孔子说："中庸之为德也，其至矣乎！"[①]《论语》中的道德条目不少，为什么孔子偏偏拈出"中庸"作为"至德"呢？笔者以为这同儒家伦理道德的特性有关。儒家伦理本质上是"美德伦理"，强调的是伦理道德的主体性和实践性。由此，道德主体在实践过程中的行为选择是否适度，就成为决定其道德行为是否有效的关键。"中庸"的本质就是合适，即《中庸》所言："致中和，天地位焉，万物育焉。"由此，《中庸》所说的"极高明而道中庸"，强调的不仅是高明的道德境界，更是合乎中庸的道德行为。我们的道德建设，应该着眼于社会大众的道德行为，而不能变成空谈理想的道德说教。我们需要远大的道德理想，更需要适应现实需要的良俗美德。为此，就要将理想与现实、教化与行为、"高大上"与"平易实"结合起来，让广大人民群众喜闻乐见，便于实行，从而形成一个人人向上的良好道德氛围。

五是本信诚以成就事业。"信"和"诚"都是是儒家道德的重要范畴。一般来说，"诚"指一个人内在的真诚，"信"则指一个人外在的信用。在儒家看来，"诚信"不仅是个人也是国家安身立命的根本，即所谓"人而无信，不知其可也"[②]；"民无信不立"[③]。要达到诚信，在个人修行上就要"内诚于心，真实无欺"。真诚是自我的完善，也是一切事物的发端和归宿。一个真诚的人，能发挥自己的本性，就能进而发挥众人的本性；能发挥众人的本性，就能进而发挥万物的本性；能发挥万物的本性，就可以帮助天地培育生命；能帮助天地培育生命，就可以自立于天地之间了。要达到诚信，与人交往中就要"外信于人，言行一致"。从汉字结构来看，"信"由"人"与"言"两个字组成。《春秋穀梁传·僖公二十二年》指出："人之所以为人者，言也。人而不能言，

① 程树德撰，程俊英、蒋见元点校：《论语·雍也》，《论语集释》，中华书局1990年版，第425页。

② 程树德撰，程俊英、蒋见元点校：《论语·为政》，《论语集释》，中华书局1990年版，第426页。

③ 程树德撰，程俊英、蒋见元点校：《论语·颜渊》，《论语集释》，中华书局1990年版，第837页。

何以为人？言之所以为言者，信也。言而不信，何以为言？信之所以为信者，道也。信而不道，何以为道?”人之所以成为人，是因为能够言语；言语之所以有意义，是因为能够表达承诺获得信誉；信誉之所以可靠，是因为符合道义，如果不符合道义，那么言语和信誉也就没有价值了。重诺守信是十分重要的，对熟人如此，对陌生人也同样如此。我们只有始终讲求信用，才能获得社会的信誉，得到他人的信任，从而取得自己人生事业的成功，同时营造一个“讲信修睦”的美好社会氛围。

第三章　管理之道：道之以德的企业管理文化

■ 典型案例：海航集团的“以德治企”

海航集团有限公司（以下简称海航集团）是在中国改革开放的时代背景下快速成长起来的大型跨国企业集团。从 1993 年的 1000 万元人民币创业基金起步，海航集团用了 20 多年的时间创造了商业史上的奇迹，成功实现了从传统航空企业向巨型企业集团的转型，从偏居一隅的海南岛走向全国、走向世界，2015 年和 2016 年连续登榜《财富》世界 500 强。

海航集团通过持之以恒的努力，致力于塑造新时期的商业文明，创立了独特的经营和管控机制，把社会、他人、自身利益融为一体，创造了以中华传统优秀文化为底蕴的崭新管理模式，使中国特色的社会主义价值观和世界级企业的管理制度融为一体，确立了中西合璧的普适性企业文化。

如何管理企业？海航集团董事长陈峰认为，企业管理分三个层次：第一是管人，管人就是管心、管思想，把员工的思想凝聚在一起。陈峰把管理制度、人员与企业文化形象地比作窗框、玻璃与两者结合处的粘胶，指出三者的密不可分，虽独立存在却是相互依存。第二是管理中需要企业文化，需要柔性的东西，如价值观、人与人之间的相互关系以及企业氛围，企业的长治久安要靠企业文化。第三是奖励和激励制度，让每个员工都能分享到企业发展带来的收益，都能为企业的发展贡献自身最大的力量。

以德治企是海航集团的特色。在陈峰看来，“中国文化的内涵就一个‘德’字。‘德’是做人应有的规矩、做人最基本的属性，丢掉了这个根本，人在处理事情、处理人与社会、人与自然的关系的时候，无论做官、经商，还是做学问，就会出现大麻烦。以‘德’为根本，每个人都会严格要求自己”。在海航集团，每个员工入职时，都要学习《中国传统文化导读》和《员工手册》。陈峰工作时间的1/3用于培训，亲自讲课，讲怎么做人，怎么做事。“同仁共勉十条”要求每位员工都熟记在心，并运用到工作之中，每一条都堪称经典。

海航集团的管理干部则要进一步学习《精进人生》这本小册子，并接受“三为一德”的培训。第一条就要做到“为人之君”，要有君子般的风度和君王般的责任；第二条是“为人之师”，要求别人做到的自己先做到，为人师表；第三条是“为人之亲”，就是像对待亲人那样对待周围的人。这三句话构成了一个“德”字。陈峰指出：“‘德’是一个领导者、一个合格的管理者的基本素质和风范。‘德’的内涵是什么呢？是四个字：诚、善、勤、俭。你有了这四个字，就能够做到，就能够‘以德平天下人心’，大家就会无怨无悔地跟着你走。”

内修中国传统文化的同时，海航集团还十分注重融会贯通西方企业管理方法。创业伊始，海航集团就对标国际通行规则，确立了健全高效的法人治理结构，建立了规范运行的内部治理机制。海航集团及其下属集团公司，均建立了股东大会、董事会、监事会和CEO团队等完善的治理结构，形成了决策、执行、监督三者之间职责明确、相互独立、协调运转、有效制衡的现代管理体制，在执行层面，实行高标准的科学管理。特别是在执行被航空公司视作“生命线”的安全飞行管理规程方面，更是严防死守，毫不懈怠。海南航空的发展史，即是一部连续安全运营史，企业连续多次获得中国民航安全生产“金鹰杯”、“金鹏奖”，并获评德国航空安全评估机构 JACDEC 颁布的全球最安全航空公司前十位。

回过头来看，正是这“软文化”与“硬制度”的相辅相成，构成了海航集团健行致远的不竭动因。

（资料来源：海航集团官网）

企业如何管理？在古典管理时代，管理者以“胡萝卜加大棒”的策略驱使员工进行工作。在行为科学管理时代，麦格雷戈（Douglas M. McGregor）提出“Y 理论”，认为促使人们朝着组织的目标而努力，外力的控制及惩罚的威胁并非唯一的方法；人为了达到自己承诺的目标，自然会坚持“自我指导”与“自我控制”；尊重需要及自我实现需要的满足，即可以驱使人们朝着组织的目标而努力。当代管理的重心由此而发生根本转向，从刚性管理转向柔性管理，从单一的制度管理转向制度与价值观相结合的企业文化管理。而任何企业文化都是建立在本民族文化的基础之上的。正是以儒家思想为底蕴，海航集团内修中华传统文化精粹，外融西方先进科学，从而形成了普适性的现代企业管理文化。

一、儒家的德治观

海航集团的所谓“软文化”与“硬制度”，用中国传统文化的语言来说，便是“德治”与“法治”的关系。

“德治”是儒家管理哲学的基本原则。孔子指出：“道之以政，齐之以刑，民免而无耻；道之以德，齐之以礼，有耻且格。”[①] 其中的“道”是“引导”、“领导”的意思，“政”指政令，“刑”指“刑罚”，“德”指“德教”，“礼”指“礼法”。至于其中的“格”字，有多种解读，综合起

① 程树德撰，程俊英、蒋见元点校：《论语 · 为政》，《论语集释》，中华书局 1990 年版，第 68 页。

来，可理解为“自我改正而真心归服”。如此，孔子原话的大意是：用政令来引导他们，用刑罚来规范他们，民众只是企求免于犯罪，内心却没有羞耻感；用德教来引导他们，用礼法来规范他们，则民众不但有羞耻感，并且能够自我改正而真心归服。

孔子这一思想来自周公。据《尚书·康诰》记载，周公曾经提出“明德慎罚”的主张，把它当作周朝取得天下的传家宝。他对自己的弟弟康叔说：只有我们的父亲文王能够崇尚德教而谨慎地使用刑罚，不敢欺侮那些无依无靠的人，任用那些应当受到任用的人，尊敬那些应当受到尊敬的人，镇压那些应当受到镇压的人，并让庶民了解他的这种治国之道。关于“明德”，周公说：只有民众走上了我们所要求的轨道，国家才会安康。我们应当考虑殷商过去圣明君王的德政，只有把民众治理好，因而实现了国家的安康，才是最终目的。何况现在的民众，如果没有人去引导他们，他们就不会向善；不去引导他们，国家的政治就搞不好。关于“慎罚”，周公说：对于刑罚，一定要小心，要严明，一个人犯了小罪，但他不坚持错误，并且知道悔过，是偶然犯罪，这样，在按照法律来研究他的罪过时，是不应该把他杀掉的。

孔子进一步发挥了周公的思想，强调为政要以道德教化为根本，而不应该片面强调刑罚杀戮。这就是所谓“善人为邦百年，亦可以胜残去杀矣”[①]。在《荀子·宥坐》篇中，记载了这么一个故事。在孔子担任鲁国的司寇（主管司法的最高官吏）时，有一对父子相争，对簿公堂。孔子把他们统统拘留起来，却迟迟不做判决。三个月过去了，当父亲的主动提出请求停止这件官司，孔子就把他们放了。鲁国的当政大夫季孙氏听说了这件事，很不高兴地说：孔丘这老头子在欺骗我！他曾经告诉我说：一定要用孝道来治理国家，现在儿子告父亲，要求把他杀掉，这老头子却把他给放了。冉求将此话告诉孔子。孔子感叹地说：呜呼！当政者不懂得处理政务，却把下面的人杀掉，这怎么可以呢？如果不教育

---

① 程树德撰，程俊英、蒋见元点校：《论语·子路》，《论语集释》，中华书局1990年版，第909页。

人民而只是判断他们的官司，这是在滥杀无辜啊。军队打了败仗，不可以将所有的士兵都砍头；国家管理不好，不可以把民众都抓起来，因为罪责不在民众。法令松弛，而刑罚杀戮很严，这是对百姓的残害；农作物生长有时限，而赋税征收却没有限度，这是对百姓的残暴；不进行教育而只是要求人民遵纪守法，这是对百姓的虐待。当政者只有停止这三件事，才谈得上对人民实施刑罚。《诗经》上说：即使是有正当理由的刑杀，也不要立即执行；执法者只能对自己说，没有慎重地处理好政事，致使人民犯罪。这就是说，治国之道首先应该实行教育。

当然，儒家也并不是主张完全可以不要刑律，不要政法，只不过他们看到“道之以政，齐之以刑，民免而无耻”；“教之以政，齐之以刑，则民有遁心”。为了更好地维护社会的稳定，扩大统治的基础，他们把道德教化放在国家管理的首位。显然，在儒家看来，道德比起刑法来说，更容易获得民心，从而更容易取得有效和持久的管理效果。正如孟子所言：“以力服人者，非心服也，力不赡也；以德服人者，中心悦而诚服也，如七十子之服于孔子也。《诗》云：‘自西自东，自南自北，无思不服。’此之谓也。”① 恃仗实力来使人服从的，人家不会心悦诚服，只是因为他本身实力不够的缘故；依靠道德来使人服从的，人家才会心悦诚服，就好像七十多位大弟子信服孔子一样。儒家“德治”所致力的，就是这种使人“心服”的功夫。

需要指出的是，儒家虽然重视“德治”，但并没有从根本上反对“法治”。首先，与“道之以德”并列的“齐之以礼”，其中的“礼”本身就具有“法律规范”的意义。“礼”本来起源于原始人的祭祀，而到了阶级社会，宗教祭祀成为国家的重要政治活动，礼也就发展为调整各种社会关系的制度规范。《春秋左传・隐公十一年》上说：“礼，经国家，定社稷，序人民，利后嗣者也。”礼是治理国家的根本规则，礼是调整社会关系的等级制度，礼是维护社会秩序的行为规范。——这样的

① （清）焦循撰，沈文倬点校：《孟子・公孙丑上》，《孟子正义》，中华书局 1987 年版，第 221—222 页。

“礼”，实质上就是现代意义上的“法”。例如，史称周公“制礼作乐”，从古书的记载可知，当时周公所制定的“周礼”，其内容十分广泛，大至国家典章制度，小到社会风俗习惯，几乎把整个社会上层建筑和意识形态包揽无遗，故有《礼记·中庸》所谓“礼仪三百，威仪三千”、《礼记·礼器》所谓“经礼三百，曲礼三千”的说法。因此，“周礼”实际上就是周代统治阶级制定和认可的政治制度和行为规范的总和，它可以称得上是一部庞大繁杂的法典大全。如果按今天的法学观点来分类，《周礼》首先具有国家根本大法（宪法）的性质，同时也包含了各种刑事的、民事的、行政的、经济的、诉讼的，以及有关军事、外交等方面的法律规范。①

儒家也正是在类似于现代法律的意义上使用“礼”的概念的。孔子主张“为国以礼”②，荀子指出“国无礼则不正”③，这都是把礼当作治理国家的根本法规。《礼记·曲礼上》更加具体地指出：“道德仁义，非礼不成；教训正俗，非礼不备；分争辩讼，非礼不决；君臣上下，父子兄弟，非礼不一；宦学事师，非礼不亲；班朝治军，莅官行法，非礼威严不行；祷祠祭祀，供给鬼神，非礼不诚不庄。”这里更是把礼说成是一切社会活动和价值判断的标准，“事决于礼”实际上就是“事断于法”。在这个意义上，儒家所谓的“礼治”，即相当于现代意义上的“法治”。

至于“法”，在中国古代只是在比较狭窄的意义上使用的，即主要指刑罚。《说文》：“法，刑也”；《尔雅·释诂》：“刑，法也”；《尚书·吕刑》云：“苗民弗用灵，制以刑，惟作五虐之刑曰法。”由此可见，在古代“法”与“刑”同义，且可以互相替代。而即使是对于这种狭义的“法”，即“刑”，儒家也并不一概反对。孔子明白无误地说过：“君子

---

① 参见俞荣根：《儒家法思想通论》，广西人民出版社 1998 年版。

② 程树德撰，程俊英、蒋见元点校：《论语·先进》，《论语集释》，中华书局 1990 年版，第 814 页。

③ （清）王先谦撰，沈啸寰、王星贤点校：《荀子·王霸》，《荀子集解》，中华书局 1988 年版，第 209 页。

怀刑，小人怀惠。”[①] 这里所谓“怀刑”就是主张统治者要关心刑法。孔子还指出：“刑罚不中，则民无所措手足。”[②] 这更说明他并不反对刑罚，而只是主张刑罚要“中”，要适当，要恰如其分。就此而言，上述孔子所谓“道之以政，齐之以刑，民免而无耻；道之以德，齐之以礼，有耻且格”，只是就“德”与“政”、“礼”与“刑”在实行效果上的比较，而并不是要从根本上否定刑的使用。

《春秋左传·昭公二十年》所记载的一件事，最清楚不过地表达了孔子的刑德观。据记载，郑国执政大夫子产临终前，对继任的子大叔留下“政治遗言”，说：“我死以后，你必然执政。务必请记住：只有有德的人才能够用宽大来使百姓服从，其次莫如严厉。火猛烈，百姓看着就害怕，所以很少有人死于火；水懦弱，百姓轻视而玩弄它，死于水的人就很多。所以宽大不容易啊！”但是，子大叔执政后，却不忍心严厉而务行宽大，结果盗贼越来越多，聚集在芦苇荡里。子大叔后悔地说：“我要早点听他老人家的教导，就不至于到这一步。”于是发兵攻打芦苇荡里的盗贼，把他们全部杀掉，盗贼才有所收敛。孔子听说了这件事，评论道：“好啊！政事宽大，百姓就怠慢，怠慢就用严厉来纠正。严厉百姓就伤残，伤残就实施宽大。用宽大周济严厉，用严厉周济宽大，政事就会因此而得到调和。”（“政宽则民慢，慢则纠之以猛；猛则民残，残则施之以宽。宽以济猛，猛以济宽，政是以和。”）

这里所谓的“宽以济猛，猛以济宽”，就是主张“德”与“政”、“礼”与“刑”相互补充、相互周济的意思。在儒家看来，“礼”与“刑”都是治理国家的基本法规，缺一不可。正如荀子所说：“治之经，礼与刑，君子以修百姓宁，明德慎罚、国家既治、四海平。”[③] 孟子则指

---

① 程树德撰，程俊英、蒋见元点校：《论语·里仁》，《论语集释》，中华书局1990年版，第250页。

② 程树德撰，程俊英、蒋见元点校：《论语·子路》，《论语集释》，中华书局1990年版，第892页。

③ （清）王先谦撰，沈啸寰、王星贤点校：《荀子·成相》，《荀子集解》，中华书局1988年版，第461页。

出："徒善不足以为政，徒法不能以自行。"① 光有好心，不足以治理政治；光有好法，好法自己也动作不起来，好心和好法必须配合而行——这实际上是在强调"德治"优先地位的同时，肯定了"法治"在国家治理中不可或缺的作用。②

二、企业文化理论

海航集团"内修中华传统文化精粹，外融西方管理科学技术"，体现了当代管理学界关于企业文化理论与实践的共识。

企业文化本身就是东西方文化融合的产物。20 世纪六、七十年代，日本经济崛起；与此同时，美国经济却停滞不前，甚至有衰落的迹象。美国国家广播公司（NBC）制作并播出了《日本行，我们为什么不行?》的纪录片，在美国掀起了"向日本学习"的热潮。开始日本人觉得很奇怪：日本的现代企业管理是向美国人学习的，第二次世界大战后正是来自美国的管理专家戴明（W. Edwards. Deming）到日本讲学，帮助日本企业建立了严格而高效的质量管理制度，至今日本质量管理的最高奖还是以"戴明品质奖"来命名的。可以说，日本的企业管理，95%与美国的企业并无两样。但是，热心向日本学习的美国人，看中的恰恰是那不同于自己的"5%"。

那么，这"5%"是什么呢，就是日本企业特有的"社风"。日本人称公司为"会社"，"社风"即指公司的风气、企业的风气。日本的企业家十分强调树立好社风，例如，日本瓦斯化学工业公司创始人援本隆一郎在他的《回想 80 年》一书中写道，对企业最重要的是，首先要把社

---

① （清）焦循撰，沈文倬点校：《孟子·离娄上》，《孟子正义》，中华书局 1987 年版，第 484 页。

② 参见黎红雷：《儒家管理哲学》，广东省高等教育出版社 2010 年版，第 227—249 页。

风作为企业经营基本理念。企业可说是社风和经济行为这两个因素的统一体，两者之中，树立好的社风尤其重要，这就如同种菜先要培土，社风正是企业发展的土壤。① 正是日本企业具有“社风”这样的企业发展沃土，才使得来自西方的现代管理制度的种子迅速落地生根，并茁壮成长，结出丰硕的果实。

以戴明的质量管理方法为例，其基础是“以人为本”的管理哲学，他主张取消对员工发出计量化的目标，取消工作标准及数量化的定额，消除妨碍基层员工工作畅顺的因素。他认为任何导致员工失去工作尊严的因素必须消除，包括不明何为好的工作表现。② 显然，这样的理路在以员工为“工具”的美国主流管理理论和实践中是很难推广开来的，而在日本却如鱼得水、大行其道。究其原因，就与日本企业固有的“社风”即企业文化氛围有关。例如，日本著名企业丰田公司是戴明管理方法的最大受益者。公司董事长丰田喜一郎说：“没有一天我不想戴明博士对丰田的意义，戴明是我们管理的核心。”而戴明的管理方法之所以能够在丰田公司开花结果，与丰田祖孙三代领导人的座右铭是分不开的。第一代丰田佐吉的座右铭是“天、地、人”，取自《孟子》的“天时不如地利，地利不如人和”；以此为指导，奠定了丰田家族企业的根基——丰田纺织公司。第二代丰田喜一郎在“天、地、人”的基础上加进了“知、仁”二字，取自《礼记·中庸》的“好学近乎知，力行近乎仁”；以此为指导，开创了丰田的汽车王国。第三代的丰田章一郎在“天、地、人、知、仁”的基础上再加进一个“勇”字，同样取自《礼记·中庸》的“知耻近乎勇”；以此为指导，努力开拓丰田事业的新局面。③ “天、地、人、知、仁、勇”，这一浸透着儒家思想精华的“座右铭”，成为丰田企业代代相传的“社风”，与戴明基于“以人为本”哲学的质量管理方法一拍即合，从而创造出以精益化制造（Lean

① 参见冯昭奎：《日本企业家论“社风”》，载《现代日本经济》1988 年第 3 期。

② 参见［美］爱德华兹·戴明：《戴明论质量管理》，海南出版社 2003 年版。

③ 参见廖庆洲：《日本企管的儒家精神》，经济日报社 1983 年版。

Manufacturing）为特色的丰田生产管理方式，风靡全世界。

由此看来，所谓“社风”本来是日本企业里特有的工作氛围，指的是企业全体成员共有的价值观、思维方式、行动规范等的总和。美国人经过学习和消化，将其普适化为“企业文化”（Corporate Cultures），而成为兴起于20世纪80年代的融汇东西方智慧的一种新的管理理论。其中的代表作有：威廉·大内的《Z理论——美国企业如何迎接日本的挑战》、理查德·帕斯卡尔和安东尼·阿索斯的《日本企业管理艺术》、特伦斯·迪尔和艾伦·肯尼迪的《公司文化——现代企业的精神支柱》（又译《企业文化》）、托马斯·彼得斯和小罗伯特·沃特曼的《追求卓越——美国最成功公司的优势》（又译《成功之路》）、劳伦斯·米勒的《美国企业精神——未来企业经营的八大原则》等。

这些早期的企业文化理论著作，主要通过文化管理与制度管理之间的比较，而突出企业文化在企业管理中的地位和作用。例如，《日本的管理艺术》一书，以日本松下电器株式会社社长松下幸之助与美国国际电话电报公司总裁吉宁为例子，比较了文化管理与制度管理的区别。该书指出：吉宁领导下的国际电话电报公司建立了一个强大的集中管理集团和一些半自治的部门，并制定了高度精确的目标与控制分系统。他的管理手段，首先是他对“确凿事实”的追求；其次，为了得到这些事实，他精心设计了一套职能部门与基层相互制约的方法；再次，为了保证它的情报的可靠性并检验各项建议的合理性，他把会议作为面对面对抗的场所；最后，他建立了各种各样的奖惩制度以保证他对企业的完全控制。日本的松下幸之助则推行了一种内在的、以精神和价值观为准则的管理手段。松下说过：“当你有100个雇员时，你处于第一线，即使你对他们叫喊和推打他们，他们也会跟随着你；如果团体增加到1000人，你就不必处于第一线，而是处于中间；当组织增加到10000人时，你威严地坐镇后方，对前方的人表示感谢。”在松下看来，维持对企业的控制，关键还是要靠共同的价值观。因此，他反复告诫部下：“如果你因诚实而犯了一个错误，公司是非常宽容的，把这个错误当作一笔学费来对待并从中吸取教训。但是如果你背离了公司的基本原则，你将受到严厉的处置。”

《追求卓越》一书，则把吉宁在国际电话电报公司的管理手段与同是美国企业的明尼苏达采矿制造公司相比较，指出：明尼苏达采矿制造公司确实是人们所见过的控制得最严格的组织，远比吉宁领导下的国际电话电报公司严格得多。在国际电话电报公司，是有数不清的规章制度和无数需要考核归档的方面。可是那里的一种突出的现象是要花招，搞小动作——钻制度上的空子，搞回避动作，跟其他线上的干部串通起来，去逃避那些臭名昭著的“突击巡回检查组”。专横的、不得体的纪律过多，就会扼杀自主性。可是更严格的纪律，却是那种建立在寥寥可数的几条共有价值基础上的纪律，这正是明尼苏达采矿制造等优秀公司的标志；事实上，正是这种纪律，才能诱发出组织内部确有实效的自主与试验活动。像明尼苏达采矿制造公司这类的优秀企业，在管理上相当灵活，它们有俱乐部式的、校园一般的环境，灵活的组织结构，志愿参加革新的活动人员，热心的革新闯将，给个人、班组和分部以最大的自主权，经常而广泛的试验活动，注重积极方面的信息反馈和强有力的社交联系网等。但与此同时，这些出色的企业又都具有一整套异常严格的特性，依靠文化传统来推动和控制，他们绝大多数都有一套严格奉行的共有价值观，并注重行动。如果你的工作只需看三个数字就行了，那么你可能就很有把握认为，这些数字都是经过仔细校核因而完全可靠的。只规定一两条主要的纪律，这正是一种保证严格控制的重要措施。①

随着企业文化理论研究的深入，人们越来越认识到，文化管理与制度管理二者不但不矛盾，而且是相辅相成的。首先，企业文化与企业制度相互重合：一方面，企业制度体现企业文化，是企业文化的一种外在表现形式，体现着企业的内在精神；另一方面，企业文化以企业制度为载体，无形的文化通过有形的制度而得以表现。其次，企业文化和企业制度相互作用：一方面，企业文化决定着企业制度的特色和效率；另

① T. J. Peters and R. H. Waterman，Tr，*InSearch of Excellence*，New York：harper & Row，1982，p.318.

一方面，企业制度则促进员工在价值取向和组织目标上的高度认同。再次，企业文化与企业制度相互依赖：一方面，企业文化理念作为制定企业制度的指导思想，贯穿于制度执行的整个过程；另一方面，企业制度是企业文化实施的有力保障，促进企业文化的形成、巩固和发展。复次，企业文化与企业制度相互协调：一方面，企业制度决定优秀的企业文化成为一种管理方法，为诱导组织系统进行自主演化提供了必要的环境和条件；另一方面，企业文化是对企业制度管理的有益补充，以企业文化为诱导及牵引力，促进了企业制度的规范与完善。最后，企业文化与企业制度相互转化：一方面，企业的价值观和理念可以转化为具有可操作性的管理制度，转化为员工的实际行动；另一方面，企业文化所倡导的价值理念在企业的现实运行过程中可以形成一种制度，并通过制度的方式来统帅员工的思想。总之，企业文化与企业制度构成一个互补的整体，企业文化以企业制度作为支撑，企业制度又以企业文化作为指导，二者共同推动着企业的发展。① 这种突出文化管理价值同时又兼顾制度管理作用的理路，与上述儒家强调“德治”价值的同时又兼顾“法治”作用的思想，可以说是不谋而合的。

三、《中国传统文化导读》

企业文化理论的研究表明，任何一个企业文化的形成都离不开本民族传统文化的熏陶。海航集团为此专门编写了《中国传统文化导读》，作为全体员工的必读教材，以培育本企业的文化根基，正体现了这种思想上的自觉。

关于《中国传统文化导读》的编辑缘起，海航集团董事长陈峰在该书“序言”中写道：“孔子曰：‘入其国，其教可知也。’余经年逐浪

① 参见欧绍华、刘志刚：《企业文化管理与制度管理的互动耦合关系——基于和谐管理理论》，载《中国流通经济》2012 年第 10 期。

商海，深感国之兴衰在民之觉悟，而民之觉悟根于教育。为探根求本，余创立海南省航空公司，并力推内修中华传统文化精粹，外融西方先进科学。中华文化，博大精深，学者常视浩若烟海之史卷为畏途。国学大师南怀瑾先生，喻至理于趣事，比大道若细物，常能从心而发有感皆应，诚为中华国学入门捷径。在此特请邓英淘先生察敝司所需改撰《中国传统文化导读》读本，为国学及企业文化探索者投石问路。”①

南怀瑾（1918—2012 年）是当代中国著名的文化学者，一生为弘扬中华文化不遗余力，出版有《论语别裁》、《孟子旁通》、《原本大学微言》、《老子他说》、《中国佛教发展史略述》、《中国道教发展史略述》等 30 多部著作。早在海航集团创建之初，陈峰就拜南怀瑾为师，学习中国传统文化，以建设海航集团的企业文化。《中国传统文化导读》就是将南怀瑾的代表作《论语别裁》重新改撰编辑，以适合企业员工阅读的一本中国传统文化入门读物。该书 13 万字，分为四个部分：中国历史文化的精神、学问与修养、做人与做事、世事与人生等。

第一部分“中国历史文化的精神”，选录了《论语别裁》中 20 则的内容。其中“上古的政治经济”一则，主要解读了《论语·尧曰》中的这句话：“谨权量，审法度，修废官，四方之政行焉。”南怀瑾对此解读道：“谨权量”可以从两个角度去理解。第一个角度，《尚书》中《舜典》有一句话，“同律度量衡”，就是说从尧舜的时代才统一了全国的“律”。这个“律”包括了两个方面，一方面是天文的、物理的规律，就是现在所说科学性的各种“律”，包括了历法、天文的法度等。另一方面就是政治制度的各种官制规律，虽然历代都有变更，但原则上仍是一脉相承的。“谨权量，审法度”，这个法度，就是现在所谓的制度，各种办事的制度，要严格注意。第二个角度，“谨权量”的权量，就是权变的意思，我们中国文化中，尤其儒家喜欢讲究两个字，所谓“经权”之道。在为政的大原则就是“谨权量”，对政治权能的分辨，要非常谨慎，以个人

① 海航企业文化参考读本：《中国传统文化导读》（内部读物），2009 年版，第 1 页。

而言，如领导一个单位，对某同仁在权力上应该使用到什么程度，要量才而用，要非常谨慎，这也是对人事而言。南怀瑾认为，现代西方管理的毛病，就是人跟着制度转，依法规来做事，人会变成机械，没有灵魂。但是，人到底不是机械，是有灵魂的。“我们了解了这些思想和观点，再回过来看中国文化，在尧舜当时，人事与制度并没偏废，而把这两方面‘谨权量’，像天平一样，法规与人事，配合得非常好。”——南怀瑾这里的解读，强调了人治与法治并重的中国传统管理智慧，对于现代企业的文化管理，具有重要的启迪作用。企业文化依靠企业领导者的推动，以及企业员工的认同，在这个意义上，也是一种“人治”；但是，企业的文化管理离不开制度管理的保障，就像“人治”离不开“法治”一样。二者相互协调、相互促进，才能最终保证管理的成功。

第二部分“学问与修养”，选录了《论语别裁》中31则的内容。其中编者添加标题的“再谈‘仁’字”一则，主要解读了《论语·阳货》中的这句话：“子张问仁于孔子。孔子曰：能行五者于天下，为仁矣。请问之。曰：恭、宽、信、敏、惠。恭则不侮，宽则得众，信则人任焉，敏则有功，惠则足以使人。”南怀瑾对此解读道：恭、宽、信、敏、惠。在古文中这五个字很简单，现在来说，就是五条原则、五个目标或守则。第一个恭。对自己的内心思想、外表行为等，要严肃地管制，尤其一个领导人，对自己的管理，特别重要。第二个宽。对人宽大，所谓宽宏大量，能够包容部下、朋友所有的短处及小过错。第三个信。能信任人，有自信。第四个敏。就是聪明敏捷，反应快。第五个惠，更重要，恩惠，以现在来说，实行社会福利制度就是恩惠的一种，但不要把福利看成是全部的惠。待人要有真感情，对年轻的视同自己的兄弟儿女，对年纪大的视同自己长辈，不是手段，要出自真心的诚恳。这是做人做事五个基本条件，假使做到了，随便在哪个领域做事，都有用处。“一个人如果能够自己对自己管理得严肃，既不欺负人家，自己也不会招来侮辱。能够宽厚待人，部下自然拥护。信人自信，则任何人都可以用。处理事情头脑清楚，反应快，就容易有功绩。最后，最重要的，人与人之间必须具有真的感情，很诚恳的感情，彼此才可以相处，共创事业。”——南怀瑾这里的解读，将个人的修行与领导者的素养结合起来，是有道理的（其中对“信则人任焉”的解读则可商榷）。笔者曾经撰文指出：孔子这里所说的“恭、宽、信、敏、惠”，不仅是个人修养的“私德”，而且是治国理政的“公德”。其中所包含的“正己正人”的恭敬思想、“为政以德”的宽政思想、“取信于民”的守信思想、“敏则有功”的勤政思想、“因民所利”的惠民思想，对于当代治国理政的理论和实践，都具有重要的启示作用。[①] 对于当代企业管理的理论与实践，当然也可以作如此观。

第三部分“做人与做事”，选录了《论语别裁》中34则的内容。其中“孔子的换心术”一则，主要解读了《论语·八佾》中的这句话：“定公问：君使臣，臣事君，如之何？孔子对曰：君使臣以礼，臣事君以忠。”南怀瑾对此解读道：鲁定公所问的，是领导术或领导的方法，而孔子答复他的，是领导的道德，撇开了鲁定公所问的方法。换言之，乃是在驳鲁定公。认为用方法——手段——是错误的，所谓领导应该是以“德”领导人。鲁定公问，假使一个帝王领导人，该怎样去指挥下面的干部？相对的，一个忠贞的干部，对于领导人，又应该用什么方法理事及自处？而孔子则用两句话，解答了鲁定公这两个对立的问题——“君使臣以礼，臣事君以忠”。我们中国文化讲孝道，但孝道也是相对的，“父慈子孝，兄友弟恭”，父母付出了爱心的教养，才有子女孝道的反哺，两者是对立的。忠也是一样，就如孔子的话，上面对下面以礼，礼敬——也是爱的一种形态，等于父母爱子女的爱心。这种礼义德业的流衍，道德的风行，则下面对上面自然就敬而忠了。所以这种君臣的上下关系是建立在道德上，不是建立在手段上。“孔子的意思是说，你不要谈领导术，一个领导人要求部下能尽忠，首先从自己衷心体谅部下的礼敬做起。礼是包括很多，如仁慈、爱护等，这也就是说上面对下面的如果尽心，那么下面对上面也自然忠心。俗语说人心都是肉做的，一交

① 参见黎红雷：《恭宽信敏惠：儒家治国理政思想的现代启示》，《孔子研究》2015年第3期。

换，这忠心就换出来了。”——南怀瑾的解读，涉及儒家“五伦”关系的基石，即“相互对待”的原则。就正面而言，君贤而臣忠，父慈而子孝，兄友而弟恭，夫义而妇从；从反面来说，则君不贤臣就可以不忠，父不慈子就可以不孝，兄不友弟就可以不恭，夫不义妇就可以不从。从“德治”的角度来看，在上位的领导者要想取得在下位的被领导者的忠诚和拥护，就要从自己做起，以德服人，以德育人，以德导人。这也是现代企业文化管理的基本原理。

第四部分“世事与人生”，选录了《论语别裁》中19则的内容。其中编者添加标题的“中庸之德”一则，主要解读了《论语·雍也》中的这句话：“子曰：中庸之为德也，其至矣乎！民鲜久矣！”南怀瑾对此解读道：我们现在说中庸，就是能够中和的中庸之作用。我们中国文化中《易经》的道理，是说天下的事物，天下的人物，随时随地在变，每秒钟都在变，没有不变的事。如何能适应这个变，如何能领导这个变，这是学问的中心。同时《易经》告诉我们，变是对立的变，任何一件事都是相对立的，有正面必有反面，有好必有坏，你说对的，同时也就产生了不对的。一切都是相对的，在这个相对的中间，有一个中和的道理。所以“中庸”便提到中和的作用，孔子是说两方面有不同的意见，如果有最高的领导德业的人，使它能够中和，各保留其对的一面，各舍弃其不对的一面，那就对了。——南怀瑾这里的解读，引进子思所著《中庸》中提出的“时中”、“中和”等观点，确实有助于人们更加全面而准确地理解孔子的“中庸”思想。笔者所撰《“中庸”本义及其管理哲学价值》一文指出：孔子的中庸思想长期受到人们的误解。通过追本溯源、正本清源，可以察知，“中庸”具有中正、中和、时中、用中、平常、不变、恰到好处、不偏不倚、动态平衡等多重丰富内涵，同时蕴涵着“正—反—中”的中庸辩证法。把中庸辩证法运用到管理活动中，正确处理“为己与为人”、“正己与正人”、“修己与容人”、“行己与安人”的辩证关系，便形成“立己立人”的中庸领导智慧；正确处理“王霸杂之”、“恩威并施”、“明德慎罚”、“德主刑辅”的辩证关系，便是“德法兼济”的中庸管理智慧；正确处理“见利思义”、“取之有义”、“先义后利”、“义利合一”的辩证关系，便是“义以生利”的中庸经营智慧。这就说明，儒家的中庸思想对于人类社会的管理活动具有重要的价值。①

四、“同仁共勉十条”

南怀瑾对海航集团企业文化建设的影响确实是十分巨大的。正如陈峰所言：“南怀瑾先生的中国传统文化集大成的学术思想，构成了海航企业文化重要的支撑部分。我们跟南怀瑾先生结缘以后，大量运用他对我们的指导，构成了今天海航集团具有很强竞争能力的企业文化，我称之为海航的软实力。这对构造海航 20 年健康持续发展，对我们的员工队伍建设和干部队伍建设产生重要影响。”② 其中对员工队伍建设影响最大者，当属南怀瑾主持制定、陈峰手书、每位海航员工都必须背诵的“同仁共勉十条”。海航集团官网强调：“这是海航在企业文化建设中，通过不断实践，将企业员工行为的两个内涵‘做人与做事’具体标准化为十个训条，在国学大师南怀瑾先生主持下议定出‘海航同仁共勉十条’，以此作为指导员工行为的基本准则。”

海航集团的“同仁共勉十条”，脱胎于唐朝百丈禅师的“丛林要则二十条”：“丛林以无事为兴盛。修行以念佛为稳当。精进以持戒为第一。疾病以减食为汤药。烦恼以忍辱为菩提。是非以不辩为解脱。留众以老成为真情。执事以尽心为有功。语言以减少为直截。长幼以慈和为进德。学问以勤习为入门。因果以明白为无过。老死以无常为警策。佛事以精严为切实。待客以至诚为供养。山门以耆旧为庄严。凡事以预立为不劳。处众以谦恭为有理。遇险以不乱为定力。济物以慈悲为根本。”由此看来，这个“百丈清规”，本来是佛教出家人的信条；而在南怀瑾

---

① 参见黎红雷：《“中庸”本义及其管理哲学价值》，《孔子研究》2013 年第 2 期。

② 陈峰：《我的老师南怀瑾》，海航集团机上杂志《云端》官方微博，2012 年 11 月 26 日。

的指导下，陈峰和海航集团却对其进行了改造，并融进了大量的儒家思想以及中国历史上为人处世的生动案例，而作为“在家人”的企业员工的行为准则。①

第一，团体以和睦为兴盛。一个人独善其身，老实做人、踏实做事，只是具备了立身于世的基础，并不能在人群中形成更多的能量。因此，必须融入团队之中，才能超越自身的局限。如同一只手，一根根手指的力量显得单薄，但如果握成一个拳头、形成合力则力量倍增，这就是团结和睦的力量。“家和万事兴”，何况一个组织、一个企业、一个团体？天时、地利、人和才能成就事业，然而“天时不如地利、地利不如人和”②，对于一个家庭、一个国家、乃至整个世界而言，和睦是至关重要的先决条件，有和睦才可能有家庭幸福、国家兴旺和世界和平、共同进步。

究其根源，失和争斗无非是为名利得失、为个人发展。而一个有雄厚实力、坚定信心、博大胸怀的人，应树立“己欲立而立人，己欲达而达人”③的原则，力求达到一种双赢的境界。它与“待人以至诚为基石”紧密相连，“君子敬而无失，与人恭而有礼，四海之内，皆兄弟也”④。“人敬我一尺，我敬人一丈”，“和睦相处”、“和气生财”、“和风细雨”、“和颜悦色”——这些都是化育生机的动力源泉。古时赵国的廉颇、蔺相如为社稷安危、国家兴盛而捐弃前嫌、携手御敌、共创佳业的事迹就足以警示世人了。

海航集团要持续、健康、高速发展，不仅需要每个员工出众的才华，而更重要的在于全体员工应具有团结奋进的精神。现代企业制度强

---

① 以下内容参见海航集团官方网站。

② （清）焦循撰，沈文倬点校：《孟子·公孙丑下》，《孟子正义》，中华书局1987年版，第251页。

③ 程树德撰，程俊英、蒋见元点校：《论语·雍也》，《论语集释》，中华书局1990年版，第428页。

④ 程树德撰，程俊英、蒋见元点校：《论语·颜渊》，《论语集释》，中华书局1990年版，第830页。

调团队合作精神，树立“把内部员工当作顾客一样来对待”的意识，而一切的根本在于人与人之间的相互尊重，不管职位高低，无论性别、容貌、民族、宗教信仰如何不同，能在一起就是有缘，必须珍惜这份缘分，对人要尊重、信任、体谅、宽容，但绝不是无原则、无条件、一团和气地和睦。每个员工有所长、亦有所短，“人心齐，泰山移”，作为主管人员更要成为下属的良师益友，通过努力使团队达到“人心齐”的和睦境界，只有在和谐的氛围中，大家同舟共济、团结奋斗、取长补短、同心协力，海航集团的事业才能永远兴旺发达。

第二，精进以持恒为准则。精进，是佛家的词汇，是菩萨修行“六度”法门之一，其对治的是人们久远以来形成的凡事容易“懈怠、懒惰”的习气。也就是说，每个人都有一定的惰性，这是正常的，但必须自觉地加以克服，以勇猛心去破除。而惰性是最容易滋长的，如果你只是一时的冲动去对付，一旦放松了对自己的要求，它随时都会“野火烧不尽，春风吹又生”，要根治它就必须有持之以恒、滴水穿石的耐心和毅力。一时之间做好事不难，难的是一辈子做好事，说的就是这个道理。

做事贵在持之以恒、勇于进取，其实成功与失败往往就在一念之间，但效果差别很大。人在先天上或许有聪慧、愚笨之分，但持恒往往是多数人后天所缺乏的，江郎才尽和牛顿的大器晚成主要区别正是后者因持恒而术业有成。而佛家在修行中正是提倡这种精进的精神，每天“日行一善”，每天做一点有益于社会、有益于他人、有益于自己的事，虽然不是什么惊天动地的业绩，但如能坚持不懈，你自然而然会走上一条充满希望的人生之路。“不积跬步无以成千里，不积小流无以成江海”①，只有重视量的积累，方可获得质的提高，不断得以精进。

作为管理人员要有所作为，不仅要有开拓精神和工作魄力，更要不断求索、时时精进，持续提高自己的学习能力、创新能力、决策能

① （清）王先谦撰，沈啸寰、王星贤点校：《荀子·劝学》，《荀子集解》，中华书局1988年版，第8页。

力、沟通能力和组织能力，才能成为知识经济时代的合格管理干部，也只有持之以恒，才能精益求精、才能忠实实践海航集团“至诚、至善、至精、至美”的企业宗旨。

第三，健康以慎食为良药。身心健康是根本，如果一个人失去健康的身体和心灵，则生命将会常常处于痛苦之中。那么要想在生活之中有所作为、成就一番事业，将会难上加难，甚至使自己的亲人为你的病痛担负更多，付出更多的体力和精力。因此，你的健康不仅仅是自己的事，为了自己，也为了关心和爱护自己的亲朋良友，每个人都有让自己保持身心健康的责任。俗话说：“病从口入”、“预防是最好的治疗方法”。因此，要“防病于未病”，选择合于健康的食品，按规律进食，按身体所需吸收充足的营养，自然可以使自己的防疫机能保持正常的状态，那么病魔自然就会远离你。

推而广之，需要“慎食”的何止物质粮食，作为“精神食粮”的文化产品更是一样的道理。尤其是现代社会精神文化产品日益丰富，对人们的分析、判断、选择和把握的能力提出了更高的要求，这就要求我们有明辨是非的基本能力、择善行而去恶习的清醒头脑。然而精神愉快、心理健康要以注重道德修养为前提，知道有所为、有所不为，有良好的人格和高尚的思想品德。尤其是管理干部在理论水平、思想境界、治理策略等精神世界的丰富与提高，更需要良师益友的帮助才能得到健康地升华。

第四，诤议以宽恕为旨要。“诤”乃直言劝告之意，“宽”有宽厚、仁爱之意，“恕”即合于我心之意，“宽恕”二字不仅代表着做人的美德，也表明着做人的水准，对他人应多一些宽容、爱护和仁慈之心。孔子讲“宽则得众”①，做到“宽厚”便能得到广大员工的拥护与支持，才能通过建立企业内部良好的情感关系，激发全体员工强烈的认同感、责任感，使每位员工能明大义、识大体、顾大局，从而以团结增强企业的

① 程树德撰，程俊英、蒋见元点校：《论语·子路》，《论语集释》，中华书局1990年版，第1199页。

凝聚力。

人生于世，在千丝万缕的人与人之间的关系之中，常会有一些摩擦，但要知道自己的舌头和牙齿尚且有打架的时候，何况在生活中的人和人。因此，和别人有些口舌之争是难免的，只要不是出于自己的一己私利，则为了大家、公司、社会的利益，不计较一言之短长。从根本上讲，就要有“躬自厚而薄责于人”① 的态度，应该宽以待人、严以律己，时常反省自己。而且，对不同意见要善于倾听，要善于在诤议中吸取他人言论中有益之处，有“不以人废言，不以言废人”② 的气度，心里尽量设身处地为对方着想，少些先入为主的偏见。孔子曰：“益者三友，友直，友谅、友多闻”③，因为人生三种良友中，敢于直言不讳的“诤友”是最难得的，过失相规、直言相劝，敢于指出自己的缺点，虽然有时“忠言逆耳”，但是这样的言论千金难买，自然会从中受益，也许应该庆幸，而不是生气。

这一条对管理干部尤为重要，作为管理干部要想成就一番事业，必须要有宽阔的胸怀、恢宏的气度，能容天下人才能为天下人所容。作为唐太宗李世民的一面“明镜”——魏征为民众和社稷负责、一生中向唐太宗进言 600 多条，并且敢于直言相谏、冒死相谏，以致李世民多次扬言欲斩杀魏征，但是由于魏征所谏皆为逆耳良言，太宗最终对诤议采取宽容、采纳的态度，使初唐贤臣广进良言，君王兼听则明，不断修正治国的政策、法令，百姓安居乐业、国家长治久安，由此开创了贞观之治的太平盛世。这虽然是一种封建式的君臣关系，但也为我们现代企业中的管理干部树立了良好的榜样。

第五，长幼以慈爱为进德。“慈”在佛家语汇中是“与乐”的意思，

---

① 程树德撰，程俊英、蒋见元点校：《论语 · 卫灵公》，《论语集释》，中华书局 1990 年版，第 1097 页。

② 程树德撰，程俊英、蒋见元点校：《论语 · 卫灵公》，《论语集释》，中华书局 1990 年版，第 1106 页。

③ 程树德撰，程俊英、蒋见元点校：《论语 · 季氏》，《论语集释》，中华书局 1990 年版，第 1149 页。

就是给予别人快乐。以“慈心”、“爱心”面对芸芸众生，正是增进德性、完善品格的根本目的。倘无长幼慈爱之心，而空谈爱集体、爱国家，岂可令人信服。长者有慈爱之心，对幼者给予关爱、帮助，幼者有敬长之德，以学习长者的知识、经验为自豪，由此长幼皆有进德。

“尊老爱幼”是中华民族传统美德中最为人熟悉也是最为大家所认同的一条，“老吾老以及人之老，幼吾幼以及人之幼”①是脍炙人口的格言，也是最让人感觉到温暖如春和浓厚人情味的表述。中国之所以被称为礼仪之邦，其根本点也就在这里，它表达了对长辈的孝敬，传达了对后辈子孙的关心和爱意。因为，中国人文精神中早就传达了一种信息，人不能独自存活，是父精母血孕育了我们的血肉之躯，没有父母的含辛茹苦，何来我们的成长？可怜天下父母心，父母心是天下最无私的，故“百善孝为先”。中国人骨子里明白这一点，中国社会倡导的是在父母年老体弱时敬之以“孝”，回报以“反哺”之情。谁做到了，才成为完全意义上的人，而一旦背离了这一点，他也就和禽兽为伍——甚至禽兽不如。中华民族最讲究的就是孝道，一个人只有对亲人敬爱有加，才可能有博爱的胸怀，爱天下的人和事，珍惜自己的工作和与同事的缘分。作为海航集团员工，不仅要孝敬父母，更要有大孝于天下、大孝于社会、大孝于所在群体的观念。让父母安度晚年，让子女在关心中成长，这正是所谓的“天伦之乐”，以慈爱对人，这世界就是天堂；而以恶心处世，这世界就是地狱。

第六，学问以勤习为入门。孔子曰：“学而时习之，不亦说乎。”②《礼记·学记》说：君子想要教化人民，移风易俗，就一定要通过学习。“玉不琢不成器”，人不经过学习，就不会懂得道理，所以古代的王者建立国家、统治人民，都把教育放在最重要的地位。当时的贵族子弟 8 岁

---

① （清）焦循撰，沈文倬点校：《孟子·梁惠王上》，《孟子正义》，中华书局 1987 年版，第 86 页。

② 程树德撰，程俊英、蒋见元点校：《论语·学而》，《论语集释》，中华书局 1990 年版，第 1 页。

入小学、15岁入大学，小学7年、大学9年或更长。小学生主要学习识字和一些规矩礼节，大学则要学习更高深的知识和从政的本领。关于大学教育，《学记》介绍说：一年学会断句读书的能力，三年学会敬业乐群的本领，五年能博学亲师，七年能讲学论友，这叫小成。九年能触类旁通，遇事不惑，不违大道，这就叫大成。达到大成境界，然后才能化民易俗，使近者心悦诚服，使远者怀义向往，这就是大学之道。学问不只是读书，而是要在实际生活中懂得为人做事的道理，生活之书时时刻刻让你常读常新，要从探求学问中获得乐趣。对于学问，孔子说："知之者不如好之者，好之者不如乐之者。"① 读书之乐无窍门，不在聪明只在勤。此处强调的是"勤习"，学问之道靠的是长期勤勉的熏习、努力和感悟，不能三天打鱼两天晒网——学而时习之，要养成"勤习"的良好习惯，才能不断地长进，才算是真正地"入门"走上正轨，此后则"修行靠个人"。学无止境、不进则退，勤习正是"精进"、持恒的一个体现。东晋大书法家王羲之的儿子王献之为达到其父的书法境界，潜心钻研、勤习苦练，染黑了无数缸水，终于成为与父齐名的大书法家。

目前，海航集团已由单一的航空运输企业衍生为多元化发展的企业集团，涉及的行业与领域越来越广泛，快速发展的海航集团始终要求全体员工必须以丰富的专业知识、强烈的创新意识在积极探索中前行，这就迫使全集团上下必须不断学习新知识，以"勤习"博采众长，方能为海航集团奠定持续、健康、高速发展的基础。"学然后知不足，教然后知困"②，尤其是在知识经济时代，专业分工越来越细，一个团队中的管理干部也并非都是样样精通的"全才"，所谓"闻道有先后，术业有专攻"，作为领导不必在具体事务中处处强于部下，但在对待学问的态度上要为部下作出表率，并在提高自身能力的同时，给予部下方

① 程树德撰，程俊英、蒋见元点校：《论语·雍也》，《论语集释》，中华书局1990年版，第404页。

② （东汉）郑玄注，（唐）孔颖达疏，龚抗云整理，王文锦审定：《礼记·学记》，《礼记正义》，北京大学出版社2000年版，第1052页。

向性的指导；主管人员不一定精于所有业务，但要做到“以上问于下”、“以能问于不能”，做到集思广益，发挥大家的智慧和才华，使团队中每位专才都能最大限度地施展才华，汉高祖刘邦正是合理、有效地依靠萧和、韩信、陈平、张良各自不同的优势，才得以取得天下、成就霸业的。

第七，待人以至诚为基石。“诚”与“真”相近，密切关联，但诚更富有内涵和深度，“诚”乃是发自我们内心深处的真挚情意。失去了“真诚”，“善”与“美”就无从谈起（真：合规律性；善：合目的性；美：即两者的和谐统一）。人与人之间，最根本的莫过于一个“诚”字，诚是培养自己善行的土壤，如果每个人待人以至诚，自然能齐心协力，相互信赖，则事业必然会成功。否则，每个人待人都百般防范，与人为敌，则凡事要有成则难而又难，就算有“收获”，也怕是难以长久。

尤其是现在中国社会出现了信用危机，诚实守信的人成了奸商们取笑的对象，这种病态的心理成为一种势力极大的社会现象，这也正是当前市场经济秩序极为混乱的根源。按照现代经济学的说法，诚与信已成为“稀缺资源”，现代文明社会的标志就是规范、守信、守法，也就是民主法治社会的基础，也可以说，正是因为“诚信”已成为“稀缺资源”，按照经济学的观点，物以稀为贵，也许谁在这“乱世”——市场规范急需重建的时代抢先拥有这种“稀缺资源”，以诚待人，形成良好的信誉，则一旦市场得以规范、走上正轨时，这种无形的力量胜过无数有形的资财。海航集团为什么将“至诚、至善、至精、至美”作为企业宗旨？并且将“至诚”作为前提和基础？正是充分认识到这一点，将“至诚做人，至诚做事”贯穿于每项工作和事业。之所以取得现在的成就，也正是因为拥有了“至诚”这块事业的基石。

第八，处众以谦恭为有理。《易经》称：“谦：亨，君子有终。谦谦君子，卑以自牧也。劳谦君子，万民服也。”“谦”是长养德行、增长学问最好的方式，只有以谦虚谨慎、戒骄戒躁的态度行事，才能在和众人相处的过程中以众人为师，不断充实自己。正如一只杯子，如果装满了水，要继续往里面倒水是不可能承受得住的，一定会倒多少溢出多少，而一只空杯子，才可以往里面注入并承受清水，这就是我们所熟知的“谦受益，满招损”的道理。虚心使人明白“人无完人，天外有天”，可以使自己不断去学习、去进步，骄傲则使人自满，因而失去向别人学习的机会。

谦虚方为大度，恭敬方显有礼。因此，与人相处，贵在谦和，同时要恭敬，所谓“恭则不侮”①,“敬人者人恒敬之”②，一个人不懂得尊重别人，是难以在众人中获得同样的尊重和礼遇的。故而，应以谦逊的态度去学习、以平和礼敬的心态去处世，积极培养谦虚为人的作风，内心要诚恳、态度要和蔼，作为君子更应“动容貌、正颜色、出辞气”③。并且，要明白“三人行，必有吾师”④,“师”有正面的，也有反面的——见善则学之，见不善者则引以为戒，别人的好东西赶紧去学，别人做得不对的事情，则作为反面的例子，不去重蹈覆辙，这就是为人处世最基本的道理。

作为管埋十部不仅应以谦恭和宽容的态度待人，而且要求管理者“宽以理事”，即实行有效地分权与分级管理，鼓励员工各负其责、发展个性。古人说：“泰山不让土壤，故能成其大；河海不择细流，故能就其深。”如果管理者唯我独尊，那只能是一枝独秀，造成管理的混乱与低效。

第九，凡事以预立而不劳。人生于世，不外做人与做事，其实人一生下来就在做人，关键的是做什么样的人？是成为社会的健康细胞，还是病毒？当然谁都想做前者，也就是要做有益于社会、他人的人，从

① 程树德撰，程俊英、蒋见元点校：《论语·子路》,《论语集释》，中华书局1990年版，第1199页。

② （清）焦循撰，沈文倬点校：《孟子·离娄下》,《孟子正义》，中华书局1987年版，第595页。

③ 程树德撰，程俊英、蒋见元点校：《论语·泰伯》,《论语集释》，中华书局1990年版，第520页。

④ 程树德撰，程俊英、蒋见元点校：《论语·述而》,《论语集释》，中华书局1990年版，第482页。

而体现自己的价值。但是，要看一个人做人做得如何，更多的要在他做事的过程中才能体现。而一个人行事，必须有章法，有分寸，知道事情的来龙去脉：所要达到的目标是什么？所希望达到的效果是什么？都要了然于胸。

对每个员工而言，无论服务、经营、管理都要有计划、按规律去逐步实现。因此，所谓“凡事预则立，不预则废”①，事前准备是关键一环，周密的计划、详尽的部署是非常重要的。必须做好预测工作，根据已知的情况和条件来推测未知的结果。要积极了解和掌握各方面的有关信息，做好处理预案，以便在处理问题时能够做到心中有数、从容不迫、事半功倍。将需要准备的重要事项列出清晰的条目，要达成一个计划，所须投入人手多少？多少资金？多少物资？多长的时间？会有什么样的意想不到的情况？如何把握应急处理的尺度？更关键的是要有充分的思想准备，注意其中的弹性，才能如行云流水，应对自如。总之，关键是要对整体方向和具体的细节心中有数，预先准备好相应的方案，才不至于在实践中劳碌却不得要领。

作为管理干部更要以全局性、前瞻性的眼光看问题，识得轻重、顾全大局，有预见性地作出决策，为下属和团队设计努力的方向。一年之计在于春，只有做好了一年的计划，才能播种耕耘、不误农时，才可能在秋天收获丰硕果实。

第十，接物以谨慎为根本。“接”乃靠近、接触之意，“物”指自己以外的人或环境，亦可指众人。世界上怕只怕“认真”两字，要认得人生的真谛，认得处世的真言，认得他人的真心，关键在于一丝不苟的态度。受人之托，忠人之事，总要尽心尽力，尽己所能，天大的事情也必须从点滴小事做起，必须以谨慎、认真的态度去对待，竭尽全力去奋斗，不在任何细节上出现疏漏。

待人接物中应遵循的基本原则可谓：“非礼勿视，非礼勿听，非礼

---

① （东汉）郑玄注，（唐）孔颖达疏，龚抗云整理，王文锦审定：《礼记·中庸》，《礼记正义》，北京大学出版社 2000 年版，第 1445 页。

勿言，非礼勿动。”[1] 谨于言，慎于行，心中应明白事情的轻重，哪些话该说或不该说，哪些行为该做或不该做，自己必须有一个明确的了解，弄清楚之后，才能在处理过程中保持清醒、冷静的头脑，也就是要做到清清楚楚、明明白白。而这一切的根本前提就是谨慎，这正是认真负责的敬业精神的体现。否则，盲目从事，反而会失去工作的准确性，最终欲速而不达，无法承担起自己的职责。因此，谨慎从事，正是达成良好效果的根本，否则无法营造“敬业乐群”的企业氛围。

五、《精进人生》

《精进人生》是海航集团专门为管理干部编写的一本小册子，其中收录了陈峰的 6 篇讲话。第一篇《“内明外用”的学养》，强调要把握儒家经典《大学》中的“内明外用”、“修身、齐家、治国、平天下”之要义。第二篇《做事与做人，世事与人生》，强调要实现人生过程两个内涵——“做事”与“做人”的圆满。第三篇《以德平天下人心》，强调要修炼自我，善待他人，以自身的德行来获得员工的拥护。第四篇《如何做一个合格的管理干部》，强调为政要持平，秉心要公正，治民要和谐。第五篇《生有所立，死有所归》，强调要树立正确的人生观、价值观、道德观，为社会、为他人做点事，自己不留遗憾。第六篇《集团的新发展》，强调企业文化在海航集团发展过程中的重要作用，以及海航集团管理者应有的基本素质。

《精进人生》还选录了陈峰为海航集团管理干部推介的一些古代经典。其中，《周公诫子书》选自汉代儒生韩婴的《韩诗外传》，说的是周公告诫儿子要以人才立国的道理。《心术》选自宋代文学家苏洵的《权书》，强调“为将之道，当先治心”。《三习一弊疏》是清代名臣孙嘉淦

---

① 程树德撰，程俊英、蒋见元点校：《论语 · 颜渊》，《论语集释》，中华书局 1990 年版，第 821 页。

的一篇著名奏疏，揭示了官德容易缺失的“三习”和“一弊”：耳习于所闻，则喜谀而恶直；目习于所见，则喜柔而恶刚；心习于所是，则喜从而恶违。“三习既成，乃生一弊。何谓一弊？喜小人而厌君子是也。”《内圣法》与《勤敬法》均选自晚清名臣曾国藩的《挺经》。前者强调“慎独自处，求仁存诚”；后者主张“勤能补拙，敬能生明”。《捕蛇者说》、《种树郭橐驼传》、《梓人传》均是唐代著名文学家柳宗元的作品，陈峰从管理方法的角度对其进行了创造性的解读：《捕蛇者说》是在说明管理者如何创造一个清明的政治环境，让手下的人活得好一点；《种树郭橐驼传》的意义在于：创造人才生长的环境，是管理者应有的智慧；《梓人传》概括出一个道理：知人善任地选用人才是管理者必备的能力。

对于管理者应有的基本素质，陈峰在《精进人生》中提出了著名的“三为一德”理念。第一是“为人之君”，要有君子般的风度和君王般的责任；第二是“为人之亲”，就是像对待亲人那样对待周围的人；第三是“为人之师”，要求别人做到的自己先做到，为人师表。这三句话构成了一个“德”字。陈峰指出：“‘德’是一个领导者、一个合格的管理者的基本素质和风范。‘德’的内涵是什么呢？是四个字：诚、善、勤、俭。你有了这四个字，就能够‘以德平天下人心’，大家就会无怨无悔地跟着你走。”①

所谓“为人之君”，就是要像君王一样善待部下。《论语·尧曰》引用古代圣王的一句话：“朕躬有罪，无以万方；万方有罪，罪在朕躬。”其大意是说：我本人如果有罪过，不要牵连天下万方；天下万方如果有罪过，则由我一个人来承担。陈峰认为，这里体现了做一个领导者应承担起天下人的责任，承担起天下人的痛苦，有为天下人掌权的意思，有“公天下”的思想和胸怀。因此，我们的管理干部要关心下属，分担他们的忧愁。须知领导是一种责任，而绝不是一种简单的荣誉和待遇，这

① 陈峰：《以德平天下人心》，海航企业文化参考读本《精进人生》（内部读物），2009 年版，第 33 页。

就要求领导者对百姓负责，承担起一家之长的职责。陈峰说："我最不能容忍的两件事，一是我们的干部在责任上推诿，二是欺压百姓。大家在你们手下干活，不容易，好事你先去，坏事往下推，这是绝对要不得的。"当领导者不要过分要求别人，古人云"己所不欲，勿施于人"，要求别人做的，自己做不到，不能服天下人。上行下效，责任重如泰山。

所谓"为人之亲"，就是善待大家，亲情地对待每一个人。《大学》上说："康诰曰：'如保赤子'，心诚求之，虽不中不远矣。"其大意是说，按照《尚书·康诰》上的要求，爱护百姓要像保护婴儿一样。如果内心真诚地祈求它，即使达不到目标，也不会相差太远啊。陈峰主张，管理者对待每一位下级，都要有"如保赤子"般的感情，对自己的员工有亲情般的感情，遇事替他们想一想。这里关键是一个"诚"字。只有以亲情般的诚心对待你的下级，对待你周围的人，你的工作才会做好。当然，"为人之亲"也有基本的底线，"如保赤子"绝对不是放纵无度。陈峰认为，"为人之亲"是一种慈悲心，但慈悲心也有不同的境界。有的时候看似对某个人处理严，实际是从他自身的根本好处出发。所以对于慈悲心的理解，领导者和一般人的境界不同。领导者必须坚持原则，无论是人和事，该处理的还是要处理，只要心诚就行。

所谓"为人之师"，就是为人师表，率先垂范。《论语·颜渊》上说："君子之德风，小人之德草，草上之风，必偃。"其大意是说：领导者的德行就像风一样，老百姓的德行就像草一样，风向哪边吹，草就跟着向哪边倒。陈峰强调，企业文化建设，干部的以身作则很重要。你要求大家做到的，你自己先做到；要求别人不做的，你首先自己不要做。在这个基础上，如果大家能够从你身上学点东西，这个境界就更高了。所以，管理干部就要加强自身的修为与学习，以便对员工进行教化。你要教化员工，经常要求他们，拿什么给大家讲呢？那只有不断学习、学习、再学习。有些时候不只是就事论事，还要就事论理，能够"小题大做"，即从一件事情当中能够指导全局。要做到这一点，管理干部就要有内涵，要不断"充电"，不断在学习和工作中捕捉和吸收新东西，一眼能够发现石头里的金子。为此，陈峰要求海航集团的管理干部要当好

“人师”，源源不断地培养出企业发展所需要的“真人”来。

所谓“诚”，就是诚心做人。《中庸》上说：“唯天下至诚，为能尽其性；能尽其性，则能尽人之性；能尽人之性，则能尽物之性；能尽物之性，则可以赞天地之化育；可以赞天地之化育，则可以与天地参矣。”其大意是说：只有天下至诚的人，才能尽量发挥自己天赋的本性；能尽量发挥自己天赋的本性，就能尽量发挥天下人的本性；能尽量发挥天下人的本性，就能尽量发挥万物的本性；能尽量发挥万物的本性，就可以赞助天地促成万物的生长化育；能赞助天地促成万物的生长化育，就可以和天地并列而为三了。陈峰认为，天下莫不过一个诚心做人、诚心做事的“诚”字。一方面，对自己要真诚，犯了错误，要诚心改正，千万不可自作聪明；另一方面，对他人要真诚，不可把别人当傻瓜，千万不可自欺欺人。总之，“诚”字可以解决天下一切问题，光明正大是解决矛盾最有效的方法。

所谓“善”，就是善念做事。孟子主张“性善论”，认为是否有善心善念是人与禽兽的根本差别：“人之所以异于禽兽者几希；庶民去之，君子存之。”① 陈峰将儒家的善心善念与佛家的慈悲心结合起来，指出：天下最大的力莫过于慈悲心力。佛魔之间，正邪之间，一字之差，就是一个“善”字，善待他人，善待众生，就是善待自己。好心待人，好心办事，做任何事的时候都为别人想一想，这样就会避免做错事，做事就比较公正。“善”，就是做任何事的时候真诚为别人想一想。做任何事情其实都是一念之想。领导者若有坏心、整人之心、小人之心，那么手下人活着就真辛苦了。狭隘之心、妒忌之心都非善念之举。所以，大家要有善心、善念。陈峰还指出：“种善因，就有善果；不种恶因，就没有可怕的恶果。”人生的道路就如同爬坡一样，需要不断精进，不断提升。所以管理者要珍惜人生，种下人生之因，使人生有大福报。

所谓“勤”就是勤勉工作。《论语·阳货》指出：“敏则有功。”在

① （清）焦循撰，沈文倬点校：《孟子·离娄下》，《孟子正义》，中华书局 1987 年版，第 567 页。

孔子看来，从政者勤勉就会取得功绩，大禹就是一个典范。据《史记·夏本纪》记载，大禹为了治水，身先士卒，不怕劳苦，风餐露宿，三过家门而不入，经过 13 年的治理，终于消除了洪水泛滥的灾祸，让人民安居乐业，为华夏民族建立了丰功伟绩。陈峰提出，人如果做人不勤勉，不付出辛苦，什么事都做不成。付出辛苦是一种责任心的表现。一分耕耘一分收获，一份努力一份成果。学习也是如此。知识能力不够不要紧，可以用孜孜不倦的精神，一点一滴积累，一天一天提高。人家付出三分努力，你就付出五分。用“勤”字可以改善自己的聪明，用自己的努力弥补自己的不足。实际上“勤”就是最大的聪明，用勤勉的精神做一件工作，就会得到丰厚的果实。

所谓“俭”就是节约福报。节俭，是儒家所提倡的美德。孔子主张：“礼，与其奢也，宁俭。”① 陈峰指出，中国人很节俭，很多财富都是靠节俭出来的；我们今天更要节约资源，以造福子孙。管理干部在自己做到“俭”的同时，还要在自己的部门带出勤俭节约的风气。所谓“俭”，不是不让大家享受应得的待遇，而是指不浪费、不奢侈。要有一种珍惜福报的感觉，从小事做起，学会“俭”。比如，一粒大米的成长过程，便融汇了多少人的辛苦，融汇了日月四季及天地之精华。因此，我们绝不能浪费了别人的辛苦，浪费了天地的资源。陈峰还提出，人生机缘也不可擅自浪费。上苍给了人类这么多的资源，社会和机缘给了你这种福报，都应留几分，不敢擅自浪费。人最大的浪费莫过于人生的浪费。如果你在一个时间段里能同时做几件事情，便是最大的“俭”。

总之，陈峰主张管理干部要“以德平天下人心”，善待他人，信任他人，放掉自我。这种素质的培养，就是战胜自我的培养：“勤”就是战胜自己的懒惰，“俭”就是战胜自己的奢侈，“诚”就是战胜自己的矫饰之心，“善”就是战胜自己的狭隘、嫉妒和小人之心。只有这样，才能成为一个合格的管理干部，为海航集团的事业作出贡献。

① 程树德撰，程俊英、蒋见元点校：《论语·八佾》，《论语集释》，中华书局 1990 年版，第 145 页。

六、“菩萨心肠”与“霹雳手段”

海航集团的管理，一方面强调“德”，另一方面又以“严”著称。在海航集团创建之初，两名到美国接受培训的飞行员，因为回国时已是大年廿九，他们就直接回家过春节而没有按规定先回公司报到。陈峰知道后，立即将他们开除。陈峰说：“公司制度建立不起来，会影响一大批人。那时公司还处在艰难中，送他们培训出资 10 万美元。就这样开除，代价确实不小。但是，只要是有损于海航集团形象的事，无论付出多大代价，都要及时纠正。惩罚少数人而教育大多数人，这是严厉，也是善良。要让他知道，不能过这个槛，如果过了，要以一生的代价去换。对他严格，是以霹雳之手段行菩萨心肠，我的出发点是为将来好、为事业好。”陈峰反复强调：“我不是为了惩罚而惩罚，而是教育，教育本人、教育大家。海航集团‘以德治企’，是把做人的规则作为第一条防线。我们不是不要制度，而是要以制度为最后一道防线。”①

笔者在对企业家的教学中，曾将海航集团的这个案例让学员们讨论：“你觉得陈峰的做法合适吗？”结果很多学员感到不可理解：海航集团不是强调“以德治企”吗，怎么也会惩罚员工？这样的质疑，与长期以来人们对儒家“德治”思想的片面理解有关。

其实，正如本章“儒家的德治观”一节中所指出的：儒家虽然重视“德治”，但并没有从根本上反对“法治”。儒家之所以重视“德治”，是因为看到了法家“法治”的缺陷。在法家看来，只有法治才能收到“立竿见影”的效果。韩非说：“令朝至暮变，暮至朝变，十日而海内毕矣，奚待期年？”②而在儒家看来，法令之快，只是一种“欲速则不达”的“快”。《说苑·杂言》引孔子的话说：“鞭朴之子，不从父之教，刑戮之

① 王海民编著：《十大管理哲理故事经典》，海潮出版社 2006 年版，第 164 页。

② 《韩非子·难一》。

民，不从君之政，言疾之难行。故君子不急断，不意使，以为乱源。”棍棒之下出不了孝子，刑戮之下出不了顺民。那种表面上“立竿见影”的法治，实际是国家动乱的根源。与此相反，儒家所追求的管理效果，是国家的长治久安，这就只能依靠“德治”。如《孔子家语·入官》所言：“故德者，政之始也。”在儒家看来，道德教化是国家管理的前提，要想使政治措施迅速推行，管理者就要以身作则；要想使广大民众迅速归服（真正心悦诚服地归顺），管理者就要道之以德。

与此同时，儒家也看到“法治”在治国理政中的必要作用。孔子所强调的“道之以德，齐之以礼”，这里的“礼”指“礼法”，本身就具有“法律规范”的意义。即使是对于古代狭义上的“法治”即“刑罚”，儒家也并不一概反对。孔子所谓“刑罚不中，则民无所措手足”①，恰恰说明他并不反对刑罚，而只是主张刑罚要“中”，要适当，要恰如其分。儒家有一个主张，叫作“刑不上大夫，礼不下庶人”。这里的“刑不上大夫”常常被人们作为儒家反对“法治”的证据。其实，这是一种误解。据《孔子家语·五刑解》记载，冉有问孔子道：先王制定法规，使刑不上于大夫，礼不下于庶人，那意思是不是说，大夫犯了罪不可以施加刑罚，庶人行事不可以遵守礼制呢？孔子明确回答：不然，凡治君子以礼御其心，所以属之以廉耻之节也。孔子的意思是说，管理君子士大夫，主要是用礼制来统御他们的内心，让他们懂得礼义廉耻的道理。如果大夫犯了罪，同样必须接受刑罚，并且还要让其“自请罪”，乃至“跪而自裁”，其目的就是使犯罪的大夫能够真正认罪服刑，并以儆效尤。至于“礼不下庶人”，那是因为老百姓事务繁忙，劳碌辛苦，所以不应该要求他们详备地遵行礼制的规定。在这里，君子士大夫们不仅要遵守礼制，而且犯了罪还必须接受刑罚，根本不是什么“法外之人”。

讲到儒家的“德治”，人们不应忘记被孔子视为“至德”的中庸之

① 程树德撰，程俊英、蒋见元点校：《论语·子路》，《论语集释》，中华书局1990年版，第892页。

道："中庸之为德也，其至矣乎！"[①] 中庸不仅是儒家学派的道德学说，更是他们对待整个世界的一种看法，是他们处理事物的基本原则或方法。实际上，中庸是一种深刻影响中国人生存状态的思维方式与生活智慧。中庸作为一种思维方法，就是孔子所说的"叩其两端"。他说："吾有知乎哉？无知也。有鄙夫问于我，空空如也。我叩其两端而竭焉。"[②] 中庸作为一种行为准则，就是孔子所提倡的"无过无不及"。"子贡问：'师与商也孰贤？'子曰：'师也过，商也不及。'曰：'然则师愈与？'子曰：'过犹不及。'"[③] "叩其两端"、"无过无不及"，就是儒家"中庸"方法论的基本内涵。在日常生活中，中庸的意义在于指导人们在纷繁复杂的生活环境中，自觉、主动、及时地找到自己的位置，达到适合自己此时此地此情此景的、恰当的合理状态，也就是"适度"。这是一种生活的理性。

依照儒家的"中庸"之道，我们就可以更好地理解和处理"德治"与"法治"之间的关系了。儒家主张"德治"，强调管理过程中的文化、道德、精神的价值；但并不意味着忽视"法治"，放弃制度、规范、法律的作用。恰恰相反，儒家是很强调制度规范的，所谓"齐之以礼"讲的就是制度规范。至于"道之以政，齐之以刑"，它们与儒家的"德治"也是可以兼容的——从"为政以德"的角度来看，"道之以政，齐之以刑"与"道之以德，齐之以礼"是相辅相成的；从"中庸之道"的角度来看，"道之以政，齐之以刑"与"道之以德，齐之以礼"，可以说是治国之道的"两端"，人们可以"叩其两端"而用之，既不要"过"，也不要"不及"，达到"适度"即可。推而广之，现代企业管理中的"企业文化"与"企业制度"、"人文管理"与"科学管理"，以及海航集团所

---

① 程树德撰，程俊英、蒋见元点校：《论语·雍也》，《论语集释》，中华书局1990年版，第425页。

② 程树德撰，程俊英、蒋见元点校：《论语·子罕》，《论语集释》，中华书局1990年版，第585页。

③ 程树德撰，程俊英、蒋见元点校：《论语·先进》，《论语集释》，中华书局1990年版，第772页。

说的“内修中国优秀传统文化之精粹”与“外兼西方科学管理技术之精华”，它们之间的关系，皆可以做如此观。

回到企业管理的实践，这里举一个例子。众所周知，李嘉诚旗下企业的员工忠诚度非常高，因为李嘉诚总是付给他们全香港最高的薪酬，是为“高薪养廉”。那么，如此宽厚和大方的李嘉诚有没有炒过员工的鱿鱼呢？“有。”李嘉诚斩钉截铁地说：“有一次我炒掉了一名高管人员。因为他将几支公司的铅笔拿回了家。我认为他的行为与公司付给他的报酬是不相匹配的。”其实，无论是李嘉诚，还是陈峰，这些成熟的企业家都不会轻易动用惩罚手段、对员工大开杀戒的。但是，如果遇到对企业基本价值观的挑战，他们处理起来也毫不手软。“该出手时就出手”，并且这一出手，不但让受处理者本人足以记住一辈子，而且让企业全体成员受到震撼性的教育，从而形成更加健康的企业文化、更加健全的规章制度，使企业长治久安。这才是企业领袖的做派，与儒家的“德治”思想是完全吻合的。

实际上，儒家在管理中并不反对惩罚手段的运用，只是反对“不教而诛”、“不教而罚”而已。荀子指出：“不教而诛，则刑繁而邪不胜；教而不诛，则奸民不惩。”① 其大意是说：不加教育就进行惩罚，那么刑罚用得很多，而邪恶仍然不能克服；教育而不进行惩罚，那么邪恶的人就不会吸取教训而警戒不干。那么，如果是“教而后诛”、“教而后罚”呢？儒家则不但不反对，而且是坚决支持的；而如果在“诛”和“罚”的过程中继续发挥管理教育的功能，则儒家不但会坚决支持，而且会高度赞赏的。成都武侯祠有一副对联：“能攻心则反侧自消，自古知兵非好战；不审势即宽严皆误，后来治蜀要深思。”儒家的道德教化即是主张“攻心”，而不主张滥杀无辜、滥罚无辜。但是，实际的管理活动，相当复杂，管理者不应当也不可能只有一手，而要有两手。软管理与硬管理、菩萨心肠与霹雳手段、道德教化与法律惩罚，简单地说就是宽与

① （清）王先谦撰，沈啸寰、王星贤点校：《荀子·富国》，《荀子集解》，中华书局1988年版，第191页。

严，统统都需要，一个也不能少。

对于企业文化型管理者来说，最重要的问题是如何将企业文化特别是其中的价值观落地，外化为全体员工都能够接受和遵守的各种规章制度和行为规范。就此而言，当年美国“企业文化理论”草创时期的某些主张，如《追求卓越》所谓“只规定一两条主要的纪律，这正是一种保证严格控制的重要措施”——实在是太天真了。在海航集团，不但有详细解读达6000多字的“同仁共勉十条”，而且有反复修订的一整套“海航同仁守则”——笔者看到的2009年版本，正文共有六章20条，并附有“海航集团规章制度”6种，包括：《海航集团干部道德操守若干准则》、《海航集团涉外事务管理规定》、《海航集团诚信承诺书》、《海航集团办公秩序管理规定》、《海航集团会务活动着装规定》、《海航集团重大节日活动期间升挂国旗规定》等，涵盖从集团总部到各个部门、从管理干部到普通员工、从工作职场到私人生活、从道德操守到日常活动的行为准则和制度规范，林林总总、蔚为大观。孟子说过：“不以规矩，不成方圆。”① 正是这些大大小小的“规矩”，才形成了海航集团企业文化管理的“方圆”，而体现着儒家“德法相济”的中庸管理之道。

① （清）焦循撰，沈文倬点校：《孟子·离娄上》，《孟子正义》，中华书局1987年版，第475页。

第四章　经营之道：义以生利的企业经营理念

■ 典型案例：阿里巴巴的“利他主义”

阿里巴巴网络技术有限公司（以下简称阿里巴巴）由曾担任英语教师的马云为首的18人，于1999年在中国杭州创立。从一开始，所有创始人就深信互联网能够创造公平的竞争环境，让小企业通过创新与科技扩展业务，并在参与国内或全球市场竞争时处于更有利的位置。自推出让中国的小型出口商、制造商及创业者接触全球买家的首个网站以来，阿里巴巴不断成长，成为网上及移动商务的全球领导者。2014年9月19日，阿里巴巴在纽约证券交易所正式挂牌上市，2016年4月6日，阿里巴巴正式宣布已经成为全球最大的零售交易平台。

阿里巴巴在创办之初，就明确了自己的市场定位：不是做一家电子商务公司，而是做一家帮助别人成为电子商务的公司。正如马云后来所说：“在十四五年以前我们确定做电子商务、互联网的时候，我们做了一个很重要的决定，我们是做大企业还是做小企业？我们如果做大企业，可能挣钱容易一点，用那时候最流行的词叫‘电子商务解决方案’，如果你搞定大国企，搞定跨国企业，搞一个电子商务很快能挣到钱，你通过公关手段去搞定一个项目，我们认为这不是我们的强项，我们也做不了这个。如果我们认为互联网是世纪最大变革的技术，它一定是做昨天做不到的事情，是什么东西昨天做不到呢？就是帮助那些小企业，解放那些小企业的生产力，让那些小企业具有IT的能力。所以我们是15年以前锁定只做小企业，只帮小企业，所以导致于我们的方向跟别人完全不一样。”

日本企业家稻盛和夫多年来一直强调“利他之心”的经营哲学，马云引以为知音。马云对稻盛和夫说：“我看了您的《活法》，觉得很有意思。我以前最早学习道家哲学，从中明白到了领导力，而儒家思想讲究管理，佛家思想讲究做人，三者合在一起，方为中国文化的精髓。我觉得，阿里很幸运，这15年走到今天，未来还有87年要走。前面15年的成绩，有运气的成分，但更重要的是，我们坚持了自己的使命、价值观和文化，坚持‘别人好了，我们才能好’的理念。我们无法确保他们一定会过得好，但是希望他们因为用了我们的服务及合作，比昨天要好。”

以“利他主义”为基础，阿里巴巴形成了自己的企业文化。其愿景是：让客户相会、工作和生活在阿里巴巴，并持续发展最少102年；其使命是：让天下没有难做的生意。其价值观是：客户第一：客户是衣食父母；团队合作：共享共担，平凡人做非凡事；拥抱变化：迎接变化，勇于创新；诚信：诚实正直，言行坦荡；激情：乐观向上，永不言弃；敬业：专业执着，精益求精。

在马云看来，考量阿里巴巴成功的重要准则，不是我们有没有成功，而是我们的客户有没有因为我们而成功？如果我们过早地成功了，客户就不会成功。当然，如果能够做到一起成功是最好，我也成功了、客户也成功了，但是只有一条路的时候，你要放弃什么？那就是放弃自己的利益，让别人先成功。马云认为，这不仅是阿里巴巴独特的商业模式，而且是21世纪做企业的普遍原则。“20世纪做企业一定要用好IT，这个世纪做企业一定要用好DT，两者有巨大的区别，DT代表这个世纪最了不起的东西，利他主义。相信别人要比你重要，相信别人比你聪明，相信别人比你能干，相信只有别人成功你才能成功。21世纪一定是从以我为中心，变成以他人为中心。”

（资料来源：阿里巴巴集团官网）

现代市场经济是建立在“利己主义”的基础之上的。按照亚当·斯密的设想，每一个理性经济人从“利己”的动机出发，为了实现自己的利益，就必须考虑他人的利益，从而实现社会利益的最大化，最终达到“利他”的结果。但是，两百多年来的市场经济实践证明，亚当·斯密当年的设想是过于乐观了。犹如“潘多拉盒子”打开之后跑出来的魔鬼，“利己之心”在现有市场经济的架构中并没有得到必要的限制，从而在为人类创造巨大财富的同时却一步步把人类引入歧途。当前，世界正在进入从信息技术（Information Technology，简称 IT）时代向数据处理技术（Data Technology，简称 DT）时代的转型。这两者之间表面看起来似乎是一种技术上的不同，但实际上是思想观念层面的差异。其中最重要的是成功者必须是利他思想。只有让你的员工，让你的客户，让你的合作伙伴比你更强大，只有让你的竞争对手比你更强大，社会才会进步，你也才有可能成功。就此而言，阿里巴巴高扬的“利他主义”旗帜，是对古典市场经济精神的超越，也是对当代企业经营理念的突破。

一、儒家的义利观

阿里巴巴所秉承的“利他主义”，从历史渊源上看，与儒家的义利观有着密切的联系。

长期以来，人们认为儒家只讲“义”而不讲“利”，其实这是一种误解。儒家义利观有一个发展变化的过程。在先秦时期，孔子确实说过“君子喻于义，小人喻于利”①；但这里的“君子”与“小人”是阶层地位上的区别：“君子”指国家统治者，“小人”则指小民老百姓。所谓“君子喻于义”，是在承认当时国家统治者已有的物质利益的基础上，对

① 程树德撰，程俊英、蒋见元点校：《论语·里仁》，《论语集释》，中华书局 1990 年版，第 267 页。

他们提出更高的道德要求；所谓“小人喻于利”，则是强调只有满足被统治者的基本物质需求，才能对他们进行必要的精神指导。因此，君子之义中含有利，小民之利中也含有义。汉儒董仲舒确实说过“正其谊（义）不谋其利，明其道不计其功”①，但他同时也承认“天之生人也，使人生义与利”②；宋儒朱熹即使高唱“明天理，灭人欲”，但他同时也承认“义者，天理之所宜；利者，人情之所欲”③——他们在突出道义的同时，都并不否认人们也有追求利益的一面，并不否认义利的统一性；只不过在他们看来，义利统一的基础是在于义罢了。

儒家的这种义利合一观，体现在管理活动中，就是“义以生利”。据《春秋左传·成公二年》记载，孔子曾说过：“礼以行义，义以生利，利以平民，政之大节也。”管理者的职责就在于循礼而行义，只有行义，才能创造出物质利益，从而满足人民的需要，这就是为政的真谛。所谓“义以生利”的管理活动，是精神价值创造物质价值、精神价值制约物质价值的过程。这一过程，包括价值认识上的“见利思义”，行为准则上的“取之有义”，实际效果上的“先义后利”，以及价值评判上的“义利合一”等各个环节：④

一是关于“见利思义”。孔子指出：“见利思义，见危授命，久要不忘平生之言，亦可以为成人矣。”⑤这里的“成人”即道德完美的人。在孔子看来，一个道德完善的人，应该既有智慧而又有勇气，既清心寡欲而又多才多艺，此外，还要有礼乐文采等；但是，最起码和最基本的要

① （东汉）班固撰，（唐）颜师古注：《汉书·董仲舒传》，《汉书》，中华书局1962年版，第2524页。

② （西汉）董仲舒著，（清）苏舆撰，钟哲点校：《春秋繁露·身之养莫贵于义》，《春秋繁露义证》，中华书局1992年版，第263页。

③ （南宋）朱熹撰：《论语集注·里仁》，《四书章句集注》，中华书局1983年版，第73页。

④ 参见黎红雷：《儒家管理哲学》，广东高等教育出版社2010年版，第127—136页。

⑤ 程树德撰，程俊英、蒋见元点校：《论语·宪问》，《论语集释》，中华书局1990年版，第972页。

求却只有一条，那就是“见利思义”。《礼记·曲礼》指出：“临财毋苟得，临难毋苟免，很毋求胜，分毋求多。”在财富面前，人人都想得到，但追求精神价值的人不会苟且地去获取；在灾难面前，人人都想避免，但追求精神价值的人不会苟且地企图逃脱；将要发怒的时候，他们有所克制；分配财物的时候，他们着意推让——这些，都是“见利思义”的具体表现。

在管理活动中，“见利思义”首先是对管理者的基本要求。据《春秋左传·昭公二十八年》记载：晋国的魏献子执政后，任命了十个县的县长，其中有一位是他的亲属魏戊。魏献子为此心里感到不踏实，就问成鱄道：“我把一个县给了魏戊，别人会以为我是偏袒吗？”成鱄回答说：“这哪里会？魏戊的为人，大家都清楚。他远不忘国君，近不逼同事，处在有利的地位上却想到道义，处在贫困的时候还想到保持操守，有兢兢业业之心而没有过度的行为。这样的人，给他一个县，又有什么不可以呢？”后来孔子听说了这件事，也称赞魏献子做得对：“近不失亲，远不失举，可谓义矣。”

“见利思义”也是对被管理者的指导原则。据《孔子家语·屈节解》记载，孔子的学生宓子贱在鲁国单父县当县长。有一次，齐国准备攻打鲁国，单父县是必经之地。于是，单父县的父老乡亲们向宓子贱请求说：“地里的麦子已经熟了，请你任凭人们去收割吧，不要管是不是他种的，让单父的百姓增加些粮食，总比留在地里让敌人获得资助强一些。”但是，他们请求三次，子贱都不同意。不多久，齐国的侵略者来了，抢走了麦子。当时鲁国的执政大夫季孙氏听说了这件事，派人去指责子贱一点也不为老百姓着想。子贱却严肃地说：“今年没有收到麦子，明年还可以再种。如果让不耕种的人们趁乱获得粮食，就会使他们希望有敌人入侵。单父一年的麦子能否收到，并不影响鲁国的强弱。如果使老百姓有了侥幸获取的心理，世风坏了，对鲁国所带来的损害则几代人都恢复不过来。”这里宓子贱的做法对于解救危难似乎有点迂腐，但对于维护国家的长治久安却关系甚大。这正是儒家“见利思义”思想的生动体现。

二是关于“取之有义”。孔子指出：“富与贵，是人之所欲也；不以其道得之，不处也。贫与贱，是人之所恶也；不以其道得之，不去也。”① 富有和显贵是人们所向往的，不用正当的方法获得他，君子就不居有；贫困和低贱是人们所厌恶的，不通过正当的方法抛弃它，君子不摆脱。这里的“以其道得之”就是“取之有义”的意思。

孟子自觉地把“取之有义”当作自己做人的原则。据《孟子·公孙丑下》记载，孟子周游列国宣传自己的政治主张，对于诸侯们的赠与，有的接受，有的不接受。他的学生陈臻对此感到不理解，问道：“过去在齐国，齐王送您上等金一百镒，您不接受；后来在宋国，宋君送您七十镒，您接受了；在薛地，薛君送您五十镒，您也接受了。这到底是怎么一回事呢？”孟子回答道：“我这样做都是正确的。当在宋国的时候，我准备远行，对远行的人一定要送些盘缠，因此宋君说：‘送上一点盘缠吧。’我为什么不接受？当在薛地的时候，我听说路上有危险，需要戒备，因此薛君说：‘听说您要戒备，送些钱给您买兵器吧。’我为什么不接受？至于在齐国，就没有什么理由，没有什么理由却要送我一些钱，这等于用金钱收买我。哪里有君子可以拿钱收买的呢？”

在儒家看来，“取之有义”也是治国的基本原则。孟子举商朝的开国大臣伊尹做例子。伊尹原本是个农夫，而以尧舜之道为乐。商汤派人拿礼物去聘请他出山，他却平静地说：“我干什么要接受汤的聘请呢？我何不如住在田野之中，自得其乐呢？”后来，伊尹经不住商汤的多次恳求，终于改变了态度，说：“我与其住在田野之中以尧舜之道为乐，又何不如使现在的君主做尧舜那样的君主，现在的百姓做尧舜时代那样的百姓呢？”于是，为了推行他心目中的“尧舜之道”，伊尹欣然答应出山，帮助商汤取得了天下。孟子指出，伊尹的行为，完全是以道义而不是以金钱为取舍原则的：“非其义也，非其道也，禄之以天下，弗顾也；系马千驷，弗视也。非其义也，非其道也，一介不以与人，一介不以取

① 程树德撰，程俊英、蒋见元点校：《论语·里仁》，《论语集释》，中华书局1990年版，第232页。

诸人。”[①] 反过来说，如果符合道义，则应该“义”不容辞，这就是所谓“取之有义”。

三是关于“先义后利”。在论及儒家义利观时，人们最爱举的例子是“孟子见梁惠王”。但是，以往人们只注意到孟子对梁惠王所说的“王何必曰利”这句话，而对孟子为什么这样说，却不甚了了。其实，孟子在论证中揭示了这样一个逻辑：如果先讲利而后讲义，人们的贪欲就永远也不能满足；如果先讲义而后讲利，人人得到满足，统治者也会得到最终的利益。“未有仁而遗其亲者也，未有义而后其君者也。”[②] 由此可见，孟子所谓“王何必曰利”，并不是真的不要利，而是从统治者的根本利益出发，强调统治者要带头讲义，从而取得先义后利的实际效果。

荀子则把义利先后的问题提到统治者个人荣辱与国家强弱的高度。他说：“先义而后利者荣，先利而后义者辱；荣者常通，辱者常穷；通者常制人，穷者常制于人。”[③] 在荀子看来，光荣与耻辱的根本区别在于：先考虑道义然后才考虑利益的就会得到光荣，先考虑利益然后才考虑道义的就会得到耻辱。光荣的人常常通达，耻辱的人常常困窘。通达的人就可以管理他人，困窘的人则只能被他人所控制。

《战国策·齐策》所记载的“冯谖焚券”的故事，正是管理行为中“先义后利”的生动案例。冯谖是齐国执政大夫孟尝君的门客。有一次，孟尝君派他到自己的封地薛邑去收债。临行前，冯谖问孟尝君道：“债收齐后，买些什么东西带回来呢？”孟尝君说：“你看我家缺什么就买什么吧。”冯谖驱车到了薛邑，派官吏召集应该还债的人，都来验对债券。债券全部验对后，冯谖于是假传孟尝君的旨意，把债券赐给百姓们，接着烧了那些债券，百姓们高呼万岁。冯谖驱车一直赶回齐国都城，清早

---

① （清）焦循撰，沈文倬点校：《孟子·万章上》，《孟子正义》，中华书局 1987 年版，第 653 页。

② （清）焦循撰，沈文倬点校：《孟子·梁惠王上》，《孟子正义》，中华书局 1987 年版，第 43 页。

③ （清）王先谦撰，沈啸寰、王星贤点校：《荀子·荣辱》，《荀子集解》，中华书局 1988 年版，第 58 页。

就求见孟尝君。孟尝君见他往返迅速感到奇怪，就问道："债都收完了吗？怎么回来这么快呀？"回答说："收完了。"问道："买些什么回来了？"冯谖说："您说'看我这里缺什么就买什么'。我私下考虑，您家里堆满了珠宝，厩棚挤满了狗马，阶下站满了美女；您家里所缺少的，只是义罢了。于是，我用债款给你买回了义。"孟尝君说："买义，是怎么回事？"回答说："现在您有个小小的封地薛邑，不把那里的百姓当作自己的子女一样加以抚爱，却用商贾手段向他们敛取利息。我擅自假托您的旨意，把债券赏给那些百姓，并烧了那些债券，百姓欢呼万岁——这就是我给您所买的义。"孟尝君当时很不高兴，但也无可奈何。过了一年，齐王不再重用孟尝君，孟尝君只好前往自己的封地。距离薛邑还有一百里路，老百姓就扶老携幼，迎接孟尝君，在路上站了整整一天。这时孟尝君回头对冯谖说："先生所给我买的义，今天才看到！"在这个案例中，孟尝君开头确实损失了"利"（债券），却得到了"义"（民心），这对于统治者来说，也可以说是最大的利。

四是关于"义利合一"。以往流行的看法是儒家在价值评判上主张"重义轻利"。但认真考究起来，先秦儒家孔孟荀等人确实"重义"，但并不"轻利"。如上所述，孟子见梁惠王，以"何必曰利"始，又以"何必曰利"终，但其真实意图并不是非利，而是强调统治者要带头讲义，从而获得更大的利。孔子"罕言利"，却主张"富与贵，是人之所欲也"，承认人们求利欲望的合理性；并要求统治者"因民之所利而利之"①，为人民谋利益。因此，从总体上看，先秦儒家的基本价值立场应该是"重义不轻利"，其价值评判标准则应该是"义利合一"。

在"重义"方面，先秦儒家诸子有大量的诠释。孔子主张："君子义以为上"②，这里的"上"即崇尚、尊贵的意思，"上义"也就是重义。

---

① 程树德撰，程俊英、蒋见元点校：《论语·尧曰》，《论语集释》，中华书局1990年版，第1371页。

② 程树德撰，程俊英、蒋见元点校：《论语·阳货》，《论语集释》，中华书局1990年版，第1241页。

孟子说："鱼，我所欲也，熊掌亦我所欲也；二者不可得兼，舍鱼而取熊掌者也。生亦我所欲也，义亦我所欲也；二者不可得兼，舍生而取义者也。"① 生命是人生的最大利益，而道义则是人生的最高价值，二者对于健全的人生来说都是必需的。但是，当它们发生矛盾、二者不可得兼的时候，孟子主张牺牲生命而保存道义。这里把道义看得比生命还重要，遑论其他物质利益，这当然也就是"重义"的意思。荀子指出："义之所在，不倾于权，不顾其利，举国而与之不为改视，重死、持义而不桡，是士君子之勇也。"② 在荀子看来，只要个人的行为符合道义，那就应该不屈服于权势，不考虑是否有利，即使是牺牲生命也在所不惜。这同孟子的上述思想是相通的，同孔子关于"志士仁人，无求生以害仁，有杀身以成仁"③ 的思想也是相通的，即都是"重义"，崇尚道义、仁义。

至于"重义轻利"，在先秦儒家诸子的著作中，有关提法仅有一见，即荀子在《成相》篇中所说："请成相，道圣王，尧舜尚贤身辞让，许由、善卷，重义轻利、行显明。"许由、善卷都是尧舜时代的人，传说尧要把天下让给许由，舜要把天下让给善卷，但他们都不肯接受。荀子认为，这表明他们的行为是重义轻利，光明正大。

现代学者对于儒家"重义轻利"思想多持批评的态度，其实在一定的前提之下和一定的范围之中，"重义轻利"还是有一定道理的。荀子提出："义与利者，人之所两有也。虽尧舜不能去民之欲利，然而能使其欲利不克其好义也，虽桀纣亦不能去民之好义，然而能使其好义不胜其欲利也。故义胜利者为治世，利克义者为乱世。上重义则义克利，

① （清）焦循撰，沈文倬点校：《孟子·告子上》，《孟子正义》，中华书局 1987 年版，第 783 页。

② （清）王先谦撰，沈啸寰、王星贤点校：《荀子·荣辱》，《荀子集解》，中华书局 1988 年版，第 56 页。

③ 程树德撰，程俊英、蒋见元点校：《论语·卫灵公》，《论语集释》，中华书局 1990 年版，第 1075 页。

上重利则利克义。”[①] 这里明确指出，无论是义还是利，都是人们所不可缺少的，英明的统治者如尧舜也不能排除人民的物质需要，昏暗的统治者如桀纣也不能禁止人民的精神追求。承认义利客观存在的必然性，这就是儒家“重义”说的基本前提。荀子在这里又强调，统治者重义则义克利，统治者重利则利克义，而“义胜利者为治世，利克义者为乱世”，这就把“重义”的价值评判标准限制在国家统治者的行为范畴之内，即只是作为统治者应有的行为规范和政策措施。在儒家看来，“义”主要是对于国家统治者所提出的道德要求，其中包含了统治者必须克制个人私欲，不对人民横征暴敛，不与民争利等行为规范；“利”则要求国家统治者必须想方设法满足小民百姓的物质需求，包括因民之利、制民之产、富民裕民等政策措施。这些，都具有合理的因素。

二、利他之心

阿里巴巴所秉承的“利他主义”，从当代实践来看，则与日本企业家稻盛和夫有密切关联。2008 年 10 月，马云赴日本拜访稻盛和夫，请教人性与经营哲学的问题。马云说：“我觉得我们可能是看懂了人性。人都有善良和邪恶的一面，希望灵魂不断追求好的一面，但如果不能把自己不好的一面控制住，把美好的一面放大起来，你不会成功的。”[②]

稻盛和夫的“利他之心”，是从其企业经营的实践中切身体会出来的。1959 年，稻盛和夫凭借自己大学毕业学到的技术，创办了京都陶瓷公司。在公司成立初期，刚刚进入公司不久的 11 名高中毕业的员工突然给稻盛递交一封“要求书”，要求稻盛承诺给他们定期加薪水和奖金等未来保障，否则就集体辞职。当时公司刚刚成立，未来的发展前景

① （清）王先谦撰，沈啸寰、王星贤点校：《荀子 · 大略》，《荀子集解》，中华书局 1988 年版，第 502 页。

② 《人的问题——马云对话稻盛和夫》，《中国企业家》2008 年第 23 期。

尚不明朗，稻盛无法答应他们的要求，于是和他们促膝谈判了 3 天，最终大家总算信服，并留在了公司。自从经历了这场谈判，稻盛和夫不得不重新思考公司存在的意义。即使是这么小的一家公司，却承载着年轻员工一生的寄托；虽然自己创业的初衷是为了向世人展示自己的技术，但经营公司难道就要背上如此沉重的包袱吗？每天他都陷入这种痛苦和烦恼之中。

过了几个星期，为了摆脱这种烦恼，稻盛和夫开始说服自己："如果只是为了追求自己作为一名技术员的梦想而开展经营的话，即使取得了成功，那也是建立在牺牲员工利益基础上的。但公司应该有更为重要的目的，公司经营最基本的目的必须是保护员工及其家属的今后生活，为大家谋幸福。"想到这些，稻盛恍然大悟："虽然起初我是为了实现一个技术人员的梦想而创办了公司，但是一旦公司成立之后，员工们是将自己的一生都托付给公司。所以公司有更重要的目的，那就是保障员工及其家庭的生活，并为其谋幸福，而我必须带头为员工谋幸福，这就是我的使命。"由此，稻盛和夫总结出了公司的经营理念——"追求全体员工物质与精神两方面的幸福"。京都陶瓷也从一个为实现创办者个人理想的公司，转变成追求全体员工幸福的公司。但稻盛和夫觉得这个经营理念还不够全面，难道自己的人生只是为了照顾员工的生活吗？自己应该有一个用毕生的精力来完成的、作为社会一分子所肩负的崇高使命。于是稻盛和夫在经营理念里加上了"为人类和社会的进步与发展作出贡献"，作为自己毕生追求的目标。

从此，稻盛和夫一直积极实践利他经营的思想。1979 年，生产电子计算器的厂家三叉戟公司在经营困难的情况下，向京瓷公司求援。经过深思熟虑，京瓷决定接纳该公司作为集团公司成员之一，这是京瓷公司成立以来的第一次并购。不久，一家生产车载对讲机的塞巴尼特公司处于濒临倒闭的境地，也希望京瓷公司给予援助。京瓷公司当时对电子机器产品完全没有生产和销售经验，稻盛对并购的事情最初也很犹豫，而且要重整一个即将倒闭的公司也并非易事，既是自己不熟悉的行业，又要承担巨大的财务负担，同时还必须吸收该公司 2600 名员工，从短期来看没有什么商业利益可图。可是，该公司的社长希望稻盛能够从根本上对生活即将无着落的2000多名工人给予援助，一贯以利他之心作为判断是非标准的稻盛最终答应了对方的请求。当并购进入实质性阶段的时候，稻盛遇到了很多难以想象的困难，这家公司赤字非常严重，而且工会中的激进分子经常闹事，甚至向京都市民散发诽谤京瓷的传单。面对这种情况，许多京瓷的员工感到困惑。然而，稻盛自己却非常坚定，因为他知道支援塞巴尼特公司重建完全属于正当的利他行为。在稻盛的细心关怀下，在正确的经营哲学指导下，这家公司逐渐走出困境，事业逐步走上正轨。

正是秉承这种“利他之心”的经营哲学，引导着稻盛和夫的事业不断走向辉煌。1984年，为了打破国营电信电话公司垄断通信业的局面，稻盛和夫决定创办第二电信电话公司（KDDI）。当时，企业界和传媒的看法非常严厉，说稻盛和夫的举动是唐·吉诃德向风车挑战。在决策过程中，稻盛不断地向自己发问：这个方案的动机是否善，有没有私心？经过反复的思索，他确认自己参与电讯事业的目的是打破国营电信电话公司垄断通信业的局面，降低广大日本国民的通信费，其次就是给年轻人提供实现个人抱负的好机会。他把这样的动机向广大员工进行宣传，激起了他们的工作热情，同时也得到了舆论的理解和广大用户的支持。

正是秉承这种“利他之心”的经营哲学，稻盛和夫在与同行的竞争中，不是想方设法吃掉或排挤对方，而是让利于对方，自己则置之死地而后生。第二电信电话公司与高速通信公司在高速公路汽车电话市场划分时，双方都想拿下东京首都圈的业务权利。当稻盛主动让步，提出按照东西日本来平均分配时，对方得寸进尺要获得中部地区。如果双方僵持下去，广大用户的利益就会受到损害。向来以国民利益为重的稻盛，作出了重大让步，把“肥肉”的首都圈和中部地区让给了对方；自己只拿到了北海道、东北等边远地区，市场规模不及对方的一半。在明显不利的条件下，稻盛和夫苦心经营，话费比高速通信公司便宜30%，赢得了用户和市场，最后超过了拥有“肥肉”的高速通信公司，成为日本拥有最大用户的公司。目前，第二电信电话公司已成为日本第二大通信公司，并和京都陶瓷一起，联袂进入“世界500强”，两大事业皆以惊人的力道成长。

2010年2月1日，稻盛和夫受日本政府委托，临危受命，出任破产重组的日本航空公司董事长。在稻盛和夫的掌舵下，日本航空公司在宣告破产重建的第二年，就实现了扭亏为盈，并于2012年9月在东京证券交易所再次上市，实现了凤凰涅槃浴火重生。

奇迹是如何发生的？秘密就在于稻盛和夫在日本航空公司的重建中，全面推行了“利他之心”的经营哲学。稻盛本人总结了以下五点：第一，是零工资的奉献给了全体员工很大的精神鼓励。“我接受政府的邀请出任公司董事长时，已是快80岁的老人，在许多的员工眼里，我是他（她）们的爷爷、父亲或叔叔，我一生与日本航空公司没有什么关系，却愿意不领一分钱的工资为日本航空公司的重建奉献最后的力量，给全体员工树立一个很好的榜样。”第二，按照政府再生支援机构的重建要求，日本航空公司要裁一部分员工，但是，同时也要保护更多的员工能够继续留在公司里工作。“我之所以答应政府的邀请到日本航空公司来担任董事长，是认识到不能让它倒闭，不能让它影响日本经济，尽可能地保住更多人的工作机会。”第三，担任董事长后，做的第一件事，就是要明确日本航空公司的经营目标，并将这一目标反复向全体员工传达，让每一位员工时刻牢记自己要做什么，公司要做到什么。“这一做法，与我创建和经营京瓷公司、KDDI公司一样。我觉得，只有把员工的幸福放在第一位，大家团结一心，经营者与员工的心灵产生共鸣，企业才能走出困境，才能获得健康发展”。第四，在日本航空公司，用稻盛和夫的经营哲学和人生观，对企业进行改革，尤其是对“官僚体制”进行了彻底的改革。“我首先对企业的经营服务意识进行了改革。制定了40个项目的服务内容，让员工和我一起拥有共同的价值观，拥有共同的经营理念，做到‘物心两面’一致，形成了日本航空公司新的企业理念。”第五，对于公司内部经营体制实施了改革，实行了航线单独核算制度，并确定了各航线的经营责任人。“统计工作实施速报制，各个部门的数据做到即有即报，公司详尽的经营报告做到了一个月内完成，以便让经营班子随时掌握公司的经营实况。”①

2015 年 5 月 14 日，稻盛和夫应邀赴中国上海中欧国际工商学院，发表了题为《以利他之心为本的经营：日本航空的重建》的演讲。他在演讲一开头就指出：“也许大家会认为，归根到底，‘利他之心’是伦理道德范畴内的语言，与企业经营没有什么关系。但是我认为，经营者具备‘利他之心’，与提升企业效益这两者之间，绝不是相互矛盾的。相反，如果想把企业经营得有声有色，那么经营者就必须提高自己的心性，把‘利他之心’、把‘为社会为世人尽力’这一条，作为企业经营的基础。”

在上述演讲中，稻盛和夫大力呼唤“他力之风”，指出：“‘利他之心’能够唤来超越自力的所谓‘他力之风’来帮助自己。‘为社会为世人’这种纯粹的动机，也就是所谓‘利他之心’就是成功的原动力。确实，‘想要赚更多的钱’、‘要想过更富裕的生活’，这一类利己的欲望在开展事业的时候，可以起到发动机那种巨大的作用，特别是新兴的风险型企业，要实现利己欲望的热情和愿望往往成为开展事业的起点。而且在这种热情和愿望的驱使下构筑的高超的战略战术，实际上把事业引向了成功，这也是事实。然而，仅仅依靠利己欲望经营企业的人，他们的成功绝不可能长期持续。因为如果一切策略的目的全都集中在满足自己的欲望这一点上，那么竞争对手也会只考虑自己的利益，以牙还牙，采取针锋相对的措施。结果必将发生摩擦和争斗。从利己的欲望出发，具备举世罕见的才华，这样的企业家经历艰辛，创建了出类拔萃的公司，但过了不久，他自己的心态出了问题，致使企业衰落，也玷污了自己的晚节。这样的事例，无论东西，不胜枚举。当然，我所说的‘利他’，并不是损己利他。恰恰相反，正因为自己‘想要富裕’，就应该体会到对方和周围的人同自己一样，‘也想富裕’。人同此心，因此要考虑如何

① ［日］稻盛和夫：《拯救日本航空的五个秘密》，载《第一财经日报》2012 年 12 月 28 日。

让对方同自己一样，也能高兴欢喜。努力以这种利他之心去经营企业，就一定能够引导企业不断成长发展。这是超越行业、超越国界的‘真理’。对于这一点我深信不疑。”①

现代市场经济，自亚当·斯密以来，都是推崇“以利己动机而推动社会利益最大化”的价值取向，但是，由于对利己动机缺乏坚实有力的约束机制，致使其肆无忌惮地恶性膨胀，以致自私自利、唯利是图、罔顾公义的行为大行其道，最终将市场经济的价值和作用推向了其当初设计者所期望的相反的方向，2008 年肇始至今余波未息的世界金融危机就是一个证明。稻盛和夫在《回归哲学——探求资本主义的新精神》一书中指出：“以前我作为一个平凡的经营者，废寝忘食地从事经营和研究，并通过这些活动认真地思考过人生，我觉得这是很有意义的经验。在这里所谈论的是，现在我们所需要的是什么？解救现在日本混乱的根本道路是什么？这同时也是探索防止现在所面临的资本主义的崩溃、文明的崩溃的办法。”② 在这个意义上，稻盛和夫“利他之心”经营哲学的理论和实践，可以说是对以往西方主流经济学的拨乱反正，对于当代中国和世界市场经济的健康发展，都具有重要的典范作用。

三、客户第一

正是秉持着“利他主义”的理念，阿里巴巴提出“客户第一，员工第二，股东第三”的经营方针。

“股东第一”，这是西方资本主义企业尤其是股份制上市公司的基

① 《大师课堂：稻盛和夫先生谈以利他之心为本的经营之道》，中欧国际工商学院网，2015 年 5 月 15 日。

② ［日］稻盛和夫、梅原猛：《回归哲学——探求资本主义的新精神》，学林出版社 1996 年版，第 3 页。

本信条。在他们看来，企业是由股东投资的，办企业的目的就是为股东创造利益，使股东的投资得到合理的回报。马云却指出："华尔街相信股东第一。股东第一问题就大，今天要这个，明天要这个，这样的话基本上就完蛋了。因为绝大部分的股东不会明白你的战略，绝大部分的股东不明白你的痛苦，绝大部分的股东只是从数据上分析你，而你是最了解自己的。不要认为股东总是对的，但是尊重、听他们的，最后决定还是你做的。"①

"员工第一"，这是东方企业尤其是制造或服务行业企业的基本信念。在他们看来，企业的产品和服务都是由员工制作和提供的，只有满足员工的需求，才能提高企业的创造力，从而满足顾客的需求，并获得企业的利益。马云却指出："我们办公司是为客户解决问题的，只有这样客户才会开心。美国人讲究股东利益第一，但是你会发现这些员工工作得很累，市场做得越来越大，但是钱赚得并不会太多。有人讲把员工利益放在最前面，如果员工利益第一，大家是会和和气气开开心心地工作，但是如果客户不满意，没人给我们付钱，那么最后这个团队还是要把员工辞退。"②

2014 年 9 月 19 日，阿里巴巴在纽约证券交易所挂牌上市；而在此前的 5 月 7 日和 9 月 6 日，马云分别给阿里巴巴的员工和投资者发出了公开信。在致员工的信中，马云再次重申："上市后我们仍将坚持'客户第一，员工第二，股东第三'的原则。我们相信做任何艰难的决定，不管是在过去还是将来，坚持原则才是对各方利益最大的尊重和保护。上市某种意义上是让我们更有力量去帮助客户、支持员工、守护股东利益。"而在致投资者的信中，马云详细解释了他的"客户第一，员工第二，股东第三"的内在逻辑："我在这里向您表明：阿里巴巴只有坚持'客户第一'，为客户创造持久的价值才有可能为股东创造价值。在新经

① 马云：《客户第一，员工第二，股东第三》，载《创投时报》2016 年 2 月 21 日。

② 马云：《马云 2005 年在东莞网商论坛上的演讲》，转引自金错刀：《马云管理日志》，浙江大学出版社 2013 年版，第 282 页。

济时代，让客户满意的最主要因素是我们的员工，没有勤奋、快乐、激情敬业和富有才华能力的员工，给客户创造价值就是一句空话。没有满意的员工队伍就不可能有满意的客户，没有满意的客户绝对不可能有满意的股东。”

阿里巴巴主张“客户第一”，并不是罔顾股东的利益。事实证明，由于坚持“客户第一”，公司业绩取得了持续的增长，最终不但不损害股东的利益，反而使股东获得了更大的价值和更长远的回报。以雅虎为例，2005 年雅虎以 10 亿美元投资阿里巴巴获得后者 40% 的股份，到 2012 年，雅虎出售持有的阿里巴巴 20% 的股权就获得 71 亿美元的收入，而雅虎手中持有剩余的阿里巴巴股份，价值近 300 亿美元，这笔投资已经成为全球回报率最高的投资案例之一。

阿里巴巴主张“客户第一”，也不是罔顾员工的利益。事实同样证明，由于坚持“客户第一”，公司本身不断发展壮大，最终不但不损害员工的利益，反而因为公司的正确决策和稳定发展而大大增强了员工的向心力。1999 年，当马云决定离开北京回杭州发展的时候，团队所有的人都选择了他。正是这些同甘苦共患难的兄弟们不离不弃，才成就了阿里巴巴的今天。当时马云充满信心地对他们说道：“如果我们是好的 Team 好的团队，我们自己知道我们想做什么，我们想干点什么的时候，我相信我们是可以以一当十的。”到了阿里巴巴上市时，他愉快地兑现了自己当年回报员工的承诺。在上述致员工的公开信中，马云写道：“至于每个员工的股票事宜，集团 HR 将会发出处理方案。这是件令人高兴的事。我们也必须坚持‘认真生活快乐工作’的原则，请大家处理好自己的财富，在照顾好自己、家人的同时，力所能及地做些回报社会的工作和捐助。”

阿里巴巴主张“客户第一”，并不是将其当作漂亮的口号，而是打心底里认为“客户是衣食父母”，并具体化为切切实实的五大措施：第一，无论何种情况，微笑面对客户，始终体现尊重和诚意。第二，在坚持原则的基础上，用客户喜欢的方式对待客户。第三，站在客户的立场思考问题，最终达到甚至超越客户的期望。第四，平衡好客户需求和公司利益，寻求双赢。第五，关注客户需求，提供建议和资讯，帮助客户成长。①

在尊重客户方面，阿里巴巴对客户一诺千金，始终体现对客户的诚意。2003年“非典”时期，正值春季广交会，当时广州已经被明确划为疫区，但是阿里巴巴此前承诺会与客户一起参加广交会，因此还是派员工前往广州。面对公司员工及其亲友的指责——“都这种时候了，为什么还要派员工去广州”，马云的解释是：“我们要履行对客户的承诺！”这使员工对阿里巴巴的经营理念有了切身的体会。此前，尽管阿里巴巴已经明确股东的利益要次于客户和员工，但是对于客户与员工的位次却一直处于模糊的状态。通过“非典”的考验，阿里巴巴全体员工终于明确了一个理念：在阿里巴巴，客户第一，员工第二！

在坚持原则方面，阿里巴巴强调要用客户喜欢的方式对待客户，但是绝不能因此突破企业伦理道德的底线。在阿里巴巴创业初期，商界回扣风十分严重：“当时不给20%的回扣根本没人和你做生意。”如果随大流给回扣的话，公司就能迅速做大营业额；而如果不给回扣的话，公司的营业额乃至盈利就是一句空话。为此，阿里巴巴特意安排了一整天的时间，针对这个话题进行讨论。争议之后，阿里巴巴作出一个决定：谁给客户一分钱回扣，公司马上请他走人。正是这个决定，使阿里巴巴在中小企业里面特别受欢迎。阿里巴巴做生意不给回扣，而是将这些钱、这些精力更好地投入到拉更多的买家、做更好的服务、开发更好的产品上，而这也就从根本上保证了客户的利益。

在为客户着想方面，阿里巴巴强调要站在客户的立场思考问题，最终达到甚至超越客户的期望。阿里巴巴对销售人员的训练，主要是训练他们的思维，转变他们思考问题的角度。马云说：“人脑子里想什么，行动上会体现出来。销售人员绝大部分想到的是，你口袋里有5块钱，我要想办法把他弄到我的口袋里面来。阿里巴巴的员工要想的是，他口袋里有5块钱，能不能把它变成50块。如果你能这样想的时候，你就

---

① 参见蒋云清：《马云谈商录》，北京联合出版公司2014年版，第238页。

是不一样的。”① 这种以客户资产为中心的思维方式，其核心思想在于：如果要取得长久的成功，企业就必须把重心转移到客户终生价值的最大化上去。企业不是关注自己品牌资产的升值，而是关注客户资产的升值，即企业旗下所有品牌的所有客户的终生价值之总和。

在寻求双赢方面，阿里巴巴强调要通过满足客户的需求而获得公司的利益，最终实现双方利益的共赢。马云指出：“最重要的是更好地了解我们的客户，好好地服务他们。阿里巴巴的问题不是怎么赚钱，而是赚什么钱，我们有很多赚钱的方式，但我们必须确信今天赚的钱以后还能赚到，另外我们要能不断给客户带来价值。”②2001年，中国进行外贸体制改革，大量刚刚获得外贸自主权的中小型企业，急于摆脱原来国有外贸公司的束缚，自己拿到订单。阿里巴巴抓住时机，提出“让天下没有难做的生意”，专心致志为中小企业服务。这一年，阿里巴巴除了会员急剧增加以外，收入也大幅增长，实现了双方的共赢。

在帮助客户成长方面，阿里巴巴十分关注客户的需求，提供建议和资讯，帮助客户成长。马云主张，成为阿里巴巴的客户，必须接受培训。为此，阿里巴巴专门到各个城市把客户集中起来进行培训，还成立了阿里学院，培训公司干部，培训客户，让客户和阿里巴巴一起成长。培训的内容不光是对阿里巴巴各种产品的使用，还有管理艺术、中小企业的成长经验等。马云指出：“企业用阿里巴巴，阿里巴巴就是医生，我的客户就是我的病人，我就很诚心地告诉他，他有什么问题。有些药，是需要他自己吃的，有些药是要扒开他的嘴巴硬让他吃的，诚信通就是灌进去的。如果今天不给你灌这个药，你明天就要骂阿里巴巴了。”③ 正是本着这种对客户的真诚，阿里巴巴才赢得了越来越多的客

---

① 《马云2005年在东莞网商论坛上的演讲》，转引自金错刀：《马云管理日志》，浙江大学出版社2013年版，第283页。

② 《马云2001年回答网友提问时的话》，转引自金错刀：《马云管理日志》，浙江大学出版社2013年版，第270页。

③ 《马云2001年在诚信通新闻发布会上的讲话》，转引自金错刀：《马云管理日志》，浙江大学出版社2013年版，第276页。

户，并与客户一起成长。

在阿里巴巴实践的基础上，马云把“客户第一”的经营理念提升到21世纪企业普世价值的高度，指出：“我认为客户第一、员工第二、股东第三是21世纪企业的普世价值。20世纪是以机器、生产资料、能源为中心，有钱就可以把机器、资源、能源买来，只要生产就行了。人将成为21世纪的核心要素。如果你把人的要素作为第一要素，你想把创新、创造当作第一要素，那就是客户第一、员工第二、股东第三。20世纪从房地产制造业来讲，一定是股东第一，但是21世纪在进入到以人创新为主的时候，必须也肯定是以客户第一、员工第二、股东第三。”①

耐人寻味的是，同样是笃信“利他主义”，日本企业家稻盛和夫是以员工为重点，其经营理念是：“在追求全体员工物质与精神两方面幸福的同时，为人类和社会的进步与发展作出贡献”；而马云却力主“客户第一、员工第二、股东第三”。这究竟是中日企业的区别，还是制造业与服务业的区别，还是20世纪与21世纪经营理念的区别？

笔者认为，在反对西方经典的“股东资本主义”，主张“利他主义”，回归“义以生利，利以平民”的儒家义利观这一点上，马云与稻盛和夫是完全一致的，体现出东方儒家文化圈企业家的共同底色。而在股东之前，究竟是“客户第一”还是“员工第一”，马云与稻盛和夫的不同侧重点，却体现出资本主义发展的时代变化。

这里稍稍引申一下。学界公认，对现代资本主义研究之深入，莫过于卡尔·马克思。但人们往往只记住他在世时出版的《资本论》第一卷中对“剩余价值”的深刻剖析，而忽略了他逝世后才出版的《资本论》第三卷中对“社会资本”的充分肯定。在《资本论》第一卷中，马克思无比愤怒地揭露了“资本”的发生历史：“资本来到世间，从头到脚，每个毛孔都滴着血和肮脏的东西。”②而在《资本论》第三卷中，马

① 马云：《客户第一，员工第二，股东第三》，载《创投时报》2016年2月21日。

② 《马克思恩格斯文集》第5卷，人民出版社2009年版，第871页。

克思又满怀希望地揭示着“资本”的发展前景：“那种本身建立在社会生产方式的基础上并以生产资料和劳动力的社会集中为前提的资本，在这里直接取得了社会资本（即那些直接联合起来的个人的资本）的形式，而与私人资本相对立，并且它的企业也表现为社会企业，而与私人企业相对立。”① 从前一句话中，我们只能得出一个结论：“资本是个坏东西”；而从后一句话中，我们却可得出另一个结论：“社会资本是个好东西。”质言之，马克思并不是不分青红皂白地一概反对“资本”，而是反对“私人资本”而肯定“社会资本”。从“私人资本”转化为“社会资本”，正是“资本”从“坏东西”变为“好东西”的关键。

现代资本主义在东方儒家文化圈中的发展，似乎找到了从“私人资本”到“社会资本”转化的途径。稻盛和夫秉持“利他之心”，主张“在追求全体员工物质与精神两方面幸福的同时，为人类和社会的进步与发展作出贡献”，走的是“劳资合作的资本主义”的路子；马云提倡“利他主义”，主张“客户第一、员工第二、股东第三”，走的是“资本共享的社会企业”的大道。二者虽然有一定的差异，但对于克服西方经典资本主义的弊病，实现从“私人资本”到“社会资本”的转化，都具有积极的意义。

四、平台思维

笃信“利他主义”，坚持“客户第一”，体现在经营模式上，便形成了阿里巴巴的“平台思维”。在阿里巴巴创办之初，就明确了自己的市场定位：不是一家电子商务公司，而是一家帮助别人做电子商务的公司，即成为一个创业的平台、创新的平台、开放的平台、服务的平台、共享的平台。

阿里巴巴是一个创业的平台。这里的“创业”，不是阿里巴巴自身

① 《马克思恩格斯文集》第 7 卷，人民出版社 2009 年版，第 494—495 页。

的创业，而是让普通人实现人生梦想的“大众创业”。这里有一个例子。2004 年奥运会跳水冠军劳丽诗，退役后一直想尝试体育以外的工作，“可以不华丽，但必须转身”，“哪怕我未必有那么出色”。在中国，运动员传统的就业路径包括成为教练、新闻记者或者体育产业的管理者，但劳丽诗却说自己“需要静一静，停一停”，于是选择经商。考虑到开实体店面的投入很大，毫无生意经验的劳丽诗最终选择阿里巴巴提供的平台，试水淘宝店，经过不懈的努力和摸索，终于使她的淘宝小店慢慢走上正轨，又一次实现了自己的人生价值，“一下子感觉真真正正做回了自己，这种感觉真的很好”。2014 年 9 月 19 日，阿里巴巴在美国纽约证券交易所上市。按照惯例，企业成功上市后要敲钟庆祝，而敲钟者一般都是企业的当家人。然而这一次，正式敲响阿里巴巴上市钟声的却是包括劳丽诗在内的 8 位在阿里巴巴平台上实现自己梦想的普通创业者，他们是：曾经的奥运冠军、现在的淘宝店主劳丽诗，从阿里巴巴旗下论坛上成长起来的云客服、90 后大学生黄碧姬，淘宝模特（淘女郎）、同时担任自闭症儿童教师的何宁宁，致力于带动家乡电商发展的农民店主王志强，以电商带动青川震后恢复的海归创业者王淑娟，拥有“淘宝博物馆”十年的用户乔丽，边送快递边为贫困地区收集旧衣旧书、建立两座乡村图书馆的快递员窦立国，以及来自美国、通过天猫将水果车厘子卖到中国的农场主彼得·维尔布鲁格（Peter Verbrugg）等。马云在敲钟仪式前的讲话中特别指出：“我希望大家一会儿在敲钟仪式的时候，每个人关注一下我们敲钟的 8 个客户，我们努力 15 年的目的，是让他们站在台上，我们努力 15 年的目的，是希望他们成功，因为我们相信只有他们成功了，我们才有可能成功。”正是阿里巴巴的平台，帮助这些普普通通的创业者通过努力实现了自身的价值，而最终成就了阿里巴巴的辉煌。

阿里巴巴是一个创新的平台。马云曾经说过：“创新就是创造新的价值，不是因为你要打败对手而创新，也不是为名利而创新，而是为了社会为了客户，为了明天。真正的创新一定是基于一种使命感。”阿里巴巴的发展过程，就是一个为社会为客户而不断创新的过程。首先是对

B2B（Business to Business，企业对企业的电子商务平台）的创新。当时，首创于美国的 B2B 电子商务平台，其核心服务对象是大企业，阿里巴巴却改变了这种模式，根据中国市场的特点，建立了主要服务于中小企业的电子商务模式。马云指出："中小企业好比沙滩上的一颗颗石子，通过互联网可以把这些石子全黏起来，用混凝土黏起来的石子们威力无比，可以和大石头抗衡。而互联网经济的特色正是以小博大，以快打慢。"① 其次是对 C2C（Customer/Consumer to Customer/Consumer，消费者对消费者的电子商务平台）的创新。当时，阿里巴巴推出淘宝，其竞争对手是 eBay② 易趣。淘宝在定位策略上，把目标用户群不限定在较为发达的城市，特别注意中小城市的宣传和推广；在价格策略上，坚定地实行免费策略以培育市场；在促销策略上，抓小型网站和传统媒体，效果出乎意料的好；在服务策略上，注意听取用户的意见或提出的发展建议，并鼓励用户分享他们的知识以及私人情感；在支付方式上，推荐使用其第三方支付工具"支付宝"，在买家收货满意后再付款给卖方，所以比较安全。正是这些适合中国文化和中国国情的创新举措，使淘宝成为中国消费者普遍使用的电子商务平台。再次是对 P2P（Peer to Peer，个人对个人的电子金融平台）的创新。当时，阿里巴巴借鉴的对象是美国的贝宝。鉴于中国当时的国情和国内消费特点以及贝宝存在的诸多缺陷，阿里巴巴找到了一种更加符合中国国情的模式，即通过第三方担保的方式来消除交易双方的顾虑，并推出了"快捷支付"、"快捷登录"、"安全支付联盟"等多项创新性服务。目前，作为一项创新性的金融服务，支付宝已经成为中国第三方支付行业发展的主导。对此，支付宝的副总裁樊治铭表示："我们理解的创新就是站在用户的角度，去帮助用户解决问题，利用合适的技术去提高用户的生活质量。当然，创新有时候是很微

① 转引自方兴东、刘伟：《阿里巴巴正传》，江苏凤凰文艺出版社 2015 年版，第 90 页。

② eBay（中文意译为"电子湾"，音译为"易贝"），是一个可让全球民众上网买卖物品的线上拍卖及购物网站。1995 年 9 月 4 日创立于美国加利福尼亚州。

小的，也许只是一个按钮的改变，但其背后也有我们对用户的大量调研。支付宝的每一项创新，都是为了能让用户放心、舒心地使用。”①

阿里巴巴是一个开放的平台。以淘宝为例，阿里巴巴把主动权全部交给用户，“我的地盘你做主”，让用户去成全淘宝的成功。“在淘宝上，所有的店主都可以自由地对店铺进行个性化的展示和营销，而淘宝是没有权利和义务去干预的。在一定的约束范围内，淘宝上的用户才是这个领域的自由人。比如，农民工黄崇鉴，在淘宝上开了‘美亿佳’淘宝店，由一个普通的打工者转变成了‘美亿佳’的企业老总，不仅为社会创造了很大的经济和社会价值，也在淘宝上实现了自身价值。”②2015年10月，阿里巴巴集团更进一步推出面向广大开发者和服务提供商的开放平台YunOS③，让“人人都是开发者”成为可能。YunOS开放平台有效整合阿里巴巴的电商、大数据和云计算等资源与能力，基于各类移动智能终端，向广大YunOS开发者和服务提供商提供全链路解决方案。面向移动开发者，YunOS提供了开发支持、质量保证和运营推广等三大服务。其中开发支持是向开发者开放YunOS的系统能力，在云端包括数据算法、消息通知等服务，在移动端包括账号免登、支付服务、生物识别等服务，将为开发者创造无限价值。质量保证主要体现在为开发者提供云测平台以及远程真机调试服务，降低开发者的测试成本，提高测试效率，保证应用和服务的质量。运营推广是将YunOS海量用户和应用分发能力开放给开发者，通过应用分发、游戏分发、精准营销、礼包推广等手段，让开发者更容易获得大量的目标用户。除此之外，YunOS还提供了一系列开发工具和可视化设计工具，实现分钟级的服务开发，让开发者更容易满足海量用户的需求。基于YunOS开放平台，企业就能够更好地经营用户、实现精准营销，以低成本获得高效益。例

① 詹圣泽：《马云：天下没有难做的生意》，载《企业研究》2013年第5期。

② 林汶奎：《马云的互联网思维》，湖南科学技术出版社2015年版，第32页。

③ YunOS是阿里巴巴集团旗下的智能操作系统，融合了阿里巴巴在云数据存储、云计算服务以及智能设备操作系统等多领域的技术成果，并且可搭载于智能手机、智能穿戴、互联网汽车、智能家居等多种智能终端设备。

如，朵唯科技就通过整合阿里系资源，快速建立了完善的移动内容服务体系，丰富了智能终端用户体验。同时，借助 YunOS 大数据服务体系，深度挖掘朵唯用户需求，在通过应用分发流量变现的基础上，可以进一步进行精准的后向内容运营，深挖潜在价值，从而实现了单纯的硬件厂商向综合服务商的转型。

阿里巴巴是一个服务的平台。在创建之初，阿里巴巴就将“为中小企业服务”作为自己的运营方向。当时，由于信息不对称或者说信息通达度不够，常常使很多中小企业面临生产和销售的困难。阿里巴巴决定，做信息流，为众多的中小企业提供免费的信息服务。2001 年，互联网泡沫让阿里巴巴面临着巨大的经营问题，马云却力排众议，决定继续坚持免费服务。2003 年，阿里巴巴推出淘宝，延续免费服务模式，而被外界评为淘宝战胜竞争对手 eBay 易趣的“杀手锏”。但是在马云看来，免费服务的真正目的不是为了搞垮对手，而是为了引导更多用户来培育真正的市场。通过免费服务，阿里巴巴聚集了庞大的用户队伍，而这又为用户开展更多的增值服务提供了坚实的基础。例如，阿里巴巴为企业创建了自己的专属网页和相关的系统，解决了用户信息供求的建设费用。在这个纷杂的平台上，诚信问题成了用户关注的中心，阿里巴巴又适时推出诚信通，为更多企业在电子商务平台上的发展提供了保障。阿里巴巴非常重视服务战略，马云甚至把电子商务定义为服务性行业，而不是技术性行业。“我们成立的第一天就说明阿里巴巴不是一家电子商务公司、互联网公司，我们是服务公司。”在一次网商论坛上，马云讲了“一块抹布”的故事，他说：“这块抹布从哪儿来的？我是从海尔那买的，我记得几年前我妈妈说海尔好，因为海尔的工作人员上门服务时是带一块布来的，走的时候他把踩脏的地方擦得干干净净。其实海尔擦的是客户的心，你真正为客户想的时候，服务才会好，服务不能仅仅停留在微笑服务上。”① 坚持把自己当作“服务公司”，发自内心地

---

① 《马云 2005 年在东莞网商论坛上的演讲》，转引自金错刀：《马云管理日志》，浙江大学出版社 2013 年版，第 266 页。

为客户着想，无微不至地为客户服务，尽职尽责地帮助客户解决问题，正是阿里巴巴成功的秘密。

阿里巴巴是一个共享的平台。共享是阿里巴巴与生俱来的企业基因与商业模式。早在阿里巴巴创建之初，马云就看到，在互联网时代，网络中大量信息资源可以让中小企业获得更多的市场机会，但当时缺少的就是这样一个信息网络的共享平台。于是，具有中国特色的 B2B 在阿里巴巴应运而生，为中小企业提供了全球性的商业信息，同时向世界买家展现了中国企业，实现了信息的互通与共享。随着当代电子技术的进展，阿里巴巴共享平台也不断与时俱进，并加快了自己的发展步伐。在 2016 年 1 月举行的“云栖大会 · 上海峰会”上，阿里巴巴正式发布了大数据平台“数加”，这个平台积累了阿里巴巴十年的大数据能力，其在输出自身大数据能力的同时，还对有数据开发能力的团队开放。这些团队可入驻“数加”，借助“数加”上的工具为各行各业提供数据服务。“这就像在淘宝开店一样，只是他们售卖的是专业能力。”“数加”承载了阿里云“普惠大数据”的理想，即让全球任何一个机构、企业和个人都能用上大数据。在 2016 年 4 月举行的“云栖大会 · 深圳峰会”上，阿里巴巴又正式发布了“物联网平台”，该平台融合了云上网关、规则引擎、共享智能平台、智能服务集成等产品和服务，打通了从端到云再到计算机应用程序（简称 APP）之间的“任督二脉”，创业者能够在这个平台上轻松实现全球快速接入、跨厂商设备互联互通、轻松调用第三方智能服务等，快速搭建稳定可靠的物联网应用。目前全球的智能设备很多，但真正具备智能服务的很少，问题的关键在于各个设备之间并没有真正打通。阿里巴巴为此推出了共享智能平台，在云端直接打通跨厂商、跨平台的信息屏障。如此一来，智能设备将能根据周围的环境和消费者的状况自动调节温湿度、音量、灯光，消费者可以真正告别“手机当遥控器”的时代。此外，阿里云的配网方案能兼容所有主流家庭路由器，适配主流手机型号及操作系统，方便物联终端快速接入路由器，成为一个真正意义上的共享智能服务平台，解决了“跨厂商互联互通”的难题。

在2014年浙江乌镇举行的首届世界互联网大会上，马云指出："21世纪做企业，也就是说一个很重要的，20世纪做企业一定要用好IT技术，这个世纪做企业，一定要用好Data技术，IT技术和Data技术是有巨大的差异，Data技术的核心，也就是互联网这一世纪最了不起的东西，利他主义，相信别人要比你重要，相信别人比你聪明，相信别人比你能干，相信只有别人成功，你才能成功。"从根本上说，阿里巴巴的平台思维，就是"利他主义"的思维，借助互联网这一技术平台，激发创业动力，帮助别人成功，服务社会大众，最终在成就别人的同时也成就了自己。

五、生态系统思维

"生态系统"（Ecosystem）的概念是由英国生态学家坦斯利（A.G.Tansley）在1935年提出来的，指在一定的空间和时间范围内，在各种生物之间以及生物群落与其无机环境之间，通过能量流动和物质循环而相互作用的一个统一整体。随着对生态系统及社会组织结构认识的不断深入，人们发现，人类社会的组织、运转和生物学意义上的生态系统极为类似，并将"生态系统"这一概念大量引入到社会科学领域。1993年，美国经济学家穆尔（Moore）在《哈佛商业评论》上首次提出了"商业生态系统"（Business Ecosystem）的概念。所谓商业生态系统，是指以组织和个人（商业世界中的有机体）的相互作用为基础的经济联合体，是供应商、生产商、销售商、市场中介、投资商、政府、消费者等以生产商品和提供服务为中心组成的群体。它们在一个商业生态系统中担当着不同的功能，各司其职，但又形成互赖、互依、共生的生态系统。

就在2014年9月阿里巴巴在美国纽约证交所上市前夕，马云以"我如履薄冰，生态正在演进"为题，发出致投资者的公开信。在这封2000多字的信中，马云20多次提到了"生态系统"的理念。他向世人宣告："与其他高科技公司有所不同，我们不是一家拓展技术边界的科技公司，而是一家通过持续推动技术进步，不断拓展商业边界的企业。我们不是靠某几项技术创新，或者几个神奇创始人造就的公司，而是一个由成千上万相信未来，相信互联网能让商业社会更公平、更开放、更透明，更应该自由分享的参与者们，共同投入了大量的时间、精力和热情建立起来的一个生态系统——正如今天你们所看到的。"马云指出：互联网给了我们一个"千年一遇"的机会，让阿里巴巴能够在中国建立一个全新的商业生态系统。"然而，这个变革性的工作并不容易，它要求我们必须保持一致，跨领域合作，并且始终聚焦在打造我们生态系统以及生态系统参与者的长远利益上；它要求生态系统最大程度的公平、透明和高效。这不仅是我们道德上的责任，也是我们自身生存和发展的基础。"这里，体现出阿里巴巴"商业生态系统"有关共生、竞合与互利的理念。

阿里巴巴是一个共生共荣的商业生态系统。与生物生态系统类似，商业生态系统的特征是，具有大量的松散联结的参与者，每个参与者都依靠其他的参与者，以取得各自的生存能力和效果。生态系统中的各参与者彼此命运攸关：如果生态系统健康，那么所有参与者都能够繁衍生息；如果它不健康，所有参与者都会深受其害。也就是说，在这一商业生态系统中，虽有不同的利益驱动，但身在其中的组织和个人互利共存，资源共享，注重社会、经济、环境综合效益，共同维持系统的延续和发展。与自然生态系统中的物种一样，商业生态系统中的每一个环节都是整个商业生态系统的一部分，每一家企业最终都要与整个商业生态系统共命运。一损俱损，一荣俱荣，商业生态系统中任何一个环节遭到破坏、任何一家企业的利益被损害，都会影响到整个商业生态系统的平衡和稳定，并最终损害系统中的每一个参与者。

以"诚信通"的推行为例。如上所述，阿里巴巴秉承"让天下没有难做的生意"的使命，在公司创办之初就专门为中小企业推出了免费的 B2B 平台，形成了中国特色的商业生态系统。但是，他们很快就发现，在这个鱼龙混杂的平台上，诚信问题十分突出。当时，阿里巴巴在网上做了调查，发现有 98% 的企业会员对于交易间的诚信最为关心，谁和谁做过交易，交易的评价怎么样等。于是，阿里巴巴及时推出了“诚信通”，用以解决网络贸易的信用问题。它专门为进入阿里巴巴商业生态系统的企业量身定制，提供强大的服务，提高企业的成交机会。阿里巴巴则通过“重要商品质量安全监管系统”，对产品系列号进行钥匙签名，建立产品身份编码数据库，经营者通过“诚信通终端”进行进出台账登记及商品备案，消费者使用“诚信通终端”将商品条码读出并通过 GPRS 上传到平台，便可立刻查询到商品的真实身份。与此同时，阿里巴巴还为进入“诚信通”的企业建立了从事网上贸易的信用活档案，它结合传统信用认证和网络互动的特点，多角度、及时、持续、动态地展现企业在网上贸易过程中的信用情况，让诚信的企业赢得客户青睐并达成更多交易，对不诚信的企业进行曝光。

如此严格的监管措施，加上必要的收费手段，“诚信通”会不会引发客户的流失呢？对此，马云在“诚信通”新闻发布会上回答记者提问时，斩钉截铁地说：“有了这个程序，我们才知道你是谁，以前谁和你做过生意，你以前的记录怎么样，这不仅对阿里巴巴有好处，更主要是对我们的会员有好处。这是阿里巴巴向电子商务、网上交易进军的严肃的一步。我们已经这么做了，我们还要坚定地做下去。我们宁可让我们的会员减少了 2/3，甚至更多，我们也要坚定地把网上诚信体系推下去。因为真正的电子商务必须是由有信誉的商人积累起来的。”正是这样的坚定决心，奠定了阿里巴巴商务生态系统健康运行、共生共荣的坚实基础。

阿里巴巴是一个合作竞争的商业生态系统。“商业生态系统”概念的提出者穆尔，在 1996 年出版的《竞争的衰亡》一书中指出：商业生态系统日益增强的重要性带来的一个重大变化，就是我们熟知的竞争正在死亡。不是没有竞争了，竞争比以往任何时候都更加激烈，但我们需要重新认识竞争。传统上，我们从产品和市场这两点出发看待竞争，你的产品或服务优于你的对手，你就胜利了，这将仍然是重要的。但如此视角忽略了企业的生存环境：企业需要在这个环境中与其他企业共同发展，既有竞争，又有合作，这包括建立对未来的共识，组织同盟，谈判交易，以及处理复杂的关系等。①

马云多年来都坚持一个信念：阿里巴巴要做“生态系统”，就要坚决抛弃“帝国思想”。什么是“帝国思想”？就是要么你长大，要么我就灭了你。马云认为这种思想在互联网时代是应该被淘汰的，所以阿里巴巴一开始就选择开放整个电子商务的基础建设，以扶持更多的传统行业和新兴行业。自从阿里巴巴 2007 年在香港、2014 年在纽约先后上市以后，其实力大大增强，其行业版图也不断扩大，于是，“阿里帝国”的议论一时甚嚣尘上。对此，马云在接受香港《南华早报》记者采访时郑重声明：阿里巴巴不是一个“帝国”。他说道：“我们不能做‘帝国’，我们要做的是‘生态系统’。任何一个‘帝国’都有倒台的时候，但‘生态系统’基本上是可以生生不息的，如果我们不破坏这个‘生态系统’的话。一个‘生态系统’有春夏秋冬，就像非洲草原有旱季和雨季，只要是个生命，就有生长、成长、发展、繁育和重新恢复的过程。我们只是要把这个生态系统建设得更加健康、更加的透明、更加的开放、更加的有责任感。这个生态系统里附着了开放、分享、透明和责任这些价值体系，进入到这个生态系统的企业只要认可和坚持这些价值体系，他们就一定会更好。”② 这里，涉及对商业生态系统中合作与竞争关系的理解。

在商业生态系统中，企业间的合作大于竞争。每个企业都是生态系统的组成部分，属于同一个命运共同体，彼此休戚相关，荣辱与共，你中有我、我中有你，大家都是相互交融的，谁也离不开谁。一个成员企业要想生存和发展，就只能选择与整个生态系统中的企业成员真诚合作。当然，这并不意味着竞争就会销声匿迹，而是合作中有竞争，竞争中有合作，在合作中竞争，在竞争中合作。这就是所谓“竞合”（co-

---

① 参见［美］詹姆斯·弗·穆尔：《竞争的衰亡——商业生态系统时代的领导与战略》，梁骏等译，北京出版社 1999 年版。

② 《马云访谈录》，载《香港南华早报》2013 年 7 月 13 日。

opetition)。竞争的目的是大家进步，合作的目的是把市场做大，竞合的目的则是竞争者通过合作而共同受益。在马云的眼中，阿里巴巴就是这样一个竞合的生态系统："因为是生态，所以它生生不息，因为是生态，所以它也有春夏秋冬。我们希望的是在这个生态里，崇尚诚信、努力奋斗、不断学习、敢于创新的企业能够成功。"①

阿里巴巴是一个互利共赢的商业生态系统。在一个健康并且不断完善的商业生态系统中，所有成员共同创造的整体价值应该不断增加，各自获得的利益也应该不断增长。正如马云在首届世界互联网大会上所言："做任何生意，必须想到 3W，Win，三个 Win。第一个 Win，是客户 Win，你做任何事情，客户首先要赢；第二个 Win，合作伙伴一定要赢；第三你要赢。三个 W，你少一个 W，找不到这个网页，三个赢，你少中间任何一个赢，这个生意没法做下去。"

哈佛大学教授扬西蒂和莱维恩在《共赢》一书中指出：处于商业生态系统中的企业可以采取三种不同的战略：核心型，即充当商业生态系统调控者的角色，通过影响这个系统的特定行为而维持生态系统的健康；支配主宰型，通过纵向或横向一体化来管理和控制某一生态系统；缝隙型，着眼于专业化和差异化，将自己独特的能力集中在某些业务上，利用其他企业提供的关键资源来开展经营活动。② 而在马云看来，作为中小企业，时刻面临生存问题，才没有时间管什么战略不战略、模式不模式的，能不能赚到钱是他们最关心的，因为只有赚到钱，企业才能生存下来，才有继续谈战略和模式的资本。"中小企业商人头脑精明，善于发现，而且生命力强，有不屈不挠的精神。他们的共同特点是务实，目标简单，就是如何赚钱。因此，为中小企业服务，不用去想办法帮他们省钱，他们比你会省钱。只有帮他们赚到钱，让他们通过网络发财，他们才会感兴趣。"为此，阿里巴巴始终将中小企业作为自己的服

① 《对话马云》，载《新京报》2015 年 11 月 16 日。

② 参见［美］扬西蒂、莱维恩：《共赢：商业生态系统对企业战略、创新和可持续性的影响》，王凤彬等译，商务印书馆 2006 年版。

务对象，一门心思帮助他们赚钱盈利。

那么，作为商业生态系统中的核心企业，阿里巴巴本身要不要赚钱，如何赚钱？对此，马云有着清晰的思路。一方面，本着“利他主义”的理念，阿里巴巴创立的初衷就不是立足于为自己赚钱，而是帮助客户赚钱。正如马云所说：“做企业不是一开始就一定要赚钱，通过这个平台学习了解到了怎么样更好地服务客户后，自然就可以实现赚钱的目的。”另一方面，作为一个在市场经济中运作的企业，赚钱是天经地义的；反之，不赚钱才是不道德的。马云说：“我们赚钱是为了做更多更好的事情。我理解，赚钱没有错，没有羞耻感，经营企业不赚钱，那应该有羞耻感，你应该去做公益比较好。当然做公益也要有商业的手法，我一直坚信公益的心态、商业的手法，赚了钱，你必须公益的心态，要有公益的心态，你必须商业的手法，只有这样配合，你才走得久、走得长。”①

从儒家义利观的角度来看，首先服务好客户，是“见利思义”；客户赚了钱后自己再赚钱，是“先义后利”；赚了钱再去做更多更好的事情，是“义以生利”；公益的心态、商业的手法，则是“义利合一”。“君子爱财，取之有道。”阿里巴巴通过真诚服务客户，不断壮大自己，最终使整个社会受益，实现了商业生态系统的良性循环。

六、太极思维

2014 年 6 月 30 日，在杭州西溪湿地的太极禅苑，马云和稻盛和夫做了一次对话。当稻盛和夫提到对话地点为什么叫“太极禅苑”时，马云回答道：“道家讲究和谐，儒家讲究规矩，佛家讲究包容。我从太极中悟到：事情并没有好与坏，关键是你怎么看。太极不仅是健身，也可以产生思想的交流。在中国做企业，需要好的‘中药’，把儒、释、道

① 《马云在 2012 网商大会上的闭幕演讲》，载《网易科技》2012 年 9 月 9 日。

几家合在一起，才真正是好的‘药’，否则任何一味药可能都是‘偏方’。太极是整合了儒释道的具体路径，太极讲究的是化，而非攻，这里面其乐无穷。”①

融合了儒释道思想精华的“太极思维”，对于阿里巴巴企业文化和经营理念的形成，发挥了重要的作用。马云说：“中国企业都有一个从少林小子到太极宗师的过程。少林小子都会打几下，太极宗师有章有法，有阴有阳，中国企业要从第一天就有练太极的想法才行。”② 正是这种有章有法、有阴有阳、有虚有实的太极思维，塑造了阿里巴巴的经营哲学，使阿里巴巴在中国企业界从一个“少林小子”成长为“太极宗师”。

首先是“有章有法”。马云曾经向人们讲述过“杨式太极拳”创始人杨露禅的故事：太极宗师陈长兴同意收杨露禅为徒，第一年，让杨露禅忘掉之前所学的一切招式；第二年叫他体验生活中的一切细节；第三年学习哲学思想，开始懂得太极阴阳之道；第五年才开始正式学武；第七年时杨露禅哲学境界已经很高了，于是自立门派，成为打遍京城无敌手的一代宗师。这个“杨无敌”正是将“陈式老架太极拳”变易、简化后开创出“杨式太极拳”的一代太极宗师。从中我们可以领会到马云的用意所在——他想超越过去，领略太极精髓，开启阿里巴巴的“新章法”。

阿里巴巴创建初期，虽然提出“让天下没有难做的生意”，也有帮助中小企业这样一个梦想。但是，在2003年以前，阿里巴巴还是没有明确自己的企业目的。表现最明显的一点就是：客户、员工、股东三者的关系位置，一直纠缠不清。阿里巴巴早期的企业价值观称为“独孤九剑”，名称来自金庸的武侠小说《笑傲江湖》，内容为：“群策群力、教学相长、质量、简易、激情、开放、创新、专注、服务与尊重。”其中

① 冯永明：《马云对话稻盛和夫》，载《中国企业家网》2014年7月3日。

② 转引自王瑞斌、曹可臻：《马云太极决定阿里两极》，载《竞争力》2009年第8期。

涉及客户的内容表述为“服务与尊重”，排在最后一位。确实，阿里巴巴创业一开始靠的只是梦想与激情，发现互联网这个东西好，想利用它踏踏实实地为中小企业做些事，让大家生意好做一点，日子过得好一点。因此，尽管他们最初也提出“让天下没有难做的生意”这个口号，但是那个时候是激情驱动。只有当阿里巴巴越往上走的时候，这种责任感才变得越来越具体，越来越感同身受，提升成为一种使命感。

改变来自于2003年那次突如其来的“非典”，它使马云和全体阿里巴巴员工都明确了一个理念：越是在困难的环境中，越要首先想着客户。在“非典”时期，马云戴着口罩作出决定：全杭州500名员工全部回家办公，但是工作和客户服务不能停。家里没有电脑的，把公司电脑搬回去。家里没有网络的，IT人员帮着把网络全部建起来。客户中没有一个人知道阿里巴巴全公司化整为零、在家办公。打进电话来都会有人应答：“喂，你好，阿里巴巴。”一个员工在家告诉自己的父亲：“爸爸，有电话打进来，一定要说：‘你好，阿里巴巴。’”

“非典”之后，马云总结出阿里巴巴三条思想原则：第一，唯一不变的是变化；第二，永不把赚钱作为第一目的；第三，客户第一、员工第二、股东第三。2004年，阿里巴巴将价值观改为“六脉神剑”，名称来自金庸的《天龙八部》，内容为：“客户第一、团队合作、拥抱变化、诚信、激情、敬业”，其中，“客户第一”被当作最高原则。企业是为了比利润更根本的原因而存在的，一个伟大企业一定要有超出赚钱之外的目的。阿里巴巴确立了为客户创造价值、为社会创造价值的企业目的，就奠定了成为一个伟大企业的根基。练太极拳的人都知道，想练成天下第一的功夫，得遵循一个原则：那就是根基要稳。这样稳固的“太极章法”，使阿里巴巴从此走上了持续发展的康庄大道。

其次是“有阴有阳”。笔者1994年在美国夏威夷大学做博士后时为美国学生讲中国哲学，一上来就在黑板上画了一个“阴阳太极图”，并对学生们说，这就是我们中国人的“哲学图腾”。你看这是一个圆圈，中间黑白两条“太极鱼”，而黑鱼的眼睛是白的，白鱼的眼睛是黑的，两条鱼你抱着我的头，我抱着你的尾，做旋转状。这其实就体现了我们中国人的哲学思维："整体和谐，阴阳互摄；阴中有阳，阳中有阴；运动变化，生生不息；共生共存，天地人和。"在"阴阳太极图"旁边，笔者又画了一个圆圈，中间分开，一半是白的，一半是黑的，并对学生们说，这就是你们美国人乃至整个西方世界近几百年来的思维模式：白的就是白的，黑的就是黑的，不是白的吃掉黑的，就是黑的干掉白的。其实，世界上的事情没有那么简单，真正的智者不会在非黑即白之间选择，而是想方设法兼容黑白，调和阴阳。

在企业经营中，资方与劳方、企业与顾客，都存在着矛盾的关系。按照黑白对立的思维，矛盾双方的利益是不可调和的；而按照阴阳太极的思维，矛盾双方你中有我、我中有你，你的利益连着我的利益，我的利益也连着你的利益。阿里巴巴提出的"客户第一，员工第二，股东第三"的思路，就是兼容与调和各方利益的正确途径。在处理企业与客户的利益上，马云多次告诫自己的员工："如果你脑子里想的都是如何赚别人的钱，你所表达的意思就是要从人家的口袋里抢钱，人家一定会紧捂口袋，你什么也得不到。如果你觉得自己的产品能够帮助用户成功，对别人有用，对方自然愿意倾听，也愿意买单。想成就一个伟大的企业，你要做的是如何用自己的产品帮助用户。"帮助用户其实就是帮助自己，用户成功，自己才能够成功。"我们为什么要创造阿里巴巴？我们不是要自己成为百万富翁，而是要帮助我们的客户成为百万富翁。我们坚持客户第一，只有让客户成功，阿里巴巴才会成功。阿里巴巴不是为利润活着，只有让客户成为百万富翁、千万富翁后，我们自己才会有利润。"① 在马云看来，阿里巴巴的问题不是赚钱，而是如何赚钱。企业有很多赚钱的方式，但必须保证今天赚的钱明天以后还能赚得到，关键就是要能够不断地给客户带来价值。如果将企业与客户的利益截然对立，一门心思只想赚客户的钱，客户就会捂紧自己的口袋，结果企业什么也得不到；而如果将企业与客户的利益统一起来，一门心思帮助客户

① 《马云 2004 年在阿里巴巴 5 周年庆典上的演讲》，转引自金错刀：《马云管理日志》，浙江大学出版社 2013 年版，第 281 页。

赚钱，最终企业也会实现自己的利益。从根本上说，企业与客户是阴阳和合的关系，你中有我，我中有你，你离不开我，我也离不开你，你的利益就是我的利益，我的利益也是你的利益。一个伟大的企业，绝对不能接受“非此即彼”的“二分法”的限制，而要努力用兼容并蓄的方法跳出这种困境，同时拥抱两个矛盾的极端，方能完成自己的伟大使命。

最后是“有虚有实”。“杨式太极拳”第三代传人杨澄甫在其《太极拳说十要》中开宗明义提出，太极拳术以“虚实分明”为第一要义。而在其口述的《太极拳练习谈》中又指出：“所谓虚者，非空，其势仍未断，而留有伸缩变化之余意存焉；所谓实者，确实而已，非用劲过分，用力过猛之谓。”如此看来，太极拳的真谛在于有虚有实，实中有虚，虚中有实，虚实转换，变化无穷。受此启发，阿里巴巴的经营秘诀是“虚事实做，实事虚做”①。

例如，在一般的企业那里，企业价值观似乎是可有可无、夸夸其谈的虚应故事；而在阿里巴巴，以“客户第一”为首的“六脉神剑”价值观，却是实实在在的行为规范。他们把这 6 条价值观每一条都细分出 5 个行为指南共 30 项指标，作为考核所有员工的一种实打实的标准。在阿里巴巴的考核体系中，关键绩效指标（Key Performance Indicator，简称 KPI）与价值观的考核打分各占 50%。也就是说，即使一个员工拥有很好的业务绩效，但是价值观打分不及格，在阿里巴巴也依然会面临淘汰。在一篇内部文章中，马云对阿里巴巴的伙伴们说：“和大家一样，我讨厌 KPI。它让我们失去了理想、失去了目标。让我们用各种不该用的方法疲于奔命。它也让我们失去了工作的乐趣，失去了创新和激情。我们讨厌它，但不能没有它。如果没有 KPI，我们就没有考核工作成就的具体指标。但光有 KPI，绝不意味着我们工作完成得很好。”由此，马云给各个下属公司的总裁规定了两个指标：“第一就是集团制定的 KPI；第二就是我老马自己觉得‘满意’还是‘不满意’。”也许有人会指责马云搞“人治”，但马云却认为：“我个人觉得‘人治’不是坏

---

① 王瑞斌、曹可臻：《马云太极决定阿里两极》，载《竞争力》2009 年第 8 期。

事。正确的‘人治’应该是‘以人为本的治理’。它应该是比法治更高的境界，但它必须建立在法治的基础上。‘人治’未必治理不好。唐代的李世民、清代的乾隆都是‘人治’之君，他们让当时的中国国强民富。当然，他们当时的法制建设也是同时期最强的。所以我个人看法，不是说‘人治’好还是‘法治’好的问题，而是我们需要建立起所有法治和人治的基础——那就是心里真正认同的文化价值观体系。”① 在马云看来，无论是一个国家还是一个企业，文化价值观体系高于一切、优于一切、重于一切，对于一个组织的长治久安发挥着切切实实的影响。

2011 年发生的“卫哲引咎辞职事件”，成为检验阿里巴巴价值观体系“虚实”的试金石。阿里巴巴 B2B 公司宣布，为维护公司“客户第一”的价值观及诚信原则，公司于 2010 年清理了约 0.8% 逾千名涉嫌欺诈的“中国供应商”客户，公司 CEO 卫哲、COO 李旭晖因此引咎辞职。在公告中，阿里巴巴表示：公司绝不能仅仅变成一家赚钱的机器，让天下没有难做的生意才是其使命所在。马云表示：“诚信是阿里巴巴最重要的价值观之一，这包括我们员工的诚信，以及我们为小企业客户提供一个诚信和安全的网上交易平台。任何违背我们文化和价值观的行为都不能接受。”卫哲为事件进行公开道歉时表示：“这四五年里，我刻骨铭心地体会到以客户第一为首要的阿里巴巴的价值观是公司存在的立命之本！尽管我们是一家上市公司，但我们不能被业绩所绑架，放弃做正确的事！阿里巴巴公司存在第一天就不在乎业绩多少，业绩是结果，不是目标！我学习到作为阿里人要勇敢地面对并承担自己的责任。”事实证明，“客户第一”在阿里巴巴绝对不是空谈；业绩固然实在，是价值观更加实在，是高于实在的实在！

早在创建之初，阿里巴巴就提出“东方的智慧，西方的运作，全世界的大市场”。2015 年 10 月 21 日，在伦敦金融城市长官邸举行的“中英工商论坛”上，时任英国首相卡梅伦拿阿里巴巴的全球化模式举

① 马云：《制度、文化及 KPI》（内部文章，2008 年 9 月），转引自金错刀：《马云管理日志》，浙江大学出版社 2013 年版，第 208 页。

例，希望中英两国可以“继续互相帮助对方，让对方强大，只有这样我们才能一起赢得未来”。卡梅伦在讲话中说道：“正如前两天马云和我在唐宁街会面时所说，如果你想赢在21世纪，你必须学会让别人强大，让别人比你更成功，那样你才能成功。”①2016年9月，马云受邀出任联合国贸易和发展会议特别顾问，联合国贸易和发展会议秘书长基图伊（Mukhisa Kituyi）表示，“马云是互联网时代具有影响力和受尊重的先锋、创新者、企业家和公益慈善家”，“他带来了有远见的创业方式、对于学习的渴望以及一个更美好的世界。这些都是他成为贸易和发展会议特别顾问的完美诠释。我们将一起去帮助在全球化进程中落后的团体，为他们带来希望以及自强的动力。”② 阿里巴巴“利他主义”的经营理念，超越了国界，必将为人类带来美好的未来！

① 《卡梅伦致辞中特别引用马云的“利他学”》，人民网，2015年10月23日。

② 《马云受邀任联合国贸易和发展会议特别顾问》，新加坡《联合早报》2016年9月21日。

第五章　品牌之道：诚信为本的企业品牌观念

■ 典型案例：方太集团的“三品合一”

方太集团创建于1996年，其核心价值观是：“人品、企品、产品，三品合一”。方太坚信：作为一家追求卓越的企业，不仅仅要为顾客提供世界一流的产品和服务，还要积极承担社会责任，做一个优秀的企业公民。同时，方太也要求员工成为德才兼备的有用之才，与企业共同成长，这三者相辅相成，缺一不可。在“三品”中，“人品”放在首位，而“人品”又包括传统美德（仁义礼智信）、职业道德（廉耻勤勇严）、职业精神和职业能力等四个方面。方太的企业使命是：“让家的感觉更好”，方太致力于为顾客提供无与伦比的高品质产品和服务，打造健康环保有品位、有文化的生活方式，让千万家庭享受更加幸福安心的生活。同时，追求全体方太人物质和精神两方面的幸福，让方太“大家庭”更加美好。

方太董事长茅忠群将集团的价值观概括为“方太儒道”。他主张以中学明道，西学优术，中西合璧，以道御术的16字方针，并具体落实到企业的领导、管理和经营活动中去。茅忠群指出：“企业是盈利机构，不盈利没法生存。如果生存都生存不下去，其他一切都是空谈。要经营，要生存，要盈利，经营之道是什么？学MBA的时候，西方经营理念告诉我们：经营企业就是股东利益最大化。原来我也以为这是一个普世价值。但是我学了传统文化之后，发现经营企业之道应该是仁道经营。《论语》里面有一句话叫‘修己以安人’，表面看好像和经营没什么关系，但事实上，这是最核心的经营之道。‘修己’，有两个主体，一个是企业家自身，一个是全体员工。每一个人都要修己，修身心、尽本分。然后‘安人’，是让人心安定。主要有两个对象群体，一个是员工，一个是顾客。如果把自己修炼好，同时把顾客、员工安顿好，企业还会不成功？还会没有利润吗？我想这是不可能的。如果不成功，只是我们修炼得还不够。儒家思想给我们经营方面的启示，就是‘仁道经营’、‘修己以安人’。”

茅忠群指出：“儒学强调修己以安人。品牌的一个含义是定位品牌在消费者心目中的感觉，品牌的口碑，就是消费者对品牌的信赖与赞誉，方太的品牌追求就在于消费者百分百的安心，这与儒学是相融的。”方太至诚服务汲取儒家文化的精髓，以“诚”为核心出发点，致力于为客户提供及时、专业、用心的优质服务体验，让千万家庭“家”的感觉更好！服务原则：顾客永远是对的；以顾客感动为第一标准。服务方针：及时，专业，用心。方太始终将关心用户生活的方方面面作为企业应尽的社会责任，践行至诚服务理念，为用户带来更为完美的幸福体验，与用户共同见证温暖的幸福时光。

（资料来源：方太集团官网）

品牌是企业在消费者心目中所占据的地位与打下的烙印。为了强化这一烙印，现代市场营销理论和品牌策划技术层出不穷、高招叠出。而中国传统的经商之道却认为：“酒香不怕巷子深”，“商品就是人品，商道即为人道”。方太集团基于儒家的诚信思想，提出“人品、企品、产品，三品合一”，以员工高品行的人品，形成高品位的企品，生产出高品质的产品。这样的品牌观念，追求的是消费者百分百的安心，体现的是企业对消费者的承诺与责任，赢得的是消费者对品牌的信赖与赞誉，是一种更为高超的品牌营销学。

一、儒家的诚信观

“诚信”是儒家的道德范畴。所谓“诚”，就是真实无妄、诚实不欺的意思；所谓“信”，就是心口合一、言行一致的意思。儒家创始人孔子十分重视“信”德，指出：“人而无信，不知其可也。”[①] 孔子的孙子子思则十分重视“诚”德，指出：“诚者物之终始，不诚无物，是故君子诚之为贵。”[②] 在子思所著的《中庸》一文中，“诚”与“信”开始相提并论：“在下位不获乎上，民不可得而治矣。获乎上有道，不信乎朋友，不获乎上矣；信乎朋友有道，不顺乎亲，不信乎朋友矣；顺乎亲有道，反诸身不诚，不顺乎亲矣；诚身有道，不明乎善，不诚乎身矣。”孟子沿着子思的思路，进一步明确将“诚”与“信”联系起来，说道：“彼以爱兄之道来，故诚信而喜之。”[③] 荀子也把“诚”与“信”结合起来，说道：“诈伪生塞，诚信生神，夸诞生惑。”[④] 从此，“诚信”作为一个表达“内诚于心而外信于人”的重要道德范畴，成为立身之本、交往之道、治国之要和事业之基。

一是立身之本。在儒家思想中，诚信是一个人安身立命的生存基础。据《论语·卫灵公》记载，孔子的学生子张问如何才能使自己处处行得通，孔子答之以“言忠信，行笃敬”。在孔子看来，一个人如果言

---

① 程树德撰，程俊英、蒋见元点校：《论语·为政》，《论语集释》，中华书局1990年版，第126页。

② （东汉）郑玄注，（唐）孔颖达疏，龚抗云整理，王文锦审定：《礼记·中庸》，《礼记正义》，北京大学出版社2000年版，第1450页。

③ （清）焦循撰，沈文倬点校：《孟子·万章上》，《孟子正义》，中华书局1987年版，第627页。

④ （清）王先谦撰，沈啸寰、王星贤点校：《荀子·不苟》，《荀子集解》，中华书局1988年版，第51页。

语真实讲信，行为忠厚严肃，那么即使是到了荒陌蒙昧的地方，也能畅通无阻；而如果言语欺诈无信，行为刻薄轻浮，那么就算是在自己熟悉的本乡本土，也会处处受阻、寸步难行。他告诫学生，一定要时刻记住“言忠信，行笃敬”，在站立的时候，要像看见这几个字就在我们面前；坐在车厢里，也像看见这几个字就镌刻在车子的横木上——只有像这样时时刻刻记着它，才能使自己处处行得通。孔子还拿车上的关键零部件作比喻，指出：“人而无信，不知其可也。大车无輗，小车无軏，其何以行之哉?”① 这里的“輗”和“軏”指的是牛车马车当中关键的连接装置。在孔子看来，如果说话不算数，就好比牛车没有輗，马车没有軏，车子缺少这个关键部件是拉不动的。同理，人缺少诚信这个关键品质，也将寸步难行。在孔子看来，信誉是人的第二生命，一个人如果没有信誉，将无法立足于社会。

由此，儒家把诚信看作是道德修养的重要目标。《礼记·儒行》指出：“儒有不宝金石，而忠信以为宝。”《论语》中有大量有关诚信道德修养的要求，包括“敬事而信”、“谨而信”、“主忠信”等。孔子指出：“狂而不直，侗而不愿，悾悾而不信，吾不知之矣。”② 在孔子看来，那些貌似狂放却不率直，貌似幼稚却不老实，貌似诚恳却不讲信用的人，是不足取的。《礼记·表记》中说：“君子貌足畏也，色足惮也，言足信也。”君子的举止要不失体统，仪表要保持庄重，言语要谨慎；那么，君子的外貌就要足以使人敬畏，仪表就要足以使人感到威严，言语就要足以使人信服。在儒家看来，信的基础是“诚”。《中庸》指出：“诚者，自成也。”真诚是自我的完善，也是一切事物的发端和归宿。一个真诚的人，能发挥自己的本性，就能进而发挥众人的本性；能发挥众人的本性，就能进而发挥万物的本性；能发挥万物的本性，就可以帮助天地培

---

① 程树德撰，程俊英、蒋见元点校：《论语·为政》，《论语集释》，中华书局1990年版，第126页。

② 程树德撰，程俊英、蒋见元点校：《论语·泰伯》，《论语集释》，中华书局1990年版，第545页。

育生命；能帮助天地培育生命，就可以自立于天地之间了。

二是交往之道。儒家认为，在人际交往中能否做到诚实守信，是评价人们交往道德的根本标准，只有建立在诚信基础上的人际交往，才是健康和谐的人际关系得以维持发展的根本保证。孔子指出："老者安之，朋友信之，少者怀之。"① 他把朋友之间的相互信任作为自己的社会理想。曾子指出："吾日三省吾身，为人谋而不忠乎？与朋友交而不信乎？传不习乎？"② 他把与朋友交往中是否做到诚信作为每天反躬自省的内容。孟子指出："父子有亲，君臣有义，夫妇有别，长幼有序，朋友有信。"③ 他把朋友之间交往的诚信纳入"五伦"的道德准则。汉儒董仲舒提出："夫仁谊礼知信五常之道，王者所当脩饬也。"④ 班固进一步论述道："五性者何？谓仁、义、礼、智、信也。仁者，不忍也，施生爱人也；义者，宜也，断决得中也；礼者，履也，履道成文也；智者，知也，独见前闻，不惑于事，见微者也；信者，诚也，专一不移也。故人生而应八卦之体，得五气以为常，仁、义、礼、智、信是也。"⑤ 从此，诚信被纳入中国传统社会的核心价值观。

在交往之道中，儒家特别强调语言的诚信内涵。《论语・学而》指出："与朋友交，言而有信。"从汉字结构来看，"信"由"人"与"言"两个字组成。《春秋穀梁传・僖公二十二年》指出："人之所以为人者，言也。人而不能言，何以为人？言之所以为言者，信也。言而不信，何以为言？信之所以为信者，道也。信而不道，何以为道？"这里，完整

---

① 程树德撰，程俊英、蒋见元点校：《论语・公冶长》，《论语集释》，中华书局1990年版，第353页。

② 程树德撰，程俊英、蒋见元点校：《论语・学而》，《论语集释》，中华书局1990年版，第18页。

③（清）焦循撰，沈文倬点校：《孟子・滕文公上》，《孟子正义》，中华书局1987年版，第386页。

④（东汉）班固撰，（唐）颜师古注：《汉书・董仲舒传》，《汉书》，中华书局1962年版，第2505页。

⑤（清）陈立撰，吴则虞点校：《白虎通・性情》，《白虎通疏证》，中华书局1994年版，第381—382页。

地阐述了儒家“言而有信”的思想。首先，人之所以成为人，是因为能够言语。言语是人与人之间沟通的媒介，也是人之为人的外在标志。其次，言语之所以有意义，是因为能够表达承诺。如果言而无信，言语再多也没有意义。最后，信誉之所以可靠，是因为符合道义，如果不符合道义，那么言语和信誉也就没有价值了。由此，儒家十分重视“言”与“行”的关系，就个人修养来说，是“讷于言而敏于行”①；就与人交往来说，是“先行其言而后从之”②；就判断他人来说，则是“听其言而观其行”③。这些，都是立足于诚信为本的基本要求。

三是治国之要。儒家认为，为政者治国理政最关键的是要取信于民。据《论语·颜渊》记载，“子贡问政。子曰：‘足食，足兵，民信之矣。子贡曰：‘必不得已而去，于斯三者何先？’曰：‘去兵。’子贡曰：‘必不得已而去，于斯二者何先？’曰：‘去食。自古皆有死，民无信不立。’”这里的“民信之矣”，有人解释为“民众信任政府”；“民无信不立”，有人解释为“民众没有信用就不能自立”。其实，孔子这里是从当政者的角度立论的，“民信之”应解读为“为民所信”，“民无信”应解读为“不为民所信”，都是强调当政者应该“取信于民”的意思。④一个国家，需要有充足的粮食赋税，充分的军备武装，但这些都不是立国

① 程树德撰，程俊英、蒋见元点校：《论语·泰伯》，《论语集释》，中华书局1990年版，第278页。

② 程树德撰，程俊英、蒋见元点校：《论语·为政》，《论语集释》，中华书局1990年版，第97页。

③ 程树德撰，程俊英、蒋见元点校：《论语·公冶长》，《论语集释》，中华书局1990年版，第313页。

④ “民信之矣”一句，《论语》高丽本“民信”上有“使”字，皇侃本“民信”上有“令”字。“民无信不立”一句，学界有三说：一说指当政者，孔安国：“死者古今常道,人皆有之。治邦不可失信。”一说指民众，郑玄：“言人所特急者食也。自古皆有死,必不得已,食又可去也。民无信不立,言民所最急者信也。”一说兼指当政者和民众，朱熹：“无信则虽生而无以自立，不若死之为安。故宁死而不失信于民，使民亦宁死而不失信于我也。”王若虚《论语辨惑》：“夫民信之者,为民所信也。民无信者,不为民信也。”对此两句解释最为清楚。

的根本，真正的立国之本在于民众对政府的充分信任。政府是国家的管理者，而国家是由民众组成的。民众信任政府，就会努力发展生产，提供赋税，保卫国家；民众不信任政府，即使有粮食赋税和军备武装，国家也会灭亡。

社会需要秩序，政府需要权威，权威从哪里来？来自民众对政府发自内心的信任。威信威信，“威”来自于“信”，有“信”才有“威”，无“信”则无“威”；非但无“威”，还会引起民众的反感乃至反抗，“汤武革命”就是典型的例子。“君子信而后劳其民；未信，则以为厉己也。”[①] 当政者只有充分取得民众的信任，才有可能去发动民众，组织民众。宋儒司马光在《资治通鉴》中说：“夫信者，人君之大宝也。国保于民，民保于信，非信无以使民，非民无以守国。是故古之王者不欺四海，霸者不欺四邻。善为国者不欺其民，善为家者不欺其亲。不善者反之，欺其邻国，欺其百姓，甚者欺其兄弟，欺其父子，上不信下，下不信上，上下离心，以至于败。”[②] 体现了儒家一以贯之的政治诚信思想。

四是事业之基。在儒家看来，诚实守信不仅是一个人生存发展的前提条件，也是成就事业的必要基础。《周易·乾·文言》指出：“君子进德修业。忠信，所以进德也。修辞立其诚，所以居业也。”讲求忠贞守信，就能增进道德；检点言辞行为、树立诚信威望，就能成就事业。《荀子·王霸》针对当时社会各个阶层而提出诚实守信的具体要求：士大夫坚守节操，舍身殉职，这样兵力就会强大。各级官吏惧怕法令而遵守法度，国家法令就不会混乱。商人老老实实，没有欺骗行为，那么商人安业，财货通畅，国家的各种需求就能得到供应。工匠忠诚信实，就不会粗制滥造，那么器械用具就做得轻巧灵便，而资材也不会缺乏了。

---

① 程树德撰，程俊英、蒋见元点校：《论语·子张》，《论语集释》，中华书局1990年版，第1315页。

② （宋）司马光编著，（元）胡三省音注：《资治通鉴》第一册，中华书局1976年版，第83页。

农民辛勤耕作而不误农事，那么就会上不失天时，下不失地利，中得人和，这样就会百业兴旺而不荒废了。《吕氏春秋·贵信》也指出："凡人主必信。信而又信，谁人不亲?"在其作者看来，执政者的诚信树立了，那么虚假的话就可以鉴别了；虚假的话可以鉴别了，那么天下百姓就归服了。与此相反，如果君臣不诚信，那么百姓就会批评指责，国家就不会安宁；做官不诚信，那么年少的就不敬畏年长的，地位尊贵的和地位低贱的就相互轻视；赏罚不诚信，那么百姓就容易犯法，不可以役使；结交朋友不诚信，彼此就会离散怨恨，不能相互亲近；各种工匠不诚信，那么制造出来的商品就会粗劣作假。总之，从官府到民间，要想建功立业，都必须以诚信为本。

其中，作为社会的表率，士人之诚信受到儒家特别的强调。《荀子·臣道》指出："忠信以为质，端悫以为统，礼义以为文，伦类以为理，喘而言，臑而动，而一可以为法则。"一个士人，如果以忠诚守信为本质，以正直老实为纲纪，以礼义为规范，以伦理法律为原则；那么，他稍微说一句话，稍微动一动，都可以成为别人效法的榜样。为此，《荀子·不苟》特别提出"悫士"的概念，这里的"悫"是质朴诚实的意思。在荀子看来，一个士人，说一句平常的话也一定老老实实，做一件平常的事也一定小心谨慎，不敢随波逐流，也不敢自以为是，像这样就可以称为质朴诚实之士了。至于商人之诚信，儒家的论述虽然不多，却很独到。《孔子家语·鲁相》曾有"鬻牛马者不储价，贾羊豚者不加饰"之语，意思就是说，从事商业经营活动的人员不违反职业道德而乱涨价和卖假货。《孟子·滕文公上》说："虽使五尺之童适市，莫之或欺。"这种"童叟无欺"的要求，成为传统商道诚实经营的思想渊源。

二、真诚赢得顾客

方太品牌的成长过程，就是一个践行儒家诚信观的过程。茅忠群指出："儒学强调修己以安人。品牌的一个含义是定位品牌在消费者心目中的感觉，品牌的口碑，就是消费者对品牌的信赖与赞誉，方太的品牌追求就是在于消费者百分百的安心，这与儒学是相融的。"[①] 为了让消费者安心，就要真心帮助顾客解决问题，诚心站在顾客角度思考，贴心为顾客提供服务，全心关怀顾客幸福，从而以自己的真诚赢得顾客。

一是真心帮助顾客解决问题。方太在 1996 年开始创业的时候，就确定了专业化、高端化、精品化的定位方针，把所有的资源都集中到抽油烟机这款产品上。当时抽油烟机市场上所有的高端品牌都来自国外，但销量并不太好。这些欧式抽油烟机外形美观、噪音低，排风量偏小，与中国人的烹调习惯并不相配。中国独特的烹饪方式，巨大的油烟量，使得抽油烟机成为极少数没有国外领先技术可借鉴的领域之一，也给本土企业一个依靠产品和技术堂堂正正迎战洋品牌的机会。茅忠群果断地抓住这一机会，开发出"欧式外观中国芯"的高端抽油烟机，解决了中国烹饪方式的大油烟问题，满足了本土消费者的实际需求，并将其品牌名为"方太"。抽油烟机是厨房电器，厨房多由女人掌管，"方太"即是"方便太太"的意思，指向精准且具有亲和力。此外，"方太"又是香港 ATV（亚洲电视）《方太生活广场》美食节目主持人的名字，她在电视上炒了 20 年菜，广为人知，让其为方太抽油烟机代言广告，使这一听上去颇为友好贴心的品牌迅速得到市场的认可。

随着消费者消费趋势的变化，人们买厨房电器不是只买一台抽油烟机，而是一套一套地买，方太就跟着消费者的习惯投产了灶具、消毒柜，然后还有烤箱、蒸箱等产品。方太每两年会请第三方机构做大规模的市场调查和品牌地位调查，找到问题，再制订应对的方案，以不断满足消费者的需求。在茅忠群看来，企业应该追求的第一位的不是市场份额，"其实消费者关注的是品质和感受，按此道理，为什么企业不把消

① 苏庆华：《茅忠群：方太儒道》，载《当代经理人》2010 年 2 月 1 日。

费者的需求放在第一位呢?”不同于一般企业一味地去追求数字指标的竞争方式，方太坚持以用户体验为中心。数字指标并非是权衡产品好与坏的标准，有些甚至忽视了用户体验，例如，汽车百米冲刺 4 秒内即完成，这对于用户而言是不实用的，甚至还违反了交通规则。方太不追求无谓的技术指标，而是重视用户体验。以厨房抽油烟机为例，方太极力打造抽油烟机的好效果，就是要实现用户厨房抽油烟机吸尽油烟，这个效果的达成不能完全用指标去衡量，但是用户体验会说话。大多数消费者，在具体体验没有量化的前提下，还是会追崇数据指标，这势必会造成部分客户流失，但茅忠群对此却坚定而有信心。“从市场的角度来说，确实会吃亏一点，但是从儒家思想来说，我评判的标准不是用具体的得与失来权衡，而是用善与恶来比对。”①

二是诚心站在顾客角度思考。方太建立之初，经过市场调查及分析消费者的意见，总结出当时市场上抽油烟机的六大缺陷——外观不美、滴漏油、吸力小、噪音大、拆洗难、安全隐患大。方太把这六大缺陷变成自己的六大优点，独创了 A 系列大圆弧深型抽油烟机和中国第一台人工智能抽油烟机 Q 型“厨后”，连续在抽油烟机市场上刮起了四股“方太旋风”。茅忠群说：“消费者不懂技术，最终是希望效果好，做完一顿饭坐下来脸上不会油乎乎的，他们想要的是一个健康洁净的厨房环境，而不是油烟机本身。这也是儒家仁的思想，仁者爱人，要完全站在顾客的角度思考，不是某个概念、技术宣传，而是最终吸油烟效果好。”② 为了提供整体的吸油烟解决方案，技术出身的茅忠群特别看重方太的研发实力，坚持每年把不少于销售收入的 5% 投入研发，建立了目前世界上规模最大的厨电实验室（建筑面积 6000 平方米），拥有两个国家级实验室和 400 余人的研发人才团队。

---

① 转引自《居其所而众星拱之：方太稳居高端厨电领导者的内因》，载《商学院》2014 年第 11 期。

② 转引自茅忠群：《方太“中学明道”的企业文化》，载《新营销》2013 年 10 月 1 日。

对于产品，恪守儒家思想的茅忠群最关心的主题是健康，无论是采访还是演讲，他都强调油烟的微伤害。茅忠群说，随着环境恶化，中国癌症发病率持续增加，而上海一个专业研究机构说，原来肺癌叫男性癌，但是现在四五十岁中青年女性的患癌率是 1∶1，这与厨房油烟是有关系的，可能是微油烟造成的微伤害所致。正是在儒家“仁义”的价值观驱动下，方太不断研发新产品，“让中式厨房也可以敞开，不用担心公用烟道，不用担心爆炒，远离微伤害”。方太主张用“不亚于造飞机的技术要求”创造高标准的抽油烟机。这样的坚持，最终成就了方太在高端厨电领域的领导地位。1996 年，方太开创了中国第一代完全自主设计的深型抽油烟机，实现了中国厨房抽油烟机的易拆洗之梦；2001 年，中国欧式抽油烟机的开创，实现了中国厨房抽油烟机的欧式风尚之梦；同年，近吸式抽油烟机的发布实现了中国厨房少油烟之梦；2008 年，嵌入化成套化厨电的面市，实现了中国厨房的高品位之梦；2010 年，“高效静吸”抽油烟机研制成功，实现了中国厨房对高效排烟与超低噪音兼得之梦；2013 年，方太推出全新一代风魔方抽油烟机，以前所未有的吸油烟效果，实现中国厨房的敞开与健康之梦；2014 年，方太颠覆性地推出全新一代欧式油烟机云魔方，更是实现了欧式外观与前所未有吸油烟效果的完美结合。2016 年，方太创造出集欧式油烟机和近吸式油烟机功能与外观于一身，成为油烟机中欧式和近吸式之外的第三个品类。

三是贴心为顾客提供服务。对于一个家用电器的企业来说，产品的售出只是第一步，售后服务则直接关系着顾客对企业及其品牌的印象，正所谓“金杯银杯不如顾客的口碑”。方太至诚服务汲取儒家文化的精髓，以“诚”为核心出发点，致力于为客户提供及时、专业、用心的优质服务体验，让千万家庭“家”的感觉更好。为此，方太专门编写了服务文化三字经，其中有：“服务人，精气神；衣冠正，做能人；在外行，交规遵；告诫人，爱生命。与人遇，待以诚；传友好；与人言，语音轻；不喧哗，勿争吵。同出行，队列齐；高矮序，纵队进；与人别，欠身礼；不做作，有分寸。服务中，要用心；待客人，如待己；动手前，防护先；完工后，清理全。顾客事，无大小；有必应，复周全；禀顾客，择良方；词要清，意要明。凡承诺，必达成；果未愿，偿加倍。事告成，总结勤；好文化，伴我行。”①

秉承真诚待客的精神，方太的至诚服务，涌现出许多感人的事迹。这里就有一个生动的例子：5 月的长沙，经常下大雨。又是一个暴雨天，刘润求像往常一样，已经完成 4 台油烟机的清洗，还有一个用户要求下班以后上门，已经预约好上门时间，因顾客家在郊区，刘润求提前出发，迎着暴雨赶往顾客家。按响顾客门铃后，刘润求停好电动车将雨衣取下时吓了一跳，放在电动车上的工具包不见了，应该是来的路上被雨衣盖住看不到不小心掉了，一时不知怎么向顾客解释。最后只能如实告诉顾客，征得顾客谅解。顾客表示理解，说明天再过来清洗好了。这时刘润求心里想：答应了用户的事情，无论如何今天一定要想办法给顾客把油烟机清洗好。于是和顾客沟通，建议顾客先做饭、吃饭，自己原路返回一段看看能不能找到工具，如果找不到就到附近五金店购买工具再上门来清洗，顾客答应了。就这样，刘润求又沿途返回两公里寻找工具，但最终还是没有找到，就到旁边五金店购买了一套，再返回顾客家中清洗油烟机，到顾客家中时全身已经被雨水淋湿了，但刘润求顾不上这些，只有一个念头，就是今天一定要把顾客的油烟机清洗干净。经过近两个小时的细致清洗，终于清洗完毕，期间顾客不时要他歇一会儿，喝杯茶，他都委婉拒绝了。待所有工序都结束后，已经是晚上 9 点多了。虽然时间比较晚了，但他心里踏实了。顾客非常高兴，夸方太的服务真好，他的亲戚和朋友要买厨房电器一定介绍买方太。②

四是全心关怀顾客幸福。方太的企业使命是：“让家的感觉更好。”对外，这意味着方太将致力于提供高品质的厨电产品，倡导健康环保、有品位、有文化的生活方式，让千万家庭享受更加幸福安心的生活；对

---

① 转引自王卜：《大道与匠心》，中信出版集团 2006 年版，第 104 页。

② 参见王卜：《大道与匠心》，中信出版集团 2006 年版，第 106—107 页。

内，则意味着不断创造和增加全体员工在物质、精神两方面的幸福，让方太这个“大家庭”更加美好。消费者是企业的“衣食父母”，对于专注高端市场的方太来说，对顾客的关怀与服务更是体现品牌价值的重中之重。虽然对客户的服务大部分都是琐碎的一些小细节，但是方太对此却显得尤为细心。一个典型例子就是，为了保证顾客打来的服务电话不需等待就有客服接听，方太专门斥资建立了一个全国分布式呼叫中心。设计席位有 500 个，一半席位在全国各分公司，还有一半在总部。茅忠群解释说，用户打电话过来一般都是集中在高峰时期，高峰时段常会导致 30% 左右的电话难以接通，对消费者的体验造成了影响。因为不同城市的生活节奏不同，来电高峰时段也不同，通过成立全国统一的分布式呼叫中心，可以很好地分摊掉用户的来电，达成 100% 接通率的目标。另外，还能解决 24 小时都有人服务的问题，一举多得。

自 2006 年起，方太就开始开展“用户持续关怀计划”，通过在全国多所城市开展巡回讲座，将健康、营养、理财、亲子教育、幸福人生等方面的内容送到消费者身边，身体力行地诠释着方太为顾客着想的企业理念。“用户持续关怀计划”将健康的生活方式作为送给消费者的大礼，不仅实现了方太在消费者心目中的品牌形象持续提升，将方太品牌同健康生活紧密相连，更进一步带动了整个国内厨电行业对于消费者健康的持续关注。正如《中国品牌》杂志社副主编李祝义所指出的：“方太自成立以来，不断激发正能量，各类公益事业的发展完美地诠释了方太的品牌使命。社会责任的投入为行业甚至全国企业树立了良好的典范。关注社会健康、关注家庭温暖，仁义之道的儒家思想整个渗透进方太的企业文化和管理体系中，方太将企业发展成为业界追求更高品质、甚至是盈利能力的领导者。”① “以专业知识说服消费者、以至诚服务感动消费者、以儒家文化感染消费者”，方太的至诚服务，让顾客几乎潜意识地与其形成了情感上的联系，实现了心灵上的真诚沟通。

① 转引自《方太：创新和文化铸就品牌品位》，载《中国品牌》2014 年 7 月 8 日。

三、信誉造就品牌

“品牌是企业在消费者心目中所占据的地位与打下的烙印。同时，品牌是企业对消费者的一种承诺、一种责任。”在茅忠群看来，一旦消费者购买了某家企业的产品，就意味着这家企业对消费者有了一份承诺和责任，因此，在这个产品的生命周期中，这家企业就始终要对消费者负责，对消费者的安全、使用、体验等承担责任。为此，方太提出“不打价格战、不欺骗、不上市”的“三不”原则，坚持以良好的信誉树立响亮的品牌。

一是不打价格战。1999 年下半年，浙江 30 多家厨具企业联合发动了价格战。在这场惨烈的博弈之中，抽油烟机的价格跌至以往的 1/3。在半年之中，方太的销量持续下跌，而对手们则在攻城略地、扩大市场。那时茅忠群常常在半夜接到心急如焚的各地销售经理打来的电话，他们纷纷要求降价以刺激销售。但茅忠群却认为，方太走的是高端路线，如果选择降价跟中低端产品去厮杀，那么之前的工作就等于零。民族品牌走高端虽然很痛苦，但是认定了的路，就一定要坚持走下去，“只打价值战，不打价格战”。于是，茅忠群果断地拒绝了降价的要求，一门心思进行“欧式外观中国芯”的抽油烟机产品研究。2001 年，方太推出新款产品，吸力更强、噪音更低、外观更时尚的 T 型机。价格比 1999 年还高出 10%，刚一面市，市场反响异常热烈，占有率甚至接近 100%，还引领了欧式机在中国的发展。2003 年，厨房电器市场硝烟又起。当时的情况是，若不参与价格战，很有可能导致市场份额下降，甚至可能丧失某些市场；若参与价格战，可能导致利润率下滑。更为严重的是，可能丧失消费者对方太品牌的信任和忠诚，并给行业带来严重创伤。思虑再三，茅忠群再一次对价格战说“不”。他表示：“对于方太，关注的不仅仅是方太公司自身这一个‘点’的发展，更要关注厨房电气行业这条‘线’的健康发展。”从此，不打价格战成了方太经营的

“铁律”，遇到价格竞争，销售人员再也不会要求降价，而是要求产品做得更好，以支撑价格，体现方太高端产品的价值。

价格战是中国企业尤其是家电行业的“顽疾”，其破坏性不可低估。其中的弊病，首先是阻碍品牌的培育。“国内品牌拼命打价格战，最终却把自己干掉了，这样的例子很多。比如国内某微波炉厂商，曾以价格战一度赢得了市场，但随着中国消费升级，当消费者的所得一年比一年多，有了足够的可支配收入，愿意花更多的钱购买高端微波炉的时候，就不会考虑它，因为品牌的口碑丢失了。”① 茅忠群的父亲茅理翔就是价格战的受害者，深知其中弊端。当年他以点火枪起家，其所创立的“飞翔”品牌一度产销量世界第一，被誉为“点火枪大王”。但是由于技术门槛太低，生产点火枪的企业由一家增加至几百家，价格从每只1.2 美元直降至每只 0.3 美元。惨烈的价格战把企业逼入绝境，也丧失了“飞翔”品牌的声誉。因此，当 1994 年茅忠群准备接班的时候，他跟父亲“约法三章”的第一条，就是“要上新产品并另立品牌”。要另立站得住脚的品牌，就不能走价格战的老路，而要想方设法提升自身的产品质量和品牌竞争力。不打价格战，使方太避开了低端产品残酷竞争的“红海”；开发新产品，则使方太进入了创造新需求的“蓝海”，形成了让竞争对手望尘莫及的高端品牌。

价格战的另一个弊病是迟滞技术的进步。价格低就意味着利润低，利润低企业就不可能拿出大量资金投入新产品研发，后面的产品就只能采用过时的老技术，每况愈下，其破坏性不难想象。方太一方面坚持不打价格战，另一方面又通过高端产品获得高于同行的利润，企业就可以拿出更多的资金用于研发新产品，从而形成了良性循环，不断推动技术的进步。方太在研发上的投资高达年收入的 5%，从 2008 年开始，方太在研发上的年投资额就突破 1 亿元。随后几年，随着方太销售收入以每年 20%—30% 左右的速度递增，研发投入也同比上升。据中国家电研究院专家介绍，研发投入是判断厨电企业“生命力”的一根红线。一

① 转引自王卜：《大道与匠心》，中信出版集团 2006 年版，第 13 页。

般的制造企业，研发投入都占销售收入 1% 左右，好一点能占到 3% 左右。占年收入 5% 高比例研发投入的方太，俨然成为厨电行业的“另类”。“企业技术创新一小步，就会带来行业发展一大步。”正是这种独树一帜的做法，使方太成为本行业中出类拔萃的“领头羊”。目前，方太拥有行业内首个国家级企业技术中心，以及全球最大、最先进的厨电实验室，包括两个国家级实验室；拥有国家专利数量近 900 项，其中发明专利 100 余项，遥遥领先同行。

二是不卖牌。2002 年，方太所在的慈溪市政府提出以“方太”为品牌，整合当地数百家中小型企业，并许诺给予方太资金、政策等一系列大力支持。慈溪素有“中国小家电制造基地”之称，厂家数量多而品牌不强。面对这样一个迅速做大做强的好机会，方太婉言谢绝，继续坚守其高端品牌的战略定位。茅忠群指出：“追求速度和规模不是我想要的，方太需要的是品牌，而品牌需要时间的积累。只有知道方太的品牌价值是大于销售额的时候，才能给我一种安全感。”① 茅忠群仔细分析过当时慈溪家电行业的情况，当地人的特点是人人都想当老板，若要真正坐下来谈合作，老板之间的鸿沟很难逾越。在这种情况下，如果领头企业没有成熟的管理模式和强大的企业文化，整合就很难成功。输出品牌就是输出管理、输出文化。当时方太正处在起步阶段，如果自身还不够强大，品牌输出将面临很多潜在的风险。经过这样一番考量之后，茅忠群放弃了迅速做大的诱惑，进而更加果断地定位于厨房电器领域，先做精、做强，之后再考虑做大。

为了创造自己的高端品牌，方太不仅不让别人贴自己的牌，而且自己也不去贴别人的牌。茅忠群说过：“做高端最重要的是要耐得住寂寞，你不能看着人家中低端市场大就眼红。我们也从来不给别人贴牌，因为我们不是定位‘世界工厂’，方太要打造的是品牌。我的梦想是能不能创立一个高端家电的国产品牌，因为当时的高端品牌都是国外

---

① 《方太：高端创新　稳坐厨电行业头把交椅》，载《经济观察报》2013 年 9 月 13 日。

的。”[①] 方太品牌刚在国内立足不久，就有一家著名的国际家电巨头上门要求合作。如果与之合作，方太就可以迅速地扩大产能，将企业的规模做大，但难免沦为该国际家电巨头旗下品牌的代工厂，甚至方太品牌也有消失的危险。这显然与茅忠群创立方太的初衷不一致。于是，他婉拒了该国际家电巨头的邀约。

规模效应是现代市场经济中不少企业的追求，人们也常常把“做大做强”挂在嘴边。而在笔者看来：“做大不如做强，做强不如做久，做久不如做的有价值。”先说说“大”与“强”。很多企业家的思路是迅速做大，然后期望可以做强。其实从企业发展的角度来讲，做强才是根本，做大不过是结果，只有做强的企业才会真正做大。方太在自身品牌还不够强大的时候，抵制迅速扩张的诱惑，先做强再做大，就是一种清醒的选择。再说说“强”与“久”。“强”是相对而言的，由于行业、消费者需求和时代潮流的变化，企业今日之强未必就是明日之强，今日之弱也未必就是明日之弱。据统计，《财富》杂志每年所公布的“世界五百强”，每过 10 年就会消失 1/3；中国上榜企业 1995 年只有一家，2015 年却达到 106 家。阴阳消长，上下易位，天之道也。而“留得青山在，不怕没柴烧”，只要企业的“元气”还在，在悠悠的时间长河中，总会有机会脱颖而出。茅忠群提出：“方太可以不做 500 强，但要做 500 年”，就是一种充满底气的自信。最后说说“企业的价值”。方太原来的企业愿景是：“成为受人尊敬的世界一流企业”。而在 2014 年度方太年终总结大会上，茅忠群庄重发出了一个更高的愿景：“方太要成为一家伟大的企业!”在这里，企业的“强大”、“长久”、“一流”都是事实判断，而“伟大”则是价值判断。“世界 500 强”的上榜企业，都可以称得上“强大”、“一流”，有的也可以称得上“长久”，但未必都能够称得上“伟大”。“优秀的企业满足人的欲望，伟大的企业导人向善。”茅忠群解释说，优秀企业的产品让人心动，他们满足用户的同时，

① 《方太集团董事长茅忠群：厨房里的中国梦》，载《中国企业报》2013 年 5 月 28 日。

也会刺激欲望，让人心不得安宁。而伟大企业的产品虽然也让顾客十分动心，但不会伤害顾客，不会让顾客的心躁动不安，反而会让顾客觉得放心、省心、舒心，乃至安心。伟大的企业始终会传递一种正能量，通过自己的垂范导人向善，唤醒人们沉睡的良知，让更多的人从内心不安的状态转变到心有所安，获得真正的幸福快乐。这就是伟大企业的价值所在！

三是不上市。对于大多数企业来说，上市是一个成功的标志，它意味着企业得到市场的认可，获得资本的支持，从而促进企业的跨越式发展。但是，茅忠群却明确表示：方太不上市。“因为我们非常专注于高端品牌，非常专注于我们经营管理的品质，所以我们不希望上市。”方太对上市创富不感兴趣吗？面对财经记者的质疑，茅忠群申明：“我没有说方太坚决不上市，只是觉得现在上市不合适。原因之一是方太做的是高端品牌，这需要较长时间来发展，也必须有我们自己的目标和节奏。原因之二是我的个人兴趣决定的，出于自己的愿景和追求，我不太喜欢接受外部投资方财务方面的压力，这样的目标可能与我们经营的方向发生冲突。”①

第一个原因，与方太的发展战略有关。上市的目的是为了让企业短期内得到更快的发展，但是方太追求的是稳健的发展，所以上市没用。在茅忠群看来，任何事情有所得就会有所失。方太的发展速度不是要强调快，而是要适当地慢。这样可能会失去很多机会，却能得到自己想得到的东西。创业多年，茅忠群对方太的简单要求就是每年保持 20%—30% 的增长率。当方太的市场份额占到 30% 时，有人问茅忠群对未来的希望，他说，占到 40% 就好。“这就像爬山，我不希望我们登顶，因为这样就没有动力了，而且一般登顶后都是走下坡路，我希望方太一直在路上。”方太每年年初的规划基本上都是 20% 的增长，不追求规模的快速扩张，不给员工压过高的销售任务。“我们年初制订计划，年尾进行总结，如有不足进行反思和改正，明年再来验证我们是否真正

① 《对话茅忠群》，载《新财经》2013 年第 2 期。

做到了。年复一年就是这样子来循环。”茅忠群这种管理使得整个方太的企业文化非常沉稳，不浮躁。“我们的战略是，不把利润和规模放在第一位，很踏实地发展这个企业，不想做跳跃式发展。”

第二个原因，与逐利资本对企业经营的干预有关。茅忠群并不是排斥上市，而是他有自己的担忧。“上市势必会进来一些资本，资本的特性总是逐利的，它们会更多考虑当下的利益回报，公司年报、股东收益就会成为一个指挥棒。我不喜欢听这些，但听多了又会心软，没准就不坚持战略了，还不如不上市。”方太是把厨电当作一个事业来做，不会因为短期利益而牺牲长期利益。在方太的理念和战略当中，把品牌目标、社会责任放在了首位，而不是销售规模和利润。如果接受资本市场过多的干预，这两个目标之间就可能产生冲突，企业的战略决策要受到股市的影响，或者要受到股民的影响。因此，方太不上市，目的就是为了能够真正地静下心来按照自己的思路去发展，因为上市公司会受很多的影响，股价涨跌，业绩公布，投资方对你指手画脚，例如每个季度都要提交报表，可能到时为了销售的利润不得不采取短期措施。茅忠群说：“我不希望有杂音来干扰方太的战略。不上市，我们反而能把事情做得更好。”方太就是想踏踏实实把自己的事情做好，不想外界有太多干扰。公司不上市就不会失去控制权，企业只要掌握在自己的手里，就能够按照自己的思路把公司经营好。

这里，实际上体现了“工匠精神”与“资本市场”之间的矛盾与冲突。“慢工出细活”，方太的发展速度求慢不求快，目的就是让企业有时间、精力和资金去研发和改进产品，精雕细琢，精益求精，追求完美和极致，创造出更多的精品，以满足消费者日益增长的对高品质生活的需求。而一旦上市，这种慢速度、高品质的“工匠精神”就必然受到快速逐利的“资本市场”限制。资本市场追求的是短期逐利，而方太追求的是长期目标，“道不同不相为谋”，这样的联姻，还是不进行为妙。当然，资本市场也有其发展逻辑和社会价值，上不上市不同的企业应当可以作出自己的选择。而从长远来看，一个良好的社会秩序、健康的资本市场，应当而且可能为工匠精神的保存与弘扬留下足够的空间。但在当今社会心浮气躁、普遍追求短期利益的情况下，企业更需要发扬工匠精神，追求产品的品质，以信誉造就品牌，才能在长期的竞争中获得成功。就此而言，方太的“不上市”，尽管“异类”，还是值得称道的。

四、“三品合一”

在方太集团宁波总部园区内，矗立着一座名为“捍卫”的雕像，表现的是企业中高层领导、骨干、一线工人代表弓着背、弯着腿，共同支撑着一面飘扬的旗帜，表达的是全体员工一致捍卫方太“人品、企品、产品”三品合一的理念。在方太人看来，作为一家立志成为中国高端厨房第一品牌的企业，方太不仅要给顾客提供高品质的产品，同时还必须具有高品位的企品和高品行的人品。

一是高品质的产品。产品是一个企业综合竞争力的集中表现，也是使一个品牌在市场上获得知名度、美誉度和忠诚度的内在依据。如果没有这个内在依据，任凭采取多少高明的推销术，其作用也是十分有限的。方太一开始就确立了产品的三大定位：专业化、高端化、精品化。所谓专业化，就是聚焦于抽油烟机，将有限的资源聚焦于一点，把抽油烟机做到最好，才能够做产业链延伸。所谓高端化，就是只做高端市场，不做中低端市场。所谓精品化，就是为了支撑高端，要做高端市场，产品才是最重要的，必须件件都是精品才能支撑高端定位。

“定位”理论是当代美国著名营销战略专家杰克·特劳特（Jack Trout）根据军事领域“选择决战地点”的概念而提出来的，指企业必须在外部市场竞争中界定能被顾客心智接受的定位，回过头来引领内部运营，才能使企业产生的成果（产品和服务）被顾客接受而转化为企业业绩。茅忠群运用中国传统文化智慧对其进行了本土化的诠释。其中有三个关键词：一是“舍得”，做战略定位、规划时一定是有舍才有得。二是“独特”，定位一定要差异化，与众不同。三是“容易”。例如《孙子兵法》中的常胜将军，他之所以被称为常胜将军，是因为他经过了选择，挑容易的、有把握的仗去打，才会常胜不败。由此，方太提出自己的“品牌定位”：“方太，中国高端厨电专家与领导者”；品牌故事：“中国卖得更好的高端油烟机，不是洋品牌，而是方太，因为方太更专业。”这种高端定位战略让方太在与洋品牌的竞争中脱颖而出，并成为本土品牌的引领者。

确立了高端化的定位之后，再回过头来引领企业内部运营，方太提出包括领先设计、卓越品质、超值服务在内的产品要求。所谓“领先设计”，突出外观、功能、品位；所谓“卓越品质”，强调安全、可靠、精致；所谓“超值服务”，注重及时、专业、持续关怀。在茅忠群看来，中国家庭用户对抽油烟机最大的需求，还是在于抽油烟机效果。茅忠群强调，随着消费升级，厨电企业在研发和推出产品时需要全面引入互联网思维，那就是以用户思维开发出让用户更加惊喜、更加感动的厨电产品。“不管产品如何演变，首先得把油烟这件事解决，从风魔方到云魔方，方太主攻的就是吸油烟效果。”这里说的“风魔方”，是方太在2013年推出的，它成功解决了四大问题：高层住宅烹饪高峰油烟堵塞的问题，中式厨房因为油烟太重不能敞开的问题，爆炒产生瞬时大油烟的问题，以及油烟上脸、上手的问题。“云魔方”则是方太在2014年推出的，它开创性地采用“蝶翼环吸板”的设计，打破了欧式机的精美外观与吸油烟效果不可兼得的定论。除此之外，通过发动机增压，云魔方的排烟速度比普通油烟机快了一倍；更令用户惊喜的是，“云魔方”搭载的降噪专利技术还减少了烦人的噪音而相对更加安静。就这样，从第一代欧式机到“风魔方”再到“云魔方”，方太一直独占高端厨电鳌头，长期保持着高品质的产品定位。

二是高品位的企品。企品指的是一个企业的综合形象，包括企业文化、管理水平、软硬环境、品牌形象、公众形象、诚信度等。其中特别体现在一个企业的使命和愿景上。

所谓企业使命，指的是为什么要做企业，为什么要办这个企业？在不少人看来，做企业的目的就是为了赚钱。而方太的使命是：让家的感觉更好。一方面，提供高品质的厨房及家用产品，倡导健康环保和有品位的生活方式，让千万家庭享受更加幸福的居家生活；另一方面，追求全体方太人物质和精神的幸福，让方太“大家庭”更加美好。这一企业使命主要体现在顾客和员工两个层面。对顾客而言，就是要打造健康、环保、有品位的生活方式，让居家生活更幸福，那么办企业的目的就是要提供健康幸福的生活，而不只是推销自己的产品。例如，方太积极推广蒸箱，减少烹饪中油烟的产生，这对健康也是最有利的。对员工而言，同时追求全体方太人物质和精神两方面的幸福，让方太这个大家庭更加美好。当然，对幸福要有正确的认识，不能不劳而获。对员工而言，幸福还是要靠自己双手去创造，从工作的意义和成就感中去找到幸福。而企业则要营造一种最有利于员工找到幸福的环境。比如，在精神和物质上要有一定的奖励，才有利于员工找到幸福。

所谓企业的愿景，指的是企业未来的发展方向和图景。方太原来的企业愿景是：“成为受人尊敬的世界一流企业”，其中包括四个部分：第一，高端品牌的典范：建设中国高端家电领域第一个国人创造的高端厨房电器第一品牌、中国高端集成厨房第一品牌、中国高端热水器第一品牌、国际厨房电器著名品牌。第二，卓越管理的典范：规范的治理机制，卓越的经营管理，一流的经营绩效，杰出的员工队伍，成为中国企业的标杆。第三，优秀雇主的典范：尊重、信任并关爱每位员工，确保员工感到被重视和尊重，员工的薪酬与绩效有效挂钩，不断激励员工创造出色业绩，让每一位方太人都能得到成长和发展，并在这个平台上实现自己的人生价值和梦想。第四，承担责任的典范：积极承担社会责任，包括法律责任、发展责任、道义责任。法律责任包括产品责任、员工责任、环境责任、税收责任等法定责任；发展责任包括促进企业科学发展、和谐发展，努力建设和谐企业；道义责任，包括遵守社会公德和商业道德规范，让相关方共赢，积极从事慈善公益事业。

2014 年，方太进一步提出新的企业愿景：“成为一家伟大的企业！”其中四个组成部分有新的发展。第一，从“高端品牌的典范”发展为“五心品牌新典范”。茅忠群认为，伟大企业的产品要让顾客十分动心，但又不会伤害顾客，不会让顾客的心躁动不安，而是让顾客觉得动心、放心、省心、舒心，乃至安心。第二，从“卓越管理的典范”发展为“卓越经营新典范”，包括战略、人员、运营，战略是做正确的事，人员是用正确的人，运营就是用正确的人把正确的事做正确。第三，从“优秀雇主的典范”发展为“员工之家新典范”。优秀雇主有三个特征：say：员工会说这个企业好；stay：员工会留在企业一直待下去，不会轻易跳槽；stry：付出自己最大的努力，为企业作出自己的贡献。而“员工之家”则是让方太成为方太人快乐学习、快乐奋斗的“企业家族”。第四，从“承担责任的典范”发展为“社会责任新典范”。方太的企业社会责任方针为：遵守法纪、弘扬道义、诚信经营、和谐发展。具体内容包括法律责任——法律规定的都要做到，这是企业生存的基础、底线。其中包括产品责任：严格遵守产品安全、健康及相关国家强制性标准；员工责任：严格遵守员工安全、健康、《中华人民共和国劳动法》等法律法规；纳税责任：严格遵守国家相关税法；环保责任：严格遵守国家环境保护等法律法规。发展责任——企业要做到和谐、可持续的发展，同时要让员工得到很好的发展，既包括职业的发展，也包括为人修身方面的发展。道义责任——包括慈善公益事业与文化传播，其中传统美德的传播不仅对内面向员工，而且还要对外向消费者以及相关方进行传播。这些发展，使方太更加明确了自己的企业愿景，并大大提升了方太的企业品位和企业形象。

三是高品行的人品。人品指的是企业家的人格魅力以及员工队伍的职业素质。一个受人尊敬的、具有社会责任感和良好公众形象的企业家以及一支高度敬业、能征善战的领导班子和员工队伍，这是企业取得成功并持续发展的决定性因素。方太坚信，合格的方太人一定具备包括传统美德、职业道德、职业精神以及职业能力在内的四大品质。

在传统美德方面，方太提倡儒家的五常：“仁义礼智信”。仁：仁者爱人。对待他人要宽容、理解、关爱、友善。仁者无忧、仁者无敌。义：公平正义。处事公平合理、维护正义、见义勇为、承担道义责任，做应该做的事。义者受人尊敬。礼：尚礼守法。提倡尊重他人、言行文明、谦逊礼让、遵纪守法。礼者方能立身。智：崇智尚学。崇尚智慧，不断学习。辨是非、明善恶、知己识人。智者不惑，智者受人钦佩。信：诚实守信。人无信则不立，信者始为人。“仁义礼智信”是中华传统美德的重要价值理念和基本精神，是人们遵循的最重要的五种社会道德观念，是中华传统美德的高度概括，在中华传统美德中居于核心地位。然而“仁义礼智信”并不能把中华传统美德的所有德目囊括无遗。因此，方太又提出廉、耻、勤、勇、严，作为传统美德的重要补充。廉：廉洁奉公，节俭清廉，工作尽职，不以权谋私。耻：羞耻心、知耻心。以荣辱观、是非观、善恶观为基础，是人之为人的底线。孟子曰：“人不可以无耻。”① 勤：勤奋努力。辛勤工作，努力奋斗。天道酬勤，勤者天助。勇：勤奋刚强。努力拼搏，自强不息，有志向，敢于挑战权威，勇者不惧。严：严于律己。率先垂范，以身作则，要求严格，赏罚严明。严者人敬，严者有力。

在职业道德方面，主要是：“遵守规则，廉洁自律，秉公办事”。遵守规则：没有规矩则不成方圆，没有规则就没有自由。遵守规则者尽享自由。廉洁自律：贪廉一念间，荣辱两世界。一失足成千古恨、再回首已百年身。廉洁自律者夜半敲门心不惊。秉公办事：秉持公正之心做事，公事公办，坚持原则，确保处事公平公正。无私者无畏。

在职业精神方面，提倡“尽心尽责、齐心协力、专注极致、创新突破”四种精神，特别强调认真、负责、创新、极致。认真：不放弃、不马虎、不妥协、不走“捷径”、不要小聪明。毛泽东说：世界上怕就怕“认真”二字。认真者没有干不成的事。负责：达成结果。履行职责，承担责任，践行承诺。公司兴旺，我的责任。负责者更易被赏识和提拔。创新：创新是企业永恒的核心竞争力。创新包括产品创新、管理创新、文化创新等三重创新。创新者容易脱颖而出并获得更大成功。极致：就是把事情做到让竞争对手难以企及。该精细处精细到极致、该严谨处严谨到极致、该规范处规范到极致、该震撼处震撼到极致。公司如

① （清）焦循撰，沈文倬点校：《孟子 · 尽心上》，《孟子正义》，中华书局 1987 年版，第 885 页。

此，每个部门、每个人也都应如此，做到极致者天下无敌。

方太的“三品合一”，是笔者在本书引言所说，“小传统”与“大传统”相结合而重铸现代商道的生动案例。作为“创二代”，茅忠群曾经表示，自己并非像外界认为的那样，是子承父业，而是和父亲茅理翔两人共同改变了当时名为“飞翔电器公司”的命运，共同创立“方太”。飞翔的产品是“点火枪”，方太的产品是“抽油烟机”，二者并没有直接的联系。而真正把二者联系起来的，恰恰是“三品合一”的精神！原来早在“飞翔”时期，茅理翔就提出“产品、厂品、人品，三品合一”的理念。茅忠群继承了这一宝贵的精神财产，将“人品、企品、产品，三品合一”正式确立为方太的核心价值观。茅忠群的解释是，在和父亲共同再创“方太”中，更多地从父亲身上学到的不是商业手段，也不是工业技术，而是做人的基本准则，这让茅忠群深刻感受到来自父亲身上的道德影响，正暗合了2500年前儒家的生活、思想、言行、举止。后来在重读《论语》中，茅忠群发现，方太的成长动力势必要依靠自身的文化传统，而这种“本真”式的文化，将制造出一个更强大的“方太”。这里，小传统的“老人言”与大传统的“圣人言”就这样有机地结合起来了。

笔者还需要补充一点的是，不要忽略传统商道的影响。浙江在春秋时期属于越国。就是那位著名的越相范蠡在助越灭吴以后弃官经商，成为与子贡并列“儒商始祖”的陶朱公，而被载入《史记·货殖列传》。后来，江浙一代的商人，编印了一部《陶朱公商训》，包括“理财致富十二则”、“商场教训”、“理财致富十二戒”等，其中的基本精神，恰恰正是“商品即为人品，商道即是商道”①。在这个意义上，方太的“人品、企品、产品，三品合一”，正是对传统商道的回归和现代商道的弘扬。

---

① 参见黎红雷：《中国管理智慧教程》，人民出版社2006年版，第448—449页。

五、人品的养成

在方太的“三品合一”中，最重要的是人品。企业是由人组成的，只有具备高品行的人品，才可能形成高品位的企品，从而生产出高品质的产品。由此，方太高度重视人品的培育与养成，特别坚持用儒家文化培育员工。其培育方针是：教育熏化、关爱感化、礼制固化、专业强化、领导垂范。

第一是教育熏化。茅忠群认为，教育成功的标志在于，有没有打动人心，有没有发自内心地认同这个观点，进而改变自己的习惯与行为。方太的教育形式有：“学习分享”，员工每天早上有15分钟的早读时间，诵读儒家经典，并各自分享在实践中、生活中的体会；“日行一善”，公司出了一本《日行一善手册》，鼓励大家多做好事，行善积德；“诗乐熏陶”，公司开展各种文化活动，以深化效果，营造氛围。教育的经典，伦理道德主要用儒家的《四书》、《弟子规》，因果教育主要用《了凡四训》。

第二是关爱感化。茅忠群认为，“人同此心，心同此理”，真心都是一样的。古代的、现代的、中国的、外国的，心没有变，都是同一颗心。所不同的就是后天的环境，所生活的习性不同。因此，对于企业员工，特别是刚进企业的年轻人，方太用仁爱之心去关心、关爱他们，以强化教育的效果。光教育不关爱，对员工来说就是洗脑，要让员工感受到企业的爱。在方太，仅关怀福利就有40多项，包括办理“五险一金”，支持购房贷款、购车贷款等。

第三是礼制固化。茅忠群认为，很多东西不能光讲理念，要用制度的形式固化下来。既包括行为规范、礼仪礼貌方面，也包括工作上的业务流程方面。既然有制度，肯定就有奖惩配合，儒家以奖为主，以罚为辅。现在在方太，小错误靠教育，例如迟到早退不罚款，但主管要找员工谈话，这一措施执行后，违纪违规率连续三年每年下降一半。重度错误靠惩罚，但主要也不是罚款，也要导入儒家思想，以价值原则为标准。

第四是专业强化。做企业必须要把专业做好。把工作做好，必须要在专业上有很高的技能水平，必须去强化。

第五是领导垂范，儒家非常注重上行下效，只有领导做到了，下面的人自然就做到了。“其身正不令而行，其身不正虽令不从。”[①] 领导正的话，不发指令，下面的人也会跟着去做。领导垂范是非常重要的，包含了以身作则、感恩一切、树立大志、快乐学习、快乐奋斗、勇于担当、追求卓越等。

要推行一种本土的文化和思想，就需要有一个平台。为此，方太在 2008 年建立了“孔子堂”，这在中国的企业中尚属首次。茅忠群亲自给员工们讲述《弟子规》与《三字经》，他说：“我总希望让方太的企业文化独立于金钱和利益之外，更多地体现出人性的光辉。不需要那么多条条框框的制度，大家只要依靠自己的道德水平和自律精神去做事情就行，这正是现代社会缺少的。虽然听起来有点理想化。”[②] 现在，方太对员工实行每年 50 课时的儒家教育计划。茅忠群对此解释道：“此前我们对员工实行每年 50 课时的专业技能培训计划，现在又推出‘员工教育计划’，我认为思想层面的学习不应该称之为培训，而是教育，这个教育计划的课时不可低于专业培训课时，所以现在每年追加 50 课时的儒学教育计划，并且是教育为先。”思想道德的教育模式与科学技能的培训模式是完全不一样的，不能够灌输，也不能强制执行。所以，方太在儒学教育中采取不考核、不要求员工写学习心得的方法，因为一种文化需要的是在“潜移默化”中推进，形成个人的修养与行为习惯。而且儒家“仁爱”思想的前提就是不能给员工施加压力，而是要让员工从内心深处乐于接受。方太在“孔子堂”中，讲授的并不是如何工作，而是如

---

① 程树德撰，程俊英、蒋见元点校：《论语 · 子路》，《论语集释》，中华书局 1990 年版，第 901 页。

② 苏庆华：《茅忠群：方太儒道》，《当代经理人》2010 年第 2 期。

何做人、如何教育孩子和经营一个和睦的家庭这样的问题，有时候还会请中医专家来讲授中医知识，这实际上会让员工对自己的企业有一种认同感。此外，“孔子堂”不是一言堂，内容上首推儒学，亦涵盖国学的多门学类；不是一个导师的单一宣讲，更鼓舞学员间的交流互动。

儒家主张知行合一，因此，方太对员工的儒家道德教育，不仅是学习经典，更强调躬行实践。为此，方太专门制订了《方太价值观》手册，把儒家的“仁义礼智信”等道德价值观阐述为员工可以践行的日常行为规范，分为三个等级，“优秀者”获5分，“尚可”者获1分，“恶劣”者获减5分。其中，关于“仁”的行为规范分解为三项：一是对待同事。对待同事以“替人着想”为出发点，关心同事的工作和生活，经常给予支持和帮助，同事遇到困难时不惜牺牲自己的利益去帮助同事渡过难关，即为“优秀”；对待同事以“利人利己”为出发点，关心同事的工作和生活，同事遇到困难时在不牺牲自身利益的前提下给予支持和帮助，即为“尚可”；对待同事以“利己”为出发点，对同事漠不关心，同事遇到困难时拒绝给予支持和帮助，即为“恶劣”。二是对待顾客。对待顾客以“顾客就是上帝”为出发点，在不违背道德和法纪的前提下，尽力满足顾客提出的需求，甚至不惜付出工作以外的努力帮助顾客，即为“优秀”；对待顾客以“互惠互利”为出发点，在力所能及的工作范围内，努力满足顾客提出的需求，即为“尚可”；对待顾客以“利己”为出发点，不能真诚为顾客提供服务，甚至为了个人利益不惜损害顾客利益，即为“恶劣”。三是宽以待人。以博大的胸怀对待他人，一再宽容他人的错误，并耐心地指导，真诚地帮助他人改正错误，甚至从不计较他人对自己的误会与指责，即为“优秀”；能够坦诚地对待他人，他人犯错时使用委婉的方式予以指正，要求他人及时改正错误而不再犯，即为“尚可”；对待他人苛刻，不能容忍他人的错误，他人犯错时只是严厉批评和指责，不给他人解释和改进的机会，甚至公开场合进行批判，即为“恶劣”。

“义”被分解为两项：一是处事公正。为人处世合理合宜，公平公正，坚持原则，在压力面前能够坚持“正义”原则，绝不妥协，即为

"优秀"；通常情况下能够坚持原则，处事公平公正，在上级领导的压力下偶尔会作出让步和妥协，即为"尚可"；为人处世自私自利，不能坚持原则，在压力面前容易妥协，对违反价值观的行为视而不见，即为"恶劣"。二是见义勇为。当公司和员工利益遭受侵害或损失时，挺身而出，坚持与不符合价值观的行为作斗争，甘愿个人利益受损也无所畏惧，即为"优秀"；当公司和员工利益遭受侵害或损失时，或发现不符合价值观的行为时，能够出面劝阻或举报，即为"尚可"；当公司和员工利益遭受侵害或损失时袖手旁观，遇到不符合价值观的行为时也视而不见，即为"恶劣"。

"礼"被分解为六项：一是遵守考勤制度：严格遵守考勤制度，从不迟到、早退，十年如一日，即使个人或家庭有重大事情也不请假，坚持工作，甚至自愿加班加点帮助他人，即为"优秀"；基本上不迟到、不早退，偶尔会因为突发事件请假，即为"尚可"；经常迟到、早退、请假甚至旷工，即为"恶劣"；二是用餐前排队。用餐前自觉排队，看到别人插队主动有礼貌地劝阻，即为"优秀"；用餐前自觉排队，看到别人插队不进行劝阻，或主动劝阻但语气不够温和，即为"尚可"；用餐前不自觉排队，有插队行为，他人进行劝阻时仍不改正，甚至与他人争执，即为"恶劣"。三是用餐后餐具处理。用餐后自觉将餐桌收拾干净，并将餐具分类放到餐具清洁区，看到别人未将餐具送至餐具清洁区主动劝阻或帮助他人将餐具送至餐具清洁区，即为"优秀"；用餐后自觉将餐桌收拾干净，并将餐具分类放到餐具清洁区，看到别人未将餐具送至餐具清洁区而未进行劝阻，也未帮他人将餐具送至餐具清洁区，即为"尚可"；用餐后未自觉将餐桌收拾干净，或未将餐具分类放到餐具清洁区，他人进行劝阻时仍未改正，即为"恶劣"。四是用餐后餐巾纸处理。用餐后自觉将纸屑扔进垃圾桶，看到别人将纸屑扔在地上主动礼貌劝阻或捡起来放入垃圾桶内，即为"优秀"；用餐后自觉将纸屑扔进垃圾桶，或不小心扔到垃圾桶外时会自己捡起来放入垃圾桶内，看到别人将纸屑扔在地上不会劝阻也不会捡起来放入垃圾桶内，即为"尚可"；用餐后故意将纸屑扔到地上，或扔到垃圾桶外时也不去捡起来扔进垃圾桶内，即为“恶劣”。五是公司内交通规则。驾驶机动车小心谨慎，车速缓慢，礼让行人，厂内不按喇叭，按照规定出入大门，从不违章停车，即为“优秀”；驾驶机动车比较谨慎，偶尔车速较快，但能礼让行人，偶尔会按喇叭，按照规定出入大门，偶尔未按指定位置停车，即为“尚可”；驾驶机动车粗心大意，车速较快，不礼让行人，经常按喇叭，不按规定出入大门，经常违章停车，即为“恶劣”。六是公司外交通规则。驾车或步行，从不闯红灯，不违章横穿马路，驾驶机动车从不超速，礼让行人，从不违章停车，见到违反交通规则的行为主动劝阻，即为“优秀”；驾车或步行遵守交通规则，偶尔在无人无车情况下闯红灯，偶尔驾车超速，见到违反交通规则的行为自言自语批评，但不会上前劝阻，即为“尚可”；驾车或步行，经常闯红灯，违章横穿马路，驾车经常超速，经常违章停车，不遵守交通规则，即为“恶劣”。

“智”被分解为两项：一是不断学习：热爱学习，无论工作中或工作外均以谦虚的心态向他人学习请教，并积极参加各类培训、学习，即为“优秀”；在公司组织下参加与工作相关的培训、学习，工作中认真学习与工作相关的知识、技能，即为“尚可”；对学习不感兴趣，公司组织的各种培训、学习经常缺席，缺乏自我提升的意识，即为“恶劣”。二是善于思考。工作中善于思考，善于发挥集体智慧，通过民主讨论作出最佳决策，并善于总结经验与教训，即为“优秀”；工作中擅长独立工作、独立思考，通过自己的努力千方百计克服困难、解决问题，即为“尚可”；工作中缺乏思考，接受任务盲目执行，不善于发挥集体智慧，决策武断，不考虑后果，即为“恶劣”。

“信”被分解为四项：一是履行工作职责。承诺的工作任务提前完成，即使遇到困难或突发情况也会加班加点确保如数如质完成，即为“优秀”；承诺的工作任务按时完成，遇到困难或阻碍时会稍微延迟完成，自己主动认错并承担责任，即为“尚可”；承诺的工作任务不能按时完成，甚至推诿给其他部门和同事，或寻找各种客观理由来逃避责任，即为“恶劣”。二是参加会议。接受会议邀请后均按时参加，即使临时有其他重要事情或活动也通过沟通协调按时赴约，即为“优秀”；

接受会议邀请后按时参加，偶尔因为临时有重要或紧急事情不能出席，但均提前向组织方请假，即为“尚可”；接受会议邀请后经常不参加或迟到，临时有其他事情也不向组织方请假，或经常不回复会议邀请，即为“恶劣”。三是兑现他人承诺。承诺他人的事情，无论公事或私事均及时兑现，即使遇到困难也会千方百计履行承诺，即为“优秀”；承诺他人的事情，无论公事或私事，一般能兑现，偶尔会因为困难而不能兑现，但能坦言道歉，即为“尚可”；承诺他人的事情，不论公事或私事，经常不能兑现，甚至以各种借口进行搪塞或为自己开脱，即为“恶劣”。四是获取信任。以“互信互助”为出发点，充分信任领导和同事，也能通过行动获得领导和同事的高度信任，即为“优秀”；在获得领导和同事信任的前提下，信任领导和同事，并采取积极行为维护信任，即为“尚可”；对领导和同事心怀猜忌，并经常怀疑他人的言行，自己也得不到领导和同事的信任，即为“恶劣”。

这些价值行为规范，扬善抑恶，具体入微，员工可学可用可行，把抽象的道德教条具体化，对于员工高品行人品的养成，发挥了潜移默化的作用。

六、以道御术

方太品牌成长的经验，被茅忠群总结为“方太儒道”。“方太儒道”的形成，是现代管理中国化、中国管理现代化的过程。方太自 1996 年开始创立，在前面的十来年时间，主要学习的是西方管理。2000—2002 年，茅忠群在中欧国际工商学院研读 EMBA。学习结束后，他在思考一个问题，“下一个班要去读什么?”就在此时，日本式管理给了茅忠群一个很大的启发。日本的管理将西方管理与日本本土文化做了一个很好的融合，造就了 20 世纪日本经济的腾飞。由此茅忠群想到，中国作为一个拥有 5000 年文明的国家，有如此灿烂优秀的文化，我们将来的 MBA 的课堂不可能永远只学习西方的课程，中国将来一定会有自己的管理思想、管理模式。“第一，中国企业不能只学西方的管理，虽然美国的管理很先进，但更适合美国人或者是美国企业。这些管理经验原封不动地应用到中国企业，肯定会打折扣。第二，我们如果只学美国的管理，就会永远跟在它的后面。第三，世界上的发达国家，像日本和欧洲国家的管理都不是抄美国的，而是基于本国传统文化。从这个角度看，中国要成为世界强国，中国企业未来的管理，一定要形成基于我们文化背景的中国式管理方式。”①意识到这一点，茅忠群觉得自己必须先补补传统文化的课。2003 年开始，他到清华、北大报了好几个国学班去学习。到 2008 年，他开始在企业里推行中国传统文化。在推行的过程中，他也在逐步地探索，如何将传统文化和现代管理很好地结合，方太最终形成了“中学明道，西学优术，中西合璧，以道御术”的指导原则。

所谓“中学明道”，指的是以中国传统文化铸造企业的核心价值观。中国传统文化主要是讲道，天有天道，地有地道，人有人道，经商有商道，如何找到经营之道，就要从中国传统文化中去发现。茅忠群指出，当代中国人普遍没有价值观，没有信仰。这样的组织其实是很难管理的，因为缺少了价值观跟信仰，光靠制度是起不了作用的。因为制度发挥作用的前提就是必须有一个强大的监督机制，这个成本是无比巨大的。美国企业在这个方面并没有花太多精力，因为他的社会背景是 90% 以上的人都信教，这种宗教信仰已经把员工的价值观基本塑造好，企业只要做制度建设就可以了。在中国，企业则需自己做好这块工作。“不管信什么，有信仰就会完全不同。没有信仰会无所畏惧，行为是没有底线的。”②而中国人只能从自己的传统文化当中去寻找新的价值观并植入企业管理。

以儒家为主干的中国传统文化，经过几千年的熏陶，已经深深渗入中国人的文化血液。那么，儒家文化是否有它独特的管理价值呢？茅

① 参见王卜：《大道与匠心》，中信出版集团 2006 年版。

② 茅忠群：《坚守与突破》，载《新营销》2016 年 6 月 26 日。

忠群认为：如果从长远看，它一定是有价值的，因为儒家文化也代表着一种普世价值观，儒家崇尚的仁义也是普世价值。人们曾经认为只有西方文化才代表着普世价值，但儒家文化其实是真正从人性出发在讲普世价值。再有，儒家思想是非常包容的，可以不断吸收世界上一切好的文化，既有普世性，又有包容性。有一种观点认为，儒家思想对人的教育有作用，但在残酷的市场竞争中却显得过柔，不见得有效。茅忠群不认同这一看法。在他看来，儒家思想对人的规划就是从修身开始，然后齐家、治国、平天下，那需要很大的豪气与激情。如果将后者转化为立业、建功，更符合我们一般的人生追求，但立业与建功首先就需要有很强的敬业精神，其次是饱满的激情，这也是西方管理学说中所倡导的核心理念。在这方面，儒家思想更加积极正面，它非常明确地告诉你，人活在世上就是要建功立业的，但它的起点是从修身开始的，它要求市场竞争的途径必须是正当的。一个好的市场经济一定是在法律范围以内开展正当竞争，这也是儒家思想所倡导的。从这个角度而言，儒学的影响只会是积极的。又有一种观点认为，儒家文化有个很大的问题，就是不支持创新。茅忠群对此的回答是："不对！创新的最大源泉是仁爱之心。"他举了产品开发的例子："产品开发其实要做很多事情，根源是仁爱之心。怎样能够完全从仁爱之心出发，为顾客去考虑，从而推出更好的产品呢？我们一开始就列了六个字的开发方针：独特、高档、领先。我们所有员工知道，只要市场上已有类似的产品，你就别再拿上来开发，你必须得去创新，必须去创新！"①

所谓"西学优术"，指的是吸收现代西方的管理科学技术。从百年前的泰勒管理理论开始，西方企业就已经形成了非常丰富而完善的管理方法、体系、流程、制度。这些文明的成果不分国界，可以共用。方太儒道"术"的方面，主要还是来自西方的内容。从战略、顾客、员工、运营，要把一家企业做好，在管理方法层面要做很多的事情。但这

① 茅忠群：《坚守与突破》，载《新营销》2016年6月26日。

样一来，就会遇到一个问题。企业在道德层面，经营之道讲的是中国的东西，而到了应用层面，讲的又是西方的方法制度，这样就会形成“两张皮”，给员工造成困扰。因此就要中西合璧，杜绝“两张皮”的存在，将两者糅合到一起。在糅合的过程中，要以道御术，在引进西方管理的同时，运用中国的道，在道德框架内运用西方管理的术。如茅忠群所指出：“我们要把这两张皮糅合成一张皮，就是中西合璧。怎么‘糅’，就是以道御术。我们在运用西方管理之‘术’的时候，不是简单照抄照搬，不是简单的拿来主义，而要适当改造，使得它符合中国文化、符合中国儒家的道义。”正是本着这种“以道御术，中西合璧”的精神，茅忠群用中国传统文化之道，去调整、改造、重塑西方的管理科学技术，从而形成自己的“方太儒道”。

在管理方面，茅忠群将企业的管理制度是否符合仁义的标准，作为接受或改良的依据。如果它看起来不错，但并没有设身处地为员工考虑，那就要进行改良。在企业管理中，“我们要每时每刻提醒自己，把制度和决策用仁义的标准审核一下。”每当此时，联合项目组——方太的常设机构，在先吃透西方管理流程精髓的基础上进行反复讨论，原则是新引入的流程要符合方太的企业文化，最主要的是要符合儒家的仁义标准。

举个例子，方太员工手册对员工的行为错误分为 ABC 类：A 类是最严重的，要开除；B 类是中等的错误；C 类是最轻的错误，像迟到早退等。C 类错误按照过去通行的做法就是罚款，10 块，20 块，30 块，天下的企业差不多百分之八九十都这样搞，这是西方管理的方式。后来方太学习儒家的管理理念，孔子说过：“道之以政，齐之以刑，民免而无耻。道之以德，齐之以礼，有耻且格。”① 用政令和刑法来管理，民众只知道这是法律禁止的，但不知道干这件事究竟是可耻的还是正义的，由此会带来巨大的管理和监督成本，民众会因抓不到自己而心存侥幸。

① 程树德撰，程俊英、蒋见元点校：《论语·为政》，《论语集释》，中华书局 1990 年版，第 68 页。

而"道之以德，齐之以礼，有耻且格"，其中的"德"是指道德教化，类似现在说的价值观；"礼"，包含了礼仪、制度、法律，由国家编制一套制度。在这两条腿的管理下，"有耻且格"，即老百姓有了羞耻心、敬畏心就不会逾越规矩而人心归服。把这一思想运用到企业管理中，就可以让员工明白什么事是可耻的，符合规范的行为是什么，行事就会守规矩，哪怕没有监督，员工也不会违反规定，大大降低管理成本。

孔子还说过："放于利而行，多怨"①，企业虽然采用罚款，但管理并不进入人性层面，"而所谓人性化管理，才是我们所追求的"。因此，小错误主要靠羞耻感来约束员工的行为，而不是靠罚款让他恐惧。现在在方太，员工如果犯了C类错误，罚款是没有了，但是他的直接主管要找他谈话，目的就是要让他觉得这件事情是不应该的，下次不能这么做。这个措施实行之后发现，C类错误的总量逐年下降。这就是儒家管理超越西方管理的例子。

在经营方面，西方人所说的经营就是买进卖出。而在茅忠群看来，儒家所说的"修已以安人"才是经营。把自己的企业修炼好，把自己的产品做好，让消费者用得安心、用得放心，这就是经营。利润自然就会产生，有好的因，自然会产生好的果。用仁道、仁心去经营，让消费者安心，让员工幸福，最后的经营结果肯定会很好。茅忠群指出："《论语》里面有一句话叫'修已以安人'，表面看好像和经营没什么关系，但事实上，这是最核心的经营之道。'修已'，有两个主体，一个是企业家自身，一个是全体员工。每一个人都要修已，修身心，尽本分。然后'安人'，是让人心安定。主要有两个对象群体，一个是员工，一个是顾客。如果把自己修炼好，同时把顾客、员工安顿好，企业还会不成功？还会没有利润吗？"由此，方太提出的使命就是"让家的感觉更好"。总体体现在两个层面，一个是用户的层面，一个是员工的层面。用户的层面就是企业要提供高品质的产品和服务，打造一种健康的、环保的、有

① 程树德撰，程俊英、蒋见元点校：《论语·里仁》，《论语集释》，中华书局1990年版，第253页。

品位的、有文化的生活方式。企业不单单是提供的产品，还要进一步向用户输送优秀的文化，让千万家庭享受更加幸福的生活。就是不仅仅是享受这个产品，还要在精神上追求幸福。员工层面更是如此，企业在员工层面就是要成就物质和精神两方面的幸福。把企业作为一个大家庭，让这个大家庭更加美好。方太把这两条作为最核心的使命。

一个颇具代表性的例子是，方太借鉴中国古代晋商的做法，在企业中推行按人头分配企业利润的“身股制”①。对于这一激励方式，多数人的第一反应是将其与高层核心人员相匹配。而方太最终的选择是，全员实行，限制条件只有一个：入职满两年。但在数量上，根据个人贡献度拉开差距，与之相关的两个标准是：仁、义。前者核心在于为员工着想，后者聚焦于公平公正。方太要求管理层都要形成这个观念，即当制定制度时问自己是否符合仁义，而非简单地考虑怎么把员工管住、盯住。当然，因为总人数众多，会使得激励效果特别是对于管理层的激励效果多少会打点折扣。但茅忠群认为，儒家思想强调：“君子喻于义，小人喻于利。”② 他希望整个管理层都是那些能够认同儒家理念的人。

在领导方面，西方一些领导力的著作大都在教人们一些关于领导的技巧、方法、艺术，而中国文化中关于领导力的启示则是：“为政以德，譬如北辰，居其所而众星拱之。”③ 意思是说，如果领导人用道德来行政，就像北极星，其他的星星就会主动来环绕着他；领导人只要将个

---

① “身股”的概念源自于明清时期的晋商商帮。晋商将商号的股份分为银股和身股，银股是财东（相当于股东）投资商号的合约资本，对商号的盈亏负无限责任；身股是财东允许掌柜等重要伙计以人力（而非资本）充顶股份，可以参与分红，但不对商号的亏赔负责。在利益分配上，身股与银股同权同利，都是在工资之外对利润的分红。唯一的不同在于，身股不得转让，“人在股在，人走股没”。

② 程树德撰，程俊英、蒋见元点校：《论语·里仁》，《论语集释》，中华书局1990年版，第267页。

③ 程树德撰，程俊英、蒋见元点校：《论语·为政》，《论语集释》，中华书局1990年版，第61页。

人的心性与道德水平提升，所有的人都会主动来追随你。在茅忠群看来，真正的儒家文化，对职位越高的人要求越高。比如：对君子的要求和对老百姓的要求就不一样。儒家文化把这叫上行下效，上层如果都是君子的话，就会有个示范效应，带动基层的人去效仿。在企业管理里，职位高者的道德水准就要达到君子的要求，对普通员工的要求则不用这么高，而最终会形成跟进效仿的结果。

要完整理解茅忠群的领导理念，可以参考他对“德鲁克五问”的回答。美国管理学大师德鲁克认为，在21世纪，领导人将由管理别人转向管理自己，而好的自我管理者必须回答以下五个问题：一是我是谁？什么是我的优势？我的价值观是什么？二是我在哪里工作？我属于谁？是决策者、参与者还是执行者？三是我应做什么？我如何工作？会有什么贡献？四是我在人际关系上承担什么责任？五是我后半生的目标和计划是什么？对此，茅忠群的回答是：第一，我是方太的领导者。我的优势是指引方向、一以贯之。我的价值观是“仁义礼智信”。第二，我在方太工作。我属于我自己，我是决策者与执行者。第三，我应做的主要工作是：立使命、定战略、建文化。我的工作方式是：学习、思考、讨论沟通、会议等。我的贡献是：方太持续健康发展。第四，我在人际关系上承担的责任是：确保公司员工之间简单和谐的人际关系。第五，我后半生的目标和计划是：实现方太的使命和愿景。在茅忠群看来，中国传统文化给领导者的建议很简单，就是人格领导，各种“术”只有在人格的基础上才会更好地发挥作用。茅忠群强调的是，企业发展的梦想不是由一个人提出的，而应该是员工共同的梦想。方太的使命是让家的感觉更好，围绕着这样的梦想和使命，领导者需要引导员工去思考，让团队成员充分表达意见，最后形成的决定是团队的合议。有共识，团队的战斗力和激情才能得以释放。

茅忠群最佩服的企业家是日本的稻盛和夫。他指出：“稻盛哲学与儒家文化一脉传承，他说自己就是向孔子、孟子和王阳明学习，这三个人都是儒家文化的代表。其实很多人都怀疑儒家文化能不能把企业搞好，我觉得稻盛和夫给了我们一个样板，就是用儒家文化一样可以把企业做得很好。”① 作为中国本土化的企业家，茅忠群真心服膺孔子，真诚运用儒家思想去管理、经营和领导企业，并在“以道御术”的原则下将中国传统文化与西方管理科学技术紧密融合，为当代儒家商道的发展作出了积极的贡献。

---

① 《茅忠群半部论语治方太》，《郑州晚报》2013 年 9 月 6 日。

第六章　领导之道：正己正人的企业领导方式

■ 典型案例：联想控股的“以身作则”

联想控股股份有限公司（以下简称联想控股）创立于1984年，在柳传志的带领下，从联想集团到联想控股，不断追求更高目标，从单一IT领域，到多元化，到大型综合企业，历经三个跨越式成长阶段，并在多个产业领域内打造出一批卓越企业，实现产业报国的理想。

柳传志总结自己在联想控股的领导经验，就是一句话：“以身作则”。他说：“有一句话是我在联想控股美国公司的墙上看到的标语，话说得有点绝对，但是在我自己的体会中，我觉得这真的是最重要的一件事。这句话就是：‘以身作则，不是劝导他人的重要途径，而是唯一途径。’‘唯一途径’的话说得固然重了点，但是以身作则确实是能不能树立企业文化的根本基础。”在联想控股，有一条铁律——迟到罚站。柳传志描述了这条铁律的起因：“在联想创办之初，大家都说忙，开会总有人迟到，会就没法开。于是公司就定了一条制度，迟到者如果没有请假，要罚站一分钟，大家把会停下来，静静地看着他，那种场面就像默哀一样，非常难受。”在接受媒体采访时，柳传志曾详述推行这一制度时的尴尬：第一个罚站的人是我的一个老领导。他罚站的时候，站了一身汗，我坐了一身汗。我跟他说：“今天晚上我到你家去，给你站一分钟。”不好做，但是也就这么硬做下来了。柳传志说：“我自己也被罚过三次，都是有原因，有一次是电梯坏了，电话打不出去，没法请假，但都毫无例外地罚了站。”如此严格的目的是要树立一种观念，“规矩就是规矩，不管是谁，都不能破”。

在一次与学者的对话中，柳传志提出：“我觉得传统文化也应一分为二，里面确实有非常好的部分。”其中，柳传志特别信服明代儒学大师王阳明的哲学。王阳明的哲学思想，其精髓是知行合一，学用结合，学以致用。在柳传志看来，这对于现代企业发展和企业家领导素质的修炼，都具有重要的启迪作用。柳传志指出：“企业做什么事，就怕含含糊糊，制度定了却不严格执行，最害人。”一个企业立下规矩是要求其全体成员遵守的，而全体成员遵守的关键是这一企业的领导者要带头遵守。领导者既是一个组织中发号施令的人，也是这个组织中的排头兵——所有的成员都向领导看齐。在军队里，领导应该身先士卒；在企业里，管理者更应该如此。一个领导的执行力是下属执行力的上限。

在柳传志看来，一个公司风气正不正，最关键的还是第一把手自己为人正不正。假如领导人有一个办大企业的目标，那么就得要求自己把事做正。推而广之，联想自觉承担起自己作为中国企业“排头兵”的责任和使命。联想的愿景是：“以产业报国为己任，致力于成为一家值得信赖并受人尊重，在多个行业拥有领先企业，在世界范围内具有影响力的国际化投资控股公司。”在其官方网站上，联想控股对此进行了详细的解读：联想控股的社会责任首先是把企业自身办好，遵纪守法，照章纳税，解决就业，提供高质量的产品和服务，打造出一批卓越企业；同时，秉承“以人为本”的理念，关爱员工，高度重视人才的培养和激励，建立优秀的企业文化；通过自身的践行和努力，积极倡导良好的商业道德风尚，湿润社会空气；此外，利用多年积累的资源与经验，助力更多的中国企业成长壮大，贡献于中国经济。依据柳传志多年领导经验总结出来的“联想管理三要素：建班子、定战略、带队伍”，已经成为中国企业管理的教科书内容。

（资料来源：联想控股官网）

现代西方的企业领导理论，主要集中在领导特质和领导行为领域的研究，探讨领导者应该具备的素质，以及领导者的工作作风和行为对领导有效性的影响。进入21世纪，特别是2008年世界金融危机以后，领导者的道德修养问题，开始引起重视。中国传统文化中的“圣王之道”，则涵盖了领导素质、领导风格、领导方式、领导技巧、领导体制、领导作风、领导艺术等方面的内容。特别是儒家所主张的“修己安人”、“正己正人”的理念，已经成为中国人（包括领导者与被领导者）普遍接受的领导原则。联想控股强调企业领导者的以身作则，以及自觉承担中国企业“排头兵”的责任和使命，就是中国式领导风格的体现。

一、儒家的领导观

儒家经典中虽然没有使用“领导”一词，却有着十分丰富的领导思想。实际上，儒家所追求的“圣王之道”就是一种领导之道。历代先贤对领导素质、领导风格、领导方式、领导技巧、领导体制、领导作风、领导艺术等方面的探索已经形成了一套较为成熟的套路，并有着自己鲜明的特色。从领导者的素质修养来看，儒家强调由“内圣”开出“外王”，即通过领导者内在的道德修养实现外在的王道理想。从领导活动的风格技巧来看，儒家主张执经达权，唯变所适，因时制宜、因地制宜、因人制宜、因事制宜，左右而逢源，无往而不通。从领导活动的行为方式来看，儒家主张以“为政以德”而达到“无为而治”，以身作则，因势利导，以最小的领导行为获得最大的管理效果。①

一是修身为本的领导素养观。儒家十分重视领导者的素质修养。

① 参见黎红雷主编：《中国管理智慧教程》，人民出版社2006年版。

孔子指出："为政在人，取人以身，修身以道，修道以仁。"[①] 修身不但可以使领导者形成良好的领导品格与领导素养，而且是搞好一切管理工作的根本。在儒家那里，修身并不只是关乎个人道德品质和荣辱进退的事情，而是和治国平天下的圣王功业联系在一起。孟子指出："天下之本在国，国之本在家，家之本在身。"[②] 在这里，"身"成为家、国、天下根本的根本，身不修不足以治理天下国家。知道用来修养自身的方法，就知道用来治理他人的方法；知道用来管理他人的方法，就知道用来治理天下国家的方法了。

儒家经典《大学》遵循"内圣外王"的思路开列出了具体的"八条目"："格物、致知、诚意、正心、修身、齐家、治国、平天下"。在"八条目"中，"修身"既是"格物、致知、诚意、正心"的直接目的，又是"齐家、治国、平天下"的必要前提，是承上启下、由内而外的关键环节。"修身"所要达到的目标即儒家所谓的"内圣"，是个人内在品质的完美实现；"齐家、治国、平天下"，即儒家所谓的"外王"，是领导人和统治者的终极价值追求，是一种外在的王道理想。在儒家看来，领导权威的树立和领导行为的成功，不是取决于外力的强大，而是依靠内在的德性智慧。以力服人者，并不能使人心悦诚服，只是一时实力不够而被迫服从；以德服人者，才可能使别人心悦诚服、自愿随从。通过修身而达到"内圣"的领导者，就能够充分发挥道德的示范效应，通过魅力示范、人格感染和道德辐射，以上行下效的价值导向功能影响、带领、习染、熏陶和感动身边与周围的人，从而实现"齐家、治国、平天下"的"外王"功业。这个过程实际上就是孔子所说的"修己以敬"、"修己以安人"、"修己以安百姓"的过程。[③]

---

① （东汉）郑玄注，（唐）孔颖达疏，龚抗云整理，王文锦审定：《礼记·中庸》，《礼记正义》，北京大学出版社 2000 年版，第 1440 页。

② （清）焦循撰，沈文倬点校：《孟子·离娄上》，《孟子正义》，中华书局 1987 年版，第 493 页。

③ 程树德撰，程俊英、蒋见元点校：《论语·宪问》，《论语集释》，中华书局 1990 年版，第 1041 页。

领导者如何通过修身而提升自己的素质呢？具体有五条途径：第一，立己立人。修身是个体的选择，其效果却是在与他人交往的过程中体现出来的。因此，儒家特别提倡立己立人的忠恕之道。所谓“忠”，就是对他人的诚心，“己欲立而立人，己欲达而达人”①；所谓“恕”，就是对他人的宽容，“己所不欲，勿施于人”②。这就是将心比心、推己及人的道理。第二，克己复礼。根据《论语·颜渊》记载，孔子回答颜渊问“仁”时提出，“非礼勿视，非礼勿听，非礼勿言，非礼勿动”。这就要求领导者应该克制自己的欲望，培育充分的道德自觉，按照社会规范和伦理准则来约束和要求自己，从而发挥良好的榜样激励和价值导向作用。第三，存心养性。孟子认为，人的天性包含有仁、义、礼、智四种善端。因此，善不必向外追求，而只要小心谨慎地培育和呵护这些内心先天固有的善的萌芽，节制自己的私欲，发扬仁爱的本性，就可以形成爱护别人之心，而以爱人之心来推行爱人的管理，那么治理天下就很容易了。第四，反躬自省。按照儒家的观点，修身是人的自我主体的选择，不以别人的行为反应为转移。如果自己的爱心得不到别人的理解，那原因还应该从自己身上寻找而不应该归之于别人。“行由不得，反求诸己。”③第五，慎独。修身之难，难在自觉。一个人在公开场合能表现出道德的言行并不证明他必然是个道德高尚的人，还要看他私底下的言行如何。为此，儒家经典《中庸》提出“慎独”的概念。所谓慎独，就是指个人闲居独处之时，也能严格要求自己，不因他人看不到而降低自己的道德标准。

二是执经达权的领导技巧观。权变，在儒家的领导智慧中占有重要的地位。儒家所理解的领导行为，一方面把握永恒不变的基本原则，

---

① 程树德撰，程俊英、蒋见元点校：《论语·雍也》，《论语集释》，中华书局1990年版，第428页。

② 程树德撰，程俊英、蒋见元点校：《论语·卫灵公》，《论语集释》，中华书局1990年版，第1106页。

③ （清）焦循撰，沈文倬点校：《孟子·离娄上》，《孟子正义》，中华书局1987年版，第492页。

另一方面因应瞬息万变的内外环境，因时制宜、因地制宜、因人制宜、因事制宜，左右而逢源，无往而不通。

为此，儒家提出了“执经达权”的思路。这里所谓“经”指永恒不变的基本原则，“权”则指随机应变的运用技巧。儒家既强调领导行为的原则性，又主张领导行为的权变性，二者结合起来，就是所谓“执经达权”的原则。

儒家所强调的“经”，指其“一以贯之”的基本原则，就是立己立人、修己安人的治国之道。儒家经典《中庸》把这种治国之道细分为九项具体的内容，称为“九经”：一是“修身”，就是强调领导者的素质修养；二是“尊贤”，就是强调领导者要尊重人才；三是“亲亲”，一方面主张领导者要提携自己的亲属，另一方面强调领导者要教育好自己的亲属；四是“敬大臣”，就是要求领导者充分信任和放手使用直属的管理人员；五是“体群臣”，就是要求领导者要体贴各级管理人员；六是“子庶民”，就是要求治国者要像对待自己的子女一样关心和爱护老百姓；七是“来百工”，就是要求治国者招徕和扶持专业技术人员；八是“柔远人”，就是要求治国者对四方百姓采取怀柔的政策以争取他们的归附；九是“怀诸侯”，就是要正确处理中央与地方的关系。

殊为难得的是，儒家既看到了这些基本原则的价值，同时又破除了对它的教条式执着。儒家认为，日常生活与领导工作的情境千变万化，因此实际工作中必须因时、因地、因人、因事而制宜，这就是儒家所说的“权”。儒家十分重视管理中的“权”。孔子指出：“可与共学，未可与适道；可与适道，未可与立；可与立，未可与权。”① 可以同他一起学习的人，未必可以同他依道而行；可以同他依道而行的人，未必可以同他一起通权达变。由此可见，“权”是孔子所追求的人生行为的理想境界。

孔子本人就是善于行“权”的代表。据《史记·孔子世家》记载：

---

① 程树德撰，程俊英、蒋见元点校：《论语·子罕》，《论语集释》，中华书局1990年版，第626页。

卫灵公的夫人南子不但把持朝政，而且行为不端，声名狼藉。但孔子为了得到卫灵公的重用以推行他的仁义之道，却不得不“走夫人路线”，去拜见了南子。这次行“权”连他的学生子路都有意见，但孔子却理直气壮，认为自己是为了治国安民，并没有逾越儒学的“底线”。还有，孔子 56 岁的时候担任了鲁国的大司寇，上任仅 7 天就诛杀了鲁国的乱政大夫少正卯。这与孔子慎杀甚至不杀的主张似乎也是相违背的。但《孔子家语》记载了孔子诛杀少正卯的理由。他认为少正卯兼有居心叵测而阴险、行为邪僻而固执、净说假话而巧辩、对各种丑恶的事掌握得特别多、顺应各种错误而善于伪装这五种大恶，而一个人只要有其中之一就免不了被正人君子诛杀，因此杀了少正卯才可以很好地以仁义之道治天下。由此可见，儒家行“权”的最终目的还是要求“权不离经”。

那么，如何才能正确地执经达权呢？一是适其时，即领导者根据时间、地点、条件诸要素所形成的时势，作出正确的决策，采取不同的管理方法；二是取其中，即采用儒家的中庸原则，无过无不及；三是得其宜，即根据管理态势的变化采取合适的领导行为，使事情恰到好处；四是合其道，即无论怎样权变，都必须合乎“道”，或是为了更好地行“道”。①

三是无为而治的领导行为观。“无为而治”作为一种治道理念，具有深远的历史渊源。传说中的黄帝和尧舜禹等圣王就是实践这种“无为而治”理念的典范，儒家经典《尚书》、《周易》等记载了他们“垂衣裳而天下治”的事迹。这些儒家心目中的“圣王”，管理的事情特别简约却又周详，所做的事情特别安闲却有功效。平时，他穿着长大的衣裳垂落在竹席之上，安闲自在地坐着，但海内的人没有不愿意以他为帝王的。这些记载，可以看作是“无为而治”思想的原型。

儒家最早明确提出“无为而治”命题的当属孔子。在《论语·卫灵公》中，孔子特别称赞舜道：“无为而治者，其舜也与！夫何为哉？

---

① 参见黎红雷：《儒家管理哲学》，广东高等教育出版社 1997 年版，第 111—118 页。

恭己正南面而已矣。”其实，在孔子心目中，尧舜禹都是实施“无为而治”的圣人。关于尧的“无为”，孔子理解为“则天”，即效法天道，顺其自然。因为天本身是“无为”的，四时运行，百物创生，都不是天有意识的作为。所以在《论语·泰伯》中，孔子称赞说：尧真是伟大的人啊，只有天最高大，但他能效法天道。他的恩惠真是广博呀，老百姓简直不知道怎样称赞他。他的功绩真是崇高呀，他的礼仪制度也真是光辉灿烂的了！

舜的无为之政主要表现为“任官得人”。儒家经典《大戴礼记·王言》解释说：舜以禹和皋陶为左膀右臂，不离开坐席而天下得到治理。这是说明舜之“无为”乃在于任用了禹与皋陶等贤人，而舜本人则只是垂衣裳恭己无为而已。关于禹，从其身上所体现出来的“正己正人”的取向，恰恰能收到无为而治的效果。据《论语·泰伯》记载，禹自己吃得很差，却把祭祀祖宗的祭品办得很丰富；自己穿得很差，却把祭服做得很华美；自己住得很差，却把力量完全用于沟渠水利。这种恭己行德所产生的示范、带动和辐射效应，正体现出儒家“为政以德”而“无为而治”的“德化”精髓之所在。正如孔子所指出的：“为政以德，譬如北辰，居其所而众星共之。”①

但是，这样一来，也引出一个问题，那就是：儒家如此强调国家的领导者要注意道德修养，以身作则，甚至还带头过艰苦的生活。那么，这样的领导方式究竟是“有为”还是“无为”呢？据属于儒家学派的《大戴礼记·王言》记载，孔子对曾参强调说，作为管理者就要以德治国，做到“内修七教而不劳，外行三至而不费”。内要修外要行，如此治国者能够不劳不费吗？曾参对此感到疑惑。孔子严肃地说：“参！汝以明主为劳乎？昔者舜左禹而右皋陶，不下席而天下治。夫政之不中，君之过也；政之既中，令之不行，职事者之罪也。明主奚为其劳也。”这里说的是国家领导者为政以德，尊贤用能，使之各司其职，那么领导

---

① 程树德撰，程俊英、蒋见元点校：《论语·为政》，《论语集释》，中华书局1990年版，第61页。

者自己就不会感到劳累。

从“七教”、“三至”的内容来看。所谓“七教”，孔子说：“上敬老则下益孝，上顺齿则下益悌，上乐施则下益谅，上亲贤则下择友，上好德则下不隐，上恶贪则下耻争，上强果则下廉耻。民皆有别，则政亦不劳矣。”所谓“三至”孔子说：“至礼不让而天下治，至赏不费而天下之士说，至乐无声而天下之民和。明主笃行三至，故天下之君可得而知也，天下之士可得而臣也，天下之民可得而用也。”由此看来，所谓“七教”、“三至”本身就包含着使领导者“不劳”、“不费”的目的。如果领导者认真“内修七教，外行三至”，为政以德，以身作则，上行下效，人民各得其所，社会安定团结，那么，领导者怎么会感到劳累呢？

在儒家看来，作为国家的最高领导者，他所要抓的只是道德规范这条治国的大纲，所要做的只是合理使用人才，所要行的只是个人的道德修养；而并不要最高管理者去处理具体的行政事务。因此，这在领导方式上讲，应该算是“无为而治”。由此看来，儒家“无为而治”思想的精髓在于“为政以德”，关键在于“任官得人”，手段则是“行其所无事”。这些，同现代管理中的“象征性管理”、“分级管理”、“自动化管理”等领导方式有异曲同工之妙。①

二、现代西方领导理论

现代西方的领导理论，20 世纪主要有领导特质理论、领导行为理论、情境领导理论、权变领导理论等；进入 21 世纪，特别是 2008 年世界金融危机以后，人们越来越重视领导的伦理道德和素质修养，于是，伦理领导问题引起广泛的讨论。下面分别论述。

一是领导特质理论。领导特质理论集中回答这样的问题：领导者应

① 参见黎红雷：《儒家管理哲学》，广东高等教育出版社 1997 年版，第 233—256 页。

该具备哪些素质？怎样正确地挑选领导者？研究者认为，只要找出成功领导人应具备的特点，再考察某个组织中的领导者是否具备这些特点，就能断定他是不是一个优秀的领导人。传统领导特质理论认为，领导者所具有的特性是天生的，是由遗传决定的。例如，亨利（W.Henry）1949 年在调查研究的基础上指出，成功的领导者具备以下 12 种品质：（1）成就需要强烈，他把工作成就看成是最大的乐趣；（2）干劲儿大，工作积极努力，希望承担富有挑战性的工作；（3）用积极的态度对待上级，尊重上级，与上级关系较好；（4）组织能力强，有较强的预测能力；（5）决断力强；（6）自信心强；（7）思想敏捷，富于进取心；（8）竭力避免失败，不断地接受新的任务，树立新的奋斗目标，驱使自己前进；（9）讲求实际，重视当下；（10）眼睛向上，对上级亲近而对下级较疏远；（11）对父母没有情感上的牵扯；（12）效力于组织，忠于职守。

现代领导特质理论则认为：领导者的特性和品质并非全是与生俱来的，而可以在领导实践中形成，也可以通过训练和培养的方式予以造就。主张现代特性理论的学者提出了不少富有见地的观点。例如，鲍莫尔（Baumol）针对美国企业界的实况，提出了企业领导者应具备的 10 项条件：（1）合作精神；（2）决策能力；（3）组织能力；（4）精于授权；（5）善于应变；（6）勇于负责；（7）勇于求新；（8）敢担风险；（9）尊重他人；（10）品德超人。美国管理协会曾对在事业上取得成功的 1800 名管理人员进行了调查，发现成功的管理人员一般具有下列 20 种品质和能力：（1）工作效率高；（2）有主动进取精神；（3）善于分析问题；（4）有概括能力；（5）有很强的判断能力；（6）有自信心；（7）能帮助别人提高工作的能力；（8）能以自己的行为影响别人；（9）善于用权；（10）善于调动他人的积极性；（11）善于利用谈心做工作；（12）热情关心别人；（13）能使别人积极而乐观地工作；（14）能实行集体领导；（15）能自我克制；（16）能自主作出决策；（17）能客观地听取各方面的意见；（18）对自己有正确估价，能以他人之长补自己之短；（19）勤俭；（20）具有管理领域的专业技能和管理知识。

二是领导行为理论。领导行为理论集中研究领导的工作作风和行为对领导有效性的影响。利克特（R.Likert）提出“支持关系理论”（Support Relation Theory）。他主张，企业领导和员工之间要相互支持，即领导要考虑下属员工的处境、想法和希望，支持员工实现其目标的行动，让员工认识到自己的价值和重要性。由于领导支持员工，因而激发起员工对领导采取合作态度和抱有信任感，支持领导者，这就叫作相互支持的原则。利克特认为，管理中的领导方式有四种类型：(1) 专权的命令式：管理当局对下属毫无信任，很少让下属参与决策。(2) 温和的命令式：管理当局对下属有一种类似于主仆关系的信心和依赖。大政方针由最高阶层制定，但有许多具体决策则由较低层按规定作出。(3) 协商式：管理当局对下属有相当的信心，但不完全信任。大政方针由最高阶层制定，但下属对较低层次的问题可作出明确的决定。(4) 参与式。管理当局对下属完全有信心和信任，决策权和控制权不是集中于上层，而是分布于整个组织中，较低阶层也能参与。在利克特看来，前三种可以统称为权力主义管理方式，只有第四种即参与式才称得上是高效率的领导方式。

布莱克（R.R.Blake）和穆顿（J.S.Mouton）提出“管理方格论”（Management Grid Theory）。他们认为，企业中的领导方式存在着“对生产的关心”和“对人的关心”这两种因素，每种因素从低到高有九种程度，二者相结合即形成九九八十一种不同情况，用八十一个方格表示。其中最有代表性的只有五种情况（五个方格）。第一种，“9.1 方格”，其领导方式是“权威与服从”，即安排工作条件，采用使人的因素干扰最小化的方法来达到最大工作效率。这是对生产最大关心（9）和对人最少关心（1）相结合的方格。第二种，“1.9 方格”，其领导方式是“乡村俱乐部的管理”，即注意人们建立合意的关系的需要，导致愉快友好的组织气氛和工作速度。这是对生产最不关心（1）与对人最大关心（9）结成一对。第三种，“1.1 方格”，其领导方式是“贫乏的管理”，即为了保持组织成员的地位而以最少的努力去完成应该做的工作，它对生产和人都极不关心。第四种，“5.5 方格”，其领导方式是“组织人管理”，即兼顾必须完成的工作和人们有较高士气来使适当的组织成绩成为可能。第五种，“9.9 方格”，其领导方式是“协作管理”，即主张工作成就来自献身精神，在组织目的上利益一致、互相依存，从而导致信任和尊敬的关系。这是对生产的关心和对人的关心全部保持在一个高水平上的领导方式。布莱克和穆顿指出，根据调查的事实，证明管理事业的成功与 9.9 方式具有最密切的关系。

坦南鲍姆（R.Tannenbaum）和施米特（W.H.Schmidt）提出“领导方式的连续统一体理论”（Leadership Continuum）。他们认为，存在着多种多样的领导方式，形成一个“连续统一体”。在这个连续统一体中，一共有七种有代表性的模型：(1) 上司作出并宣布决策；(2) 上司“推销”决策；(3) 上司提出计划并允许提问题；(4) 上司提出可以修改的暂定计划；(5) 上司提出问题，征求建议，然后作出决策；(6) 上司规定界限，让下属的团体作出决策；(7) 上司允许下属在上司规定的界限内行使职权。坦南鲍姆和施米特认为，不能抽象地从其中选择某一种模型作为最好的，或者讲某一种模型是最差的。成功的上司不一定是专权的人，也不一定是放任的人，而应该是在一定的具体情况下善于考虑各种因素、采取最恰当行动的人。当需要果断指挥时，他善于指挥；当需要员工参与决策时，他能提供这种自由。这样才能取得最好的领导效果。

三是情境领导理论。赫塞（Paul Hersey）和布兰佳（Ken Blanchard）在 20 世纪 60 年代提出了情境领导理论（Situational Leadership）。该理论认为，领导者的行为要与被领导者的准备度相适应才能取得有效的领导效果。所谓准备度是指被领导者在接受并执行一项具体任务时，所表现出的能力与意愿的水平。其中“能力”是指个人或组织在某一项特定的工作或活动中所表现出的知识、经验、技能与才干；“意愿”是指个人或组织完成某一项特定的工作或活动而表现出的信心、承诺和动机；“准备度水平”则指人们在每项工作中所表现出的能力和意愿的不同组合。按能力和意愿的高低程度，同一人常常表现出四种不同的准备度水平：准备度水平 1：没能力，没意愿；准备度水平 2：没能力，有意愿；准备度水平 3：有能力，没意愿；准备度水平 4：有能力，有意愿。针对上述四种准备度水平，领导者可以采用四种领导风格。第一，告知型领导风格：指导性行为多，支持性行为少，领导者对于被领导者给予明确的指导并近距离监督。第二，推销型领导风格：指导性行为多，支持性行为多，领导者对于被领导者进行监督、指导、倾听、鼓励和允许试错，并鼓励对方参与决策。第三，参与型领导风格：支持性行为多，指导性行为少，领导者鼓励被领导者自主决策，鼓励他们按照自己的方式做事情。第四，授权型领导风格：指导性行为少，支持性行为少，由被领导者自己决策并执行。

布兰佳指出："没有最好的领导形态，只有最适当的领导形态。"情境领导特别强调领导活动要因人而异，因材施教。情境领导的三大技巧是：诊断、弹性与约定领导形态。诊断是评估部属在发展阶段的需求；弹性是能轻松自在地使用不同的领导形态；约定领导形态是与部属建立伙伴关系，与部属协议他所需要的领导形态。情境领导能改善主管与部属间的沟通，增加默契的培养，并使主管能够了解部属的发展需求，给予必要的协助。就个人角度而言，影响人员绩效的因素有能力问题与意愿问题，一种是不会做，一种是不愿做，也有交错变化的不同发展状况。情境领导要求，主管除了要正确诊断掌握部属的发展阶段外，也要学习采用正确的领导行为，包括处理能力问题的命令行为，及处理意愿问题的支持行为，这是主管最重要的两项领导行为，运用得宜谓之弹性。

四是权变领导理论。权变领导理论的研究始于20世纪60年代，并于70年代逐渐形成体系。这一理论认为，每个组织的内在要素和外在环境条件都各不相同，因而在管理活动中不存在适用于任何情景的原则和方法。成功管理的关键在于对组织内外状况的充分了解和有效的应变策略。权变领导理论的中心思想是：①企业组织是社会大系统中的一个开放型的子系统，受环境的影响。因此，必须根据企业组织在社会大系统中的处境和作用，采取相应的组织管理措施，从而保持对环境的最佳适应。②组织的活动是在不断变动的条件下以反馈形式趋向组织目标的过程。因此，必须根据组织的近远期目标以及当时的条件，采取依势而行的管理方式。③管理的功效体现在管理活动和组织的各要素相互作用的过程中。因此，必须根据组织的各要素的关系类型及各要素与管理活动之间相互作用时的一定函数关系来确定不同的管理方式。

费德勒（F.Fiedler）提出“有效领导的权变模式（Contingency model of leadership effectveness)”，即费德勒模式。这个模式把领导人的特质研究与领导行为的研究有机地结合起来，并将其与情境分类联系起来研究领导的效果。他通过15年调查之后，提出：有效的领导行为，依赖于领导者与被领导者相互影响的方式及情境给予领导者的控制和影响程度的一致性。一个领导者，无论他采取何种领导方式，其最终目的都是为了获取最大的领导效能，要想取得理想的领导效能，必须使一定的领导方式和与之相适应的领导情势相配合。领导情势亦称“团体—任务”情境，是指发生领导行为所处的人际环境。它包括领导者与成员之间的相互关系、任务结构和职位权力三个要素。领导者与成员的关系是指团体成员对其领导者的情感，它包括尊重、友谊、信任、合作、接纳、支持以及忠诚程度。任务结构是指团体目标与任务的界定是否充分明确而妥当，它包括目标对成员来说是否清晰，成果的可测度如何，解决问题的方法是否具有正确性及完成任务的途径或手段之多寡等。职位权力则指领导者现居职位所具有的权力之多寡或能使部属服从指挥的程度，也就是领导者现居职位能对部属施展多大影响力，包括领导者的地位、权威与责罚、升贬、任黜、加薪、指派等能力。在领导情势的三个因素中，领导者与成员的关系是最重要的因素。在费德勒看来，一个领导者要想取得理论的领导效能，必须通过一定的领导方式来对领导情势实施有效的控制，而领导者对领导情势的控制程度又决定于领导者使领导情势三因素相互配合的状况。

五是伦理领导问题。在当代，许多学者和管理实践者开始就“伦理领导力是什么”、“伦理领导有何作用”等基础性问题展开探讨，并得出了一系列有关伦理领导之于组织发展效用的重要观点与结论。恩德勒（Endele）认为，伦理领导主要有两个目标：一个是阐明管理决策中的伦理道德问题；另一个是制定相应的伦理原则。基尼（Gini）定义伦理领导为：个体领导者的品格以及领导行为中包含着伦理或道德的特征。特维诺（Trevino）等指出，伦理领导包含以下两方面含义：①合乎伦理道德的个人，即具备诚信等个体特征，并执行合乎伦理道德的决策；②合乎伦理道德的管理者，即采取影响组织道德观与行为的、合乎伦理道德的策略，亦即伦理领导在个人生活和职业活动中均表现出道德行为。布劳温（Brown）等基于社会学习视角，认为伦理领导是指领导者通过个体行为和人际互动，向下属表明什么是规范的、恰当的行为，并通过双向沟通、强化等方式，促使他们依照执行。梅达（Meda）把伦理领导定义为榜样领导，以自身的道德模范作用来激励下属作出道德反应。关于伦理领导的特点，诺思豪斯（Northouse）认为包括如下几点：伦理领导尊重他人、为他人服务；是公正的且是诚实和正直的。特维诺（Trevino）等认为，伦理领导作为道德的个体，是有道德的领导者，具有正直、诚实、值得信任的品质；关爱他人、公开透明、品德高尚；秉持价值、客观公正、关爱社会；遵循伦理的决策规则。作为道德的管理者和领导者，他们通过可见的行为把自己塑造成角色楷模，设置明确的道德标准，并采取奖惩策略确保这些标准得以执行等。列斯科（Resick）等认为，伦理领导具有以下五个特征：品格高尚和正直；具有伦理意识；以人／社区为本；善于鼓励和赋权；肩负着管理道德的责任。①

三、“正己”与“正人”

美国现代管理学家德鲁克（Peter F. Drucker）在 1985 年为其专著《有效的管理者》一书再版作“序”时指出：“一般的管理学著作谈的都是如何管理别人，本书的目标则是如何有效地管理自己。一个有能力管

① 参见原理：《基于儒家传统德性观的中国本土伦理领导力研究》，载《管理学报》2015 年第 1 期。

好别人的人不一定是一个好的管理者，而只有那些有能力管好自己的人才能成为好的管理者。事实上，人们不可能指望那些不能有效地管理自己的管理者去管好他们的组织和机构。从很大意义上说，管理是树立榜样。那些不知道怎样使自己的工作更有效的管理者树立了错误的榜样。”① 德鲁克在这里所说的“管理自己”与“领导别人”的关系，用儒家的语言来说，就是“正己”与“正人”的关系。孔子指出：“苟正其身矣，于从政乎何有？不能正其身，如正人何？”② 在孔子看来，领导者自身行为正当，就是不下命令，事情也行得通；领导者自身行为不正当，虽然三令五申，下面的人也不会服从。只有“正己”方能“正人”，也就是只有管理好自己才能领导好别人——古今中外的领导智慧在这一点上达到高度的统一。

联想控股的柳传志就是这样一位既懂得“正己”又懂得“正人”的领导者。他通过正确的自我定位、严格的自我约束和不断的自我提升，从而使自己逐步成长为“联想的精神旗帜”、“中国信息产业的教父”、“全球最有影响力的商界领袖”。

一是正确的自我定位。自我定位，是自我管理和领导别人的起点。儒家主张：“穷则独善其身，达则兼善天下。”③ 孔子当年周游列国推销自己的政治主张碰壁后，作出了收徒办学、“为君子师”的职业选择，最终使自己成为“万世师表”。这就表明，任何人的自我定位都会受到时代和社会环境的影响。现代权变领导理论也指出，企业组织是社会大系统中的一个开放型的子系统，受环境的影响。因此，必须根据企业组织在社会大系统中的处境和作用，采取相应的组织管理措施，从而保持对环境的最佳适应。有效的领导行为，依赖于领导者与被领导者相互影响的方式及情境给予领导者的控制和影响程度的一致性。一个领导者，

---

① P. F. Drucker，“*The Effective Executive* ”，New York：Haper & Row，1985.

② 程树德撰，程俊英、蒋见元点校：《论语 · 子路》，《论语集释》，中华书局 1990 年版，第 911 页。

③ （清）焦循撰，沈文倬点校：《孟子 · 尽心上》，《孟子正义》，中华书局 1987 年版，第 891 页。

无论他采取何种领导方式，其最终目的都是为了获取最大的领导效能，要想取得理想的领导效能，必须使一定的领导方式和与之相适应的领导情势相配合。

柳传志本来是中国科学院计算机研究所的一名普通工程师，在做了十几年科研工作之后，40 岁的柳传志意识到自己无论再怎么努力大概也成不了科学家，于是毅然转行“下海”，在 1984 年带着所里给的 10 个人和 20 万元投资，开始了自己的创业之路。在联想的成长过程中，柳传志具有十分自觉的自我定位意识，用他的话来说，就是：“你得知道自个儿是谁”，“既要做成事，又要保护好自己”。由此，他不断告诫自己和自己的下属，要认识和适应现实的环境。如果大环境改变不了，我们就去改造局部环境；如果局部环境也改变不了，我们就去改造小环境；如果小环境我们也改变不了，那我们就要学会忍耐，适应在这种环境下生存，然后等待时机，再来做大的。

由此，柳传志提出“有理想但不理想化”的名言。一方面，柳传志是一个有远大抱负的人，这种远大抱负激励着他的人生选择：从早年上军校，到 40 岁下海办企业，到决策放弃代理国外品牌计算机而创立联想集团的自有品牌，到决策并购 IBMPCD，再到联想控股的多元化经营，都反映了他的远大抱负。也正因为有这种抱负，柳传志才可能克服身体上的疾病和人事上的纠纷，从来不言放弃。“困难无其数，从来不动摇”，是他经营企业的真实写照。另一方面，柳传志并不是一个只被理想激励而不脚踏实地的人。相反，他非常注意理想的实现条件。比方说就实现国际化的理想而言，柳传志其实在创办公司的早期就萌生出来了，但是直到 2004 年才真正实现它，用了 20 年。正如柳传志所说的：“没钱赚的事情不能做；有钱赚但是投不起钱的事情不能做；有钱赚也投得起钱但是没有合适的人去做，这样的事情也不能做。”一种理想再好，没有条件的时候，柳传志绝不去真正动它。这就是他不理想化的体现。

“不理想化”还体现在个人责任边界与企业边界的把握上。柳传志深深明白一个人的边界和一个企业的边界，而不会去做一些超出个人边界和企业边界之外的事情。一个最典型的例子是他关于个人责任的看法。有人曾经问过柳传志一个问题：他有没有兴趣去治理国家。因为根据柳传志的能力应该可以这样去设想。他的回答是："不会。"他说，一个人的责任是有边界的。他列举了四类人，一是只对个人负责的人；二是除了对个人负责，还对家庭负责的人；三是除了前面两种责任之外，还对跟着他干事情的人负责的人；四是对社会负责的人。他认为他的责任边界止于第三类。他认为需要有人来对社会负责，这样的人才是治国的人，而他自己还不是那样的人，因此他不能治国。自己知道自己是什么，想要什么，是一种务实的表现。这种态度也是柳传志有定力的一个重要原因，也是联想一方面充满前进动力而另一方面能够脚踏实地的一个重要原因。①

二是严格的自我约束。自我约束是自我管理和领导别人的关键。儒家强调修身立仁，"非礼勿视，非礼勿听，非礼勿言，非礼勿动"②，要求领导者克制自己的欲望，培育充分的道德自觉，按照社会规范和伦理准则来约束和要求自己，从而发挥良好的榜样激励和价值导向作用。现代西方管理理论也把"自我克制"、"品德超人"作为领导者的特性和品质之一。当代伦理领导理论更进一步主张，合乎伦理道德的管理者，应采取影响组织道德观与行为的、合乎伦理道德的策略，亦即伦理领导在个人生活和职业活动中均表现出道德行为。作为道德的管理者和领导者，他们通过可见的行为把自己塑造成角色楷模，设置明确的道德标准，并采取奖惩策略确保这些标准得以执行等。

在联想控股，有一条铁律——迟到罚站。柳传志说："我自己也被罚过三次，都是有原因的，有一次是电梯坏了，电话打不出去，没法请假，但都毫无例外地罚了站。"如此严格的目的是要树立一种观念：规矩就是规矩，不管是谁，都不能破。"企业做什么事，就怕含含糊糊，制度定了却不严格执行，最害人。"柳传志认为，立下的规矩是要

① 参见文跃然：《柳传志的价值观》，载《企业管理》2008 年第 12 期。

② 程树德撰，程俊英、蒋见元点校：《论语·颜渊》，《论语集释》，中华书局 1990 年版，第 821 页。

遵守的。领导者既是一个组织中发号施令的人，也是这个组织中的排头兵——所有的成员都向领导看齐。在军队里，领导应该身先士卒；在企业里，管理者更应该如此。一个领导的执行力是下属执行力的上限。现在在联想，任何一项制度在发布后都会被坚决地执行。这些制度在实施的过程中，上下都非常重视，任何一个员工都会遵守。任何人如果有违反条例规定，都会自觉地去执行惩罚条例。正是因为这样的执行力，才使得联想的各项制度具有相当的威力，保证了各项工作都能顺利进行。①

自我约束不仅包括对自己外在行为的约束，还包括对个人内心欲望的约束。柳传志曾经讲过："公司成立时有 10 个人，但因资金不足，无法按他们工作量发放薪水。要使人们团结，凝聚在一起，只能由我来做榜样。所以我做很多事，却拿得很少，这样一来别人也就跟我学了。"总裁没有私心，制度才能贯彻。柳传志曾经讲过：在早期公司内部人事矛盾激烈的时期，我就采取了一个办法，让所有人车坐得更好，房子住得比我还大，钱多多地发。"我全都给你了，那我剩下什么？我就剩下领导的权力，我就可以领导你。"②

三是不断地自我提升。自我提升是管理自己和领导别人的"资本"。儒家十分重视领导者的学习修炼，《论语》开宗明义第一句便是："学而时习之，不亦说乎？"在孔子看来，读书是学习，实践也是学习，而且是更重要的学习。据《说苑·政理》记载：宓子贱是孔子的学生，后来当官从政。有一次，孔子问他：自从你从政以后，觉得有什么收获、有什么损失呢？宓子贱回答：从政以后，原来跟老师学习的东西，现在可以付诸实践，这就使知识得以发明。这实在是一大收获。在这个故事中，宓子贱把管理实践与知识学习结合起来，把在老师那里学到的知识，在管理的具体实践中认真实行，不断提升自己，因而得到孔子的

---

① 参见广通编：《联想名言录》，地震出版社 2005 年版，第 154—155 页。

② 刘勇：《柳传志：我全都给你了，我就可以领导你》，《世界经理人》网站，2011 年 10 月 26 日。

称赞。传统的观点认为，领导者所具有的特质是天生的；现代西方领导理论的观点则认为，领导者的特性和品质并非全是与生俱来的，可以在领导实践中形成，也可以通过训练和培养的方式予以造就，因而十分重视领导者在实践中的学习与提升。

柳传志的管理知识与管理技能正是在实践中逐渐形成和不断提升的。对此，柳传志回忆道：1984 年，我刚刚办公司时，一共就十多个人。因为大家都是从研究室出来的，没有“上下级区分”这个习惯。会有五六个人围着我跟我说事，常常是我正跟一个人谈着事呢，第二个人就开始插话，第二个没说完呢，第三个就插上来说话，一直说到第五个。后来，我回去认真想过，五个人都谈完了，一个人都没谈清楚，这一上午可能两个多钟头就这么过去了。这给了我一个启发，我要考虑怎么去找他们、谈什么事，什么事重要，哪些事是我感兴趣的，由我来安排时间。在同样的情况下，这种方式会让我得到提升。

柳传志自问：在联想的成长过程中，自己到底做了点什么事呢？答案是“勤于思考”。当时他每个月都要给员工们讲一次话，内容是关于公司当前所处的位置、该如何发展等。在讲话时就要去想，现实是什么样，应该怎么讲。每次做这个准备工作时，实际上是对自己的提升。因为你必须想清楚，怎么讲才能让员工听明白，并且给予他们正面的能量。当你屡次这么去做的时候，慢慢地，你就会越来越勤于思考，到后来就会发现自己从对事物的感性认知提高到一定的理性层次。这些东西既存在于实践，自己又说了出来，在实践中去尝试，下次开会的时候就可以明白哪里做对了，哪里想错了，为什么错了，这样慢慢地形成好的习惯。因此，学习能力是创业者能否成功的一个重要能力。

在柳传志看来，看书和从其他企业、其他人那里观摩了解情况，能否抓到最有用的信息，和自己相结合，是非常重要的。毛泽东最值得我们学习的地方，是他具体情况具体分析的这种实事求是的打仗方式。所以我们看书也好，看别的企业也好，都要跟自己本身有所结合、有所联系，这样的话形成一个习惯以后，自己就会有很大的提高，这是个自然形成的过程。如果有的人永远悟不出这个道理，那他就不能当一个合格的领导者。

冯仑在《野蛮生长》[①] 中对柳传志的评价是："伟大在于管理自己而不是领导别人。"笔者认为，这句话在突出领导者自我管理的重要性方面是正确的，描述柳传志的领导方式也是中肯的；但是，如果由此而弱化领导力的作用，认为如何领导别人不重要，那就有失偏颇了。实际上，管理自己与领导别人缺一不可，二者并不矛盾，而是相辅相成的。如上所述，柳传志的自我定位、自我约束、自我提升，既是自我管理的过程，也是领导别人的过程。领导者由自我管理而具备了个人的魅力，因而也就获得对下属的感召力，组织就有了凝聚力，团队就有了战斗力。从这个意义上说，领导力决定着执行力，执行力取决于领导力。具体到联想控股，由于柳传志卓越的领导力，从而造就了整个团队强大的执行力。其集中表现，就是著名的"联想管理三要素"：建班子、定战略、带队伍。

四、建班子

儒家经典《尚书·皋陶谟》提出"君臣共治"的思想，主张"允迪厥德，谟明弼谐"，即要求当君主的要诚实地履行其德行，当臣子的则要同心协力地辅佐君主；还特别强调"无旷庶官"，即不要虚设百官，而要充分发挥他们的作用。孔子指出："舜有五人而天下治"[②]，说的是在帝舜的时代，由禹、稷、契、皋陶、伯益等五位能人组成了一个精明强干的执政团队，从而使国家得到了良好的治理。在现代西方管理理论中，也注意到了管理团队的作用。其中，领导特质理论特别推崇以下的领导品质和能力：善于调动他人的积极性、能使别人积极而乐观地工

① 冯仑：《野蛮生长》，广东人民出版社 2013 年版。

② 程树德撰，程俊英、蒋见元点校：《论语·泰伯》，《论语集释》，中华书局 1990 年版，第 552 页。

作、能实行集体领导、能客观地听取各方面的意见、能以他人之长补自己之短等。领导行为理论则主张参与式领导，即管理当局对下属完全有信心和信任，决策权和控制权不是集中于上层，而是分布于整个组织中。在他们看来，成功的上司不一定是专权的人，也不一定是放任的人，而应该是在一定的具体情况下善于考虑各种因素、采取最恰当行动的人。当需要果断指挥时，他善于指挥；当需要下属参与决策时，他能提供这种自由。这样才能取得最好的领导效果。联想管理三要素中的“建班子”，就是在现代企业制度的背景下组建企业的“执政团队”，推动参与式管理的可贵尝试。

什么是“建班子”？用柳传志的话来说，就是企业要建立以总裁为首的战略领导核心、最高层领导班子及各级领导班子。这个班子有集体智慧且德才兼备，能进行战略设计和科学决策；能发挥个人专长同时又能优势互补，形成集体的力量；能分工协作、快速实施，办成个人能力所做不到的事；能带队伍，培养出各级干部梯队，使联想控股的事业后继有人，保持事业的稳定和可持续发展，形成团结向上的管理文化；能不断地相互学习交流，取长补短，完善提高自我；有统一的意志和规范，有共同的行为准则，是企业发展的中坚力量。①

柳传志曾经用阿拉伯数字“1”和“0”来形容领导者的巨大作用：领导者就像阿拉伯数字的“1”，如果后面跟一个“0”，结果就是“10”，跟两个“0”就是“100”，四个“0”就是“10000”，后面这些“0”虽然也很重要，但没有前面的“1”，就什么也没有了。值得注意的是，柳传志心目中的“领导者”是复数而不是单数，指的是一个企业的领导层而不仅仅是企业家本人。一个企业特别是上规模的企业，一定要以一个领导层为中心，这个领导层的价值观和主观能动性，最终决定着企业的命运。

为什么要“建班子”？在联想控股的官网上的表述是：“选拔德才兼

① 参见柳传志：《在联想15周年纪念大会上的主题发言》，转引自张涛：《柳问：柳传志的管理三要素》，浙江人民出版社2015年版，第119页。

备的管理者组成领导班子，班子内部形成纵向和横向分工，倡导‘有话直说’和‘有话好好说’，以群策群力的方式实现理性决策和高效执行，对一把手形成制约，提升领导层威信。”由此看来，“建班子”的作用主要有三条：树立整体权威、实现群策群力、进行权力制约。

第一条是树立企业领导的整体权威。一个企业必须有坚强的领导核心，这里的核心，指的不是一个人，而是一个团队。特别是当企业发展到一定规模时，企业的运营管理更要依靠一个合理结构和层级的领导集体。柳传志认为，在一个领导班子里，大家共同决定做的事情，在向下执行的时候往往会比较顺利，这既保证了上情下达，战略部署能够顺利实现，也保证了决策执行的连续性，即使一把手出差了，在分管领导的监督和指导下，执行层面的员工依然会遵照要求去努力落实。在这样的体制中，领导班子里的各个成员各负其责，能够形成组织的核心领导力，从而保证了企业领导的整体权威。

第二条是发挥群策群力的作用。柳传志认为，领导班子之所以能够发挥群策群力的作用，首先是因为领导者个人对一个人、一件事的看法，由于知识、信息、经验和专业能力的局限等，有可能失之偏颇，集思广益可以在很大程度上规避这些不足。其次就是领导者的精力和注意力确实有限，需要班子或者企划部门的决策支持和行动支持，才能更好地把握企业全局。再次，群策群力。就企业发展中的重要问题发表意见，提供建议并最终解决问题，本身也是班子成员的职责和权利，也会使班子成员有舞台意识，调动起工作的积极性。此外，群策群力还有一个重要作用，当班子最终形成了汇总后的结论性意见并一致通过相关决议后，也能够得到来自企业各方面的支持，相关决议落实起来也更加顺畅。

第三条是对企业“一把手”进行权力制约。柳传志认为，“一把手”本身，无论如何，是应该被制约的，不制约是要出问题的。所谓“一把手”，狭义上指企业的董事长、总裁；广义上则指企业整体和各子公司、事业部、中心的正职负责人。柳传志反复强调，一把手对于企业组织有着重要意义，一把手的能力、见地和认识，一把手“带班子”的水平，在很大程度上决定了一个领导班子的管理水平和团队战斗力。但也正因为如此，一把手的权力如果不被制约，高度集中，就容易导致“一言堂”或者本该民主决策的事情被绝对权力的拥有者一票否决，从而使得民主决策的程序成为一纸空文。所以，柳传志强调，一把手如果真的想把企业办好，必须自愿被制约，并能够依照班子决策的程序来模范地执行。①

如何发挥班子的作用？在柳传志看来，关键在于解决好两个问题：第一个是 1+1<1 的问题。柳传志指出，在 1+1<1 中，前边那个 1 就是总裁，+后边的 1，即班子。1+1 有时会比你一个人管还糟糕，这很可能是因为班子里有宗派，有各种各样的纠纷。这就是 1+1<1 的问题。在一个企业里，要避免 1+1<1 的状况，关键在于总裁要把企业的利益放在第一位。总裁如果能够做到把企业的利益放在第一位，问题就好解决。联想控股采取了一些“笨办法”，比如规定不许员工的子女进公司。假如没有这个规定，很多学计算机的员工子女就可能进入联想控股。他们进来之后，就会出现这样的情况：父母在公司里，子女也在公司，子女之间再联姻，那公司就管不了了。而且员工的子女进公司，会对其他年轻人的发展产生影响，人家会觉得不公平。还有，联想控股的很多大客户以及经营中产生的其他对象，往往动用各种社会关系，推荐他们的子女或亲朋故旧到联想控股工作。对于这个情况，联想控股严格把关：第一，对人员进行笔试，考试通过后，要有三个副总裁同时签字来保证，这个人才能作为一个特殊情况进入公司，这表示不是任何一个人的私人关系。而且公司绝不通过这个孩子跟他的家长进行特殊联系，要不然的话就会出别的问题。

在联想控股，上级和下级之间关系可以非常好，但是绝不能用公事来表达个人的感情。很多单位对此不当回事，其实这对企业的发展伤害很大。在很多企业，下级埋怨上级，说上级的坏话或者对其他部门表

---

① 参见张涛：《柳问：柳传志的管理三要素》，浙江人民出版社 2015 年版，第 119—129 页。

示不满。在联想控股这种情况几乎没有，联想控股有明确的规定，当上级和他的下级发生无原则纠纷的时候，第一次会毫不客气地把下级调走或者降级，不允许无原则纠纷存在。如果经过调整，上级换了新手下，再出现这个情况，上级就要注意自己的位置了。这样，每个人都会处理好上下级的配合问题。尽管这种做法未必科学，但是解决了无原则纠纷的问题。企业经营就像打仗一样，如果有无原则纠纷产生，马上就会带来大问题。

第二个是 1+1>2 的问题。在柳传志看来，要达到 1+1>2 的效果，就要解决班子成员的积极性问题。激励班子成员积极性的方法有两种，一种是物质激励，一种是精神激励。在精神激励方面，首先要保证班子成员拥有责权利相统一的舞台。要让每个人明确自己负责的这块业务在企业大战局里是一个什么地位，自己的管理资源是什么，有什么有利条件，如果做好了会怎样，做不好会怎样，这个结果与奖惩标准是如何挂钩的？这样，每一个班子成员就会拥有真正属于自己的舞台，这对于有能力的企业管理者来说是最大的激励。其次要共同制定企业的游戏规则。领导班子成员活动的舞台是由企业的规定来设定的，而不是第一把手“恩赐”的。应该有一套规则，让整个领导班子共同来参与决策，作出决定的时候是每个班子成员签字认可的，这时候他们主人翁的感觉就出来了。在柳传志看来，企业总裁与手下之间的关系，就是大发动机跟小发动机的关系，你所带动的不是齿轮，不是螺丝钉，而是要让每个领导班子的人都成为一个发动机，跟你同步。能做到这样，企业就具有非常大的活力了。①

如何解决班子建设中的难题？柳传志指出，建班子的时候往往会面临三个问题：第一个问题，班子成员不合格的时候怎么去调整？柳传志认为，要解决这个问题，一是企业建班子的时候，选择人员要以“德”为第一衡量标准，看他能不能把企业的利益放在第一位。二是班子更迭的时候，要把话放在桌面上说。当某些成员的表现不合格的时

① 参见柳传志：《优秀总裁如何建班子》，载《培训》2006 年第 5 期。

候，要明确告诉他。无论是关着门两个人说，还是当众说，都要摆在桌面上。三是对于班子成员的调整，要有“降落伞机制”，也就是要有以经济补偿和工作安置为核心的补偿机制，以使得被调离的管理者能平稳过渡到新的工作岗位中。

第二个问题，班子里有不同意见时该如何决策？柳传志主张，当班子里出现意见不统一的情况时，一定要把话从根上说起，从原则的地方说起，一点点往下拨，问题就好解决了。例如，在解决联想控股认股权证问题时就是这样。当初，对于认股权证给什么样的人、不给什么样的人，是全员持有还是骨干员工持有，领导班子里有不同的意见。大家就分析，到底认股权证是用来干什么的？认股权证主要是为了激励员工，让企业有更好的发展。那么是骨干员工起的作用大？还是一般员工起的作用大？当然骨干员工起的作用大，因此，就应该有一个倾向。但是没有一般员工行不行呢？不行，这样的话企业内的空气会非常干燥，稍有个火星，就会打架，因此普通员工也应该有，只不过比骨干员工少一点。这样从原则上把问题想清楚后，具体问题就好解决了。

第三个问题，班子的整体素质怎么提高？联想控股采取的方法是，当班子成员的素质比较低或者能力不是很强的时候，企业规模比较小的情况下，可以采用指令性的方式工作，由总裁说了算。这时，一把手应该比其他班子成员想得多，一把手也要拿出主要的精力和权力来兑现自己的要求，使用手中的权力推行自己的意见。当企业规模逐渐壮大，班子的成员也逐渐成熟的时候，就可以逐渐替换原有的素质不够的班子成员，一步一步实现由班子指挥。这时总裁就可以将指令性方式变成指导性方式，大家一起来研究，总裁先提个意见，让大家针对你的意见来讨论，最后定下统一的决策。如果企业再进一步发展，像到了联想控股现在这样的规模，就要采用参与型的方式，也就是将要解决的事情谈清楚，大概方向是什么，一把手会积极参与研讨，但最终以班子里其他成员的意见为主。柳传志打了个比喻：现在的自己好像是个制片人，年轻同志是电影导演，片子怎么拍，以导演的意思为主，制片人只给一个大方向。依照这样的方法，一个企业班子成员的层次、素质就会越来越高，也会使年轻人一层层地涌现出来并充实到最高领导层。

美国花旗银行的董事长在退休的时候，到联想控股参观访问，他的一段话给柳传志印象非常深刻。他说，对他的业绩考察，应该是在退休五年以后美国花旗银行的股价。柳传志觉得，这话说得好极了。“同样，对我的评价也应该是将来我退休 5 年以后联想的股价，而不是今天联想的股价，这样就会使我们更注意对年轻人的培养。这些，都是建班子的问题。”①

五、定战略

儒家主张，作为一个领导者必须深谋远虑。孔子说：“人无远虑，必有近忧。”② 一个人如果没有对未来长远的考虑，那么他一定会被眼前的问题所困扰。荀子更进一步指出：“配天而有下土者，先事虑事，先患虑患。先事虑事谓之接，接则事优成；先患虑患谓之豫，豫则祸不生。事至而后虑者谓之后，后则事不举；患至而后虑者谓之困，困则祸不可御。”③ 一个拥有一方疆土的领导者，在事情发生之前就要考虑到那个事情，在祸患来到之前就要考虑到那种祸患。正如清代学者陈澹然所言：“不谋万世者，不足谋一时；不谋全局者，不足谋一域。”④ 现代西方领导理论则特别强调领导者的战略决策能力。德鲁克指出：“每当你看到一个伟大的企业，必定有人作出过远大的决策。”制定组织战略，是企业领导者的主要职责。领导战略问题关系到企业整体活动的方向、目

① 转引自张涛：《柳问：柳传志的管理三要素》，浙江人民出版社 2015 年版，第 147 页。

② 程树德撰，程俊英、蒋见元点校：《论语・卫灵公》，《论语集释》，中华书局 1990 年版，第 1093 页。

③ （清）王先谦撰，沈啸寰、王星贤点校：《荀子・大略》，《荀子集解》，中华书局 1988 年版，第 492 页。

④ （清）陈澹然：《寤言・迁都建藩议》，光绪二十八年刊本。

标、效能、成败和根本利益。领导战略正确，才有可能实现组织的目标，引领企业走向未来。

柳传志认为，公司战略的制定一般分为五步：第一，要设立愿景，也就是企业如果要长久做下去，归根到底想干什么，要有一个愿景，这是非常重要的。第二，要设定中远期目标，这和企业控制资源的能力有很大关系。第三，针对中远期目标的实现，要想清楚具体要选择怎样的路线。也就是企业到底该做什么，不该做什么，核心管理团队必须反复想透彻。第四，要明确企业针对目标和路线，该如何进行业务结构的布局，如何设定组织结构、管理模式、重点任务。第五，要持续推进战略目标的执行、考核和调整，执行是关键。下面具体论述。

一是设立愿景。“愿景”指一个人或一个组织愿望看见的前景。企业愿景是企业领导者对企业未来的设想，体现着企业成员的共同追求，是企业自觉的战略定位，并在相当长一段时间内指引着企业的发展方向。柳传志指出：“愿景其实对一个企业的长远发展是十分重要的。愿景就是说，你真心想要干什么，未来想要做什么？这个非常重要。”①

在联想控股发展史上，曾经提出过两个愿景。第一是在 1995 年“联想集团”时期，当时确认的愿景是：“长远的、上规模的、高科技的企业”。柳传志论述道：“（当时）联想提出了三条愿景：联想要做一个长久的公司，要做百年老字号，不急于一下子很出名，利润很高，然后就垮了，这是第一条最重要的愿景；第二是我们要做一个有规模的公司，要有国际化的市场地位；第三是要做个高技术的公司，不想什么赚钱做什么。”这里，所谓办一家“长远”的公司，就是希望将联想办成一家百年老店，而不是赚一把钱就散伙，注重公司的长远利益。所谓办一家“上规模”的公司，就是希望将联想办成一家拥有相当体量的企业，能够在市场经济的浪潮中抗风险、抗击打，成为中国经济发展中的重要角色。所谓办一家“高科技”的公司，就是希望将联想办成一家以

① 柳传志：《在“联想控股、子公司第一期‘入模子’培训”中的讲话》，转引自张涛：《柳问：柳传志的管理三要素》，浙江人民出版社 2015 年版，第 162 页。

推动高新技术发展为自身使命的企业，即通过发展高新技术来谋求企业的发展，而不是什么行业赚钱就做什么。这个愿景塑造了联想的企业文化精神，奠定了联想可持续发展的基础。

2004 年，随着从“联想集团”到“联想控股”的转型，柳传志又提出联想控股的新愿景。“这个愿景有五个要素：第一，产业报国；第二，要值得信赖受人尊重；第三，在多个行业拥有领先企业；第四，在世界范围内要有影响力；第五，控股公司。”所谓“产业报国”，就要把报国大旗高高举起，发展企业，给国家缴税，并为中国高科技产业化探索出一条道路。所谓“值得信赖受人尊重”，包括诚信、创新、长久、规模、社会责任、在行业中的领先地位，等等。所谓“在多个行业拥有领先企业”，就是多元化发展，并成为所在行业的领军企业。所谓“在世界范围内要有影响力”，就是说愿景的范围并不仅限于国内，它指的是未来一定要成为世界上的领先企业。所谓“控股”，意思就是要成为众多企业的大本营，联想控股不会上手自己做企业，而是通过投资控股的方式实现运作。上述这些新愿景展示了联想控股发展的远大前景，展现了柳传志作为联想控股掌舵者的宏图大略。

二是设定目标。企业目标就是创造价值，实现其愿景所要达到的预期成果。愿景有助于确定目标，目标为实现愿景服务。在柳传志看来，“定战略”中的目标，更多指的是企业层面的战略目标以及策略性目标。就目标所涉及的周期而言，战略目标应该是中远期的 3 年或者 5 年的目标。就目标所涉及的属性而言，战略目标更多应该是一个明确的财务目标，也就是公司的营业额、利润、资本回报率等一系列财务指标。只有这个目标确定后，才会倒推到企业的现状，指引着企业及其团队向这个目标所设定的方向配置资源并积极努力，以促成目标的达成。

柳传志对于制定目标的方法有两点要求。一是要反复修正、尽量科学。也就是一开始制定企业目标时，就要考虑到企业的业务布局、组织架构、资源匹配等。在目标制定后，决定路线、决定业务布局，然后再回过头重新衡量目标。这样反复几次，才能把目标确定下来。在这个过程中，要不断地做，不断进行调整，在逻辑上一层层反复推演，考虑目标的科学性，以保证目标确定后能够按既定计划得以执行。二是目标确定后，要说到做到。这不仅是企业管理者的态度问题，还是管理团队的能力问题。如果不是有突发事件干扰，企业组织的目标是绝对不能轻易修改的。万一达不到目标，一定要查责任、深挖执行失败的内在原因。

三是选择路线。所谓“路线”，本义指从一个地方到另一个地方所经过的道路，引申为完成某种工作所遵循的途径，以及思想上、政治上所遵循的根本途径。联想控股“定战略”中的“路线”，取的是其第一个引申义，指企业为了实现自己的目标，而选择的“发展路径”或“发展道路”。用柳传志的话来说，就是：“为实现目标决定做什么，不做什么，用什么方法做，称为路线。大的方向定下来之后，实际上就是发展路线。”①

柳传志提出，企业制定路线有三个步骤：(1) 制定前的调查和分析。首先是外部的调查分析——世界和地区的政治、经济方面的调查分析，本行业的状况和前景的分析。(2) 内部资源能力的审视，包括形成价值链各个环节的分析、核心业务流程的分析、核心竞争力的分析等。(3) 竞争对手的分析和比较。分析竞争对手的战略、实际情况等。调查分析之后就是制定路线。关于“外部的调查分析”，在世界和地区方面，包括像金融危机、“非典”等外部的政治经济、自然环境的重大变化，都是和企业发展密切相关的。在本行业的状况和前景方面，就要针对企业所要进入的这个行业的整体情况进行系统分析：自己要进入或者已经身处其中的行业和产业，到底值不值得做？该做什么？行业的现状和发展趋势怎样？如此等等。关于“内部资源能力的审视”，也就是针对自身优劣势的分析，问问自己会干什么？自己特别会干什么？以及核心竞争能力的分析，包括品牌、产品开发能力、渠道建设能力、运作能力、管理能力等。关于“竞争对手的分析和比较”，柳传志从“龟兔赛跑”

① 柳传志：《联想的战略制定和执行》，转引自林军编：《柳传志管理日志》，浙江大学出版社 2013 年版，第 92 页。

的故事中得到启示。他说："与国外企业竞争，有点像'龟兔赛跑'。外国的企业好像是兔子，我们好比是乌龟，乌龟和兔子赛跑，兔子又不肯睡觉，乌龟就要做两件事。一件是如何向兔子学习，培养兔子的基因，二是利用赛跑的环境，比如在沼泽地里赛跑，才能获胜。我们制定的战略路线就是从这个基点出发的。"①

四是业务布局 / 组织架构。业务布局指企业对其经营业务的全面规划和安排，是企业对自身及有能力、资源和核心竞争力的总体配置。柳传志认为，业务布局有两个重要原则：一方面，要考虑把核心竞争力用在承重业务上，也就是将自身最擅长的能力和资源，配置到对公司既有利润贡献最大的业务上；另一方面，也要进一步考虑，除了既有的重点业务之外，怎样能将自身核心竞争力用足用透。用通俗的话来说，就是"既要吃着碗里的，也要看着锅里的，还要想着田里的"。

组织架构指企业内部各层级机构设置、职责权限、人员编制、工作程序和相关要求的制度安排，其本质是为实现组织战略目标而采取的一种分工协作体系，因而必然随着组织的重大战略调整而调整。在联想控股发展史上，曾经出现过四种组织架构。第一种是企业创立初期的"平低快船"模式。其时公司的业务相对简单，组织架构也比较简洁，整体框架由经理室、办公室、财务部、业务部、开发部、工程部组成，统一归总经理及经理室直接指挥。第二种是快速发展时期的"大船结构"模式。其特点是"集中指挥，分工协作"，围绕着企业下属的生产、开发、经营三大主体，分别设置统一的决策系统、供货系统、财务部门，实行资金、人员的统一调配管理。第三种是规模扩大时期的"舰队模式"。其核心思想是由高度集权逐步向集权和分权相结合的体制转化，以事业部为核心，从而集中精兵强将在单独的领域实现突破的同时，强化了财务、平台管理为统筹的统一管理体制，以保证公司整体方向的正确和运转的协调。第四种是企业分拆以后的"母子公司"模式。柳传志

① 柳传志：《在美国管理学会上的讲话》，转引自林军编：《柳传志管理日志》，浙江大学出版社 2013 年版，第 91 页。

事后谈道："这些业务只能用子公司的管理方式。这种管理的特点就是要将业务切开来。为什么？因为业务的内容不同，对人的要求就不同，文化侧重就不同，激励要求也不同，共处在一个公司很困难，所以就出现控股母公司与各子公司的管理模式。"①

五是执行是关键。柳传志强调，战略的制定必须和战略的执行一起考虑，如果不是这样，"定战略"这个环节就是不完整的。如果说"定战略五步法"中的前四步更多分析的是如何定好战略，那么最后一步强调的是制定战略时需要考虑的执行问题。在这部分，最为重要的是以下几点：执行时要考虑的因素；检讨目标是否正确，执行"路线"（或称"步骤"、"程序"）是否正确，是否需要调整；组织架构是否合适；领导人的品质和学习能力到底如何。其中"执行时要考虑的因素"，主要有三个方面：资金、人力资源、领导人的精力。如果这些资源和能力不够，战略又坚决要付诸执行，就需要开发新的资源和能力。在资金方面，如果资金不够，执行团队就要考虑融资的时间和途径，包括在什么时间什么节点采取融资的手段，是通过股市融资还是银行贷款等。在人力资源方面，人力资源的开发是一个系统的过程，不仅需要时间，而且带有很大偶然性，执行团队就要根据业务变化的要求而随时进行切换。在领导人的精力方面，核心管理团队、特别是CEO的注意力资源是一个关键问题，这就需要设置企划部门，并充分发挥其作用，从而使领导人的思想和决策能够充分与资源相匹配。

关于"目标、路线和组织架构的调整"。当公司的战略、目标、路线确认后，决不等于在执行中如果发现了问题就不能够改。但在修改和调整时，必须时时回顾当初战略设定的目标和方向，看是否产生了偏差。柳传志就此举了一个"电话号码拨错了没有"的故事：改革开放前火车站的售票电话非常难拨通，大家的经验是一直拨，拨一个钟头终究有拨通的时候。但如果是电话号码错了，拨多久都没用。因此，如果拨

① 转引自张涛：《柳问：柳传志的管理三要素》，浙江人民出版社2015年版，第198页。

不通还是要再验证电话号码是否正确，确认是它，你才能死拨。柳传志用这个故事提醒管理团队，在战略执行之初，就要时刻检查方向是否正确无误，以保证目标设定和后期执行之间的统一性和适配性。至于组织架构也要从考虑执行的角度上来检验，到底目前的组织架构能否很好地支撑战略路线和业务目标的实现。

关于“领导人的品质和学习能力”。柳传志认为，影响战略执行的关键，归根到底还是企业领导人的品质和学习能力。其中，领导人最重要的品质是能否将企业利益放到第一位；而学习能力则更多强调的是不受思维、模式和原有理论的制约，及时总结和复盘的能力，也就是将管理科学与管理艺术紧密结合起来的能力。柳传志指出：“管理是科学，还是艺术？操作系统相当于是科学，能够定下来；但在具体执行上，还是有很大的艺术成分，还是需要具体的人来执行和实现。实际上这就是管理。”①

六、带队伍

《论语·学而》指出：“礼之用，和为贵。”这里的“礼”，我们可以理解为组织的一套规范、制度，以及文化。儒家强调用“礼”来协调人的行为，平衡各种关系，使之达到协调的状态。在现代企业中，如何充分发挥员工的积极性，以实现组织的协调发展，达到既定的战略目标？柳传志提出“带队伍”的思路。联想控股的“带队伍”涉及五个方面的内容：第一，企业架构；第二，激励措施；第三，企业文化；第四，规章制度；第五，领军人物和骨干员工的培养。其中，第一点“企业架构”参见“定战略”部分，第五点“领军人物和骨干员工的培养”，参见“建班子”部分；这里着重论述中间三点：激励措施、企业文化、规章制度。

① 张涛：《柳问：柳传志的管理三要素》，浙江人民出版社 2015 年版，第 209 页。

一是激励措施。孟子指出："民之为道也，有恒产者有恒心，无恒产者无恒心。"① 在孟子看来，普通民众认同的是这么一条道理：有固定资产的人会有稳定不变的思想，没有固定资产的人不会有稳定不变的思想。没有固定的资产而有稳定不变思想的，只有士人才能够做得到；普通的民众，没有固定的资产，随之就没有稳定不变的思想。现代企业的员工既是"士"又是"民"：一方面，他们是一个有理想有追求的现代企业组织的成员；另一方面，他们又是一个打工赚钱、养家糊口的普通人。因此，对于企业员工，既要有精神上的激励，也要有物质上的激励。

柳传志认为，精神激励很重要，而物质激励是基础。在 20 世纪 80 年代，第一代联想人创办公司时的年龄都在 40—50 岁。他们和同龄的中国知识分子一样，富有学识但自感得不到施展，希望更好地为国家多做一点事。因此，他们事业要求极高，集体荣誉感强，物质要求却不高。针对这一特点，柳传志在这一时期实施的激励机制体现了事业目标激励、集体主义精神培养、物质分配基本满足等特点。自 20 世纪 90 年代开始，联想集团从高校、社会上吸收大量人才，形成了新一代联想人。他们与老一代联想人相同的特点在于事业心、事业目标，但他们的物质要求却更强烈。因此公司用类似年功序列的做法保证他们的收入，实行横向、纵向的多方位晋升机制。此外，柳传志还提出了对员工的"三心"标准，即公司高层要有事业心，对所从事的事业有执着的追求；中层要有上进心，探求职业生涯的更高发展；基层要有责任心，积极主动不折不扣地履行自己的岗位职责。

在精神激励方面，联想有三个方面的措施。第一，营造良好的工作氛围，让员工愉快地工作。这就要杜绝所谓的"公司政治"或人事斗争，消除无原则的纠纷，形成企业良好的风气。第二，为有能力的员工提供舞台，让他们清晰了解企业布局，给他们充分参与公司决策的机

① （清）焦循撰，沈文倬点校：《孟子 · 滕文公上》，《孟子正义》，中华书局 1987 年版，第 333 页。

会。第三，保证管理者和骨干员工在开展工作时，能够做到责、权、利的高度统一，让他们清楚地知道自己在公司和全局中要发挥什么作用，有什么样的权利，肩负着怎样的责任，而在未来又会因这一责任收获怎样的利益。上述措施充分调动了联想控股员工工作的积极性和主动性，收到了很好的效果。例如，联想控股应收账款的控制做得非常好，其实很多方法都是第一线的工作人员想出来的，他们提出的建议可以立刻被采纳。而在中国的一些外国公司办的企业，他们的一些规定条文都是在总部制定的，中国公司只能按照规定去执行。当本地公司人员发现不合乎实际情况的时候，要一层一层地上报，得到国外总部的批准，不但效率降低了很多，而且对员工的积极性也是很大的打击。

在物质激励方面，联想控股划分为短期、中期和长期激励。其中，短期激励的基础是工资和福利。由于联想控股重视培养和吸引优秀员工，所以公司一直强调员工的工资水平要在行业中具备竞争力。在中期激励方面，联想控股除了一般意义上的年终奖之外，还设立了项目奖金和“3 年奖金”。前者指的是，参与特殊项目的管理者及员工能够在项目结束后依据其成效获得奖金；后者指的是，如果管理者及员工负责的专题项目、规划等，在未来的 3 年中都会产生持续效果，那么就可以按照一定比例获得奖励。长期激励包括股权激励和期权激励，是联想控股最富有特色、处理最为成功，也是柳传志最引以为自豪的激励措施。1996 年，经柳传志极力争取，中国科学院将 35% 的分红权给予了联想集团管理团队。其中，15 名创业者获得 35%，1988 年前进入公司的 170 名核心员工获得 20%，其余的 45% 则按贡献分给后来的员工以及留给未来的员工。但由于当时政策的原因，实际并未分摊到人。2000 年，利用香港联想资产重组的机会，联想集团管理层用这些积累的、该分未分的利润购买了 35% 的股权并按上述比例落实到员工，从而使联想集团从一家中国科学院全资的国有公司转变为一家股份制公司，不但员工得到了实惠，而且也为中国特色的国有企业股份制改造树立了样板。

二是企业文化。孔子指出：“君子之德风，小人之德草，草上之风，必偃。”[①] 其大意是说：领导者的德行就像风一样，老百姓的德行就像草一样，风向哪边吹，草就跟着向哪边倒。企业文化就是企业领导者所倡导而又被企业员工所接受的上下一致的思维方式和行为方式。在军人出身的柳传志看来：“文化是一个军队的灵魂。一个团打仗，剩几个人，重新组织起来的团打起来还一样，文化就是这么个东西，所以核心价值观就是所有的员工，企业的员工都承认的东西——什么叫对，什么叫不对，我们大家统一认识。”[②] 在联想控股官网上，联想的企业文化被表述为两个部分：核心价值观和方法论。

联想的核心价值观有四点。首先是“企业利益第一”：企业利益是其他利益实现的前提，在价值判断和利益取舍时，把企业利益放在第一位，个人服从组织，局部服从整体。这一点主要是对一把手的要求。在柳传志看来，能够把企业利益放到第一位，是管理团队“一把手”人品正不正的主要衡量标准。其次是“求实”：实事求是，不骗自己；诚信负责，说到做到。求实是一种态度，也是一种能力。如何形成求实文化？柳传志总结了三点：一是从小事做起，事事认真；二是大力提倡说到做到的作风，反对“虽然没有完成任务，但尽力了就可以了”的说法；三是在企业内部没有管不了的人和事，求实不留死角。第三是“进取”：超越眼前利益，立意高远；超越固有经验，有想象力和创造力；超越自我局限，将 5% 的希望变成 100% 的现实。“困难无其数，从来不动摇”，这是柳传志的座右铭，也是联想控股进取精神的鲜明写照，对于一位管理者来说是如此，对于一个执行团队来说更是如此。第四是“以人为本”：办公司就是办人，重视人的作用，尊重人的需求，为人的发展创造条件，搭建没有天花板的舞台。柳传志认为，企业最大的“以人为本”，就是发现人才，并让真正有能力的员工充分地发挥自身的价值与作用，从而获得物质和精神上的丰收，这无论对于企业还是个人都是最

① 程树德撰，程俊英、蒋见元点校：《论语·颜渊》，《论语集释》，中华书局 1990 年版，第 866 页。

② 张涛：《柳问：柳传志的管理三要素》，浙江人民出版社 2015 年版，第 235 页。

大程度的双赢。

联想的方法论有三点。第一点是“目的性极强”：凡事先弄清楚目的，先弄清楚“为什么”，是瞄着打而不是懵着打。在做事的过程中，要时刻都想着做事的根本目的，把想做的事做成。柳传志对此有两句话：一是“一眼看到底”，就是透过现象看本质，深入事物和问题的内部，对所有相关要素之间本质的内在联系加以提炼并理解。二是“退出画面看画”，就是不要沉迷于事物或问题的细节，应从更高的格局和站位，更宏观的角度把握部分和整体之间的关系。第二点是“分阶段实施”：实现目标不是一个一蹴而就的过程，要注意不把长跑当短跑，综合考虑好轻重缓急，资源配置，分析好各种边界条件，前瞻性地将目标划分成子目标和阶段性目标，分阶段推进。第三点是“复盘”。复盘原本是一个围棋术语，在联想是指在工作中注意回顾总结，不断校验和校正目标，不断分析得失便于改进，不断深化认识和总结规律。复盘有四个步骤：一是回顾目标，看看当初的目的或期望的结果是什么；二是评估结果，对照原来设定的目标找出这个过程中的亮点与不足；三是分析原因，事情做成功的关键原因和失败的根本原因，包括主观和客观两个方面；四是总结经验，包括体会、体验、反思、规律，还包括行动计划，需要实施哪些新举措，需要继续哪些措施、叫停哪些项目等。复盘方法论的本质是基于核心价值观的自我反省，强调“开放心态、坦诚表达、实事求是、反思自我、集思广益”。

三是规章制度。儒家主张“德治”，但并不一概反对“法治”。孟子指出：“不以规矩，不能成方圆……故曰：徒善不足以为政，徒法不能以自行。”① 一个组织，光靠领导者发善心而没有相应的规矩是不可能治理好的。在现代企业组织中，企业文化与规章制度是相辅相成的，缺一不可。无形的企业文化通过有形的规章制度得以表现，有形的规章制度则无处不渗透着企业文化的基本精神。柳传志指出：“带人、带队伍

① （清）焦循撰，沈文倬点校：《孟子·离娄上》，《孟子正义》，中华书局 1987 年版，第 475—484 页。

有两方面的内容：一个是业务问题，一个是企业的文化问题。因此，一个企业的风格怎么让人知道，更多要先让人知道企业里的规章制度。”①

规章制度对于企业员工的行为有着直接的影响，让员工从进入企业开始，就能感受到企业的氛围，知道在这个企业中，哪些事情能做，哪些事情不能做；哪些是开始就说明白的规矩，必须遵守和执行；哪些是员工必须肩负的责任，必须去承担。当员工对这些企业文化和规章制度有了充分了解之后，才谈得上在业务运营中带队伍。因此，企业的规章制度不制定则已，一旦制定，就必须得到强有力的执行，这是落实企业文化、塑造团队执行力的关键。柳传志举了这么一个例子：1993 年人事部总经理刚上任的时候，柳传志跟他讲：我们定一个规则，进人不能走后门。人事部总经理点头同意了。后来有一次柳传志听人说，某某人就是走后门进联想集团的。回公司一确认，真是那么回事。这说明这位总经理，确实没有把这件事当回事，他以为走个后门不算什么，别的企业都是这么进人的。当时柳传志大发脾气，对这位总经理进行了多次严厉地批评。“所以，希望各位定制度的时候一定不要这样，千万不要视同儿戏，你可以不定，火候不到，可以暂时不定，可是定了就一定要做！”②

柳传志主张，企业制定规章制度要遵循“先简后繁”的原则，要适配企业不同的发展阶段，切忌贪大求全。当企业还小的时候，比如创业期的中小企业，更多需要解决的问题是生存，这个时候，对于管理规范性的要求相对宽容，只要不涉及企业底线就行，大多不是非常规范。但当企业发展到一定规模时，随着业务的扩大，分工也会越来越细。这时就必须注意企业各个部门的整体协调和综合治理，逐步完善规章制度的建设。此外，对于已经制定的规章制度，则要根据企业发展的情况、企业实际的需求和资源状况，及时加以调整。柳传志指出，作为高级管理人员，不仅要执行程序和制度，而且也要不断创新，明确什么是目

① 张涛：《柳问：柳传志的管理三要素》，浙江人民出版社 2015 年版，第 277 页。

② 张涛：《柳问：柳传志的管理三要素》，浙江人民出版社 2015 年版，第 278 页。

的，什么是手段。忘记了目的而着眼于复杂的制度流程，是天底下最大的笨蛋！“做任何事情包括做企业，一定要把目的弄清楚，流程和制度建设是为目的服务的，一旦边界条件发生变化，流程和制度也要跟着调整，否则就要打败仗。”①

柳传志特别强调在规章制度执行中领导者“以身作则”的重要性。在规章制度面前，企业内所有的人都一视同仁，没有人可以凌驾于制度之上。企业的领导者，包括一把手在内，都应该是规章制度执行的模范，只有领导者率先垂范，才能真正让员工相信，才能真正带动员工去主动执行。柳传志说：“有一句话是我在联想美国公司的墙上看到的标语，话说得有点绝对，但是在我自己的体会中，我觉得这真的是最重要的一件事。这句话就是：‘以身作则，不是劝导他人的重要途径，而是唯一途径。’‘唯一途径’的话说得固然重了点，但是以身作则确实是能不能树立企业文化的根本基础。”② 从柳传志自己率先执行“迟到罚站”，坚决贯彻“不让子女进公司”等规章制度的典型事例中，可以看出，领导者的以身作则确实是规章制度贯彻执行的根本保证。这就是“正己正人”的儒家领导原则在现代企业管理活动中的体现。

① 张涛：《柳问：柳传志的管理三要素》，浙江人民出版社 2015 年版，第 280 页。

② 张涛：《柳问：柳传志的管理三要素》，浙江人民出版社 2015 年版，第 281 页。

第七章　战略之道：与时变化的企业战略思维

■ 典型案例：海尔集团的“五次战略变革”

海尔集团创立于1984年。30多年来，海尔集团致力于成为“时代的企业”，随着时代变化而不断变化，先后经历了名牌战略、多元化战略、国际化战略、全球化品牌战略、网络化战略等五个发展阶段。在名牌战略阶段，海尔集团抓住中国改革开放的机遇，以著名的“砸冰箱”事件为标志，树立“要么不干，要干就要争第一”的名牌意识，以过硬的质量赢得了中国冰箱行业的第一品牌地位。在多元化战略阶段，海尔集团兼并了18家亏损企业，从只干冰箱一种产品发展到多元化，包括洗衣机、空调、热水器等。在兼并中，海尔集团输入管理理念和企业文化，用无形资产盘活有形资产。其案例《海尔：企业文化激活“休克鱼”》，在1998年被写入美国哈佛大学商学院案例库。在国际化战略阶段，海尔集团按照“走出去、走进去、走上去”的“三步走”思路，先后以缝隙产品进入国外主流市场，以主流产品进入当地主流渠道，以高端产品成为当地主流品牌，从而逐渐在国际上树立品牌，成为中国品牌走向全球的代表者。在全球化品牌战略阶段，海尔集团在海外建立本土化设计、本土化制造、本土化营销的“三位一体”中心，先后收购三洋电机在日本、东南亚的洗衣机、冰箱等多项业务，并购新西兰高端家电品牌斐雪派克（Fisher & Paykel），整合通用电气（GE）家电业务，成为全球大型家用电器的第一品牌。在网络化战略阶段，海尔从传统制造家电产品的企业转型为面向全社会孵化创客的平台，致力于成为互联网企业，颠覆传统企业自成体系的封闭系统，而是变成网络互联中的节点，互联互通各种资源，打造共创共赢新平台，实现攸关各方的共赢增值。其案例《海尔：与用户零距离》，2015 年再次进入美国哈佛商学院。

总结三十多年走过的历程，海尔集团首席执行官张瑞敏的体会是："只有时代的企业，没有成功的企业。为什么这么说呢？企业都想长盛不衰，但实际上我们很难看到这样的企业。一般来讲，很多企业都是昙花一现。所以，我认为没有成功的企业。如果这个企业成功了，那么，它所谓的成功，只不过是踏上了时代的节拍。所以说，企业应该是时代的企业，也就是说跟上了时代前进的步伐就是成功的企业。"

作为迄今为止世界上唯一一个在企业内部推动五次重大战略变革的领导者，其内在的文化底蕴是什么？张瑞敏回答道："我请了三位著名的老师，是他们教我如何成功的。第一位老师是老子，老子教会我战略性的思考；第二位老师是孙子，孙子教会我策略性的思考，是战术；第三位老师是孔子，孔子教会我做人做事的道理。"张瑞敏指出："在管理方法、管理模式和经验上，我们要学习西方。但是发展到一定程度之后呢，我觉得是东方的智慧显得更重要。在中国两千多年的《周易》当中有个'三易'，就是变易、不易、简易，非常适合市场的原则。'不易'就是市场有一个原则，就是对用户的真诚，这个是永远不变的；'变易'就是市场万变，你应该变到它的前面去；但是'简易'就是所有的管理都应该是最简化的，我们用最简化去应付最复杂的东西。这就是最高的智慧。中国最高的智慧是中庸，应该是找到一种方法，这就是《中庸》当中说的'极高明而道中庸'。"

"市场万变，你应该变到它的前面去"。张瑞敏进一步论述道："《易经》否卦有句爻辞'倾否'，而非'否倾'。主动颠覆封闭的局面，而不是被封闭的局面所颠覆，这是我们现在一直要探索的主要原因。就像克莱纳在《管理百年》里面所说的，‘管理上没有最终的答案，只有永恒的追问’。‘倾否’不是只倾一次、一劳永逸，而是要根据时代不断地颠覆，不断地‘倾否’。我们永恒的追求是什么？就是为了使海尔真正变成一个时代的企业。”

（资料来源：海尔集团官网）

西方企业战略理论认为，企业经营战略应当适应环境，满足市场需要，而组织结构又必须适应企业战略，因战略变化而变化。在当今世界“超竞争”时代的背景下，企业唯一的选择就是与时变化，即根据内外部环境的变化而适时地进行战略变革。从宏观上看，中国市场经济在短短三十多年的时间里，走过了西方世界 300 年的历程；从微观上看，中国改革开放以来诞生并发展至今的企业，经历了西方企业机制演变过程中的各种阶段。这就是海尔集团“五次战略变革”的时代背景。而支持海尔集团持续变革的基本理念，却是来自中国传统文化特别是儒家思想所特有的“时变观”。

一、儒家的时变观

与很多人心目中儒家的“保守”形象不同，真正的儒家其实是主张与时变化、趋时而动的。现代新儒家学者方东美曾以人格类型拟喻中国古代哲学思想流派之格局，他将儒家称为崇尚“时”、“中”的“时际人”；将道家称为崇尚“虚”、“无”的“太空人”；称佛家为崇尚“不滞”、“无住”的“时空兼综而迭遣者”。方东美指出：“儒家代表典型之时际人，意在囊括万有之一切——无论其为个人生命之尽性发展，天地万物自然生命之大化流衍，社会组织之结构体系，价值生命之创造成就，乃至性体本身之臻于终极完美等，——悉投注于时间之铸模中，而一一贞定之，使依次呈现其真实存在。问题的关键是：何谓时间？最简单之答复曰：时间之本质在于变易。”[①] 儒家的时变观，其内容有：时变与顺变、时变与因变、时变与权变、时变与不变、时变与时中等。

一是时变与顺变。所谓“时变”，其中的“时”本义指“时令”，即春夏秋冬四时。《周易·贲卦·彖传》：“观乎天文，以察时变。”孔颖达疏：“以察四时变化。”中国古代是一个以农业为主的国家，由“时令”自然就影响到“农时”，由不违“农时”又进一步引申到适应“时世”。汉代学者贾谊专门撰有《时变》一文，论述了时世的变化以及人们的应对方略。《史记·叔孙通传》：“若真鄙儒也，不知时变。”“时变”作为双音词虽然出现较晚，但先秦儒家孔孟荀等人通过对“时”这一单音词的使用，已经分别涉及了其中包含的“时令变化”与“时世变化”的双重内涵。《论语·学而》上说：“道千乘之国，敬事而信，节用而爱人，使民以时。”这里的“时”，指的就是因自然界的时令变化而带来的农事安排。《论语·宪问》上又说：“夫子时然后言，人不厌其言。”这里的“时”，则可理解为人世间的时机、时局、时势、时世的变化。在孔子看来，无论是对于自然界的时令变化，还是人世间的时世变化，都要顺时而变，才能取得预期的结果。

孟子进一步发挥了孔子顺时而变的思想。一方面，孟子主张对自然界的四时变化要顺时而变。他说：“不违农时，谷不可胜食也；数罟不入池，鱼鳖不可胜食；斧斤以时入山林，材木不可胜用也。”[②] 另一方面，孟子同样主张对于人世间的时局变化也要顺时而变。譬如，孟子借用齐国的民谚：“虽有智慧，不如乘势；虽有镃基，不如待时。”他分析了当时齐国面临的时势，认为齐国现在要称王天下正当其时。一是国土上的优势：齐国当时的国土比夏、商、周创业时期所拥有的国土大。二是民心上的形势：老百姓对暴政已经是痛心疾首了，因而对仁政的向往就像饥者择食、渴者需饮一样的强烈，大势所趋、民心所向。此时若施

① 方东美：《方东美集》，群言出版社 1993 年版。

② （清）焦循撰，沈文倬点校：《孟子·梁惠王上》，《孟子正义》，中华书局 1987 年版，第 55 页。

行仁政是上顺天时下应民心，必然能够取得成功。“当今之时，万乘之国，行仁政；民之悦之，犹解倒悬也。故事半古之倍之人，功必倍之；惟此时为然。”[①] 在孟子看来，时势是决定事情成功与否的关键因素之一。若要事情办得成功，即使有智慧，有好的手段、工具，没有有利的时机，那也是不行的；反之，如果抓住有利的时势，顺时而变，乘势而上，就会收到事半功倍的效果。

二是时变与因变。儒家所理解的“时变”，不是被动地跟随时间而波动，而是主动地因应时势的变化而变化。《周易·艮·彖传》上说：“时止则止，时行则行，动静不失其时，其道光明。”这就要求人们必须根据现实的时势而作出正确的决策：或动或静，或行或止，或进或退，一切都要“适其时”。正如孔子所言“譬如为山，未成一篑，止，吾止也。譬如平地，虽覆一篑，进，吾往也。”意思是说：好比堆土成山，只要再加一筐便可以了，但如果应该停止，我便停止；又好比在平地上堆土，尽管是刚刚倒下一筐，但如果应该继续下去，我便继续下去。[②] 孟子对孔子这种适时应变态度十分赞赏，指出：“孔子，圣之时者也。”[③] 这里把孔子当作识时务者为俊杰的“圣人”，是有事实根据的。孟子指出，孔子的行为原则是“可以速而速，可以久而久，可以处而处，可以仕而仕。”孔子离开齐国，不等把米淘完，说走就走；而离开鲁国，却说：“让我们慢慢走吧，这就是离开父母之邦啊！”——这就叫作“可以速而速，可以久而久”。又，孔子本来主张“天下有道则见，无道则隐”，认为君子出来做官是为了推行自己的政治理想。但在实际上，孔子既有因可以行道而出仕，如对于鲁国的季恒子；也有因为君主的供养而出仕，如对卫孝公。这就叫作“可以处而处，可以仕而仕”。

---

① （清）焦循撰，沈文倬点校：《孟子·公孙丑上》，《孟子正义》，中华书局 1987 年版，第 186 页。

② 程树德撰，程俊英、蒋见元点校：《论语·子罕》，《论语集释》，中华书局 1990 年版，第 61 页。

③ （清）焦循撰，沈文倬点校：《孟子·万章下》，《孟子正义》，中华书局 1987 年版，第 672 页。

荀子进一步把这种因时而变的思想运用到国家治理实践中去。《荀子·儒效》篇以周公为例，阐述了“大儒”的作用。有个客人回应道：“孔子说：‘周公可伟大啦。他身份高贵而更加谦逊有礼，家里富裕而更加节约俭朴，战胜了敌人而更加戒备警惕。’”荀子却认为，这既不能概括周公的行为、也不是孔子的原话，所谓“谦逊有礼”、“节约俭朴”、“戒备警惕”都不一定是“大儒”的行为。真正的“大儒”，他的一切行为都是因时而变的：“其言有类，其行有礼，其举事无悔，其持险、应变曲当；与时迁徙，与世偃仰，千举万变，其道一也：是大儒之稽也。”在荀子看来，真正伟大的儒者，他说话合乎法度，他行动合乎礼义，他做事没有因失误而引起的悔恨，他扶持危险的局势、应付突发的事变处处都恰当；他顺应时世，因时制宜，即使采取上千种措施，遇到上万次变化，但他奉行的原则是始终如一的。这才是伟大儒者的考核标准。

三是时变与权变。儒家十分重视“权变”。孔子指出：“可与共学，未可与适道；可与适道，未可与立；可与立，未可与权。”① 在孔子看来，做人的最高境界，就是通权达变；而具体的通权达变行为，即要依一定的时势（包含时间、地点、条件等要素）而转移。即所谓：“圣人执权，遭时定制，步骤之差，各有云设。”② 其中最有名的例子当属“三公问政”。据《韩非子·难三》记载：“叶公子高问政于仲尼，仲尼曰：‘政在悦近而来远。’哀公问政于仲尼，仲尼曰：‘政在选贤。’齐景公问政于仲尼，仲尼曰：‘政在节财。’”在上述案例中，涉及的都是国家的治理问题，但孔子根据不同国家及其管理者的实际情况而分别有所侧重。叶国割据势力强大，人心不齐，所以孔子特别强调“政在悦近而来远”。鲁国有孟孙、叔孙、季孙三人专政，使得国君与贤人隔绝，所以孔子特别强调“政在选贤”。齐景公挥霍无度，浪费钱财，所以孔子特别强调

① 程树德撰，程俊英、蒋见元点校：《论语·子罕》，《论语集释》，中华书局 1990 年版，第 626 页。

② （南朝·宋）范晔撰，（唐）李贤等注：《后汉书卷五十二·附崔寔政论》，《后汉书》，中华书局 1965 年版，第 1726 页。

“政在节财”，要求统治者克制自己的欲望。另据《史记·孔子世家》记载：“景公问政于孔子，孔子曰：‘君君，臣臣，父父，子子’……他日又复问政于孔子，孔子曰：‘政在节财’。”这就说明，对于国家的治理，不但可以根据不同国家不同管理者的具体情况而有所侧重；就是对于同一个国家同一个管理者，也可以根据不同的时势而有所侧重。

孟子继承和发扬了孔子的思想，明确提出因时而变的权变观，即所谓“彼一时，此一时也”①。据《孟子·公孙丑上》记载，孟子周游列国宣传自己的政治主张，对于诸侯们的赠与，有的接受，有的不接受，他的学生陈臻对此感到不理解。孟子回答道：“我这样做都是正确的。当在宋国的时候，我准备远行，对远行的人一定要送些盘缠，因此宋君说：‘送上一点盘缠吧。’我为什么不接受？当在薛地的时候，我听说路上有危险，须要戒备，因此薛君说：‘听说您要戒备，送点钱给您买兵器吧。’我为什么不接受？至于在齐国，就没有什么理由，没有什么理由却要送我一些钱，这等于用金钱收买我。哪里有君子可以拿钱收买的呢？”孟子提倡“富贵不能淫，贫贱不能移，威武不能屈”的大丈夫精神，却并不反对接受合情合理的馈赠，而是主张具体问题具体分析，一切以时势为转移。

四是时变与不变。儒家关于时变与不变的辩证关系，集中体现在《周易》之中。《易纬·乾凿度》指出：“《易》一名而三义，所谓易也，变易也，不易也。”汉代儒者郑玄在《易赞》和《易论》中，将此三义概括为易简、变易、不易。其实此说是基于《易传》而提出来的，相传为孔子所作的《系辞》在论《易》时，就蕴含着“《易》有三义”的说法。唐代儒者孔颖达在《周易正义》卷首明确指出：“《系辞》云‘乾坤其易之蕴邪？’又云‘易之门户邪？’又云‘夫乾，确然示人，易矣。夫坤，隤然示人，简矣。易则易知，简则易从’，此皆言易简之法则也。又云‘为道也屡迁，变动不居，周流六虚，上下无常，刚柔相易，不可

① （清）焦循撰，沈文倬点校：《孟子·公孙丑上》，《孟子正义》，中华书局1987年版，第309页。

为典要，唯变所适’，以言变易，出入移动者也。又云‘天尊地卑，乾坤定矣。卑高以陈，贵贱位矣。动静有常，刚柔断也’，此言其张设布列，不易者也。”

一方面，《周易》主张“时变”。《坤·文言》说：“坤道其顺乎，承天而时行。”《艮·彖》说：“艮，止也。时止则止，时行则行，动静不失其时，其道光明。”这一与时变化的观念，被《易传》概括为“与时偕行”。例如：《乾·文言》：“终日乾乾，与时偕行”；《损·彖》：“损益盈虚，与时偕行”；《益·彖》：“凡益之道，与时偕行”；如此等等。可以说，时变的观念贯穿于整部《周易》，没有“时变”就没有《周易》。另一方面，《周易》主张“不易”，就是不变的意思。《易·乾》：“不易乎世，不成乎名。”王弼注：“不为世俗所移易。”在儒者看来，“变易”的行程中有恒常之秩序，这种秩序的恒常性就是“不易”。“变易”和“不易”是宇宙自身的实现形式：“变易”保证宇宙永不滞留的流动活泼，“不易”则保证宇宙变而不乱、变而有常的神妙韵律。

后来的儒者将自然的规律引入社会的规律，将社会的秩序比拟于自然的秩序。如汉儒董仲舒即提出所谓“道之大原出于天，天不变道亦不变”①。对此，今人多有误解。其实如果把“天”理解为人类的生存环境（包含自然环境和社会环境），那在一定的历史阶段中，“天”确实是不会有太大变化的，反映其规律的“道”自然也就不必有太大变化。而在儒家看来，“天”不可能是永恒不变的，本身就处在“时变”之中，因此，董仲舒这句话并不排斥而实际上是包含着“天变道亦变”的精神的，因而不能简单地斥之为“保守主义”。

五是时变与时中。“中庸”是儒家的最高智慧。孔子说：“中庸之为德也，其至矣乎！民鲜久矣。”② 后世儒家学者（《史记》上说是孔子

① （东汉）班固撰，（唐）颜师古注：《汉书·董仲舒传》，《汉书》，中华书局1962年版，第2518—2519页。

② 程树德撰，程俊英、蒋见元点校：《论语·雍也》，《论语集释》，中华书局1990年版，第425页。

的孙子子思）据此做了一篇很有名的文章，这就是《礼记·中庸》。其中借孔子之口指出："君子中庸，小人反中庸。君子之中庸也，君子而时中。小人之中庸也，小人而无忌惮也。"在作者看来，君子之所以中庸，是因为君子随时做到适中，无过无不及；小人之所以违背中庸，是因为小人肆无忌惮，专走极端。这里把"时"与"中"结合起来，形成"时中"的概念，既揭示了"中庸"原则的时变性，又展现了"时变"思想的适中性。中庸就是合适，就是通过与时变化的途径而达到合适的目的。

孔子本人就是实行"时中"的典范。他主张"毋意，毋必，毋固，毋我"①，不固执一端，不执着于某一具体的做法，而是针对时世的变化，而及时调整自己的思想言行，提出新的解决方法。譬如，孔子虽然主张"吾从周"，推崇周公所创立的礼乐制度，但对其具体规定也并非一成不变，而是运用"损益法"对其进行必要的调整。例如，戴少量丝制的礼帽比戴大量麻制的礼帽更节俭，更符合当时大众的意愿，于是孔子就从"吾从周"转变到了"吾从众"，接受大众的做法，与时代保持一致。孔子主张"无可无不可"，指出："君子之于天下也，无适也，无莫也，义之于比"②。在他看来，一个人面对时时碰到的问题，既没有固定"可"的解决方法，也没有固定"不可"的解决方法；既没有必定要如此做的道理，也没有必定不如此做的道理。一切都要与当时的时世相适宜。

孟子继承了孔子的思想，主张与时变化而适中合宜。例如，孟子指出："汤执中，立贤无方。"③郑玄注："方，常也"；焦循《正义》云："惟贤则立，而无常法，乃申上'执中'之有权。"所谓"立贤无方"也

---

① 程树德撰，程俊英、蒋见元点校：《论语·子罕》，《论语集释》，中华书局1990年版，第573页。

② 程树德撰，程俊英、蒋见元点校：《论语·里仁》，《论语集释》，中华书局1990年版，第247页。

③ （清）焦循撰，沈文倬点校：《孟子·离娄下》，《孟子正义》，中华书局1987年版，第569页。

就是孟子所列举的例子："舜发于畎田之中，傅说举于版筑之间，胶鬲举于鱼盐之中，管夷吾举于士，孙叔敖举于海，百里奚兴于市。"[①] 这些历史上名扬一时的治国干才，有的本来是农夫，有的本来是泥水匠，有的本来是鱼盐贩子，有的本来是犯人……根本没有什么固定的成长模式。治国者懂得这个道理，"推而广之，而无常法"，与时变化，适中合宜，不拘一格地选拔任用人才，就能治理好天下。

二、西方企业战略变革理论

西方企业战略理论肇始于美国管理学家钱德勒（Chandler）1962 年出版的《战略与结构：工业企业史的考证》一书。钱德勒在该书中首次分析了环境—战略—组织结构之间的相互关系，认为企业经营战略应当适应环境，满足市场需要，而组织结构又必须适应企业战略，因战略变化而变化。在其后的发展中，以安德鲁斯（Andrews）为代表的"设计学派"认为，制定战略就是围绕发展核心能力，在内外部进行平衡，实现匹配的过程，应充分考虑企业的内外部环境对制定战略的影响。以安索夫（Ansoff）为代表的计划学派认为，战略的形成是一个受到控制的、有意识的、规范化的过程，战略的实施则是对环境的适应以及由此而导致的企业内部结构化的过程。以波特（Porter）为代表的"定位学派"认为，企业战略的核心是获得竞争优势，而竞争优势取决于企业所处行业的赢利能力，即行业吸引力和企业在行业中的相对竞争地位。以柯林斯和蒙哥马利（Collis & Montgomery）为代表的"资源学派"认为，资源是一个企业所拥有资产和能力的总和。因此一个企业要获得佳绩，就必须创造出一系列独特的具有竞争力的资源，并将其配置到拟定的竞争战略中去。

---

① （清）焦循撰，沈文倬点校：《孟子・告子下》，《孟子正义》，中华书局 1987 年版，第 864 页。

当今世界，已经进入一个“超竞争”时代，在这种背景下，企业唯一的选择就是与时变化，即根据内外部环境的变化而适时地进行战略变革。由此，企业战略变革理论应运而生，并逐渐成为企业战略理论的一个重要分支。①

一是关于企业战略变革的定义。企业战略理论的奠基人钱德勒把企业战略定义为“企业期望实现的目标以及实现目标的手段”；明兹伯格（Mintzberg）则把企业战略划分为战略内容与战略过程两个方面。在此基础上，后来的学者进一步加以细化，从而形成内容较为完整的企业战略变革的定义。首先是企业战略内容的改变，指企业的战略从一种形式转变到另一种形式，例如后进国家或地区的企业到底是选择实行本土化战略还是到海外发达国家直接投资的战略，取决于企业所拥有的资源与投资动机。其次是战略变革发生可能性的变化，指企业内外部的环境发生变化时，企业战略变革发生的概率会发生变化。其中牵涉到组织结构的惰性，以及国家政策或法律法规的变化等因素。再次是战略变革力度的变化。麦歇尔和帕斯（Maidque & Patch）把企业战略分为领先战略、低成本战略、追随战略、利基战略等四种形式，在对这些战略进行分类的基础上，研究这些战略经过一定时间段后企业重视程度的差异，以此来表示企业战略变革的进展。最后是战略变革持续的时间。研究认为，企业战略变革持续的时间有长有短，若战略转变持续的时间很长，则表明战略变革发生很困难；若持续时间很短，表明很容易发生战略变革。在这里，转变过程持续时间的长短表示了战略变革程度的大小。总的来看，企业战略变革可以定义为：企业与其外部环境相匹配的过程在形式、质量或者状态等方面随时间而发生的变化。

二是关于企业战略变革的影响因素。研究指出，影响企业战略变革的原因是多方面的，主要包括企业最初实施的战略、企业的外部环境、企业的绩效、企业组织与治理结构等四个维度。首先是企业最初实

---

① 参见陈传明、刘海建：《企业战略变革的理论与研究方法述评》，载《经济管理》2005 年第 14 期。

施的战略。当一个组织最初采取了某种战略时，那么很多利益相关者就被“嵌套”在这个企业最初的战略中，在相当长的时间里，这将限制了组织未来可以选择的战略范围。正如波特所言，企业实施成本领先、差异化、目标集聚等三种战略的任何一种战略，都需要不同的资源与技巧，每种战略都意味着“不同的组织安排、不同的权力控制程序与激励系统”。其次是企业的外部环境。在一个稳定性程度高的环境中，组织流程、规则都已经制度化，而战略也已经与组织相互“嵌套”在一起，企业战略就很难会发生变革；而在一个稳定性低的环境中，市场、技术不确定性程度非常高，这时企业只有持续不断地实施变革，才能生存并得到发展。再次是企业的绩效。研究表明，不良的业绩对组织的战略变革起着“催化剂”的作用，当不良的业绩表明现存的运行模式不适合时，管理者才会变革组织战略以回应环境的变化。相反，良好的业绩则可能导致战略刚性，组织的成功会使得管理者无视外部环境的变化，将会抵制对企业基本战略进行变革。最后是组织与治理结构，诸如组织内不同部门的权力配置、公司管理层的股权状况、总经理的任期、CEO的继任、高层管理团队的异质性等，都会对企业战略的变革带来影响。

三是关于企业战略变革的障碍。随着企业组织结构的转型、企业资源配置方式的重组、企业内外部利益格局的调整、企业核心竞争力的培育与更新，可以这么说，成功的企业战略变革过程也是成功排除变革障碍的过程。导致企业战略变革发生障碍的原因主要有以下三个方面：第一是企业家认知刚性。企业家的认知包括认知结构与认知过程。前者指企业家对于利益、风险机会、控制等问题的认知往往是规划式或计划式的，并且是相对固定的；后者指企业家对代表性、风险、个人自信程度等认知的过程是逐渐的、循序渐进的。而当企业家的认知结构与认知过程逐渐固定的时候，便逐渐形成了企业家认知的刚性，导致企业战略很难实行变革。第二是资源的专属所定。企业存在投资专用性。企业的某一部分资产（包括有形资产与无形资产）是专门与一定的战略相适应的。比如可口可乐的核心能力在于饮料，而不在于电脑；而IBM的核心能力却恰恰相反。消费者很难接受可口可乐公司生产电脑或IBM公司销售饮料，最主要的原因在于两者无形资产的性质不同。第三是风险厌恶心理。按照 2002 年诺贝尔经济学奖获得者卡恩曼（Kahneman）的说法，当企业面临风险的时候，往往回避风险，而不去进行更多的尝试。在卡恩曼看来，人是厌恶风险的，并且在心理上认为，人因为把一件事情做失败而给人的心理造成的心理损失（指人的精神上受到了很大的打击）是把同样的事情做成功给人的心理造成的心理收益（指人的精神感到非常愉悦）的两倍!

四是关于企业战略变革的过程。所谓变革是指用现行的计划和概念将企业转换成新的状况的过程。这一过程可以区分为渐进性的变革与革命性的变革这两种形式。渐进性的变革在企业生命周期中经常发生，其特点是稳定地推进变化，其影响限于企业体系中的某些部分。革命性的变革在企业生命周期中不经常发生，其特点是全面转化，其影响遍及企业整个体系。约翰逊和施乐斯（Johnson & Scholes）将企业变革的过程划分为四个阶段。第一是连续阶段：在这个阶段中，制定的战略基本上没有发生大的变化，仅有一些小的修正。第二是渐进阶段：在这个阶段中，战略发生缓慢地变化。这种变化可能是零打碎敲性的，也可能是系统性的。第三是不断改变阶段：在这个阶段中，战略变化呈现无方向或无重心的特点。第四是全面阶段：在这个阶段中，企业战略在一个较短的时间内，发生革命性或转化性的变化。一般认为，如果一家企业的战略经常发生质变，那么这家企业是无法正常运转的。然而，约翰逊和施乐斯告诫人们，环境中的变化不一定缓慢，企业的渐进变化有可能赶不上前者。因此，如果渐进阶段落在了环境变化的后面，那么，企业可能适应不了环境，结果不得不进行革命性的战略变革。

五是关于企业战略变革的内容。戴富特（Daft）将企业战略变革分为四种类型：一是技术变革，涉及企业的生产过程，包括使之有能力与竞争对手进行抗衡的知识和技能，旨在使企业生产更有效率或增加产量，并涉及工作方法、设备和工作流程等生产产品和服务技术。二是产品和服务变革，指企业的产出，包括新产品或改进现有产品，这在很大程度上影响着市场机会。三是结构和体系变革，指企业运作的管理方法，包括结构变化、政策变化和控制系统变化。第四是人员变革，指企业员工价值观、工作态度、技能和行为方式的转变，目的是确保职工努力工作，完成企业目标。而根据波特的观点，如何实施战略定位是战略变革的重要内容。帮助企业获得竞争优势而进行的战略定位，实际上就是在价值链配置系统中从产品范围、市场范围和企业价值系统范围三方面进行定位的选择过程。为此要进行产品的重新定位：对于“明星”产品，由于企业竞争力和市场吸引力强，也是高速成长的市场领先者，对其要多投资，促进发展，扩大市场份额；对于“金牛”产品，由于具有规模经济和高利润优势，但有风险，对其维持市场份额，尽可能多地获取市场利润；对于问题产品，虽然产品市场吸引力强，但由于要加大投资，因此主要考虑在尽可能短的时间内收回成本；对于“搜狗”产品，企业的对策就是尽快地售出剩余产品然后转产。

六是关于企业战略变革的领导。企业战略变革是一项复杂的系统工程，需要有效的组织与领导，企业各级经理人员理所当然地要履行这份职责。瑞典学者博曼和林德福尔斯（Bohman & Lindfors）分析了企业的战略结构和战略行动者认知结构的相互关系。他们所说的“战略行动者”就是指企业的高层管理团队，其学习过程和行为对于经济萧条时期的企业战略变革是十分必要的。弗洛伊德和莱恩（Floyd & Lane）从社会交流和角色的角度，把战略更新定义为伴随着提升、供给、使用新的知识和创新行为以促进组织核心竞争力或产品市场范围变革的演进过程。他们把这个过程分成三个子过程：竞争力的定义、部署、修正过程。在每一个阶段，高、中、低三个层次的经理人员在他们的时间范围与当前战略的关系、核心价值观和信仰、信息要求、情感特征等方面各不相同，由此导致了经理人员个体的不同战略角色之间和经理人员之间的战略角色的冲突。总的来看，西方学者们用认识心理学、社会学、复杂性科学等多学科的视角考察了经理人员在企业战略变革中的角色与行为。但是，他们的讨论重点基本落脚在职能上，而对于隐藏在职能背后的内源性能力驱动因素——管理人员的战略思维能力和战略行动能力较少涉及，而这两种能力的强弱及其如何驾驭与企业战略变革能否成功息息相关。①

其实，企业战略变革不仅是理论问题，更是实践问题。而实践总是走在理论的前头。就战略思维能力和战略行动能力而言，海尔集团及其领导者张瑞敏就远远走在西方学者乃至西方企业家同行的前面。据海尔集团研究专家、北京大学胡泳教授介绍："Fortune（美国《财富》杂志——引者注）做了个高管梦之队的专题，原因是做企业越来越成为一项团队活动。它挑选出九位选手组成全球企业界的绝杀阵营：首席战略官：海尔的张瑞敏；CFO，IBM的劳格里奇；董事长，Intuit的坎贝尔；COO，麦当劳的汤普森；CEO，亚马逊的贝佐斯；CIO，思科的雅各比；CMO，耐克的爱德华兹；等等。高管梦之队里的首席战略家，读者本来中意的是甲骨文的埃里森，因为他凭借购并屡建奇功，然而编辑们却认为埃里森更像一个单打独斗的人，不适合团队运动。除了业绩一流、领袖群伦之外，《财富》杂志还考虑到亲和力与体育精神，所以首席战略官最后选了张瑞敏。"② 张瑞敏是幸运的，运气来自于他所处的时代：改革开放三十多年，中国走过了西方国家300年的市场经济和企业发展的历史过程，各种企业战略集中在短时间段中先后呈现，张瑞敏抓住了这一难得机遇，使自己成为迄今为止世界上唯一一个在企业内部推动五次重大战略变革的领导者。运气更来自他所处的国度：源远流长的中华传统文化，诸子百家，博大精深。正如张瑞敏在哈佛大学演讲时所说："我请了三位著名的老师，是他们教我如何成功的：我的第一位老师是老子，老子教会我战略性的思考；我的第二位老师是孙子，孙子教会我策略性的思考，是战术；我的第三位老师是孔子，孔子教会我做人做事的道理。"③ 张瑞敏承接了这些精神财富，使自己成为融战略、战术和人文思想为一体的"新一代儒商"，在海尔集团上演了从名牌战略、多元

---

① 参见项国鹏：《西方企业战略变革理论述评及其对我国的启示》，载《外国经济与管理》2002年第7期。

② 胡泳的博客：《战略大师张瑞敏》，搜狐博客，2012年8月2日。

③ 光与梦的博客：《张瑞敏：新一代儒商》，新浪博客，2009年11月8日。

化战略、国际化战略、全球化品牌战略到网络化战略，一幕幕跌宕起伏的企业战略变革话剧，展现出其与时变化的战略思维和战略行动能力的中国智慧。

三、顺时而变：名牌战略

儒家经典《周易·贲卦·彖传》指出："观乎天文，以察时变。"在儒家看来，无论是对于自然界的时令变化，还是人世间的时世变化，都要顺时而变，才能取得预期的结果。海尔集团的"名牌战略"，就是顺时而变的产物。自 1978 年起，中国进入改革开放的新时代，并于 1984 年正式拉开城市经济体制改革的序幕。就在这一年的年底，海尔集团的前身青岛电冰箱总厂和德国利勃海尔公司签约引进当时亚洲第一条四星级电冰箱生产线；紧接着张瑞敏带领新的领导班子走马上任。20 世纪 80 年代初的这家作坊式小厂，面对市场的大潮显得无能为力、无所适从，在滞销、转产、再滞销直至大量积压的恶性循环中徘徊。当张瑞敏第一次走进这家企业时，印象最深的就是臭气熏天的大小便，以至于他上任后制定的第一条规章制度就是"不准在车间随地大小便"，而被传为笑料。就这样，一方面是乘着改革开放大潮而引进的国外先进科学技术和生产流程，另一方面是自身落后于时代的管理方式与生产关系，海尔集团就是在这样复杂的时代背景中开始起步的。

在经营方面，海尔集团当时面临的形势是：市场上各种牌号的冰箱生产厂家林立，共有十多家，有些产品在市场上已经有了一定的影响力。日本的冰箱也充斥市场。而此时，海尔集团创业刚起步，在客观上已落人后，如在战略上再无奇兵之势，要想在竞争激烈的冰箱市场上生存下去，十分困难。"以张瑞敏为首的厂领导，在分析市场形势时发现：尽管市场上的品牌不少，但并没有真正意义上的'名牌冰箱'，名牌还几乎是洋货的代名词。海尔人果断提出了'要么不干，要干就要争第一，创名牌'。他们认为'名牌战略'的核心就是产品的高质量，在市场经济中‘高质量’已远远不是仅仅符合工厂或国家规定的标准，而是适应市场的需求，来占领市场，引导消费。从此，海尔走上了‘创名牌’的发展道路。”①

一是转变观念，创立名牌。在20世纪80年代，中国企业基本上还没有“名牌”的观念。那时候的企业产品，是按照一等品、二等品、三等品、等外品来分类的。原因就是那个时候，中国刚刚改革开放，物品缺乏造成市场销售非常好，只要产品还能用，就可以堂而皇之地送出厂门，而且绝对有市场，绝对卖得掉，实在卖不了的产品，就分配给员工自用，或者送货上门半价卖掉。

1985年，一位用户向海尔集团反映：工厂生产的电冰箱有质量问题。于是张瑞敏突击检查了仓库，发现仓库中不合格的冰箱还有76台。当时研究处理办法时，有些干部提出意见：作为福利处理给本厂的员工。张瑞敏却作出了有悖“常理”的决定：开一个全体员工的现场会，把76台冰箱当众全部砸掉！听闻此言，许多老工人当场就流泪了……要知道，那时候别说“毁”东西，企业就连开工资都十分困难！况且，在那个物资还紧缺的年代，别说正品，就是次品也要凭票购买的！如此“糟蹋”，大家“心疼”啊！当时，甚至连海尔集团的上级主管部门都难以接受。但张瑞敏明白：如果放行这些产品，就谈不上质量意识！我们不能用任何姑息的做法，来告诉大家可以生产这种带缺陷的冰箱，否则今天是76台，明天就可以是760台、7600台……因而，张瑞敏宣布，把这些不合格的冰箱全部砸掉，而且谁干的谁来砸，并抡起大锤砸了第一锤。结果，就是这一砸，真正砸醒了海尔人的质量意识，砸出了海尔集团“名牌战略”的观念，砸成了海尔人“要么不干，要干就要争第一”的文化基因。至于那把著名的大锤，海尔人把它摆在展览厅里，让每一个新员工参观时都牢牢记住它。后来，这把大锤被中国国家博物馆收藏，相关人员表示：“海尔大锤”虽然不会说话，却活生生地反映了

① 韩明升、谢志鸿：《名牌之路——海尔集团实施名牌战略侧记》，载《集团经济研究》1997年第8期。

在那个时代里中国企业、中国企业家抓质量的历史，为后来的企业、行业都树立了典范，是一个划时代的文物。①

二是狠抓质量，打造名牌。在砸掉不合格的冰箱之后，接下来的一个多月里，张瑞敏发动和主持了一个又一个会议，讨论的主题非常集中："我这个岗位有质量隐患吗？我的工作会对质量造成什么影响？我的工作会影响谁？谁的工作会影响我？从我做起，从现在做起，应该如何提高质量？"在讨论中，大家相互启发，相互提醒，更多的则是深刻的内省与反思。于是，"产品质量零缺陷"的理念得到了广泛的认同，人们开始了理性地思考：怎样才能使"零缺陷"得到机制的保证？大家深深认识到："质量是企业的饭碗，谁砸了企业的饭碗，企业就砸掉他的饭碗"。从此，质量就像一面镜子，职工们每天都要在镜子里面照照，自觉维护产品质量蔚然成风。

没有高标准就没有高质量，不使用现代化的科技手段就不能保证高质量。为此，海尔集团在质量管理方面同步于引进技术，1985 年编写了 10 万字的《质量保证手册》，编定了 121 项管理标准、49 项工作标准和 1008 个技术标准，使冰箱生产过程的所有工序无一能逃过监测，所有部件无一能逃过扫描。并授予质检人员质量否决权，人们对质检员绝对的质量否决权，也给予了绝对的服从。将自检、互检、专检从制度上固定下来，实行以专检指导，自检、互检为基础的控制方法，是海尔集团提高产品质量的又一重要手段。"假如我是用户"、"下道工序就是用户"的活动广泛、持久开展，保证了不合格零部件、半成品不流入下道工序，不合格品不流入社会。产品质量高使海尔集团产品在消费者中确立了名牌地位，许多消费者都以拥有海尔产品为荣，海尔集团因此荣获了国家质量管理奖。更重要的是，广大员工牢牢树立了"精细化，零缺陷"的质量观念，从一开始就在思想上消灭次品，使员工的质量意识得到升华。在次品依然紧缺时，海尔集团就看到了次品除了被淘汰，毫

① 参见《青岛海尔 24 年前砸冰箱所用大锤成为国家文物》，载《新华网山东频道》2009 年 4 月 23 日。

无出路。任何企业要走品牌战略的发展道路，质量就永远是生存之本。所以海尔集团提出：“有缺陷的产品，就是废品！”而海尔集团的全面质量管理，推广的不是数理统计方法，而是提倡“高质量的产品是由高质量的人干出来的”，从转变员工的质量观念入手，实施名牌战略。

三是强化管理，巩固名牌。以质量管理为中心的“名牌战略”实施后，海尔集团的企业管理经历了从无序到有序，从有序到形成体系，从体系到高度的三个阶段。第一个阶段，海尔集团是在原来无主导产品、无效益、管理混乱的无序状态上起步的，出台的第一个管理措施《十三条》的内容，就真实地反映了那个时期企业的现状。在质量控制方面，海尔集团采取泰罗的科学管理方式，强化管理，强制提高，从而使企业管理逐渐由无序转向有序，“名牌战略”获得初步成功。第二个阶段，海尔集团的质量管理从有序向完整的、系统的控制体系发展，质量意识普遍被员工接受，产品质量稳步上升，新产品开发速度加快，而且几乎所有的新产品一面世都成为市场导向性产品。尤其是企业经受住了 1989 年经济低潮时期的考验，提价后仍成为畅销不衰的产品，海尔冰箱成为冰箱中的名牌、海尔企业成为同行业的排头兵，名牌战略获得战略性的成功。

在前两个阶段的基础上，海尔集团的管理走向新的高度，其标志就是创造性地提出了“OEC 工作法”。其中“O”代表“Overall”，意为“全面的”；“E”代表“Everyone，Everything，Every day”，意为“每个人、每件事、每一天”；“C”代表“Control and Clear”，意为“控制和清理”。其含义是全方位地对每个人每一天所做的每件事进行控制和清理，每天的工作每天完成，而且每天的工作质量都有一点儿（1%）的提高。这样，从车间工人到集团总部的每一位干部都知道自己每天应干些什么，甚至可能自己考核自己的工作，领取自己该得到的那份报酬。具体地说，OEC 管理模式意味着企业每天所有的事都有人管，所有的人均有管理、控制内容，并依据工作标准对各自控制的事项，按规定的计划执行，每日把实施结果与计划指标对照、总结、纠偏，达到对事物发展过程日日控制、事事控制的目的，确保事物向预定目标发展。这一管理方法可以概括为五句话：总账不漏项，事事有人管，人人都管事，管事凭效果，管人凭考核。归纳成一句话，就是“日事日毕，日清日高”。这就使名牌产品处于全方位的优化管理之中，在管理上追求自主管理的至高境界，使制度约束变为职工的自觉行动，为巩固海尔集团的名牌战略，奠定了重要的基石。

四是创造市场，发展名牌。质量保证和品质管理，奠定了海尔集团以名牌取胜的强大优势。而在发展名牌的过程中，海尔人进一步认识到：质量只是在工厂之内，而名牌则要走向市场。为此，海尔人根据消费者对产品的反应和评价，同时了解世界市场发展趋势以及竞争对手的技术动向，准确地把握目标市场的潜在需求，开发出适销对路的新产品。同时，海尔人不断完善经营策略，敢于抢占市场制高点。在国内，他们首先从占领北京市场入手，借助从首都创出的信誉，向其他各大城市进军，进而在全国确定领先地位。在进军国际市场时，也是先打入欧美发达国家市场，然后再向发展中国家进行辐射。海尔人把售后服务视为实施名牌战略的重要环节，把“您的满意就是我们的工作标准”作为售后服务宗旨，并倡导为海尔集团用户提供星级服务。为此，他们在全国建立了完善的维修服务网络，配备了高素质的售后服务队伍，为每一个用户建立一套全方位信息速查档案，推出了“四个不漏”、“搬动一次法”、“信访卡制度”等多项服务举措。热情周到的服务，赢得了名牌的信誉。“卖信誉而不是卖产品”的市场观念使海尔产品走到哪里，“名牌战略”就延伸到哪里，海尔集团的最佳信誉就树到哪里。“用户永远是对的”的售后服务观念，则使优质的售后服务起到了以一当十，以后顶前的售前宣传作用。

海尔人明确提出“创造市场”的观念。张瑞敏指出，“创造市场”的内涵是不局限于在现有市场中争份额，而是以自己的优势另外创造新的市场：即不去争现有蛋糕的大小，而是重新做一块蛋糕去享受。张瑞敏自觉地以儒家经典《周易》中的时变观指导海尔不断创造市场。在他看来，“创造市场”的观念也符合《易经》中的“三易”原则：“变易”，市场每时每刻都在变化，是动态的，不是静止的；“不易”，万变之中有不变的规律，这就是消费者对产品质量的高标准是永远不变的。抓住了这一点，就抓住了市场的牛鼻子。美国企业管理中有句名言说："企业第一位的不是创造利润，而是创造顾客"；"简易"，把市场中纷繁的问题化繁为简，化难为易来解决。① 如本章第二部分"儒家的时变观"所述，儒家学者，从汉代的郑玄到唐代的孔颖达，都明确主张"《易》一名而三义"：所谓"易简"，指《周易》所揭示的道理来自于天地万物，简单明白；所谓"变易"，指天地万物无时不变，无处不变；所谓"不易"，指天地万物的变化有其内在的规律，不为世俗所移易。张瑞敏运用"三易"原则说明市场变易、不易、简易的规律，是对《周易》思想的创造性运用，也表明了其战略变革思维的儒学底色。

四、乘势而变：多元化战略

孟子说过："虽有智慧，不如乘势；虽有镃基，不如待时。"② 在孟子看来，时势是决定事情成功与否的关键因素之一。若要事情办得成功，即使有智慧，有好的手段、工具，没有有利的时机，那也是不行的；反之，如果抓住有利的时势，顺时而变，乘势而上，就会收到事半功倍的效果。海尔集团的多元化战略，正是乘势而变的结果。海尔集团在创业阶段实施"名牌战略"的成功，使其形成了进一步蓬勃发展的态势，海尔冰箱已经做到了第一，在管理、企业文化方面有了可移植的模式。海尔人认识到：在市场竞争中只有名牌而没有规模，名牌便无法保持和发展；有规模而无名牌，规模就无法保持和发展。因此，海尔创出名牌后，就必须走规模经济的道路。而多元化战略，正是迅速扩大企业规模

① 参见张瑞敏：《思路与出路：海尔集团的名牌战略》，《特区企业文化》1995 年第 4 期。

② （清）焦循撰，沈文倬点校：《孟子・公孙丑上》，《孟子正义》，中华书局 1987 年版，第 183 页。

的有效手段。1992 年年初，邓小平在南巡期间指出："改革开放胆子要大一些，不能像小脚女人一样。"小平的讲话，使海尔人看到了中国经济要大发展的光环，从而更加坚定地迈开企业兼并发展的多元化战略步伐。研究指出："海尔为什么会取得这样惊人的业绩？多元化是其重要的成长方式。"①

一是"专业化"与"多元化"。据海尔集团官网记载：1991 年开始，海尔集团进入多元化战略阶段。借着邓小平同志南巡讲话的机遇，海尔集团兼并了 18 家亏损企业，从只干冰箱一种产品发展到多元化，包括洗衣机、空调、热水器等。那时，舆论称"海尔走上了不规则之路"，行业也认为企业要做专业化，而不是"百货商场"。这里争议的实质在于要不要搞多元化。而对于张瑞敏和海尔人来说，"要不要"本就不成为问题。既然海尔集团的目标是跻身于世界 500 强，既然世界级企业都在搞跨行业经营，海尔集团就不能不搞多元化经营。现代化的公司应该走出地域局限，多种经营，这是全世界的经济规律。世界上许多著名大公司的成长史多数是由单一业务走向一定程度的多元化的历史，即富有实力的跨国公司通常是多国多元化公司。因此，多元化企业实行全方位扩张，这是中国企业走向世界的必然。

"专业化"与"多元化"孰好孰坏、孰优孰劣？不同观点的人都有证明自己正确的若干案例。对此，张瑞敏却有着不同寻常的解释："专业化与多元化并非对立的两极，企业成功与否并非与专业化和多元化有直接的联系。因为，它们不仅是企业经营状态连续体的界定概念，而且在企业主体、企业战略空间等意义上有不同的含义。无论专业化还是多元化，都是企业的战略行为。既然是企业战略，就不应存在谁对谁错、谁好谁坏、谁优谁劣的问题，在这里只存在竞争力问题：你现在的竞争力能否允许你进入多元化领域或加快多元化发展，当决定采用专业化或多元化的战略后，又能使你的竞争力增强到什么程度，在市场上取得

① 参见苑玉凤：《海尔的多元化发展战略》，载《湖北汽车工业学院学报》2002 年第 2 期。

什么地位。否则，不管是专业化还是多元化都将失去方向和意义。”在张瑞敏看来，“多元化”与“竞争力”息息相关：多元化能否推行取决于企业原有的竞争力，多元化是否成功则取决于能否形成企业新的竞争力。这其实就是“乘势”和“造势”的关系：前者是乘势而上，凭借的是企业原有的态势；后者是造势而成，造就的是企业扩张发展的新态势。

二是“火车”与“舰队”。很多企业搞多元化不成功，把“强”和“大”混为一谈是一个主要原因。海尔集团的实践表明，只有“强”，才能良性地发展“大”；如果没有“强”，单纯地搞“大”，是“大”不起来的。所以，美国一位学者提出，“大不是美，小不是美，只有从小到大才是美。”海尔集团目睹了全球企业沧桑的变化，希望自己更加优秀而不是更大。张瑞敏在考察美国市场时发现中国与美国的效率差别竟高达40倍。何谓高效率？简而言之，即投入小而产出大。在企业里，效率意味着“强”，规模意味着“大”，“大”的规模并不表示“强”，但是只有有了“强”才可以实现“大”的结果。所以，效率决定着规模，活力决定着效率。当今的国际竞争是巨人间的竞争，既然你想在竞争中取胜，首先你必须是巨人。在家电这个行业里，海尔集团在国内是老大，但与国际大公司比起来，还非常小。所以，海尔集团的决策者非常明确自己所面临的课题，就是如何抓住机遇来迅速扩大自己的实力和规模。他们认为，规模并不等同于实力；做大是手段，做强是目的；做大是过程，做强是结果；在做强中得大，在得大中更强，这就是海尔集团所走的发展道路。

中国企业向外扩张时往往采用“火车头”式的组织模式，即当某一主业获得成功后，在实施所谓“多元化”的进程中，把其他行业挂在主业后面发展，就像车厢一样，来一个挂一个，车头无论有多大动力，也会被拖慢速度，直至停下来。海尔集团的组织结构却与此不同，它是“一元化”与“多元化”的组合，即“联合舰队”模式，每一艘舰只都有独立的战斗能力，随时可以组编成新的阵容，既能各自为战，又能联合作战，最终实现整体大于各部分之和的市场效果。海尔集团实施多元化战略，实行企业兼并而成立集团以后，张瑞敏明确提出："海尔集团的模式不应是一列火车，加挂的车厢越多，车头的负担越重；而应是一支联合舰队，各个舰只都有一定的战斗力，整体又大于各部分之和。"① 这种按照系统论观点而制定的"联合舰队"模式，比较好地解决了集团发展中"放"与"收"的问题，使企业规模经营的效应逐步显现。

三是"东方亮了再亮西方"。很多中国企业在搞多元化方面有一个很大的误区，即所谓"东方不亮西方亮"，这边赔了那边来补。这种多元化经营理念是错误的。为了绕开盲目搞多元化的陷阱，海尔集团探索了一套"东方亮了再亮西方"的理论。这个理论包含两个原则：第一，把自己最熟悉的行业做强、做好、做大，在此基础上再进入并经营与该行业相关的产品；第二，进入一个新的行业，待做到一定规模之后，一定要跃居这个行业的前列。从 1984 年到 1991 年，海尔集团认真地把冰箱做到全国最好，然后由冰箱扩展到空调、冷柜、洗衣机等。海尔集团先发展与己相关系数较大的产品，后发展相关系数较小的，从"冰箱最好"扩展到"整个家电行业最好"，然后在立足家电行业的基础上，用资本运营筹集来的资金发展其他产业。这个"东方亮了再亮西方"的理论，清晰地阐明了企业搞多元化的扩张方向，只有这样，才能绕开多元化的陷阱。

由此，海尔集团在推动多元化战略的过程中，坚持了同步发展的原则，根据企业能力的强弱来控制多元化的发展节奏，最终实现企业能力提高和多元化节奏加快。这里有两层含义：一是企业能力与多元化的节奏相配合，即企业能力一般时，多元化节奏就慢一些，能力较强时，节奏就快一点；二是随着企业能力的提高，多元化的节奏也逐步加快。从 1985 年起，海尔坚持了 7 年的电冰箱专业化经营，在管理、品牌、销售服务等方面形成了较具优势的企业能力。以这些能力为基础，海尔

---

① 张瑞敏：《思路与出路：海尔集团的名牌战略》，载《特区企业文化》1995 年第 4 期。

集团从1992年开始进入冰柜和空调行业，1995年后进入洗衣机、热水器、小家电、微波炉、洗碗机等白色家电行业，1997年以后进入黑色家电行业，生产彩电、VCD、传真机、电话等产品，同时，还向市场推出整体厨房、卫生间产品，进入家居设备行业。从上述的时间表不难看出，海尔进入新行业的节奏是稳健的，基本上是量力而行、步步为营，实现了企业能力与多元化的同步发展。

四是“激活休克鱼”。多元化如何真正获得成功？关键的是看企业的核心能力能否保持和增强，企业运行的成本能否降低，企业已有的文化精神能否战胜不同产业的“排异性”、继续保持生机与活力。张瑞敏指出：“企业能力是多元化经营的基础和前提。多元化经营是不断提高企业能力的经营活动。企业的经营活动非常广泛，有战略性的，也有战术性的，它们对企业能力增长的贡献不一，多元化经营正是能够较大程度提高并不断延伸企业能力的战略性经营活动。”多元化必须依据企业核心能力，而多元化又将提高和延伸企业核心能力，使企业迅速成长。海尔集团这方面的著名案例，便是“激活休克鱼”。

企业间的兼并经常被比作“鱼吃鱼”，按照这种说法，国际上的企业间兼并重组的模式可以描述成三种方式：第一种是“大鱼吃小鱼”，企业间是以企业的规模和实力作为兼并的决定因素，技术含量很少，资本的作用很大，是比较初级的方式；第二种是“快鱼吃慢鱼”，技术已成为企业成败的关键因素，谁拥有更新更好的技术谁就在市场上占有优势，谁的技术领先谁就是竞争的强者，技术的作用超过资本，新技术企业兼并传统技术的企业；第三种是“鲨鱼吃鲨鱼”，这种兼并不是一般意义上的吞并，而是“强强联合”，也是最高形式的企业兼并重组，它的目的是让强者共谋发展。

然而，海尔集团提出别具一格的兼并理论，那就是“吃休克鱼”理论。张瑞敏说：“我们的国情决定了中国的企业搞兼并重组不可能照搬国外的模式。由于体制的原因，小鱼不觉其小，慢鱼不觉其慢，各有所倚，自得其乐，缺乏兼并重组积极性、主动性。所以大鱼不可能吃小鱼，也不可能吃慢鱼，更不能吃鲨鱼。活鱼不会让你吃，吃死鱼你会闹肚子，因此只有吃休克鱼。”张瑞敏还对休克鱼作出了解释，休克鱼的肌体没有腐烂，比喻企业的硬件很好；而鱼正处于休克状态，比喻企业的思想、观念有问题，导致企业停滞不前。这种企业一旦注入新的管理思想，有一套行之有效的管理办法，很快就能够被激活起来。因此，海尔集团看重的不是兼并对象现有的资产，而是潜在的市场、潜在的活力、潜在的效益。

正是运用这个别具一格的“吃休克鱼”理论，海尔集团于 1995 年 7 月兼并了原青岛红星电器厂，没有增加任何硬件和资金投入，仅仅依靠输入海尔集团的企业文化和管理制度，短短 3 个月就使该厂扭转了亏损局面，并成为中国洗衣机行业产品品种最多、销量最大的企业。为此，哈佛大学商学院派学者来到青岛收集资料，编写企业案例：“海尔文化激活休克鱼”。研究该案例的佩恩教授说：“近 10 年来，我们发现，一个企业的文化正在强烈地影响着一个企业的业绩。之所以选择海尔作哈佛案例，是因为我看到海尔不仅学习了西方的管理经验，更重要的是结合中国国情，创造了适合中国的管理文化。海尔能意识到这一点并运用成功，让我感到是一个奇迹。”① 佩恩教授的话，从一个侧面体现了海尔人战略思维和战略执行能力的中国特色。

五、适中之变：国际化战略

“中庸”是孔子提出的儒家的最高智慧。儒家经典《中庸》则把“中庸”与“时变”结合起来，提出“时中”的概念，指出：“君子中庸，小人反中庸。君子之中庸也，君子而时中。小人之中庸也，小人而无忌惮也。”在作者看来，君子之所以中庸，是因为君子随时做到适中，无过无不及；小人之所以违背中庸，是因为小人肆无忌惮，专走极

① 《“海尔文化激活休克鱼”编入哈佛教材　中国企业家首次走上哈佛讲坛》，载《中国青年报》1998 年 3 月 31 日。

端。“中庸”与“时变”结合而形成的“时中”概念，既揭示了“中庸”原则的时变性，又展现了“时变”思想的适中性。中庸就是合适，就是通过与时变化的途径而达到合适的目的。孔子本人就是一个实行“时中”的典范。他主张针对时世的变化，及时调整自己的思想言行，提出新的解决方法。在孔子看来，一个人面对时时碰到的问题，既没有固定“可”的解决方法，也没有固定“不可”的解决方法；既没有必定要如此做的道理，也没有必定不如此做的道理。一切都要与当时的时世相适宜。20 世纪 90 年代末，正值中国加入世界贸易组织（WTO），很多企业试图走出国门，但出去之后非常困难，又只好退回来。海尔集团认为“国门之内无名牌”，“不是出口创汇，而是出口创牌”，毅然决然地实行国际化战略。1999 年，海尔集团在美国建立第一个海外工业园时，受到很多质疑，当时有的媒体说，美国的工厂都到中国来设厂，海尔集团却反其道而行的跑到美国去设厂，最后肯定以失败告终。还有的媒体说：“别的企业到美国投资都不成功，海尔也很难成功”、“海尔等于是不在国内吃肉，却到国外啃骨头、喝汤。”但海尔集团不为所动，经过在定位、路径、价值链和文化方面的不断调试，终于找到了适合自己的国际化之路，逐渐在国际上树立品牌，成为中国品牌走向全球的佼佼者。

一是战略定位的调适。企业国际化战略是企业产品与服务在本土之外的发展战略。这对于输出国的本国企业来说，走出国门意味着“国际化”；而对于接收国的他国企业来说，走进国门则意味着“本土化”。在海尔集团看来，国际化战略的目标是建立国际化的品牌，要解决品牌问题，海尔集团就不能只在国内做产品加工，而是要在全世界做企业的“本土化”，要拿下国外的市场，成为本土化的名牌。要创名牌，仅有高质量是不够的，必须和当地消费者的需求紧密结合，而且必须要超前满足当地消费者的需求。例如，海尔集团在德国推出的超级节能无氟冰箱就是一个典型，它既解决了国际社会对于环保的要求，又考虑到消费者的切身利益，在开发无氟冰箱的同时实现了节能 50% 的目标，不但发明了一项世界领先的成果，还取得了巨大的市场效果。海尔超级节能无氟冰箱达到德国A级能耗标准，德国消费者凡购买海尔超级节能无氟冰箱可得到政府补贴。

海尔集团的目标是要建成由世界各地本土化的海尔企业组成国际化的海尔集团。到目前为止，已经形成了除中国以外的亚洲海尔、美国海尔、欧洲海尔和中东海尔等本土化的海尔企业。海尔集团提出了“三个三分之一”的战略目标，即国内生产国内销售三分之一，国内生产国外销售三分之一，海外生产海外销售三分之一。与此相适应，海尔集团提出“三位一体”的本土化方针，即产品的设计、制造、营销都做到当地化；以及“三融一创”的本土化策略，即融资、融智、融文化和创名牌。以美国为例，海尔集团从1995年开始向美国出口冰箱，然后在美国逐步打造本土化的品牌。1999年，美国海尔生产中心在美国南卡罗来纳州奠基，其设计中心在洛杉矶、生产中心在南卡州、营销中心在纽约，实现了产品设计、制造、营销的完全美国化。一年多以后，第一台带有“美国制造”标签的海尔冰箱下线。2001年，海尔投资发展有限公司和美国纽约人寿保险公司共同出资设立“海尔纽约人寿保险公司”，象征着海尔集团在构筑产融结合的跨国集团过程中迈出重要的一步。2002年，海尔集团在美国纽约中心百老汇购买原格林尼治银行大厦作为北美的总部，标志着海尔集团已经在美国树立起本土化的名牌形象。

二是战略路径的调适。在海尔集团官网上，对其国际化战略的描述是：“下棋找高手”、“先难后易”，首先进入发达国家创名牌，再以高屋建瓴之势进入发展中国家。事实上，认真分析起来，海尔集团的国际化战略路径是“先难后易”与“先易后难”二者的结合。具体来说，在目标市场的选择上是“先难后易”：先将产品卖到德国，然后是东南亚、中东等地区的发展中国家；在经营方式上，是“先易后难”：先出口产品，再联合研发，最后设立研发中心、贸易公司和生产基地；在产品战略和投资方式上，是“先易后难”：在进入各国市场时都是先选择海尔集团竞争力最强的产品，在拳头产品站住脚跟后，其他产品再跟进，实行多元化发展；在本土化的地理位置上，是“先易后难”：先在自己比较熟悉的、地理位置和风俗习惯相近的亚洲国家（如印尼、菲律宾、巴基斯坦等国）办厂，然后再到欧美市场去发展。①

海尔集团之所以采用这样的战略路径，是在其落实战略目标中主动适应的结果。海尔集团要落实“国内生产国外销售三分之一”的战略目标，把中国的产品推销到外国去，关键在于产品的质量。海尔集团先将产品出口到世界上对产品质量最挑剔的德国市场，把自己生产的冰箱和德国的冰箱摆在一起，撕掉商标，让25名德国经销商进行挑选，结果海尔冰箱的质量和德国市场上的名牌冰箱产品质量一样过关。德国人终于信服了，并签订了购销合同。随着海尔集团的产品成功进入欧美发达国家，海尔集团的知名度迅速提高，其他市场则不攻自破。这就是所谓“先难后易”的战略路径。海尔集团要落实“海外生产海外销售三分之一”的战略目标，到国外去办厂，关键在于管理经营的能力。考虑到当时海尔集团的实力有限，又无国外经营管理的经验，直接到国外办厂风险太大，于是海尔集团在1995年成立香港贸易公司，利用中国香港这个“世界最自由地区”的优势，为自己到国外生产做准备。有了以上前期工作，海尔集团在1996年到1997年在亚洲邻国成立了3家生产公司。与此同时，海尔集团也积极地开拓美国市场，以优异的品质树立了良好的品牌知名度，再加上已经拥有一段时间的海外经营管理的经验，1999年才将美国海尔生产基地提上日程。这就是所谓“先易后难”的战略路径。

三是战略环节的调适。波特于1985年在其所著的《竞争优势》一书中首先提出“价值链”的概念。在波特看来，可以把企业创造价值的过程分解为一系列互不相同但又相互关联的经济活动，即内部后勤、生产作业、外部后勤、市场和营销、服务五种基本活动，以及采购、技术开发、人力资源管理、企业基础设施四种辅助活动。这些“价值活动”特定方式的联结即构成企业的“价值链”。波特认为，在一个企业众多

① 参见张蕾、吴秋琴：《“先难后易”还是“先易后难”——解读海尔国际化战略》，载《商务周刊》2004年第6期。

的“价值活动”中，并不是每一个环节都创造价值。企业所创造的价值，实际上来自企业价值链上的某些特定的价值活动；这些真正创造价值的经营活动，就是企业价值链的“战略环节”。①

海尔集团首先通过名牌化战略和多元化战略积聚了一定的竞争实力，但作为后发展型企业（即企业的新技术是引进的，且成长过程中，有许多同行业竞争者），在海尔集团的国际化经营阶段没有必要也没有能力像实力雄厚的跨国公司那样创造企业的全球价值网，其明智的选择就是根据企业外部环境和自身条件选择价值链上一两个关键环节，集中资源，建立相对竞争优势。海尔集团选择的关键环节是价值链上基本活动的后两个环节——市场营销和服务。在这两个环节上，海尔集团一方面通过大规模销售服务，逐渐建立起遍及全球的营销网络和维修服务网络；另一方面通过严格的管理和控制，树立“高质量服务”的信誉，将品牌逐步打入国际市场，形成自己的相对竞争优势。

在国际市场上取得一定市场优势之后，同样基于价值链的分析，由于技术和研发不是海尔集团的竞争优势所在，海尔集团于是在国际化经营的过程中通过与一些世界著名的跨国公司建立技术联盟以及整合全球科技人才资源来提升企业的技术竞争力。海尔集团分别同意大利的海梅公司、美国的 ES 公司和朗讯公司、德国的迈兹公司、荷兰的飞利浦公司、日本的松下公司等跨国公司建立起多个技术联盟，在冰箱、洗衣机、数字彩电等许多领域就全媒体技术、数字化技术、变频技术、软件技术等方面实行技术合作与共同开发。通过这些技术联盟，海尔集团不断获得较为先进的技术信息与技术能力，从而不断提升了企业的国际竞争力。

四是企业文化的调适。海尔集团要在国际化战略中实现本土化，就一定要实现企业文化的本土化。首先，要在文化相互作用的过程中确认彼此间的规则，哪些需要改正，哪些应该扬弃，哪些需要提倡，哪些

---

① 参见马刚：《价值链理论与我国企业的国际化战略——海尔国际化经营战略的价值链分析》，载《价值工程》2001 年第 6 期。

应该废除。其次，要理解文化间存在的差异，不应该强调文化的先进、落后，也不应该体现文化的强势、弱势，而应当对多元文化有更多的理解和认同。再次，要顺应有利于企业发展的文化，提高员工对跨文化的认知，改变员工原有不适应企业发展的行为模式。海尔集团在实施文化本土化的过程中，通过共同的经营理念、企业精神以及尊重彼此间的文化差异，逐步实现了海尔文化与当地文化之间的融合。美国人性格自由、开朗，在管理上要求统一着装、工作时间不听音乐、厂区内不得吸烟的工作要求对他们来说是难以接受的。海尔集团管理人员对员工进行了循序渐进的引导，深入浅出地用各种故事向美国员工传播海尔文化，使他们最终顺应了海尔文化。海尔集团成功地实现了不同国家地区文化本土化，虽然手段各有不同，但是海尔集团的精髓并没有变，而且还不断地丰富海尔文化的内涵，海尔文化也得到了升华。①

张瑞敏说过这么一个故事：在美国办工厂，我们原来的管理方法跟国内一样，谁好我就表扬谁，谁不好我就批评谁，但美国人说不可以，你这是侵犯我隐私啊，不能公布出来。但我们想，他好也不说他好，差也不说他差，这也不可以。最后我们用的是当地一个美国人当经理，我们要求他，你一定要公布出来，谁好谁坏，但是要用美国人可以接受的办法。那么他用的办法很简单，就是一个玩具熊，一个玩具猪，谁要干得好，工位上摆一个玩具熊，干得不好放一个玩具猪，美国人都很高兴，他可以接受，但又达到了管理激励的效果。张瑞敏对此解释道：管理的原则和目标不能够退缩，但具体方式应该用被管理者可以接受的方法来达到，这就是《中庸》上说的“极高明而道中庸”。这个故事表明，作为儒家的最高智慧，中庸之道蕴涵着极其丰富的辩证法思想，对于现代企业管理活动具有重要的启示。其适时而变、适变而中的“时中”思想，正是海尔集团国际化战略思维的灵魂。

---

① 参见张筝：《透视海尔跨文化融合的三大法宝》，载《人才资源开发》2008 年第 7 期。

六、以变应变：全球化品牌战略

儒家主张“与时变化”。《周易·系辞下》指出：“《易》之为书也，不可远；为道也，屡迁。变动不居，周流六虚。上下无常，刚柔相易，不可为典要，唯变所适。”在其作者看来，宇宙万物都是不断变化的，上下往来没有定准，因此不能追求固定不变的法则，而只能适应不断变化的规律。通俗地说，世界上唯一不变的就是变化，人们只有以变制变才可能适应这个世界。2001年，中国正式成为世界贸易组织（WTO）的成员。在全球经济一体化的形势之下，已经不可能在全世界找到一块不是国际市场的市场；而在国际市场的全球性竞争中，取胜的标志是品牌。因此企业务必要运作全球范围的品牌。用张瑞敏的话来说就是：围墙没有了，所有的狮子都可以吃所有的羚羊。海尔集团要发展，不应再像羚羊一样拼命奔跑求生存，而是不断地变化，把自己变成狮子。为此，张瑞敏指出：“不是说‘适者生存’嘛，现在应该是‘变者生存’，谁能变谁就胜。”① 从“适者生存”到“变者生存”，以变应变，以变制胜，正是海尔集团全球化品牌战略背后的思维方式。

一是使命的应变。海尔集团的全球化品牌战略是在其国际化战略的基础上发展起来的，但二者却有本质的不同：国际化战略是以中国为基地向全世界辐射，全球化品牌战略则是在当地的国家构成自我的品牌；国际化战略主要是出口产品，全球化品牌战略则必须让产品“本土化”。为此，海尔集团将其企业使命从原来的“敬业报国、追求卓越”改为“创造资源、美誉全球”。张瑞敏有一句名言：“国门之内无名牌。”在他看来，海尔集团已经将品牌建设提高到了一个新的高度，那就是“自主创新创世界级自主品牌”。海尔集团要追求的不仅是中国的民族品

① 樊哲高：《张瑞敏：从“适者生存”到“变者生存”》，载《招商周刊》2006年12月30日。

牌，而且是享誉全球的世界级品牌。

“创造资源”，就是要求海尔集团充分利用世界各地的资源，不断进行创新，用创造优质的资源来换取美誉的资源。海尔集团通过蓝海战略创造了一个又一个与众不同的市场，并毫无例外得到消费者的一致认可。例如，海尔集团根据美国消费者的需求，率先研制出制冷、净化两用一体的美国空调窗机，不仅拥有正常的空调功能，还能够清除空气中的各种烟、尘、漂浮物等，完全达到了美国空气清新标准，很快获得了美国专利，被美国消费杂志《Consumer Reports》推荐为“BESTBUY”——“最佳购买选择”。正由于海尔集团的产品时时刻刻满足不同市场消费者差异化的需求，从而不断积累了品牌的美誉度。

“美誉全球”，就必须在全球各地坚定地推进本土化品牌思维。目前，海尔集团已经进入了海外包括欧美、日、韩在内主要市场的主流渠道，形成了设计中心、营销中心、制造中心三位一体模式，并具备在当地一定的融资、融智功能。就海尔冰箱而言，海尔冰箱已经在全球16个国家和地区建立了生产基地，并整合到了无边界的研发团队，研发出了代表欧亚美全球高端市场的冰箱。因此，除了“美国造”外，还有“意大利造”、“泰国造”、“印度造”等“全球造”的海尔冰箱。现在世界各地，每一个本土化的海尔都不仅仅是单一的或研发、或制造、或销售的机构，本质上更是当地的一个创牌中心。

二是作风的应变。在全球化品牌战略阶段，海尔集团的工作作风从原来的“迅速反应、马上行动”升级为“人单合一、速决速胜”。所谓“人单合一”，是在2005年海尔集团全球经理人年会上张瑞敏提出的，这是全球海尔经理人脑力激荡的结果，并且是全球海尔经理人高度认同的方法论。“人单合一”的模式描述了我们在环境中不断出现了什么问题，该问题的解决方案的核心又是什么。例如，以前海尔集团在国际市场上规模比较小的时候，虽然有库存和应收问题，但危害不大；但在规模不断增长的情况下，危害就非常突出。同时，在国内，海尔集团已经实现现款现货，较好地解决了应收与国内库存问题；但到国际市场上，同样的问题性质就不同了，比如仓储费，青岛保税区是每一平方米每一个月 6 美元，但是在美国纽约是每平方米每个月 50 美元，相差近 10 倍。那么解决这些问题方案的核心是什么？就是“人单合一”，是人码、物码、订单码三码合一的全程信息化闭环。简单地说，就是每个订单都有人负责，如果造成库存和应收就应该有具体的人“买单”。

海尔集团还清醒地认识到，只是做到“有人买单”，仅仅可以使企业不产生亏空，却不能保证企业的良性发展。在海尔集团的“人单合一”中，“人”是创新的主体，一个战略事业单元（Startegical Business Uint，简称 SBU）；“单”则是有竞争力的市场目标，而且是第一竞争力，是创世界名牌需要的有预算的第一竞争力，而不是根据自己的能力或与自己以前相比的提高。海尔集团的核心价值观是：是非观——以用户为是，以自己为非；发展观——创业精神和创新精神；利益观——人单合一双赢。海尔人永远以用户为是，不但要满足用户需求，还要创造用户需求；海尔人永远自以为非，只有自以为非才能不断否定自我，挑战自我，重塑自我。这两者形成海尔集团可持续发展的内在基因特征：不因世界改变而改变，顺应时代发展而发展。这一基因加上每个海尔人的“两创”（创业和创新）精神，形成海尔集团在永远变化的市场上保持竞争优势的核心能力特征：世界变化愈烈，用户变化愈快，传承愈久。

三是人员的应变。全球化和国际化的不同在于其核心是本土化，这和国内企业定点代工生产（简称 OEM）不同，也和日韩企业派驻本国员工到全球各地不同，海尔是创立自主品牌，在海外建立本土化设计、本土化制造、本土化营销的“三位一体”中心，员工都是当地人，更了解当地用户的个性化需求。张瑞敏指出：“海尔在海外的本土化一定要跳出产品的概念，海尔的目标就是要做到在当地融资、在当地融智。”海尔集团所奉行的在当地融智，也就是人力资源应该主要用当地的。这种方法带来的好处，第一是可以降低管理的成本；第二是可以充分利用本地员工的地域优势，通过这些对本国本地有深入了解的员工为企业出谋划策，就能够克服外派人员的语言障碍、文化差异、生活习惯等因素的影响；第三是可以有力地消除国与国之间的民族主义情绪冲突和矛盾，建立融合本地文化、增强凝聚力的企业价值观；第四是能够充分地改善与东道国之间的关系。

但是，作为诞生在中国文化母体中的海尔集团，其企业文化毕竟与各国文化之间存在较大的差异性，因此对于海外员工的培训与学习，就成为事关海尔集团全球化品牌战略能否顺利推行的关键。为此，海尔集团进行了积极的探索。海尔集团在招聘海外新员工时，为了防止异国文化与海尔文化之间产生激烈的冲突，要进行 40 个小时的培训。在此过程中，对新员工进行公司文化、价值理念熏陶，只有认同并接受海尔价值观的员工才能被录用。同时，海尔集团更加重视对管理层的文化同化，让管理者不仅仅认同海尔文化，更重要的是体会到海尔文化中的精髓，并把它当作是自己成功的方向和基石。一定程度上，“老板文化”可以将领导者的风格、精神以及经营理念进行传播和贯彻，将海尔文化更广泛地传播到员工中，影响员工的行为。除此之外，管理者在培训的过程中发现问题，适当地将海尔文化与该国文化进行一定程度的整合，将中国式的海尔文化变成具有该国特色的海尔文化，从而实现了国与国之间不同文化间的融合。

四是产品的应变。全球化品牌战略的重要内涵，就是当地生产、当地销售。张瑞敏指出：“你的产品能不能够变现，取决于用户能不能掏钱。用户能否掏钱则取决于你的产品能否比其他产品为他带来更多的实惠。第一个就是性价比，人家会比较：你这个价格对我来说合不合适？第二个就看你的产品能不能给我创造更大的附加值，也就是更大的差异化。”① 为此，海尔运用持续创新的手段，不断推出差异化的产品，从而满足了世界各个国家消费者不同的需要。

例如，海尔集团在打入美国市场时，生产出专为学生设计的两用小冰箱，除了满足体积小的要求外，还可以当电脑桌用，节省了产品的占地空间，深受大学生的喜爱。另外经过考察，海尔洛杉矶设计中心专门设计了一款全塑料迷你型洗碗机，轻盈、小巧，很适合单身贵族和大

---

① 兰度：《张瑞敏：海尔开始实施全球化品牌战略》，载《经理人》2006 年第 2 期。

学生使用，一投入市场便赢得了这类消费者的青睐。针对日本市场，海尔专门开发4公斤以下洗衣机，并一举占据了80%以上市场份额，后来又根据日本多梅雨特点，开发出带烘干的洗衣机。在巴基斯坦，海尔集团的双动力大洗衣机可以洗当地人的大袍子；在印度，海尔集团开发出了适合印度水质的洗衣机；在韩国，则专门设计了甩干草药的“小飓风”洗衣机等。西班牙人对拥有色彩鲜艳、外观对比强烈的产品情有独钟。而海尔集团的洗干一体机产品，其VFD彩色显示屏，极具视觉冲击力，从而满足了西班牙人对时尚外观的追求。更令他们欣喜的是，海尔滚筒机的面板设计采用了简单易懂的符号语言，这样独特的设计不但冲破了语言的障碍，扩大了市场空间，而且符合西班牙人简单随意的特性，更加生活化、人性化。这些例子在海尔集团的产品中屡见不鲜，正是通过这种持续不断的创新，满足了不同国家顾客的实际需要，提高了海尔品牌在全球的知名度和美誉度。

五是经营的应变。在全球市场这个大舞台上，任何企业都不能独占鳌头，企业之间纯粹的竞争关系已经不复存在，取而代之的是“竞合”。合作不仅仅可以给企业带来先进的技术，更能够给企业带来品牌的融入、品牌的认可、品牌的传播。例如，海尔集团与三洋的合作，让海尔集团拥有了日本最顶端的研发力量，毫不费力地进入了号称家电强国的日本市场，成功实现了品牌的融合，这说明海尔集团已经具有与国际强手互换资源的能力，海尔集团的产品已经从单一规模优势变成综合实力最强。又如，海尔集团与美国职业篮球协会（NBA）签署了“NBA-HAIER全球性战略合作协议”，海尔集团的高清媒体电视成为NBA的唯一高清电视合作伙伴。NBA不是单纯的篮球表演游戏，它的存在首先是一种世界级品牌的存在，NBA和海尔彩电的合作实质上是一种等级影响力联盟，它给海尔彩电带来的是世界级的品牌承认，同时带来的还有品牌的全球传播。毫无疑问，海尔集团已经呈现出一个全球化公司企业的品牌形象的素质和心态。

在这个阶段的标志事件是：2012年，海尔集团收购三洋电机在日本、东南亚的洗衣机、冰箱等多项业务，成功实现了跨文化融合；

之后，海尔集团还成功并购新西兰高端家电品牌斐雪派克（Fisher & Paykel）；2016 年 1 月 15 日，海尔集团全球化进程又开启了历史性的一页——海尔集团与美国通用电器（GE）签署战略合作备忘录，整合通用电气家电业务，不仅树立了中美大企业合作的新典范，而且形成大企业之间超越价格交易的新联盟模式，《华尔街日报》形容海尔集团创造了“中国惊喜”。海尔集团在国际市场真正“走上去”，成为全球大型家用电器的第一品牌。

七、主动求变：网络化战略

如果用一个字来描述孔子，那应该是什么字呢？孟子的回答是“时”字。孟子指出：“伯夷，圣之清者也；伊尹，圣之任者也；柳下惠，圣之和者也；孔子，圣之时者也。孔子之谓集大成。”① 孟子的意思是说，在圣人之中，伯夷可以说是清高第一，伊尹可以说是担当第一，柳下惠可以说是随和第一，而孔子呢？则是时变第一，从而成为集所有圣人精华之大成者。这里将孔子看作与时变化而集大成的“圣人”，是有根据的。据《论语 · 微子》记载，孔子本人也拿自己与伯夷、叔齐、柳下惠等人比较，结论是：“我则异于是，无可无不可。”在孔子看来，时代就是自己行事的最大依据；时代在变化，个人的行为也必须跟着变化，没有什么是可以的，也没有什么是不可以的。又据《论语 · 子罕》记载：“子绝四：毋意、毋必、毋固、毋我。”在孔子看来，跟着时代变化，就不能主观臆测，不能绝对肯定，不能拘泥固执，不能自以为是。在孔孟故乡山东成长起来的海尔集团及其领头人张瑞敏，深受儒家思想的影响。张瑞敏指出：“在企业工作几十年，我的体会是：‘只有时代的企业，没有成功的企业。’为什么这么说呢？企业都想长盛不衰，但实际上我

① （清）焦循撰，沈文倬点校：《孟子 · 万章下》，《孟子正义》，中华书局 1987 年版，第 672 页。

们很难看到这样的企业。一般来讲，很多企业都是昙花一现。所以，我认为没有成功的企业。如果这个企业成功了，那么，它所谓的成功，只不过是踏上了时代的节拍。所以说，企业应该是时代的企业，也就是说跟上了时代前进的步伐就是成功的企业。"①正是基于这样的理念，在互联网时代，海尔作为一个成功的传统企业，准确地踏上了时代的节拍，敢于颠覆自己，勇于主动求变，从"网络化组织、网络化资源、网络化用户资源"，到"企业无边界、管理无领导、供应链无尺度"，再到"企业平台化、员工创客化、用户个性化"，使自己实现了凤凰涅槃般的蜕变。

一是企业平台化。海尔人清醒地认识到，在网络化时代，企业必须成为网络化的组织。原来的自主经营体为同一目标完全融合到一起，加上合作方、分供方，共同组成了一个网络化的组织，一个利益共同体，同呼吸、共命运的有机体。同时，还有一个平台型的团队，按单聚散。有了单大家可以聚到一起，把单完成；当单变了，这些人也可以解散再组织新的团队。

在这样的网络化组织中，企业再也无所谓"边界"。不管你是谁，不管你有多大能耐，大部分的聪明人都不在你公司的内部。例如，海尔洗衣机团队在网上征集清洁洗衣机内筒的创意解决方案，吸引了全球超过 500 万"粉丝"的交互，活动结束时共收集 846 个创意方案。在讨论免清洗技术时，一名 19 岁的大学生网友提出的创意脱颖而出。免清洗洗衣机采用了这名网友的创意，他也因这一创意获得了超利分享：每销售一台免清洗洗衣机可获得一元钱。目前上百万台免清洗洗衣机已卖出，这名网友也获得了可观的收入。免清洗洗衣机的创造是开放协作的结果。除上述网友等创客以外，免清洗洗衣机还吸引了全球 26 个专家团队，整合了海尔总部研发中心、美国研发中心、欧洲研发中心和日本研发中心的研发资源，另有美国明尼苏达矿业及机器制造公司（3M）、联合利华等全球 500 强企业进行了资源整合和专利分享，最终完成了

① 张瑞敏：《只有时代的企业，没有成功的企业》，载《先锋队》2012 年第 26 期。

“免清洗”系统的开发，并形成“免清洗”产业生态圈。

由此，海尔集团提出“企业平台化”的思路，彻底打破了现代组织理论之父马克斯·韦伯提出的“科层制”组织架构，将企业变成了一个“创业生态圈”。在其中没有科层，只有三类人，这三类人没有职位高低，差别只是所掌握的、创造的用户资源不同。第一类人是平台主，他不是一个官员，也不是一个上级领导，而是一个服务员，负责给这个生态圈浇水施肥。第二类人是小微主，就是一个创业团队，这个创业团队在平台上茁壮成长。第三类是原来的员工现在变成创客。所有人形成一个组织，齐心协力来创造用户最佳体验。这就形成了两个圈：并联生态圈和用户圈。原来的企业是串联的，是从上到下的，现在是并联的，变成一个圈；外边是一个用户圈。这两个圈最后融合到一起，形成一个圈——达到用户最佳体验。

企业平台化颠覆的目标：一是要从科层管控转变为创客平台；二是要把企业的宗旨从长期利润最大化改变为追求成为小微的股东之一。但是，和普通股东不同，这些小微主一定要在海尔集团这个平台上运行。在海尔集团这个平台上运行，但又不是要管制他们，而是要大家协同起来，达到用户最佳体验的目标。海尔集团要走的路，就是一定要把平台型团队按单聚散做好。平台型的按单聚散，随时按需汇聚全球最一流的资源，就可以干得比别人更好，就可以使企业边界很大，因为自己无边界了。所以平台型团队最后的结果应该是动态优化的利益共同体，交易成本最小，收益最大。

二是员工创客化。网络化的组织之所以要变成平台型，其目的就是要去获取网络化的资源。所谓网络化的资源，就是这些资源在网络上是所有人都可以获取的，但是怎么能获得？就要看你的路径了，其实就是看你能不能和他成为利益攸关方。那么，网络上的资源应该归谁管呢？没有人管。只要你有目标，有方向，他感兴趣，他就进来把他的时间贡献给你。比如全球一流的设计资源，全球一流的模块供应商资源，全球一流的营销资源等，这些资源谁都可以使用，它不会专属于你，它可能就这一个单和你聚，也可能不和你聚，能不能获取这些网络化的资源，这是组织要解决的非常重要的问题。这些都做好之后，检验它的就是用户。

在这样的网络化资源背景下，管理再也无所谓“领导”。传统组织是马克斯·韦伯的“科层制”，认为企业一定要有领导，而且领导是一层一层的，上层领导、中层领导、基层领导，领导很多。但现在互联网把领导给颠覆了。用户是领导，用户说了算。为此，海尔集团提出“人单合一的驱动机制”。人就是员工，单就是用户，把员工和用户结合起来，最后的目的就是自主经营体，自主经营体再变成一个个自治的小微公司，目的是给他最大的自主权，更快的反应，更多的决策，最后做到人单自推动。

当然，管理无领导，就要靠充满活力的机制，从而形成自组织动态优化的人单自推动。怎么推动到出现能适应的人呢？就是网络化的资源去整合，整合来的人满足更高的需求；需求变了，再整合更优秀的人。张瑞敏指出：“其实中国传统文化里《易经》的第一卦乾卦说的潜龙勿用，见龙在田，飞龙在天，一直到最后最高境界就是群龙无首。群龙无首在中国成语里可能是贬义词，但在这是一个最高境界，没有人来发号施令，但是每一条龙都会治水，每一条龙都会各司其职，每一个自主经营体都应该是一条龙。”① 由此，海尔提出“员工创客化”的思路，彻底颠覆了“选育用留”式人力资源管理的路径，变成“动态合伙人制”——员工从原来的被雇佣者、执行者，变成创业者、合伙人；原来是被动的，现在是主动的。为什么叫“动态合伙人制”？如果干得好，股份可以保留甚至扩大；如果没有能力再往前推进，就把钱退给你，和股市上买股票一样，最后达到的目标是：自创业、自组织、自驱动。“自创业”的意思是，员工自己要寻求机会；如果你寻找到了，就可以变成一个自组织；这个自组织又可以自驱动。这个组织没有领导，没有领导谁来驱动？用户。

“员工创客化”所秉持的哲学理念是：“人是目的，而不是工具”，

① 张瑞敏：《海尔的网络化战略》，载《IT 经理世界》2013 年第 362 期。

这是德国哲学家康德说的。在任何时候，都不能把自己和他人当作工具，因为人自身就是目的。海尔最后要达到的目标是："让每个人成为自己的 CEO。"张瑞敏指出："怎么样创造一个平台，让每个人都把他的价值充分发挥出来？一个鸡蛋从外面打破，一定是人类的食物，但从里面打破，一定是新生命的诞生。我们的任务是让每一个员工都能够'孵化'出来，都能够破壳而出。"①

三是用户个性化。在海尔集团看来，企业能不能获得用户资源，先要看用户网络是不是买你的账，前提是能不能把你原来的内部考评标准变成由用户考评。如果不能，你永远不可能满足用户的需求。比如，物流配送承诺用户 24 小时内限时送达，超时免单。免单的钱不是公司拿，而是个人出，但本质不是叫员工赔钱，而是倒逼回来找到体系的问题，是让体系完全符合用户个性化的需求。

在这样的背景下，对用户的供应链也就无所谓"尺度"，而是要满足大众和小众的需求。网络化的企业，一方面体现在企业结构，一方面体现在企业内部的组织，最后体现在对待用户的供应链上。对待用户的供应链，传统时代是大规模制造，互联网时代是大规模定制。这就需要近贴用户，切实满足用户的差异化需求。2015 年进入哈佛大学商学院案例库的《海尔：与用户零距离》就是一个生动的例子：在海尔集团的行业格局重塑与内部组织洗牌中，雷永峰成功竞聘海尔柜式空调团队主管。他上任后设定了一个清晰的目标："打造差异化产品，贴合消费者需求，成为行业风向标。"在筹划帝樽空调系列之初，为了更准确地捕捉目标用户的需求，雷永峰采取了登门考察的方案，收集了用户大量具体的意见。上门回访结束后，雷永峰和他的团队依然与家庭用户保持互动，定期征询用户对未来产品设计与功能的建议，有时还会将初步的构想方案发给用户进行评估，得不到用户认可的构想坚决弃而不用。雷永

① 《张瑞敏在"协同共享共创共赢——人单合一双赢模式探索十周年暨第二届海尔商业模式创新全球论坛"上的演讲》，转引自海尔集团官网，2015 年 9 月 19 日。

峰坚信，这一措施能够帮助海尔集团精准把握客户需求的脉搏。正是由于紧贴用户的个性化需求，雷永峰团队推出的帝樽空调，第一批10万台很快便销售一空。

用户个性化转型，具体做起来，就要聚焦到体验经济。原来就是一个“销量经济”，把销量弄大就可以，但是现在变成体验经济。有的商品质量绝对很好，服务也绝对无懈可击，但是没有体验，这就没有迭代，就不可能和用户交互，因此，体验经济非常重要，具体就是要把客户变成参与用户。但是，做到这点还不够，最后要形成再创增值交互的用户圈，所有用户聚在一起探讨大家感兴趣的问题。用户个性化颠覆的目标，就是“产销合一”：生产者、消费者合一。在张瑞敏看来，这是一种“否定之否定的演进”：小作坊一定是自产自销；大规模生产一定是产销分离，因为生产量太大了，不能前店后厂，所以一定是产销分离；互联网时代，又是自产自销了。他就希望海尔的互联工厂变成自产自销。但是，这还不是最后的目标，最后的目标要达到产销合一，即生产者和消费者合一。今后则要走向按需定制，因为3D打印真正发展起来后，用户可以自己设计，就把你放一边去了。海尔未来探索的是按需设计，按需制造，按需配送的体系，这才是最高的境界。

总的来说，海尔集团“企业平台化、用户个性化、员工创客化”的网络化战略，是一种“共创共赢”的模式。这是对迄今为止世界上所有的管理模式，包括欧美管理模式、日本传统模式，以及海尔集团本身以往成功的管理模式的彻底颠覆。张瑞敏曾经到欧洲和美国考察，看能不能找一个学习的样板，但是没有找到，“学颠覆真的没有榜样”。那么，张瑞敏的管理理念来自哪里呢？2015年11月9日，全球最具影响力的“50大管理思想家”颁奖典礼在英国伦敦举行，张瑞敏被授予“最佳理念实践奖”。榜单创始人斯图尔特·克雷纳在颁奖典礼结束接受媒体采访时这样说道：“海尔的管理真的具有启发意义和创新精神，过去我们从西方的企业寻求灵感，现在我们放眼全球，海尔就是在管理创新上最杰出的企业之一，这也是为什么他获奖的原因。”张瑞敏本人则在演讲中，谈到了自己颠覆性管理理念的灵感源泉，他说：“《易经》否卦有句爻辞‘倾否’，而非否倾。主动颠覆封闭的局面，而不是被封闭的局面所颠覆，这是我们现在一直要探索的主要原因。‘倾否’不是只倾一次、一劳永逸，而是要根据时代不断地颠覆，不断地‘倾否’。我们永恒的追求是什么？就是为了使海尔真正变成一个时代的企业。”① 有理由相信，植根于博大精深的中国传统文化，特别是与时变化、生生不息的《易经》哲学，海尔集团一定能够实现自己的目标，并继续引领当代世界企业管理理论和实践的新潮流！

---

① 张瑞敏：《海尔互联网模式的 9 年探索》，转引自海尔集团官网，2015 年 1 月 8 日。

第八章　责任之道：善行天下的企业责任意识

■ 典型案例：万达集团的“共创财富，公益社会”

大连万达集团股份有限公司（以下简称万达集团）创立于1988年，目前已形成跨商业、文化、网络科技、金融四大产业集团。其中，万达商业是世界最大的不动产企业、世界最大的五星级酒店业主；万达文化集团是中国最大的文化企业、世界最大的电影院线运营商、世界最大的体育公司；万达网络科技集团专注线上线下融合，打造新一代物联网模式；万达金融集团发力传统金融业务。

万达集团的企业使命是：“共创财富，公益社会。”董事长王健林指出：“企业怎么发展更快，就是八个字：小胜靠智，大胜靠德。小聪明是小胜，大道德才能大胜，做生意的人一定要明白这个道理。民营企业家赚大钱真正的秘诀，就是带头承担社会责任，带头做好人，带头做好的企业家。”在王健林看来，企业履行社会责任主要有四个方面：第一是诚实经营，第二是绿色环保，第三是关爱员工，第四是慈善捐助。在诚实经营方面，坚守诚信已经成为万达文化的核心价值观；在绿色环保方面，万达集团是全国最早推行节能建筑的企业之一；在慈善捐助方面，万达是中国慈善公益捐助额最多的企业之一，也是唯一八获“中华慈善奖”的企业。

特别值得一提的是，万达集团把“关爱员工”作为企业履行社会责任的重要内容。王健林指出：“我觉得实实在在的善，除了自己的家人，作为一个企业家首先应该善待自己的员工，企业发展成果首先惠及员工，然后才能说惠及社会帮助别人。如果企业家连自己的员工都不善待，员工收入很低，流动性很高，他还到外面作秀，甚至贷款去捐款挣面子，我觉得这就不是好的慈善。”万达视员工为企业的核心资本，发展成果首先惠及员工，使员工在万达集团长本事、涨工资、长幸福指数。万达集团每年投入上亿元用于员工培训，并在廊坊建立了国内一流的万达学院。万达集团要求所有基层公司自办员工食堂，免费向员工提供一日三餐。万达实行优秀员工度假制度，每年评出的集团优秀员工，不但给予报销两人往返机票，而且可让免费入住各地万达酒店度假。

万达集团还倡导人人公益的理念，集团所有员工都成为义工，每人每年至少做一次义工。王健林说：“为什么我们这么看重义工组织？就是我们意识到，在企业有钱之后，企业拿钱做慈善的时候，如果不在企业当中普及一种慈善文化，这个事情仅仅变成老板个人的活动，员工不理解、不支持，那么这个活动也不能持久。所以我觉得让慈善的理念成为绝大多数员工共同的认识，成为一种文化，这是我们所追求的。”万达集团的网站、月刊、手机报，经常报道慈善义工的特色活动，就是希望企业将来能够发展得更好，有能力捐助更多的人；同时也希望员工在企业组织当中学习进步，形成一种慈善文化，每个人都能够尽可能地保持一颗善心，无愧于社会。

慈善是全人类共同的美好精神家园，也是中华民族几千年的传统。儒家主张“穷则独善其身，达则兼善天下”。王健林指出：“企业发展到一定阶段，企业的追求就会改变。可能是因为我本人受儒家的文化影响比较深，再加上我们企业的核心班子成员认识比较一致，所以我们很早就提出企业要注重社会责任，而不是现在强调企业公民、社会责任、慈善捐助成为风气、成为时尚的时候有些企业才来做。我们在 1990 年，企业成立第二年就开始有了企业第一批慈善捐助，也就是刚刚解决吃饭问题的时候，我们就想到了社会责任。”在王健林看来，不管党和国家是否对万达集团提出要求，也不管人民群众是不是对万达集团提出要求，我们对自己的要求，就是要做中国民营企业的代表和典范。万达集团就是应该做既有规模、又有品牌、又有良好社会责任形象的企业，让世界看到，中国的民营企业就是这样的。“万达已经是世界级企业，为什么还要发展？我们为什么还在奋斗？社会企业就是我们的答案。万达的发展，不光是为自己，更是为社会做贡献，奋斗创造的财富最终要还给社会。”

（资料来源：大连万达集团官网）

亚当·斯密在其《国富论》中，一方面认为利己心是人类经济行为的发动机；另一方面又指出，利己心并非可以无限制发展，必须受到正义的法的规制，人的本性中的利他性和同情心会抑制其利己心的过度膨胀。企业社会责任就是这种“利他性和同情心”的表现之一。但总体而言，西方企业社会责任理论，由于没有必要的文化涵养而缺乏坚实的哲学基础，由于无法抗衡“股东利益至上”的主流观念而难以全面推行，由于没有形成普遍接受的践行标准而难以具体落实，因而，企业的社会责任在当今的西方世界依然是一个悬而未决的问题，2008 年由美国华尔街金融业缺乏诚信而引发的全球性金融危机，就是企业社会责任问题的大爆发。从这个角度来看，万达集团基于传统儒家理念而形成的“善行天下”的企业责任意识和实践，就显得十分难能可贵。

一、儒家的责任观

儒家的责任观，集中体现在孟子的这句话上：“穷则独善其身，达则兼善天下。”① 孟子主张，士人要崇尚道德，喜爱礼义，失意时不失掉

① （清）焦循撰，沈文倬点校：《孟子·尽心上》，《孟子正义》，中华书局 1987 年版，第 891 页。

礼义，得志时不背离正道。失意时不失掉礼义，所以能够保持自己的操守；得志时不背离正道，所以不会使百姓失望。得志时，施给人民恩泽；不得志时，修养品德立身于世。失意时，能独自修养自己的身心；得志时，便使天下的人都得到好处。孟子这里说的，原本是“士人”即读书人的品质，但也可以理解为对一切仁人志士的要求；从“独善其身”到“兼善天下”，则包括了对自己、对他人、对社会、对自然等四个方面的责任。

一是对自己的责任。据《论语·雍也》篇记载，孔子的学生子贡问：如果能够广泛地给人民施予恩惠，又能救济大众，怎么样？这可以说是仁了吧？孔子回答说：这哪里只是仁的事呢，一定是圣了！尧舜对此或许都感到为难哩！所谓仁，就是自己想立身，同时也让别人立身；自己想发达，同时也让别人发达。能够这样由近到远，推己及人，就可以说是实践仁的方法了。在这里，孔子明确提出“仁”的定义，真是可圈可点。我们知道，今人对于儒家之“仁”的内涵的理解，一般都来自东汉许慎的《说文解字》：“亲也，从人从二”；而《郭店楚简》出土的孔孟之间的儒家经典中，凡是“仁”的地方，都书写为上“身”下“心”，这说明早期儒学是十分强调“仁”作为自我身心完善的意义的。在这里，孔子明确提出“己欲立而立人，己欲达而达人”，既包含了“立己、达己”，又包括了“立人、达人”，全面地表达了“仁”的丰富内涵。

所谓“立己”，就是注重个人道德的完善。孔子提出：“为仁由己，而由人乎哉?”① 学习仁道，是为了提升自己；实践仁德，则全凭个人的努力。如何“立己”？孔子主张“克己复礼”，不合礼的事不看，不合礼的话不听，不合礼的话不说，不合礼的事不做。孟子强调“养浩然正气”，从而达到“富贵不能淫，贫贱不能移，威武不能屈”② 的“大丈夫”

---

① 程树德撰，程俊英、蒋见元点校：《论语·颜渊》，《论语集释》，中华书局1990年版，第817页。

② （清）焦循撰，沈文倬点校：《孟子·滕文公下》，《孟子正义》，中华书局1987年版，第419页。

境界。荀子则主张“修身”，见到善良的行为，一定认真地对照自己；见到不善的行为，一定要严肃地检讨自己；自己身上有了好的德行，就要坚定不移地珍视它；自己身上有不良的品行，就如会因此而被害似的痛恨自己；如此就能做到“志意修则骄富贵，道义重则轻王公，内省而外物轻矣”①。

所谓“达己”，就是争取个人事业的成功。“内圣外王”是儒家追求的人生最高境界，用《大学》的话来说就是：“修身、齐家、治国、平天下”。如果说“修身”而“立己”即为内圣之道，“治平”而“达己”则为外王之途。而在儒家看来，无论是“内圣”还是“外王”，二者对于普通人来说都不是遥不可及的。据《孟子·告子下》记载，“曹交问曰：‘人皆可以为尧舜，有诸?’孟子曰：‘然。’”在孟子看来，圣人与我们都同属人类，尧舜与普通人并没有什么不同，凡是有所作为的人都应该而且也可以成为像尧舜那样的人。荀子则认为，所谓圣人不过是普通人的累积，所以，“涂之人——百姓，积善而全尽谓之圣人”②。在荀子看来，圣人之所以为圣人，就在于他自觉地实行仁义法制；如果普通人接受礼义教化，那么他当然也可以成为圣人，从而展现抱负，建功立业。

二是对他人的责任。儒家之“仁”，还有一个大家都很熟悉的表述，这就是：“樊迟问仁，子曰：‘爱人’。”③这里的“人”，一般可以理解为自我之外的“他人”，其中又包括家人和社会大众。根据《论语·学而》的记载，孔子既主张“入则孝，出则弟”，又主张“泛爱众”。《孟子·梁惠王上》则进一步提出：“老吾老以及人之老，幼吾幼以及人之幼”，试图把对亲人之爱与对大众之爱结合起来。依据儒家的“家道观”，父慈子孝、兄友弟恭、夫唱妇随，每一种身份角色都有各自

---

① （清）王先谦撰，沈啸寰、王星贤点校：《荀子·修身》，《荀子集解》，中华书局1988年版，第27页。

② （清）王先谦撰，沈啸寰、王星贤点校：《荀子·儒效》，《荀子集解》，中华书局1988年版，第144页。

③ 程树德撰，程俊英、蒋见元点校：《论语·颜渊》，《论语集释》，中华书局1990年版，第873页。

的家庭责任，具体参见本书第一章之“儒家的家庭观”，在此不再赘述。这里着重谈谈当政者对民众的责任。

儒家主张“重民”，当政者对民众负有全面的责任。《尚书·五子之歌》提出：“皇祖有训，民可近，不可下。民惟邦本，本固邦宁。”意思是说，民众是国家的根本，作为当政者要敬民、重民、爱民，认识到民众的力量，慎重处理民事和国事。孟子指出：“民为贵，社稷次之，君为轻。”① 在民众、国家、君主三者之中，最值得尊贵的是民众，然后是国家，最后才是君主。荀子指出：“天之生民，非为君也；天之立君，以为民也。”② 上天之所以生育民众，不是为了满足君主的欲望；上天之所以设立君主，则是为了满足民众的利益。所以，“百姓襁负流亡，责在君上；既安其业，则无责也。”③ 当政者的根本职责就是保证民众的安居乐业。

由此，儒家主张“养民”，当政者应该担负起养育民众的责任。据《论语·公冶长》记载，孔子称赞当时郑国的政治家子产“其养民也惠，其使民也义”。孟子具体提出了“制民之产”的思想，“是故明君制民之产，必使仰足以事父母，俯足以畜妻子，乐岁终身饱，凶年免于死亡。然后驱而之善，故民之从之也轻”④。与此相关，儒家还十分关注社会弱势群体的命运，把他们的安危视为治国是否成功的重要标志。孟子说：“老而无妻曰鳏，老而无夫曰寡，老而无子曰独，幼而无父曰孤。此四者，天下之穷民而无告者。文王发政施仁，必先斯四者。”⑤ 在儒家看来，从普通民众到弱势群体，都是当政者施政的对象与责任。与此

① （清）焦循撰，沈文倬点校：《孟子·尽心下》，《孟子正义》，中华书局 1987 年版，第 973 页。

② （清）王先谦撰，沈啸寰、王星贤点校：《荀子·大略》，《荀子集解》，中华书局 1988 年版，第 504 页。

③ （南朝·宋）范晔撰，（唐）李贤等：《后汉书·隗嚣传》，《后汉书》，中华书局 1965 年版，第 513 页。

④ （清）焦循撰，沈文倬点校：《孟子·梁惠王上》，《孟子正义》，中华书局 1987 年版，第 94 页。

⑤ （清）焦循撰，沈文倬点校：《孟子·梁惠王下》，《孟子正义》，中华书局 1987 年版，第 136 页。

同时，儒家主张“教民”，当政者应该担负起教化民众的责任。孔子提出“庶—富—教”的思路。孟子则认为，人们在食饱衣暖，过上安逸生活之后，如果没有教育，便跟禽兽差不多了。为此，孟子提出的应对之道是“教以人伦”①，就是用人与人之间应有的伦常关系和道理来教育百姓。孟子认为：“善政不如善教之得民也。”② 在他看来，良好的政治赶不上良好的教育之获得民心。良好的政治，百姓怕它；良好的教育，百姓爱它。良好的政治得到百姓的财富，良好的教育得到百姓的心。荀子则把富民和教民看作是王道政治的两个基本方面：“不富无以养民情，不教无以理民性。”③ 不富裕无法满足民众的物质需要，不教化则无法满足百姓的精神需求。因此，“教民”与“富民”一样，都是当政者不可推卸的基本责任。

三是对社会的责任。儒家具有十分强烈的忧患意识。《周易·系辞下传》指出：“《易》之兴也，其于中古乎，作《易》者，其有忧患乎？”徐复观先生认为：“把一切问题的责任交给神，此时不会发生忧患意识”；“只有自己担当起问题的责任时，才有忧患意识。”忧患意识的提出，体现了儒家心系天下的情怀，正是责任意识的起点。

孔子说过：“德之不修，学之不讲，闻义不能徙，不善不能改，是吾忧也。”④ 在孔子生活的年代，天下无道、礼崩乐坏，许多人随波逐流，不修养品德，不讲习学问，听到道义不能转变而跟从，有缺点不能改正……这些，都引起了孔子深深的忧虑。但孔子之伟大，不在于怨天尤人、发发牢骚，而在于严于责己、躬行实践，自觉而主动地承担起引

---

① （清）焦循撰，沈文倬点校：《孟子·滕文公上》，《孟子正义》，中华书局 1987 年版，第 386 页。

② （清）焦循撰，沈文倬点校：《孟子·尽心上》，《孟子正义》，中华书局 1987 年版，第 897 页。

③ （清）王先谦撰，沈啸寰、王星贤点校：《荀子·大略》，《荀子集解》，中华书局 1988 年版，第 498 页。

④ 程树德撰，程俊英、蒋见元点校：《论语·述而》，《论语集释》，中华书局 1990 年版，第 439 页。

领社会风气、重建社会秩序的历史重任。据《论语·宪问》记载：“子路宿于石门。晨门曰：‘奚自？’子路曰：‘自孔氏。’曰：‘是知其不可而为之者与？’”这里的“知其不可而为之”，正体现了孔子自觉担当的责任意识和孜孜不倦的执着精神。

孟子进一步把儒家的忧患意识导向了自身责任的承担，指出：“是故君子有终身之忧，无一朝之患也。乃若所忧则有之：舜，人也；我，亦人也。舜为法于天下，可传于后世。我由未免为乡人也，是则可忧也。忧之如何？如舜而已矣。若夫君子所患则亡矣。非仁无为也，非礼无行也。如有一朝之患，则君子不患矣。”①在孟子看来，作为君子，真正值得忧虑的是，如何像圣人那样，成为天下人的楷模，平时则要以仁爱和礼义的标准要求自己，那就可以远离祸患了。那么，圣人君子们一方面要心忧天下，另一方面又要克制自我，那还有没有快乐可言呢？有！孟子明确回答：“乐民之乐者，民亦乐其乐；忧民之忧者，民亦忧其忧。乐以天下，忧以天下。”②这句话，被北宋著名政治家范仲淹概括为：“先天下之忧而忧，后天下之乐而乐”，充分体现了儒者忧国忧民的忧患意识和天下为公的博大情怀。

儒家心系天下的责任意识，还体现在其对文化使命的承担。管仲协助齐桓公“尊王攘夷”，维护华夏文化，就受到了孔子的高度称赞：“管仲相桓公，霸诸侯，一匡天下，民到于今受其赐；微管仲，吾其被发左衽矣！”③清儒顾炎武对管仲“存华夏之大功”的行为也给予充分肯定，他还进一步指出：“有亡国，有亡天下。亡国与亡天下奚辨，曰：易姓改号谓之亡国，仁义充塞而至于率兽食人，人将相食，谓之亡天下……是故知保天下，然后知保其国。保国者，其君其臣肉食者谋之；

---

① （清）焦循撰，沈文倬点校：《孟子·离娄下》，《孟子正义》，中华书局1987年版，第596—597页。

② （清）焦循撰，沈文倬点校：《孟子·梁惠王下》，《孟子正义》，中华书局1987年版，第119页。

③ 程树德撰，程俊英、蒋见元点校：《论语·宪问》，《论语集释》，中华书局1990年版，第989页。

保天下者，匹夫之贱，与有责焉耳。”① 这里的“国”可以理解为不同时期人们所建立的政治国家，“天下”则可以理解为代代相传的人类文明。顾炎武的话，将保卫人类文明的行为推到了十分崇高的地位。“天下兴亡，匹夫有责”，成为儒者代代相传的神圣使命。

四是对自然的责任。儒家主张“天人合一”。朱熹说：“天即人，人即天。人之始生，得于天也；既生此人，则天又在人矣。”② “天”离不开“人”，“人”也离不开“天”。用现代的话来说，人类是天地自然中的一个物种，人类的生命起源于自然，而自然的道理又要靠人类来彰显。由此，人类对自然就承担了与生俱来的“天赋职责”。

一方面，儒家主张在天地万物中人类最为尊贵：“水火有气而无生，草木有生而无知，禽兽有知而无义。人有气有生有知亦且有义，故最为天下贵也。”③ 人类是万物的灵长，是天地自然在地球上所造就的最珍贵的物种，所结出的最美丽的花朵。因此人类天然地具有驾驭万物的权威和能力。“天地合而万物生，阴阳接而变化起，性伪合而天下治。天能生物，不能辨物也；地能载人，不能治人也；宇中万物、生人之属，待圣人然后分也。”④ 如果说天地自然的功能在于化生万物，那么人类作为天地自然化生的最高物种，其“天赋职责”则在于治理包括人类自身的天地万物。

另一方面，儒家看到了人类与万物之间密不可分的内在关系：“民，吾同胞；物，吾与也。”⑤ 孟子指出：“君子之于物也，爱之而弗仁；于民

① （清）顾炎武撰，黄汝成集释，栾保群、吕宗力点校：《日知录》卷十三《正始》，《日知录集释》，上海古籍出版社 2006 年版，第 756 页。

② （南宋）黎靖德撰，王星贤点校：《朱子语类》卷十七，《朱子语类》第 2 册，中华书局 1986 年版，第 387 页。

③ （清）王先谦撰，沈啸寰、王星贤点校：《荀子·王制》，《荀子集解》，中华书局 1988 年版，第 164 页。

④ （清）王先谦撰，沈啸寰、王星贤点校：《荀子·礼论》，《荀子集解》，中华书局 1988 年版，第 366 页。

⑤ 《张子正蒙·西铭》，《张载集》，中华书局 1978 年版，第 62 页。

也，仁之而弗亲。亲亲而仁民，仁民而爱物。”① 在孟子看来，君子对于亲人、民众、万物的仁爱，尽管有差等次序，但其内在的情感却是一致的，亲爱亲人而仁爱百姓，仁爱百姓而爱惜万物。明儒王阳明进一步发挥了孟子的思想，指出：“大人者，以天地万物为一体者也。”② 在王阳明看来，无论是自己的同类还是飞禽走兽，是花草树木还是砖瓦石板，都是人类仁爱之心关注顾惜的对象。这就表明，在儒家那里，人类之所以贵为万物之灵，是因为他自觉意识到并愿意承担起关爱万物的职责。

由此，儒家在人类利用万物的问题上形成了“取物而不尽物”的思想。据《论语·述而》记载，“子钓而不纲，弋不射宿”。孔子钓鱼而不用大网捕鱼，射鸟但不射晚上栖息在巢中的鸟，正体现了儒家对生物资源和自然资源有限度地利用而不是破坏性地开发的原则。如果人类对于养育自己的生物资源和自然资源，做到既取之有时而又用之有度，既发展生产而又厉行节约，那么就能够真正做到“取之不尽而用之不竭”，足可以满足人类生存与发展的需要。“取物而不尽物”，体现了儒家兼顾人类需要与保护自然的责任观。

最后，顺便说说儒家的责任观对古代商人的影响。如上所述，在儒家看来，“富民”与“教民”都是当政者不可推卸的基本责任。商人为古代“四民”（士农工商）之一。儒家不但不轻视商人，而且主张“因民之所利而利之”③，当政者应该为包括商人在内的民众创造获利的机会。为此孟子还提出了具体的政策措施：尊重贤人，任用能人，杰出的人在位，那么天下的士人都会高兴了；市场提供场地存放货物而不征租赁税，依照规定价格收购滞销货物，不使货物积压在货场，那么天下的商贩都会高兴了；关卡只检查不征税，那么天下的商旅都会高兴了；

① （清）焦循撰，沈文倬点校：《孟子·尽心上》，《孟子正义》，中华书局 1987 年版，第 949 页。

② （明）王守仁著，吴光、钱明、董平、姚延福编校：《大学问》，《王阳明全集》，上海古籍出版社 2011 年版。

③ 程树德撰，程俊英、蒋见元点校：《论语·尧曰》，《论语集释》，中华书局 1990 年版，第 1371 页。

对于种田的人，只要他们助耕公田，不征收私田的赋税，那么天下的农人都会高兴了；人们居住的地方，没有劳役税和额外的地税，那么天下的人都会高兴了。[①] 这些，既是“仁政”的内容，也是“富民”的举措。

与此同时，儒家还主张“教民”，就是以人伦道德为内容教化民众：“父子有亲，君臣有义，夫妇有别，长幼有叙，朋友有信。”[②] 在这种道德教化的氛围之下，作为四民之一的商人，其行为自然也受到儒家思想的影响，而自觉不自觉地形成自己的“责任观”。如上所述，被称为“儒商始祖”的子贡，就曾经问过孔子：如果能够广泛地给人民施予恩惠，又能救济大众，怎么样？这可以说是仁了吧？尽管孔子回答说这是“圣人”的行为而希望子贡从自己身边更切实的事情做起，但是，这种“博施于民而能济众”的观念，却切切实实成为中国古代商人“责任观”的思想基因，而发挥着积极的影响。

汉代历史学家司马迁创作了历史上第一篇商人传记——《货殖列传》，其中专门讨论了财富与道德的关系，指出：“故曰：‘仓廪实而知礼节，衣食足而知荣辱’。礼生于有而废于无。故君子富，好行其德；小人富，以适其力。”君子富有了，喜欢行仁德之事；小民富有了，就把力量用在适当的地方。他为此所举的例子，一个是陶朱公范蠡：“十九年之中三致千金，再分散与贫交疏昆弟，此所谓富好行其德者也。”另一个就是子贡：“夫使孔子名布扬于天下者，子贡先后之也。此所谓得势而益彰者乎？”一个在经商致富之后回报亲人和社会，另一个在经商致富的同时支持孔子的文化教育事业，这可以说得上是中国古代商人“履行社会责任”的最早典型。

吾友周生春教授精研中国经济史，曾撰有《历史上的儒商与儒商精神》一文，挖掘了明清商人“贾而好儒”的大量历史事实，从而得出

① （清）焦循撰，沈文倬点校：《孟子·公孙丑上》，《孟子正义》，中华书局 1987 年版，第 226—232 页。

② （清）焦循撰，沈文倬点校：《孟子·滕文公上》，《孟子正义》，中华书局 1987 年版，第 386 页。

结论："所谓儒贾（商）、贾儒，是指好儒重文，倜傥有儒者风范；其人孝友礼让，仁义慈善，重族谊、乡里、故旧，恤孤弱，厚人伦，好善乐施，急公好义，热心社会公益活动，具有社会责任感；为贾先义后利，仁在其中，诚心质行，勤俭、敬业，忠信不欺，中藏干略，精于権会，候时转物，操赢制余，不屑权子母，多智善贾，人乐为用，其利十倍常贾，贾而士心，虽以贾起家，一以信义行之，而精神常在儒，能做到儒行与贾业的统一和良性互动，且获成功的商贾。简言之，传统儒商是具有以儒家为核心的中华文化底蕴，关爱亲友、孤弱，热心乡里和社会公益之事，能做到儒行与贾业的统一和良性互动，具有厚重文化底蕴的工商业者。"①如此看来，至少在明清时期，深受儒家思想影响的商人，已经"具有社会责任感"，形成了"诚信中和，礼义仁德，注重文化，利用厚生，热心社会公益之事"的儒商责任伦理。

二、西方企业社会责任理论

与儒家对商人的呵护与涵养不同，古代西方的主流思想家，从古希腊的柏拉图、亚里士多德，古罗马的西塞罗，到中世纪的托马斯·阿奎那，对于商业和商人基本上都持鄙视态度。在他们看来，商人只有把积累的财富用于服务社会，其活动才具有正当性。文艺复兴以后，随着重商主义的盛行，商人的社会地位得以提升。18世纪中后期，伴随着工业革命，企业成为社会的主导生产单元。与此同时，追逐利润、发财致富的欲望在摆脱了宗教的束缚之后极度膨胀并被合理化。亚当·斯密在其《国富论》中，就认为利己心是人类经济行为的发动机，只要各人按照利己心行动，不仅可以增进个人的利益，更因一只看不见的手导引，亦可增进社会整体的福利。同时他还指出，利己心并非可以无限制

① 周生春、杨缨：《历史上的儒商与儒商精神》，原载《中国经济史研究》2010年第4期，收入黎红雷主编：《治道新诠》，中山大学出版社2011年版，第506页。

发展，必须受到正义的法的规制，人的本性中的利他性和同情心会抑制其利己心的过度膨胀。19 世纪以后，社会达尔文主义流行，主张弱肉强食、适者生存是社会生活的基本法则。由此，企业成为赤裸裸的逐利工具，冷冰冰的异化组织。

直到 20 世纪初，“企业社会责任”的理念才正式进入人们的视野。1916 年，美国芝加哥大学的克拉克（Clark）在《改变中的经济责任的基础》一文中指出：“大家对于社会责任的概念已经相当熟悉，不需要到了 1916 年还来重新讨论。但是迄今为止，大家并没有认识到社会责任中有很大一部分是企业的责任。”1924 年，英国学者谢尔顿（Sheldon）在所著的《管理哲学》一书中，将企业社会责任与企业经营者满足产业内外人类需要的各种责任联系起来，并认为企业社会责任包括道德因素，企业经营者应有利于增进社区服务和利益。一个世纪以来，西方学者围绕着企业社会责任的必要性、企业社会责任的内涵、企业社会责任的标准等问题，进行了初步的探索。

一是企业社会责任的必要性。1931 年，美国哥伦比亚大学教授贝利（Berle）发表《作为信托权力的企业权力》一文，认为管理者只是企业股东的受托人，而股东的利益总是在其他对企业有要求权的利益之上。企业作为营利性组织，追逐利润是其安身立命之所在。对此，哈佛大学教授多德（Dodd）在《企业管理者是谁的受托人》一文中表示，“决不认为”企业存在的唯一目的是为股东创造利润，除股东利益外，法律和舆论在一定程度上迫使企业同时承担他人的利益，企业应该树立对雇员、消费者、广大公众的社会责任观。有趣的是，后来多德和贝利的观点发生了换位性变化，多德放弃了企业应该负社会责任的观点；贝利则认为多德原来的观点是对的，并由企业社会责任的反对者彻底转变为企业社会责任的倡导者。而曼恩（Manne）则对此作了批评，由此展开了贝利与曼恩关于现代公司作用的论争。1962 年，曼恩发表《对现代公司责任的“激烈批判”》一文，探讨现代公司的政治地位、现代公司的作用以及公司在社会感兴趣的各种价值观的分配和使用中应该起到的作用。他反对贝利关于现代公司要履行社会责任的观点，认为管理效率并不意味着管理者具有履行社会责任的能力，实际上，管理者并不具备这种能力。

随后，有更多的学者加入企业社会责任的必要性之争，并形成针锋相对的两派：一派坚持企业唯一的社会责任是在一定的规则内实现股东利益最大化；而另一派则坚持除股东利益之外，企业还应该关注与企业相关的其他群体的广泛的利益。前一派阵营强大，其中有诺贝尔经济学奖获得者哈耶克（Hayek），他认为：企业社会责任是违背自由原则的，企业参与社会活动必将导致政府干预的强化。企业及其管理者根据自己的判断而行善的权力必定是暂时的，他们将最终为这短暂的自由付出高昂的代价，那就是不得不按照政治权威的命令行事。还有另一位是诺贝尔经济学奖获得者弗里德曼（Friedman），他认为：企业社会责任的思想只是“夸夸其谈”，企业有且只有一个责任，那就是处在游戏规则中，在开放、自由和没有欺诈的竞争中，使用其资源从事经营活动以增加利润，这样才会最好地服务消费者。如果让企业领导人接受除了尽可能为自己的股东谋利以外的社会责任，肯定会毁灭资本主义的自由制度，动摇它的基础，所以，这是一种“具有颠覆性的信条”。而后一派阵营也不遑多让，其中就有美国现代管理学大师德鲁克（Drucker）。他指出，企业社会责任思想和自由经济思想之间分歧的焦点在于：利润最优化还是利润最大化？企业究竟应该对谁负责？德鲁克认为，在处理企业赚取利润和行善之间的关系时，通常有两种截然不同的做法：一种是“赚钱行善”（do well to do good），另一种是“行善赚钱”（do well by doing good），令人遗憾的是，许多大公司依旧停留在前者，他们从事公益活动要么是作秀，要么就是屈从于社会某一阶段和时势的压力。

经过双方的论战，企业社会责任的必要性在学术界得到了广泛的讨论。除了股东利益之外，企业还应该关注其他利益相关者的利益的观点获得了广泛的关注。不但如此，连曼恩和弗里德曼最后也转而公开表现出对企业社会责任一定程度的接受。特别是弗里德曼于 20 世纪 80 年代末修正了其以前的观点，指出：“企业利润最大化可以与企业社会责任和谐共存。”到 20 世纪 90 年代，众多学者对企业社会责任更趋于认同和支持，企业社会责任逐步走上制度化的发展轨道。①

二是企业社会责任的内涵。1953 年，美国学者鲍恩（Bowen）出版了《企业家的社会责任》（Social Responsibilities of the Businessman）一书，分析了企业应如何回应社会的需求。鲍恩指出，企业的首要目的是扩大生产，提升效率，提供质优价廉的产品，改善人们的生活质量。与此同时，企业管理者不仅仅是股东的受托人，也是员工、供应商、消费者、社区及普通大众的受托人，管理者应在企业经营的过程中平衡不同利益群体的利益，超出自身和股东的利益，为广泛的社会群体创造福利，从而履行社会责任。鲍恩认为，企业提供两种产品：其一是商业产品和服务，如汽车、服装和食品；其二是生产这些产品和服务的条件，如薪酬福利、工作条件、环境保护、广告销售、财务状况以及社区关系等，也称为社会产品。鲍恩的探讨，为企业社会责任内涵的研究指明了两条路径：第一是企业社会责任的具体对象，第二是企业社会责任的具体内容。

关于企业社会责任的具体对象，被逐步完善为“利益相关者”理论。这一理论认为，所谓“企业的社会责任”，是指在市场经济条件下，企业的责任除了为股东（stockholder）追求利润外，也应该考虑利益相关者（stakeholder），即影响和受影响于企业行为的各方，包括顾客、股东、债权人、供应商、竞争者、员工、政府和社区等的利益。企业对这些利益相关者都负有不可推卸的责任。企业有责任以合理的成本设计、生产出合格的产品，并按照合理的价格提供给顾客 / 消费者，满足顾客对产品和服务的要求是企业的基本职责之一，企业不应该以任何理由欺骗、怠慢顾客。企业有责任通过销售产品获得利润回报股东，企业应该想方设法增加股东收益，包括研究市场机会，加强内部管理，提高产品和服务质量，严格控制生产和销售以及管理成本等。企业有责任及时归还欠债权人的本息，包括欠供应商的货款，企业没有任何理由拖欠

① 参见高峰：《西方企业社会责任思想的缘起与演变》，《苏州大学学报》（哲学社会科学版）2009 年第 6 期。

钱款，除非企业宣布破产，进行资产清算，并以清算所得归还欠款。企业可以以各种合理合法的方式与业内其他企业展开竞争，包括制定合理的市场战略与价格，改进产品与服务，开展宣传攻势等；但不应该采取诋毁竞争者、低于成本定价、盗取竞争者的产品设计或其他侵害他人知识产权等方式。企业有责任善待员工，包括提供健康的工作环境，及时支付公平合理的报酬，提供基本的福利待遇，如低工资情况下提供符合要求的食宿条件，在现代社会中提供医疗、失业、养老保险等。企业有责任依法照章纳税，并参与政府提倡的社会公益事业，包括捐助有关社会项目，如宗教、教育与文化活动等。企业有责任改善所在社区的环境和条件，包括保护生态环境和自然资源，绝对不应该以破坏环境为代价获取收益。如此等等。

关于企业社会责任的具体内容，学术界陆续提出了“三个同心圆”、“金字塔”、“三重底线”等比较有代表性的观点。其中，美国佐治亚大学的卡罗尔（Caroll）提出的“企业社会责任金字塔”（Pyramid of Corporate Social Responsibility）理论至今仍被广泛引用。他认为，企业社会责任包括由经济责任、法律责任、伦理责任以及自行裁量（如慈善等）责任四个层次的金字塔形结构。所谓“经济责任”，最直接地说就是盈利，尽可能扩大销售，降低成本，正确决策，保证利益相关者的合法权益。所谓“法律责任”，就是遵守所有的法律、法规，包括环境保护法、消费者权益法和劳动保护法等，完成所有的合同义务，带头诚信经营、合法经营。所谓“伦理责任”，就是使社会不遭受自己的运营活动、产品及服务的消极影响，增大企业吸纳就业的能力，为环境保护和社会安定尽职尽责。所谓“慈善责任”，就是支援社区教育，支持健康、人文关怀、文化与艺术、城市建设等项目的发展。如此等等。

三是企业社会责任的标准。在1995年召开的世界社会发展首脑会议上，联合国秘书长安南提出“全球契约”（Global Compact）的设想；1999年1月，在达沃斯世界经济论坛年会上，安南再次提出“全球契约”计划，并于2000年7月在联合国总部正式启动。安南向全世界企业领导人呼吁，遵守有共同价值的标准，实施一整套必要的社会规则，即“全球契约”，使得各企业与联合国各机构、国际劳工组织、非政府组织以及其他有关各方结成合作伙伴关系，建立一个更加广泛和平等的世界市场。其目的是动员全世界的跨国公司直接参与减少全球化负面影响的行动，推进全球化朝积极的方向发展。“全球契约”包括四个方面的十项基本原则。在人权方面：(1) 企业应该尊重和维护国际公认的各项人权；(2) 绝不参与任何漠视与践踏人权的行为。在劳工标准方面：(3) 企业应该维护结社自由，承认劳资集体谈判的权利；(4) 彻底消除各种形式的强制性劳动；(5) 消除童工；(6) 杜绝任何在用工与行业方面的歧视行为。在环境方面：(7) 企业应对环境挑战未雨绸缪；(8) 主动增加对环保所承担的责任；(9) 鼓励无害环境技术的发展与推广。在反腐败方面：(10) 企业应反对各种形式的贪污，包括敲诈、勒索和行贿受贿。

2003 年，全球 CEO 世界经济论坛提出“企业公民”的标准。所谓企业公民（Corporate Citizenship），是指一个企业将社会基本价值与日常商业实践、运作和政策相整合的行为方式。一个企业公民认为公司的成功与社会的健康和福利密切相关，因此，它会全面考虑公司对所有利益相关人的影响，包括雇员、客户、社区、供应商和自然环境。企业公民的标准包括四个方面：一是好的公司治理和道德价值，主要包括遵守法律、现存规则以及国际标准，防范腐败贿赂，包括道德行为准则问题以及商业原则问题；二是对人的责任，主要包括员工安全计划，就业机会均等、反对歧视、薪酬公平等；三是对环境的责任，主要包括维护环境质量，使用清洁能源，共同应对气候变化和保护生物多样性等；四是对社会发展的广义贡献，主要指广义的对社会和经济福利的贡献，比如传播国际标准、向贫困社区提供要素产品和服务，如水、能源、医药、教育和信息技术等。

1997 年年初，长期研究社会责任及环境保护的非政府组织“经济优先权委员会”成立了认可委员会，负责制定“社会责任国际标准”，并根据 ISO 指南评估认可认证机构。2001 年，将其更名为“国际社会责任组织”，组成由大型商业机构、非政府组织、工会、人权及儿童组织、学术团体、会计师事务所和认证机构参与的 SAI 咨询委员会，经公开咨询和深入研究，最终提出“SA8000 社会责任国际标准”（Social Accountability 8000 International standard），于 2001 年 12 月 12 日正式公布。SA8000 标准是全球第一个可用于第三方认证的社会责任国际标准，旨在通过有道德的采购活动改善全球工人的工作条件，最终达到公平而体面的工作环境。SA8000 标准是根据国际劳工组织公约、联合国儿童权利公约及世界人权宣言制定而成的，主要内容包括童工、强迫劳工、安全卫生、结社自由和集体谈判权、歧视、惩罚性措施、工作时间、工资报酬及管理体系等 9 个要素。①SA8000 后来在 2008 年、2014 年又进行了两次修订，并面向全球广泛接受企业论证。但由于其标准狭窄（仅限于劳工权益问题）、认证缺乏权威，且收费不菲，而受到诟病，因此未能在全球企业普遍推行。

总体而言，西方企业社会责任理论，由于没有必要的文化涵养而缺乏坚实的哲学基础，由于无法抗衡“股东利益至上”的主流观念而难以全面推行，由于没有形成被普遍接受的践行标准而难以具体落实，因而，企业的社会责任在当今的西方世界依然是一个悬而未决的问题。2008 年，由美国华尔街金融业缺乏诚信而引发的全球性金融危机，就是企业社会责任问题的大爆发。从这个角度来看，万达集团基于传统儒家理念而形成的“善行天下”的企业责任意识和实践，就显得十分难能可贵。

三、坚持诚信经营

万达集团的企业社会责任意识，主要来自于儒家思想的涵养，效果却超过了西方企业社会责任理论的期望。王健林指出：“因为我本人

① 参见张志强、王春香：《西方企业社会责任的演化及其体系》，载《宏观经济研究》2005 年第 9 期。

受儒家的文化影响比较深，再加上我们企业的核心班子成员认识比较一致。所以我们很早就提出企业要注重社会责任，而不是现在强调企业公民、社会责任、慈善捐助成为风气、成为时尚的时候有些企业才来做。我们在1990年，企业成立第二年就开始有了企业第一批慈善捐助，也就是刚刚解决吃饭问题的时候，我们就想到了社会责任。”① 在王健林看来，企业履行社会责任主要有四个方面，第一是诚信经营，第二是绿色环保，第三是关爱员工，第四是慈善捐助。

关于诚信经营，王健林指出：信用是一个非常古老的话题。在《论语》中有这样一段话，孔子有一个大弟子子贡问如何治国，孔子回答说足兵、足食、足信。子贡又问如果不得已而去之先去哪一个，孔子回答先去兵，再去食，最后留下民信，“民无信不立”。这说明早在春秋战国时期，我们的先人就非常注重诚信，中国是一个有诚信传统的国家。只不过最近几十年，尤其是最近20年经济快速发展，在经济转型过程中，我们国家的诚信出现了一些问题，很多政府、企业、个人不讲诚信，假冒伪劣盛行。这些失信的行为严重影响了我们国家的经济活动，也影响到中华民族的伟大复兴。由此，万达集团自觉地以诚信经营作为自己必须承担的首要社会责任，从以下五个方面抓企业的诚信建设：②

第一，诚信要反映在企业核心理念中。王健林在万达经常讲一句话：“人生追求的最高境界是精神追求，企业经营的最高层次是经营文化。”现代市场经济从产品竞争、价格竞争、品牌竞争进入到文化竞争。文化竞争主要反映企业核心理念的差距，反映企业核心价值观的区别。万达集团一直把诚信经营当作核心价值观来抓，提出要“老实做人，诚心做事”，并根据实践不断提升这个理念。在20世纪80年代，房地产完全是卖方市场，对于房屋的销售面积没有严格要求，一套58平方米的房子被开发商当作60平方米来卖是很寻常的事。当时有的同事建议

---

① 王健林：《追求企业经营的最高境界》，在全国轻工总会政研会的报告，2006年8月10日。

② 参见王健林：《万达哲学》，中信出版社2015年版，第230—236页。

每套房子增加 3 平方米，1000 套房子可以多卖 3000 平方米。但万达没有那样做，而是严格按照图纸上的面积来卖。另外，万达十分注重按期交房，讲究守信，在已经开发的楼盘中，没有一个小区或一个工程是延期交房的。此外，万达还非常注意抓广告诚信，特别规定了规范的广告用词，所有的广告经过总经理签字之后才能登报，商业购物中心的广告则要拿到总公司营销中心审批。2003 年，万达集团聘请了新加坡的战略研究公司，对公司的企业文化进行提升。在这个过程中，对集团部门经理以上的人都进行了访谈，近百名总助级以上骨干集中到大连，以无记名投票方式，选择大家最认可的企业价值观，投票结果显示，诚信排在了第一位。这说明万达集团坚持把诚信当作企业核心价值观来抓已见到成效，诚信已经在万达集团员工心中扎下了根。

第二，诚信要体现在企业的规章制度中。诚信不仅是企业文化意识，也是道德规范。万达集团认为，诚信必须要体现在企业的管理制度中。商品房是目前老百姓生活当中购买的最大宗商品，是使用价值最高、使用时间最长的产品。万达集团讲诚信，就要把商品房的工程质量作为抓诚信的重点，强调工程质量。早在企业成立初期、20 世纪 80 年代末期完全是卖方市场的时候，万达集团就主动抓工程质量。比如说开发大连民政街小区，5 万平方米，8 栋楼，万达集团主动要求四家施工单位工程质量全部创市优以上。施工单位却不情愿，因为当时“优值不优价”。按当时政府有关规定，市优产品，每平方米的预算只增加 2 元、省优每平方米只增加 4 元。而实际上，创市优每平方米要多投入 10 元、省优每平方米要多投入 20 元。万达集团就下发文件，突破政府规定的框框，只要工程达到市优，结算时每平方米增付 10 元，达到省优则每平方米增付 20 元。实行“优质优价”，从制度上落实讲质量、讲诚信，结果调动了施工单位的积极性。这一小区有 4 栋达到市优、4 栋达到省优，并有两栋评为省样板工程，成为全东北第一个住宅工程质量全优小区，并获得中国首次“质量万里行”唯一一块“优质住宅工程”的奖牌。万达集团又提出了“消灭合格工程，争创全优工程”的制度。工程分为五个级别：合格、优良、市优、省优、国优（鲁班奖）。万达集团要求去掉合格等级，最低要优良以上工程，自己给自己加压。在内部充分讨论的基础上，万达集团修订下发了《关于加强工程质量管理的若干规定》，把工程质量和各公司的收入、奖励、晋升挂钩。由于万达集团注重抓工程质量，所以开发的项目，基本上都是优良以上工程质量，还有多个工程获得“鲁班奖”。

第三，诚信要落实在企业经营活动中。《礼记 · 大学》提出：“诚于中，形于外”，诚信只有坚持落实到企业的一切经营活动中，诚信的理念才能扎实，才能形成真正的自觉行为。万达集团针对房地产行业工程质量低劣、面积短缺、欺骗销售的普遍现象，在全国房企中率先提出“三项承诺”：第一是保证工程质量优良以上，保证不渗不漏，发现渗漏，赔款 3 万元；第二是保证销售面积与产权面积相符合，如果面积不符，缺一赔三；第三是为了保护消费者利益，从买房到竣工入伙 60 天的时间内可以自由退换房。“三项承诺”在全国房地产市场影响非常大，甚至引发一些同行不满，但万达集团坚持做下去，赢得了社会的肯定。有一次，万达集团与某市政府签订了买地合同，总共买 100 万平米的地，付了款，办了土地证，也按 100 万平米地批了规划；但其中部分地块涉及军队单位，政府未能实现动迁，就单方面修改了规划，缩减了 30 万平方米的用地供给。这样，原先按照 100 万平米的面积做的规划，如今因不可抗力因素，只能缩减。但少数前期买房入住的业主不接受，要求按照 100 万平方米规划的所有配套公共设施建设完全兑现。万达集团总裁会经过几次讨论，为了消费者的利益，更主要是为了万达集团的品牌，最终决定按照原先 100 万平方米的配套公建面积建设，还多建了一个学校。在商业地产开发中，部分老百姓购买了商铺，不懂怎么经营，经营不好就投诉或闹事。尽管买卖合同中双方权利义务规定得非常清楚，但为了诚信，为了万达集团的品牌，对于这种情况，万达集团采取了扶持的政策，譬如引进大的品牌店，回租小业主的商铺，并保证小业主的适当回报。

第四，诚信要表现在企业的商品价值中。企业经营当中，仅仅诚实守信是不够的，还要有更高的追求，就是为客户创造价值。怎样创造价值？就是创新产品，物超所值，让忠诚的消费者有利可图。万达集团开发商品房时注意几点：一是非常注意产品创新，包括户型、材料、环境都要创新。二是注意适当留利，为老百姓保值，给购房者留有价值空间。三是注重配套服务，特别是物业管理。由于以上三点，万达集团的房子升值很快，有的小区，每套房在一年之内都升值 20 万元以上；有的楼盘，才入住半年多，就升值 30%甚至 40%。由于万达集团注重为客户创造价值，出现了全国罕见的“万达二手房”现象，万达集团的二手房房价都超过一手房房价。万达集团的业主，住几年卖掉房子，还可以保值增值。万达集团在为客户创造价值的过程中，使诚信有了更高的境界。

第五，诚信使万达集团赢得市场。在现在市场经济条件下，诚信是可有可无的吗？讲诚信有没有好处呢？王健林以理论和实践来回答。从理论上看，诚信是市场经济的必要条件。经济发展的历史其实就是信用发展的历史。最早的实物交换阶段，以物换物，对信用要求不高。经济发展到一定阶段，出现了货币交换，这时候产生了信用，一张纸或一把币，就代表了商品的价值。随着经济进一步发展，货币交换适应不了要求，出现了电子汇兑、支票、信用卡等交换方式，产生了信用经济。这时候，一切经济活动都要靠信用来联系，生产、分配、交换、消费四大环节都要靠信用来支撑。所以现代市场经济不是要不要讲信用的问题，而是必须讲信用的问题。从实践上看，讲诚信是大有好处的。不可否认，讲诚信所付出的价值成本和时间成本都要大一些，诚信的成本高，这是事实。从这一点看，讲诚信吃了点亏，但是实际上，讲诚信是吃小亏占大便宜。从长远来看，讲诚信获益多多。万达集团注重诚信，获得了政府和有关方面的信任，被国家工商总局评为全国首批“重合同守信誉”单位，被省、市税务部门评为“诚实纳税 A 级企业”，被省银行同业协会评为“守信金融客户”。中国工商银行、中国银行等一些大银行都给予万达集团巨额的授信额度。由于万达集团坚持诚信，获得广大消费者的认可，形成了一定的品牌形象。在万达集团的客户中，有 1/3 的购房者是老客户多次购房或推荐购房，其中有一位客户，曾 8 次购买万达集团的房子。这说明，即使在消费忠诚度最差的房地产业，企业也可以塑造自己的品牌。讲诚信还可以为企业带来新的商机。万达集团从2000年起开辟新的产业，从事商业地产开发，与国内外很多租户结成了战略合作伙伴，包括世界最大的连锁销售企业沃尔玛、世界第一文化传媒品牌美国时代华纳公司等。为什么这些世界著名企业愿意与万达集团合作？最重要的一点，就是他们看中了万达集团的诚信度。所以，只要长期坚持诚信，不但能做好原有的生意，还可以发现新的商机，有新的生意。万达集团的实践证明，诚信是有价值的。

从企业社会责任的角度看，坚持诚信经营，就是对消费者负责。万达集团2003年在沈阳市投资建设了一个万达广场，做了300多个商铺来销售，总的销售额是6.1亿元。那时没有摸到商业地产的门路和规律，由于设计的先天缺陷，老百姓买铺以后，经营极差。万达集团想了若干个办法，换了五六拨招商团队，推出各种改造，商铺就是不旺。反复折腾几年，万达集团终于认识到，这个项目不彻底改造活不了。经过半年讨论，万达集团作出了痛苦的决定：给老百姓退铺，然后拆除重建。这件事的成本是巨大的，卖铺才6.1亿元，但是收回商铺花了10亿元。这件事成为万达集团发展史上一个里程碑式的事件，足可以跟海尔集团创业初期张瑞敏为了提高员工的质量意识而砸掉76台冰箱一事相提并论，只不过万达集团“砸商铺”的代价更大。为什么要这样做？王健林回答：“我第一是为了对消费者负责，还有一点就是，我们是这个行业的领袖……这件事情可能在中国企业史上，不敢说绝后，至少也是空前。十几亿元代价付出去，在当地市场及全国市场上，换来了非常好的口碑，别人觉得这个企业让人放心，对他负责。”①

企业坚持诚信经营，也是对社会负责。2016年9月28日，有媒体根据近期公布的一份裁判文书，报道了原大连市市委常委金程曾在1998—2015年间非法接受30多家地产公司行贿，其中金程曾在2007—2009年前后，接受彼时担任大连万达房地产有限公司经理的冷

① 王健林：《万达哲学》，中信出版社2015年版，第12页。

某某的30万元现金，为其经营发展提供便利。针对此事，万达集团29日下午通过集团官网发布严惩行贿人员决定。决定免去冷传金大连万达商业地产股份有限公司首席工程师职务，解除劳动合同。同时，还决定暂时冻结其持有的大连万达商业地产股权，停发股权分红。说起来，这已经不是万达集团第一次因为反腐问题处理员工了。2015年7月份，万达集团就因腐败问题，处理了18人，其中17人为万达集团内部员工，1人为万达集团总包单位的工作人员，涉及人员均为万达集团总部和地方公司的高管，其中总经理级别共计4人。这充分体现出万达集团诚信的运营理念，能够遵循市场的游戏规则才能得到广大客户的认可，诚信是一种无价的美好品德。对一个品牌、一家企业来讲，诚信是灵魂、是生命、是企业生存和发展的永恒的动力。失去了诚信，企业必将衰亡。投机取巧只能获得一时的利润，只有脚踏实地地干业务，才能获得稳步的成功。[①] 万达集团能够以诚信为本，自觉净化市场竞争环境，遵循游戏规则，正是对社会负责的体现。

四、关心爱护员工

儒家主张“重民”，把民众看作国家的根本，认为当政者的根本职责就是保证民众的安居乐业。由此，当政者一方面要“养民”，担负起养育民众的责任。孔子称赞当时郑国的政治家子产“其养民也惠，其使民也义”；孟子则具体提出了“制民之产”的思想。另一方面，当政者还要“教民”，担负起教化民众的责任。孔子提出“庶—富—教”的思路；孟子则认为人们在食饱衣暖、过上安逸生活之后，如果没有教育，便跟禽兽差不多了，因而主张“教以人伦”。荀子把富民和教民看作是王道政治的两个基本方面：不富裕无法满足民众的物质需要，不教

① 参见华智晟远：《从万达处理诚信问题，看企业诚信重要性》，搜狐公众平台2016年10月2日。

化则无法满足民众的精神需求。在现代企业中，企业管理阶层就是企业的“当政者”，企业员工就是企业的“民众”。受儒家思想影响，万达集团以“共创财富，公益社会”作为企业使命，在企业经营中，始终把人才视为核心资本，树立了“人的价值高于物的价值，企业价值高于个人价值，社会价值高于企业价值”的核心价值观，全面关爱员工的成长和进步，提出了将“企业发展成果首先惠及员工”的理念，成为用关爱员工的实际行动推动社会及企业双赢发展的表率。万达集团不但为员工的发展创造了事业平台，为员工的进步建立相应机制，为员工的工作提供一流待遇，还为员工的生活倾注贴心关怀，同时为员工的成长给予思想引导。①

一是为员工的发展创造事业平台。王健林认为，事业平台是员工的第一选择。其实，员工喜欢这个企业，愿意到这里来，不仅仅是看收入、看待遇，尤其那些有志发展，也有一定才智的员工，非常重要的一点是，他们更关注自己在这个企业里能不能增长才干、有没有更好的个人事业平台和良好的发展机会。万达集团请专业的国际咨询公司做企业调查，每年都做，而每一次调查，员工的第一个选择都是关于个人发展。这就促使公司去思考，怎么给员工更好的个人事业平台？想来想去就是一句话：企业只有处在一个良好的上升轨道，事业前景不断发展，才能源源不断地创造出更多的事业平台。万达集团这些年不断开发，每开发一个成功项目，就意味着有三到四套的组织机构建立起来，也就提供了很多的员工工作岗位、管理岗位。在万达集团可以这么说，你只要努力工作，很快就有晋升机会。王健林清醒地看到，随着品牌的建立、良好融资平台的建立，能制约万达集团发展的关键就是人才了。“我们千方百计地想怎样更好地吸引人才。要吸引人才，就要给员工事业空间，让他们不断有晋升的机会。”

二是为员工的进步建立相应机制。万达集团视人才为企业的核心资本。目前公司的管理团队全部具有大学本科以上学历，一半以上具有

---

① 参见王健林：《民企更需要关爱员工》，《中外管理》2008 年第 4 期。

硕士、博士学位。良好的企业发展前景、广阔的个人事业平台、和谐简单的人际关系、一流优厚的物质待遇、独特优秀的企业文化是万达集团凝聚力的核心要素。万达集团拥有国内超一流的万达学院，每年对各系统部门经理以上高中层管理人员进行培训，使员工在万达集团不仅涨收入而且长本事。为了让员工有不断进步的空间，王健林还提出“打造简单的人际关系”。他说：“为什么我要提这句话呢？因为我的经历使我深深了解人际关系在某些环境下的负面影响很大。很多人不是在做事情，而是在做关系。所以我成立企业后，非常注重建立一种简单的人际关系，使员工能全身心地投入工作。”

为此，万达集团主要做了三点：第一，不搞帮派，不搞亲疏。王健林在这个企业有接近八成的股份，但企业里没有他的一个亲属，他宁肯给亲属钱，让他们自己出去干，还不能干跟万达集团相关的业务。第二，不搞公司政治。王健林曾经在公司炒掉了两个高管，他们都是从国有企业来的，老喜欢搞亲疏，老是几个人、十几个人成天弄在一起，一开会讨论提拔职务、晋升工资，就拼命为自己圈子的人说话。王健林很反对这种风气，主张公司要努力塑造一种大家完全平等的关系。第三，公正用人。这说着容易，做起来非常难。难在你怎么能评估出“公正”？你建立在什么标准上用人公正？你自以为是公正用人，其实不一定。于是王健林在万达集团采取了几条线重合评判：第一是依据自己跟各高管相处的感觉，因为对部下的评价毕竟始发于总经理、副总经理、部门经理等，也就是说依据领导的感觉作评价。第二是依据人力资源部的考核。万达集团规定：考核副总经理级的，必须对其下属所有部门经理进行访谈，每年都搞，每个部门经理都有发言权；考核部门经理，就必须访谈他下属的每个员工。考核时，一对一，不准第二人在场，敞开来说。第三是设立内部审计部门，有自己的举报渠道、信息渠道。把这三条线重合在一起，公正用人估计就不会出大错了。这里需要杜绝的就是简单地听取某个领导的一句话来用人。用好一个人，就鼓励一大片；用错一个人，就打击了一群人。

三是为员工的工作提供一流待遇。王健林经常提醒自己：要对得起跟随自己的团队。说来说去，人生活在物质的社会里，最关键、最基础的东西，还是要提供良好的物质待遇。在万达集团，这不仅是精神满足和物质享受，其实是一种保障。第一，提供超一流的高收入。万达集团下属的每一个行业都对应它在全国的工资水平来形成竞争力优势。因此，万达集团员工的收入非常高，基本能达到世界500强的收入水平。第二，提供人性化的关怀。万达集团实行员工带薪休假制度，每人每年最少6天，多至20天。还在昂贵的中心区写字楼里建有健身中心，让员工免费去健身、运动。万达集团要求各公司每年组织不少于5次集体活动，由公司出钱，大家一起出去玩一玩，促进感情交流，以建立良好的企业人际关系。第三,万达集团提供“终身保障制度”。王健林说过：如果万达集团员工，不论高管或普通员工，退休后要靠退休金来保障终身和养老的话，那就是公司的失败。对员工要有终身保障，就是要公司好好发展，有坚实的物质基础。万达集团为什么从住宅地产转型商业地产，做商业中心、五星级酒店？就是考虑要有长期稳定的现金流，使企业能够长寿百年。如果没有长期稳定的现金流，10年后企业都找不到了，谈何终身保障！万达集团发文规定：部门经理以下的员工，退休时按退休前5年的工资总额一次性给付现金。对于高管，王健林则把自己的股权稀释，无偿赠送给他们。企业上市以后，员工的股份就具有了流动性，什么时候想变现或者急需用钱，可以立刻套现。

四是为员工的生活倾注贴心关怀。在万达集团的发展中，王健林始终坚持“以人为本”的理念，倾心关爱员工，广纳八方人才。万达有三条独特的措施。一是独特的工龄工资制度：基层员工除了正常收入，每工作一年增加1200元工龄工资，工作满5年的基层员工每年仅工龄工资收入就达6000元。二是免费提供一日三餐：万达集团要求所有公司都设立免费的员工食堂，而且不准外包。为此万达集团还在延庆投资2亿元，专为北京地区总部员工提供绿色食品。三是推出幸福假期制度，给予万达集团评选的优秀员工及其家人报销两人往返机票及住宿费，任选各地万达集团酒店度假。这种人性化的管理无疑得到了员工的回报，在同行业中万达集团的离职率也是最低的。王健林因此被全国工商联和全国总工会评为“全国关爱员工优秀民营企业家”。

五是为员工的成长给予思想引导。王健林认为，关爱员工，还要讲文化。企业要有一种良好的追求，有一个好的精神状态，使员工看见这个公司很阳光，很健康。对于优秀的企业文化，万达集团也有一个工程：每年推荐读一本书，由总裁推荐后买了发给员工。先后已推荐阅读过的书有：《论语》、《礼记》、《情商》、《执行一定有方法》、《追求卓越》、《责任胜于能力》、《把工作做到极致》、《史上最简单的解决问题手册》等。其中《论语》是2005年推荐阅读的，王健林认为：“《论语》是中国儒学核心的思想，是集中国传统文化大成的东西，博大精深。我希望我们的员工尤其是部门经理、总助以上的员工一定要学。”《礼记》是2014年推荐阅读的，王健林谈到，现在有些中国人有崇洋媚外的思想，喜欢照搬照抄国外的东西，而万达集团搞文化产业，就必须突出中国文化元素。为此，万达集团还多次聘请著名礼仪专家到企业讲文明礼仪，以提高员工的综合素质。

读书后，第一是要求员工写一篇超过500字的笔记。第二是每个公司自己组织一次演讲。全国70多家公司，演讲后选出第一名，到集团演讲，再评出一、二、三等奖，出版演讲集，放上他的照片，就作为一种鼓励。第三是每年出一本故事集，记载公司的好人好事，对员工也是一种激励。第四是每年举办一次年会，这是万达集团企业文化的第一品牌，鼓励员工，很感人。每年还有一次“良心之旅”，员工要选他公司当地一个最穷的乡村去访贫问苦。并且，公司不发钱，由个人捐助。万达集团是干房地产的，员工房子好解决，原来是无偿分房，现在不能这么做，公司就给员工付首期。更高层次的还有其他解决办法。部门经理以上的还有车补，每月几千块钱。但是，员工有房有车、收入又高后，就会发生变化，成天就是想着怎么让钱多一点，怎么让房好一点，怎么办？那就让他们去看看最穷的人过的是什么日子。每年这个活动回来后，员工会写很多文章，非常感叹，说没有想到其实不远的地方就有这么穷的人家。我们要让员工知道感恩社会、公司和你的团队，你的成就不完全是你自己的功劳，是你赶上了大时代、大趋势，社会、企业、组织，加上你稍微努力，才能有今天。但是，还有很穷的人需要帮助。总之，要让员工有良好的心态对待社会，懂得帮助穷人。良好的文化熏陶、物质待遇、人际关系、事业平台，才能为员工和企业创造出幸福指数。

万达集团建立员工培训机制，每年投入上亿元用于员工培训，并在河北廊坊投资 7 亿元建立了国内一流的万达学院。每年万达还组织拔河比赛、运动会、才艺大赛、书画摄影展、羽毛球比赛等多种多样的员工活动，丰富员工生活，使员工保持一种充满阳光、健康向上的精神状态。王健林把“人生追求的最高境界是精神追求，企业经营的最高层次是经营文化”作为自己经营企业的座右铭，十分重视企业文化建设。王健林每年都带头宣讲企业文化，每年数次专题研究企业文化建设；并建立了万达集团企业文化理念体系和完备的组织体系，增强了企业凝聚力、提升了企业竞争力。

五、注重公益事业

孔子主张“仁者爱人”，非常强调一个人对他人的关爱与付出。孟子提出：“达则兼善天下”，主张一个人在得志时，就要使天下的人都得到好处。其中，儒家十分关注社会弱势群体的命运，把他们的安危视为国家治理是否成功的重要标志。这些，都可以说是儒家公益慈善思想的明确表述。王健林将其作为影响企业家商业伦理和公益慈善行为的“决定性的因素”。在王健林看来，儒家的核心思想，就是“孝善”两字。第一是孝，这里的孝，更多的是忠君、忠父母，天地君亲师，这是孝的排序。天是什么？天就是它的这套教化的东西，这套东西它起码强调的是孝。第二就是善，这是核心。儒家是劝孝劝善，当然更深的一个层面是包括治国、社会伦理、言行举止、道德约束都有。但是最核心的东西还是孝善，你看它创造出来的二十四孝图，劝人们行孝、行善。所以这些思想在中华民族传承了 2000 年，很正面。“我从小在家受教于父母，很大的一个思想就是，要做善事，要守规矩。这对我从商以后很早就开始做慈善，有直接的影响。可以说我是中国慈善事业的先导者，或者叫作先行者。”①

在王健林的率领下，万达集团对于公益慈善事业十分自觉和主动，形成了一种持续的公益行为习惯。万达集团在企业成立第二年起就不断对社会进行慈善捐助：1990 年，捐赠 100 万元建设了大连西岗区教师幼儿园；1993 年，捐资 2000 万元兴建了大连市西岗区体育馆；1994 年，出资 5 亿元建设大连大学；2005 年，带头向大连市有关部门捐助 500 万元，成立了全国首支农民工援助基金；2007 年，带头向民政部捐助 500 万元，成立了全国首支应急救助基金；2008 年，在汶川大地震后的第一天全国第一家向灾区捐款 500 万元，随后累计捐款达 1.05 亿元人民币……到了今天，万达集团的慈善捐助已经形成制度，每年的财务计划中，都安排不少于巨资用于慈善捐助，截至 2016 年，累计捐赠金额超过 50 亿元。中华慈善奖是中国慈善事业领域的最高政府奖，自 2005 年设立以来颁发九届，万达集团 8 次获奖，是获中华慈善奖次数最多的企业。

在王健林看来，公益慈善事业不仅是帮助社会上需要的人，而且对慈善者本身也是一种自我完善的途径。对于慈善，过去中国人有一个传统观念：乐善好施，或者叫助人为乐。慈善最重要的就是在帮助别人的同时能获得自身心灵满足感。所以真正做慈善的人，不是为了面子，而是为了自身心灵的一种满足。在帮助别人的同时自己活得快乐。这是真实的很舒服的感受，可以长远地做下去。所以，做慈善对于慈善者本身来说是一种很好的完善，心灵的提升。王健林认为，慈善不光是财富，是心灵，是对万达集团文化的一种完善。他经常用一个事实告诉员工，万达集团最早坚持做慈善，每年开始安排 1 亿元，后来 2 亿元、3 亿元，从 2012 年开始每年 4 亿元的预算安排，实际执行中可能还会略多一点。这样每年拿出四五亿元现金来做慈善，影响企业的发展了没

① 王健林：《企业家不做慈善，上流社会不容纳》，《中国慈善家》2014 年第 6 期。

有？没有，可能这种好的名声在某种意义上是看不到的，但这种看不到的名声却有助于万达集团的发展，得到社会的信任。

万达集团的公益慈善事业不仅是开展得早，捐助数额大，社会影响广，更让王健林引以为豪的是万达集团的义工组织。万达集团早在1994年就成立了全国最早的企业义工组织，截至目前在全国有上千个义工分站，义工人数十多万人。在万达集团，员工人人都是义工，企业入职聘用时有一条规定，只要你愿意加入万达集团，必须自动承诺参加义工，如果不接受这条万达集团也就不录用你了，在续签合同时也是一样，而且要求成为义工以后每年至少一次做义工。这样的话，所有的员工都成为了企业的义工，随着万达集团的发展，义工人数也会越来越多。这个规定基本上得到了绝大多数人的认同，也有极个别年轻人不认同万达集团这种理念，他觉得我到企业来就是来工作，干嘛要成为义工，万达集团南方某个项目公司的员工为这个还去投诉、发牢骚，后来公司经过反复研究把这个员工劝退了。虽然万达集团要求大家做义工，但不主张员工捐更多钱，捐钱主要是企业出面来捐。万达集团有个基金，每年会作出公益捐赠安排。因此企业对于员工的要求，就是多一些行动，每年至少做一次义工，常年坚持下来能够有一颗善心和公益情怀。

义工组织怎么搞？万达为此做了积极的探索。

第一是“定点帮扶”。现在的义工组织有多种做法，比如说捡垃圾，做一些什么服务等，但这种义工组织的活动比较随意，对员工教育意义也不大。于是万达集团就作出一条规定，义工组织要去开展“定点帮扶”，就是每个所在地区每个类型的公司，不管是做房地产、零售的，或者文化企业，都要有一个定点的帮扶机构。这样长年累月地坚持下来，就会对帮扶对象有一定帮助。比如说万达集团总部在大连的时候，就定点帮扶了附近普兰店市的一个乡，经过多年的帮助，这个乡的人均收入已经在当地脱贫。

第二是“心灵之旅”。就是每年每一个地方公司找一个贫困地方访问一次，为什么这么做呢？现在总体上万达集团这个企业毕竟都在中等城市以上，甚至在大城市活动，去农村很少，而且员工收入相对比较高，时间一长他的人生坐标，他的比较对象，他的参照系数，都发生变化了，可能就是追求房子、票子、职务晋升等。于是公司要求大家每年访问一次贫困村，体会一次地区差距、城乡差距有多大，比如就在北京房山区某个村，离城市中央商务区 100 多公里的地方，就能看到非常贫困的农村，所以很多在北京、上海或者在成都、武汉这些城市的人，可能还体会不到中国现在发展的差距究竟有多大，很多地方确确实实需要帮助，需要每年都要做这样的公益活动。

第三是组织全国性的联动活动。万达集团在 100 多个城市中，每年都统一组织活动。比如说组织关爱打工子弟的活动，这跟万达集团的企业组织性质有关系。万达集团做不动产，施工人员 95% 都是来自农村，打工子弟的情况可以说是相当困难。上学的地方经常是一两年一换，没有人、资金支持这些学校，他们也不能参加当地的考试，师资力量也很差。基于这种情况，万达集团要求尽可能地在当地定点帮扶一个打工子弟学校，配备电脑、课桌等，效果还是不错的。

王健林特别强调，要让慈善成为万达集团的企业文化。为什么万达集团这么看重义工组织？就是看到，企业拿钱做慈善，如果不在企业当中普及一种慈善的文化，这个事情仅仅变成老板个人的活动，员工不理解、不支持，这个活动也不能持久，而且起不到作用。所以让慈善的理念成为多数员工共同的认识，成为一种文化，这是万达集团所追求的。万达集团有自己企业的网站、月刊、手机报，每周都要求报道慈善义工的特色活动。同时每年在全集团评选 100 名优秀义工进行褒奖，参加义工活动做得好的，当作工作成绩一样可以提拔。万达集团在大连有个女员工，搬了三次家，目的就是追随一个孤儿学校做老师，那个学校今天租不到地方就换个地方，她为了当这个老师搬了好几次家。这个事情公司本来不知道，后来被她的同事一次演讲提到这个事情。公司觉得是很好的典型，通报表扬，而且给她直接晋升两级工资。

万达集团每年出一本《万达故事》，会包括义工故事，而且每个故事都有主角、有照片，现在已经出了十多本，一人一本，每年发给每一位员工。而且每年万达集团年终总结都要总结慈善义工的工作情况，希望通过所有的手段，在万达集团形成慈善是企业文化重要内容的共同认识。王健林说："我希望我们企业将来能够发展得好，有能力捐助更多的人。同时我们员工也都在我们这个企业组织当中学习进步、形成一种慈善文化，每个人能够尽可能地保持一颗善心，无愧于社会。"①

万达集团的善心善行在扶贫工作中得到了充分的体现。王健林曾经在接受媒体采访时指出："2020 年正式退休之后，不排除我去承包一个贫困县，专门进行扶贫。"但这个时间提前了。为了响应国家 2020 年全面建成小康社会而进行扶贫攻坚的总体部署，2014 年 12 月 1 日，万达集团与贵州省丹寨县签订扶贫协议，在全国开启了"企业包县，整体脱贫"的扶贫新模式。经过反复考察，2016 年 2 月，结合丹寨县实际情况和万达集团自身优势，万达集团最终确定了 14 亿元的帮扶脱贫方案，即出资 3 亿元捐建职业技术学院、出资 6 亿元捐建一座旅游小镇、发起成立一支 5 亿元的丹寨县扶贫专项基金，通过"教育、产业、基金"这种长、中、短期兼顾的方式，探索出精准扶贫的全新模式。其中，专项扶贫基金由万达集团投资公司理财，每年保底 5000 万元收益，无偿分配给丹寨县贫困人口。万达集团旅游小镇占地 400 亩，建成后产权属丹寨县，全部租金归丹寨县，就业人群均来自丹寨县。万达集团将发挥全国最大旅游企业的自身优势，在管理人员、经营模式、游客引流等方面，对旅游小镇进行 3 年的经营扶植，将其打造成贵州独具特色的民族旅游名片。职业技术学院规划用地面积 300 亩，总建筑面积 5 万平方米，共设置 5 个系：文化旅游管理系、机械设计与制造系、材料与能源系、电子信息系、财经系。专业的设置与万达集团相关产业、职位需求相结合，万达集团承诺每年将择优录取学院 50% 的毕业生进入万达集团工作。

万达集团在丹寨县所探索的"长期教育扶贫、中期旅游产业扶贫和短期基金扶贫"三大措施并举，被称为"精准扶贫的 3.0 模式"，做

---

① 王健林：《万达哲学》，中信出版社 2015 年版，第 249 页。

到了短期、中期、长远兼顾，授人以鱼，更授人以渔，不仅帮助丹寨县迅速脱贫，更为丹寨县创造新的发展道路、打开持续成长空间。分析认为，万达集团丹寨扶贫 3.0 模式给中国企业扶贫提供了新思路。首先，扶贫不仅要结合当地实际，更要发挥企业优势。其次，扶贫要短、中、长相结合。扶贫不仅要想得长远，还要有短期见效的项目，让老百姓有获得感，对企业产生信任，才能真正支持和参与企业扶贫。第三，选择行业要有引领性。丹寨县旅游小镇经过几年培育，形成品牌后，旅游就会成为丹寨县的重要标签，使丹寨县的城市功能定位也发生重大变化。不但整县脱贫，而且改变面貌，带来新的发展空间和机会，这样的扶贫才是真正长远的。

也正是基于此，2016 年 10 月 16 日，在首届全国脱贫攻坚奖表彰大会上，王健林以创造“丹寨精准扶贫模式”，获得了全国脱贫攻坚创新奖。舆论认为，王健林的丹寨扶贫方式是“企业家精神”的体现。这已经不是为追求自己的利益，而是致力于解决社会问题，即它们在主观上是为了实现社会公益性目的，但所采用的是具有企业创新精神的方式，即以企业家创新的方式来实现社会利益目标。“这可能是全世界最优秀、最卓越的企业家才能做好的事情。成功的社会企业和社会企业家是现代工业文明的突出标志之一。”①

六、努力保护环境

人类如何对待自己生存于其中的生态环境？在这方面，现代社会存在着两种针锋相对的观点。一种是“人类中心主义”。它把人类的利益作为价值原点和道德评价的依据，认为只有人类才是价值判断的主体，主张人类的一切活动都是为了满足自己的生存和发展的需要，不能达到这一目的的活动就没有任何意义。另一种是“自然中心主义”。它

① 《王健林的慈善“大目标”：人人都是慈善家》，《新浪公益》2016 年 9 月 6 日。

认为人与所有其他生物及实体作为与整体相关的部分，其内在价值是平等的。自然界是一个相互依赖的系统，人只是其中的一个成员，因此人并非天生比其他生物优越，所有有机个体都是生命的目的和中心。

从儒家的立场来看，这两种观点都有所偏颇。一方面，儒家主张在天地万物中人类最为尊贵："水火有气而无生，草木有生而无知，禽兽有知而无义。人有气有生有知亦且有义，故最为天下贵也。"① 人类是万物的灵长，是天地自然在地球上所造就的最珍贵的物种，所结出的最美丽的花朵。因此人类天然地具有驾驭万物的权威和能力。如果说天地自然的功能在于化生万物，那么人类作为天地自然化生的最高物种，其"天赋职责"则在于治理包括人类自身的天地万物。另一方面，儒家看到了人类与万物之间密不可分的内在关系："民，吾同胞；物，吾与也。"② 孟子指出："君子之于物也，爱之而弗仁；于民也，仁之而弗亲。亲亲而仁民，仁民而爱物。"③ 在孟子看来，君子对于亲人、民众、万物的仁爱，尽管有差等次序，但其内在的情感却是一致的，亲爱亲人而仁爱百姓，仁爱百姓而爱惜万物。明儒王阳明进一步发挥了孟子的思想，在他看来，无论是自己的同类还是飞禽走兽，无论是花草树木还是砖瓦石板，都是人类仁爱之心关注顾惜的对象。这就表明，在儒家那里，人类之所以贵为万物之灵，是因为他自觉意识到并愿意承担起关爱万物的职责。

由此，儒家在人类利用万物的问题上形成了"取物而不尽物"的思想。为此，一方面要"取之以时"。孟子指出："不违农时，谷不可胜食也；数罟不入洿池，鱼鳖不可胜食也；斧斤以时入山林，材木不可胜用也。"④ 庄稼的生长、鱼鳖的繁衍、材木的成长，都需要一定的时间过

---

① （清）王先谦撰，沈啸寰、王星贤点校：《荀子·王制》，《荀子集解》，中华书局 1988 年版，第 164 页。

② 《张子正蒙·西铭》，《张载集》，中华书局 1978 年版，第 62 页。

③ （清）焦循撰，沈文倬点校：《孟子·尽心上》，《孟子正义》，中华书局 1987 年版，第 949 页。

④ （清）焦循撰，沈文倬点校：《孟子·梁惠王上》，《孟子正义》，中华书局 1987 年版，第 55 页。

程，人类依据其繁殖、生长与成熟的时间段，而分别采取切实的保护手段和合理的利用措施，就能够解决自己生活之所需。另一方面要“取之有度”。孟子又指出：“牛山之木尝美矣，以其郊于大国也，斧斤伐之，可以为美乎？是其日夜之所息，雨露之所润，非无萌蘖之生焉，牛羊又从而牧之，是以若彼濯濯也。”① 山上的树木本来很繁茂，却经不起人们不断地刀斧砍伐；雨露滋润的树木不是没有嫩芽新枝，却经不起牛羊不断地啃吃踩踏。这种无序、无度、无节制的利用，只能导致生物资源和自然资源的毁灭。如果人类对于养育自己的生物资源和自然资源，做到既取之有时而又用之有度，既发展生产而又厉行节约，那么就能够真正做到“取之不尽而用之不竭”，就可以满足人类生存与发展的需要。②

王健林十分欣赏儒家这种“天人合一”的适度理念，他结合其熟悉的城市商业地产开发领域，谈了自己的体会。他说：“要合理的商业布局。创造商业价值首先要有一个合理的规划。而不是说，建得越多越好，这个多和少是有一个平衡点的。就是一定要有合理规划，不仅是商业中心，包括写字楼宇，包括其他服务商业类的设施都有一个合理的点。中国的古代哲学、儒家哲学，核心就是两点。竖着讲中庸，不偏不倚；横着讲平衡。我举一个例子，比如说沈阳市有一条青年路，在这条大街上布局了数百栋写字楼，30 多个购物中心，其结果就是现在这条街很惨淡，并没有繁荣起来。所以说它并不是布局的越多越好，而是合理的布局，还要根据现代交通的拥堵程度，还要进行分散。还要创造一个优美的环境，城市商业价值是在商业、写字楼、金融贸易交易广场等。但是你看凡是城市当中靠着河、湖、绿地的这些楼宇、地段更值钱。这说明现代城市的商业价值除了布局之外，人们还是希望在这个城市里有更加优美的环境，疏密有度。当然还有交通方便。也就是说创造

① （清）焦循撰，沈文倬点校：《孟子 · 告子上》，《孟子正义》，中华书局 1987 年版，第 775 页。

② 参见黎红雷：《天地君亲师：儒家精神信仰思想的现代转化》，载《现代哲学》2015 年第 5 期。

一个优美的环境也是保持城市商业价值的重要方面。”①

基于“引领城市发展新观念，改善自然环境和人文环境”的追求，万达集团在绿色环保方面一直走在国内企业前列，是全国最早推行节能建筑的企业之一，下属所有万达广场及其五星级酒店都达到国家星级节能标准，自国家住房和城乡建设部2009年颁布绿色建筑设计标识和运行标识以来，全国获得这两项认证的商业项目绝大多数是万达广场及其五星级酒店，遥遥领先其他企业。

在此基础上，万达集团推出慧云智能化管理系统，通过建立统一的集中控制平台，将万达广场内的暖通空调监控、给排水监控、变配电监视、火灾报警、视频监控、防盗报警、门禁管理、电子巡更、公共照明控制、夜景照明控制、电梯监视、客流统计、停车管理、信息发布、背景音乐、能源管理等机电系统的控制管理集成在一个管理系统中，利用人工智能技术，将科学、合理的运行策略编成程序，设置在系统内部，使各机电系统在程序控制下自动运行，从而使万达广场在降低人工成本、保证运行品质的基础上，实现安全、智能、绿色的运营管理目标。慧云智能化管理系统的建成，标志着万达广场的管理水平达到国际领先地位。

在谈及万达集团所做的环保节能工作时，王健林表示，企业在环保节能方面不仅可以赢得声誉，也可以产生效益价值。万达集团与美国一家公司合作做酒店节能，4年便收回成本，之后自己经营，目前已经产生很高的利润和价值。同时，在东北天气极寒的地区，万达集团通过与日本专家共同研究外保温技术，盖出冬天屋里不用开暖气的建筑楼。而在江南酷热地区，同样也使用了外保温技术，建筑节能可达到95%。在以推动商业可持续发展为宗旨的“中国绿公司百强”评选中，万达集团因“文化、经济、环境、社会、创新”五项指标的综合表现优秀，连续多年进入“中国绿公司百强榜”。

---

① 王健林：《在外滩国际金融峰会的演讲：城市的价值》，转引自万达官网，2016年11月19日。

为了传播绿色环保理念，王健林还发起组织了“中国绿公司年会”，并在年会上介绍万达集团在坚持可持续发展、良性生态企业方面的体会。王健林说：万达集团做大型的购物中心和酒店，十分强调做绿色建筑。2009 年，住建部公布“中国绿色建筑评价标准”以后，万达集团还对以往建成的项目进行了大的改造。经过测算，改造后的 20 多个店，平均起来 5 年可以收回投资，好的店大概 3 年多就收回投资，节能、节水。所以从效益本身来看，绿色的投入本身是有回报的，而且有比较大的回报，这个节能改造大大超出原来很多人的想象。所以在绿色建筑和绿色运营方面，企业其实有很宽的路要走，绿色本身是有效益的。在王健林看来，推动企业搞绿色环保，仅仅靠道德的号召是不持久的，一定要有商业的逻辑在里面。真正要号召大家实施绿色，就是一定要研究到通过绿色的发展获得更好的收益、更长远的发展，能找到这个正确道路，才是最持久的。

作为绿色环保理念的倡导者，王健林本人坚定不移地相信道德的作用、榜样的作用。在他看来，中国绿公司年会就是要把价值观相同的企业聚合在一块，其价值观就是简单一句话，小胜靠智、大胜靠德，以德立商，就是把商德作为最重要的东西。参会的企业家，首先要自己带头做好，发挥榜样的力量。

提到德的问题，从当前中国大的社会环境来讲，很多普通大众可能对企业家或者富人有一些仇富的心理，可能不会认为这是一群靠德把企业做好的人。针对这种大众的偏见，王健林坚定地回答：“我觉得现在中国仇富、仇官是暂时的，不是社会价值观的主流，而且仇富、仇官的大部分是一些年龄比较小的、思想上缺乏主见的，容易受网络舆论、社会舆论诱导的人，真正的成熟的人不会这样想的。中国现在真正做的比较前面的企业家绝大部分是靠自己奋斗起来的，而且做的大的企业家尤其是民营企业家，往往也都是慈善或者环保方面的先锋。”因此，王健林认为：“第一，我不认为仇富、仇官是真正的社会价值主流，这个主流并不是看人数多少的，不是在网上讨论一万人发言说超过五千人就是主流，我不认为是真正的主流的社会意识。第二，我觉得可能我们作为企业家自身也要检讨，要承认我们这里面有相当一部分从事商业行为的这些企业和企业家，在赚钱的时候只讲利润而不讲手段，不是像过去讲的君子爱财取之有道，这些可能也是造成社会偏见的一方面原因。我觉得一个真正有志向的企业家，或者真正有百年意识的企业家，不应该因为现在社会的一些认识，或者自暴自弃或者干脆跟你对着干，不能这样干的，什么事情都是一个过程，再往十年后看我相信这种现象就会逐渐消失。”① 王健林的话，体现了当代企业家对践行儒家商道智慧的自觉意识与坚定信念。

① 王健林：《做绿公司不仅是道德号召更有现实回报》，载《新浪财经》2012 年 3 月 28 日。

附录一　华商书院哈佛报告

简　介

华商书院是中国首家专为企业董事长、总经理开办的全国游学的国学研修书院。书院成立于2006年9月28日孔子诞辰日，由深圳聚成股份公司与中山大学中外管理研究中心联合创办，与中国人民大学国学院合作办学。书院以“尊德问学，修己安人”为院训，以“育商海领袖，铸中华商魂”为宗旨，聚集商界杰出领袖品读国学经典，探讨传统治国之道，同时兼修现代企业管理理论。以治理国家的智慧来治理企业，实现强我企业，强我中华的伟大宏图。截至2017年5月，华商书院已有受业企业家弟子5000人，并通过推广《企业员工弟子规》等形式，影响学员企业员工300万人。2013年5月，华商书院创意发起人兼首席学术顾问黎红雷教授，应邀赴美国哈佛大学演讲，介绍了华商书院组织中国企业家学习国学、治理企业的经验，以下是当时的演讲记录。

中文报告

报告题目：中国企业家的国学教育：以华商书院为例

报告地点：哈佛大学教育学院

报告时间：2013 年 5 月 17 日

哈佛报告人介绍：

黎红雷博士是中山大学哲学系教授。他是中山大学中国哲学博士，并在美国夏威夷大学作博士后研究。他担任中山大学哲学系主任 11 年，使该系成为中国高校顶尖的哲学系之一。2006 年，他提议创办“华商书院”，运用中国传统文化教育现代企业家，以培养具有社会责任感的现代企业领袖。2010 年，他复建创办于明清时期的“世德堂”，以此为基础创办并主持“海南省青少年传统文化教育基地”，以培养既有独立人格又乐意服务社会的现代新人。多年来，黎红雷教授力图融合东西方文明，致力于陶冶人的健康心灵和建构合理的现代社会秩序，以促进世界的繁荣和人类社会的可持续发展。

（一）国学与企业家教育

1. 什么是“国学”？

“国学者，一国所固有之学术也。”中国是一个历史悠久的国家，拥有丰富的传统学术资源。19 世纪中叶以后，西方学术大规模涌入中国，人们为了与“西学”相区别，就将原有的中国传统学术称之为“国学”。(邓实，1906)

“国学”按内容分，有小学、经学、史学、诸子和文学等。按思想分，有先秦到汉初的“九流十家”：儒、道、阴阳、法、名、墨、纵横、杂、农、小说家，有唐宋以后的儒、释、道“三教合流”。按《四库全书》分，有经、史、子、集四部。按现代学科分，则涵盖哲学、史学、宗教学、文学、礼俗学、考据学、伦理学、版本学等。广义上的“国学”，还包括医学、戏剧、书画、星相、术数等。

2. 国学与企业家

在 20 世纪 90 年代，中国的企业家开始接受来自欧美的 MBA、

EMBA 教育；进入 21 世纪以来，不少企业家又转向学习国学。如果说前者追求的是“术”——管理现代企业的方法；后者追求的则是“道”——做人做企业的精神价值。

对于一个企业的最高领导者董事长或总经理来说，显然“道”比“术”更重要。企业管理的科学不分国界，而企业管理的文化却只能根植于自己的民族传统。追根寻源，找到企业基业常青的灵魂，这就是当今中国企业家如此热衷于国学的根本原因。

3. 目前中国企业家的国学教育

在中国大陆，最早把国学智慧引入企业家教育的，是 1993 年在中山大学 EMBA 班所开设的《儒家管理哲学》课程，由我本人一直讲授至今。近 10 年来，中国内地不少高校，包括北京大学、清华大学、中国人民大学等纷纷开设专门面向企业中高级管理人员的各种“国学班”。近几年来，长江商学院、中欧国际工商学院这些著名的 MBA/EMBA 教育机构也开始引进部分国学教育课程。

（二）华商书院国学教育的特色

华商书院创办于 2006 年 9 月 28 日（孔子诞辰日），是一家专门针对中国民营中小企业董事长、总经理开办的国学教育机构。截至 2013 年 4 月 15 日，已经连续举办 41 期，培养学员 2389 人，遍布全国各地各个行业。在“一人进华商，千人学国学”精神的倡导下，鼓励学员组织本企业的员工、客户、亲友学习《弟子规》等国学经典，受教育面达 200 多万人。

与其他高校和民办教育机构相比，华商书院不是一般的“国学教育”，而是更加切合企业和企业家实际需求的“国学＋管理教育”。这就是华商书院在当前中国众多高校和培训机构的国学教育中脱颖而出、独领风骚的根本原因。正如天津学员朱洪利对华商书院的生动描述：“商业领袖的摇篮，能量加持的驿站，修身养性的道场，放飞梦想的蓝天，资源整合的平台，抱团发展的靠山，和平共赢的天下，报效祖国的平台，高扬红色的旗帜，生命延续的家园。”

华商书院（以下简称“华商”）国学教育的特色表现如下：

1. 办学宗旨

华商的宗旨是“育商海领袖，铸中华商魂”，培养具有中华管理智慧的现代社会企业家，铸造具有中国特色的现代企业精神。其校训是“尊德问学，修己安人”，提升道德境界，汲取知识精华，修养自己，安定下属，造福社会。

2. 教育目标

据观察，中国民营企业家的成长分为三个阶段：第一阶段是“个体工商户”；第二阶段是“私营企业主”；第三阶段是“社会企业家”。华商国学教育的目标就是帮助学员修炼自己，提高心性，从第二阶段顺利跨入第三阶段，成为富而有德的“商界领袖”。

3. 运作方式

华商书院由聚成资讯集团与中山大学中外管理研究中心联合创办，与中国人民大学国学院合作办学，在聚成集团之下成立“华商世纪企业管理顾问有限公司”，具体负责华商书院的招生、管理、教学组织等具体事宜，任课教师则聘请北京大学、清华大学、中国人民大学、中山大学、南开大学等中国顶尖高校的在职教授、博士生导师担任。高水准的师资队伍、高质量的服务系统与高效率的市场运作相结合。

4. 课程设置

华商书院采用“实地游学”的教学方式，所开设的课程有：《论语》、《道德经》、《易经》、《韩非子》、《孙子兵法》、《黄帝内经》、禅宗等七大国学经典，唐太宗、宋太祖、诸葛亮、曾国藩、毛泽东等五位历史人物。

5. 教学方法

华商书院特别强调国学智慧与现代企业管理相结合，学习的内容是国学经典和历史人物，学习的方法则强调活学活用，运用中国传统管理智慧解决现代企业经营中的问题。

华商书院提倡重视实践教学的风气，鼓励各班级组织学员企业互访，支持各地校友会组织已结业学员的后续学习，让学员感受到“一日进华商，终生不毕业”的熏陶。

6. 实践效果

1）提升了学员的个人素质和领导水平，实现从“草根”到“君子”的转变；

2）推动了学员修炼心性、拓展经营，以人品提升商品，以人道指导商道；

3）增强了学员企业管理与经营的能力，“悦近”而“来远”；

4）开启了中西企业管理智慧的碰撞与融合，“中学为体，西学为用”。

（三）华商书院国学教育的“标本”意义

1. 企业教育的新途径

众所周知，对企业管理者的培养，欧美的 MBA 和 EMBA 已经成为一种成功和成熟的模式。日本企业界在成长初期，就创办了“怀德堂”（大阪，1724 年），以探求儒家经典活用于现实生活之道，提高工商业经营者的境界；至今日本企业的内部学堂，如“盛和塾”等更是遍地开花。中国自 20 世纪 90 年代引进 MBA 和 EMBA 教育，如果说这对于培养“职业经理人”会有帮助，但对于培养“企业家”则是远远不够的。而如果像日本企业那样举办内部学堂，对于大多数中国民营中小企业来说，力量又不足，成本也太高。

华商书院的创办，正是适应了当代中国民营企业家修炼心性、扩展经营的迫切需求。华商书院在教学内容上的“领袖之道”、教学方法上的“实地游学”、教学过程中的“企业互访”、学习方法上的“自我修炼”、校友会发挥“后续学习”的功能等，都为企业教育特别是中国现代企业家的培养提供了新鲜经验。

2. 企业功能的新定位

人们常说“商场如战场”，因此企业自然而然地成为市场经济中的一支“军队”；而在“东方儒家文化圈”国家如日本、韩国等则把企业看作一个家庭；进入 21 世纪以后，当代管理学又提出企业应当成为一个“学习型组织”。

华商书院自觉地吸收中外智慧，明确将“军队＋家庭＋学校”作为自己的组织文化，并将此“三位一体”理念灌输到每一位学员的头脑中去。学员学成回到自己的企业以后，自觉地承担起“军长”、“家长”、“校长”的角色，把企业办得红红火火。特别是组织员工学习《弟子规》等国学经典所带来的员工心态和组织文化的变化，让企业家们尝到了“寓管理于关爱，寓管理于教育”的甜头，为企业的持续发展提供了坚实的精神支柱。

3. 企业伦理的新探讨

在美国管理学界，对于“企业伦理”存在着两种不同的观点：一种以自由主义经济学家弗里德曼（Milton Friedman）为代表，认为企业社会责任的思想只是“夸夸其谈”。另一种以管理学大师德鲁克（Peter Ferdinand Drucker）为代表，强调企业应该是“行善赚钱”（do well by doing good）而不是“赚钱行善”（do well to do good）；应该是利润最优化（optimization of profit）而不是利润最大化（maximum of profit）；应该全面考虑利益相关者（stakeholder）的利益而不仅仅是为股东

（stockholder）着想。长期以来，前一种观点占主导地位；2008 年金融危机以后，后一种观点则越来越受到人们的重视。

华商书院坚持以“生财有道，富而好德”的中国传统商道教育学员，帮助民营企业家正确处理“如何赚钱”和“如何花钱”的问题：“赚钱过三关，法律是底线，道德要约束，良心最值钱”；“独善非至善，兼济方圆满，善心有善报，天地大循环”。在此过程中，新的企业伦理精神逐渐形成。学员企业家关爱员工、服务客户、奉献社会，在同行和社会公众中起到了良好的示范效应。我们相信，这对于建构当代中国的企业伦理必将发挥积极的作用。

二、英文报告

报告题目：Confucianism and Citizenship Education：“Dizi Gui” as an Example

报告地点：哈佛大学教育学院

报告时间：2013 年 5 月 18 日

哈佛报告人介绍：

Dr.Honglei Li is a professor in the Philosophy Department of Sun Yatsen University in China. He earned his Ph.D. in Chinese Philosophy Studies from Sun Yatsen University，and was trained at University of Hawaii in the United States as a postdoctoral fellow. He served as Chairman of the Philosophy Department of Sun Yatsen University for 11 years，and led the department to become one of the top University Philosophy Departments in China. In 2006 he co-founded “Huashang Academy”，to train Chinese business executives with Chinese traditional philosophy，cultivating their sense of social responsibility. In 2010 he renovated “Shide School”，a traditional school originally built in Ming and Qing Dynasties. He founded and presided over the “Hainan Province’s Youngsters Traditional Culture

Education Base" there, to foster both modern independent personality and willingness to serve the society. Over the years, Professor Honglei Li has devoted himself to integrate the Eastern and Western cultures to develop healthy human mind and a reasonable order of modern society, in order to promote the sustainable development and the prosperity of the world civilization.

1. What is "Citizenship Education"?

Citizenship Education refers to the education by a country or society of their members in accordance with the relevant laws and requirements, to develop their character and ability to faithfully observe their civil rights and carry out their obligations. It aims to cultivate citizen's patriotism, responsibility, and the consciousness of their rights and obligations.

2. Variation of "Citizenship Education" Among Nations

Due to the differences in history, culture, and current political, economic, cultural systems, Citizenship Educations in different countries tend to have various goals, contents, and approaches. For example, the United States emphasizes social participation and impacts on the society; while the Asian countries such as Singapore and South Korea, influenced by Confucian culture, put moral education front and center, emphasizing the importance of morality to individuals, families, and society, as well as national heritage and prosperity.

3. China's "Ideological and Political Education"

Since the founding of the People's Republic of China in 1949, "Political Thoughts" classes have been in the curriculums of education systems of all levels. They have in fact played the role for "Citizenship Education". The outcome however has not been satisfactory, because it was more on the ideology than reality, more on theory than practice, more on knowledge than on conduct. Pardon me, but I don't see how much up-side-down approaches could ever be effective.

4. Confucius' View of Education

In Confucius opinion, education is essentially "Chengren Education"—to develop a "natural person" into a "social person", one who can harmoniously deal with himself, with others, and with the society. The ideological and political education in the past only taught children the empty theory to prepare for the exam. It didn't teach them protocols and skills on how to get along with others and society.

Known as the "the first step in life, the first rule in the world", "Dizi Gui", can fill this gap appropriately. That is why teaching and learning "Dizi Gui" is very popular in China today among schools, teachers, students, and parents.

5. What is "Dizi Gui" About?

"Dizi Gui" is an old and common enlightenment books for youth in China. Here, "Dizi" refers to the "student", "Gui" means "rules" . It was written by a Qing Dynasty scholar named Li Yuxiu, based on the ideas from "*Analects of Confucius*" . According to the teachings of Confucius, a student must first learn to honor his parents, respect elders, speak and act cautiously and honestly, care about others, and associate with virtuous people. Then, if there is spare time, he can move on to literacy and other subjects. "Dizi Gui" was effectively an ancient textbook for "moral education" . It can also be used as a supplemental teaching material for "Citizenship Education" in modern society.

6. Teaching College Students "Dizi Gui"

During my tenure as the Chair of the Department of Philosophy of my University from 2000 to 2011, I called for including "Dizi Gui" teaching in the curriculum. The first book for the freshmen to read was "Dizi Gui". The first class was for them to "learn to be grateful – starting from being thankful to their parents". The first question was a math question-to estimate how much their four year university tuition cost their parents, in what percentage of total household income; the second question was a reasoning and moral question – that was to think about how to pay their parents back after graduation. Their homework was to write to their parents, sharing what they had learned from this class and their feelings with mom and dad. The students were deeply touched, so were the parents receiving a letter of gratitude from their children. The class was a big success.

7. Introducing "Dizi Gui" to Primary and Secondary School Students

In 2010 I proposed and successfully led and completed a renovation project to restore "Shide School", a traditional school originally built in Ming and Qing Dynasties in my hometown, Dayuan Village in Qionghai City. We then use the place to establish "Hainan Province's Traditional Culture Education Base for Youth". Under the guidance of the Education Department of Hainan Province, we shared with and taught primary and middle school students as well as general public excellent Chinese traditional culture. So far we have distributed for free more than a hundred thousand copies of "Dizi Gui" textbooks and more than four thousand sets of "Dizi Gui" CD. The feedback has been very good, as reflected by a new "Hainan Folk Ballad" which says: "Officers who do not learn 'Dizi Gui' tend to (commit crimes and) be detained and tried; ordinary people who do not learn "Dizi Gui" are likely to have an unhappy and even broken family;

students who do not learn "Dizi Gui" risk their career and future; when we all learn "Dizi Gui", the results will be a happy and harmonious society."

8. Continuing Education with "Dizi Gui"

HuaShang Academy is an institution for Board Chairmen and CEOs of businesses in China, to learn traditional Chinese philosophy. As the chief academic advisor who also teach Confucianism and Analects, I stress the significance of "Dizi Gui" in developing right type of modern workforce. I also created a pamphlet called *Dizi Gui for Every Member of a Company*. Following my suggestion, all the classes of the academy have used their own money to make copies of this book, totaling about one million copies made so far. When the academy graduates go back and share what they have learned with the members of their business, they focus on three aspects: "First, fulfilling filial piety out of gratitude: be thankful to parents, thankful to the society; furthermore, being loyal to your company and your country; and finally, doing all you can to be a moral person doing right things." It has helped workforce development, family relationship, growing the business, and betterment of the society.

9. Conclusion and Discussion

1) "Tradition" and "modern"

At present, teaching and learning "Dizi Gui" has been widely carried out in China. In fact, since "Dizi Gui" advocates spirit of "love and gratitude, self-discipline and self-reliance", it plays a very significant role in developing independent personality and the harmonious interpersonal relationships among students and the general public, which help cultivate the modern consciousness of citizenship. This means that Chinese traditional culture can provide moral and spiritual inspiration and guidance that modern people (citizens) need.

2）“Subjects” and “citizens”

Some believe that the traditional Confucian education aims to cultivate absolute obedience that the rulers need. In fact, Confucius said: the king manages his ministers with propriety; the ministers serve their king with good faith. They are independent of each other, maintaining proper relationship. “Dizi Gui” also points out: “If your parents are at fault, you should advised to correct their mistakes”. It does not advocate absolute obedience. Therefore, “Dizi Gui” will promote, not hinder, the development of modern citizenship.

3）“Right” and “duty”

Some people point out that “Dizi Gui” is more about individual’s duty, and almost does not address human rights. We agree. That is why we think “Dizi Gui” ought to be used as supplementary teaching material in modern Citizenship Education. It is also worth pointing out that, in a society in which the self-centered consciousness is rampant, “Dizi Gui’s” excellent calls for individual’s sense of duty can be a healthy “dose of sobriety” for the modern society.

中文译稿：儒家思想与公民教育：以《弟子规》为例

1. 什么是“公民教育”？

公民教育是指国家或社会根据有关的法律和要求，培养其所属成员具有忠诚地履行公民权利和义务的品格与能力等的教育，其目的在于培养公民的爱国心、公德心以及权利和义务的意识。

2.“公民教育”的各国差异

受其历史、文化传统及现行政治、经济、文化体制差异的影响，各个国家“公民教育”的目标、内容以及教育模式各不相同。例如，美国的公民教育更加强调培养积极参与的、有影响力的公民；而亚洲国家如新加坡、韩国由于受到儒家文化的影响，公民教育以道德教育为中心，强调道德对个人、家庭、社会、国家以及民族兴亡的重要性。

3. 中国的“思想政治教育”

自 1949 年中华人民共和国成立以来，各级学校所开设的“思想政治课”，事实上承担了某种“公民教育”的功能，但是实际效果却不尽如人意。究其原因，在于这种教育重理想而轻现实，重思想而轻行为，重知识而轻德化。请问，像这种空谈理想、本末倒置的教育怎么可能收到预期的效果呢？

4. 孔子的教育观

在孔子看来，教育本质上就是“成人”教育——使受教育者从一个“自然的人”成长为一个“社会的人”，这就要教育他和谐地处理好自己与自己、自己与他人、自己与社会的关系。而以往的“思想政治教育”只教给孩子们空洞的理论以用于考试，却没有教会他们如何与他人和社会相处的规范以用于实行。被誉为“人生第一步、天下第一规”的《弟子规》，恰恰就可以填补这个空白，这就是当前《弟子规》教育在中国各地普遍受到学校、教师、学生、家长青睐的原因。

5.《弟子规》讲什么？

《弟子规》本来是一本普通的中国古代启蒙读物，这里的“弟子”指“学生”，“规”指“做人做事的规范”。《弟子规》的作者为清代儒生李毓秀，其基本思想框架则来自孔子的《论语》。按照孔子的教导，作为一个学生，首先要学会孝敬父母，尊敬兄长，说话做事要谨慎诚实，关爱大众而且亲近有仁德的人。做到了这些之后，如果还有精力，再去学习文化知识。《弟子规》可以说是古代“道德教育”的读本，也可以作为现代社会“公民教育”的辅助教材。

6. 大学生的《弟子规》教育

我本人在2000—2011年担任中山大学哲学系系主任，一直提倡本系学生学习《弟子规》。每年新生入学，让他们读的第一本书就是《弟子规》，给他们讲的第一堂课就是“学会感恩——从感谢父母开始”。内容第一是“计算题”——让同学们计算一下自己读四年大学要花费父母多少钱，这笔钱占家庭总收入多大比例？第二是“思考题”——想想自己大学毕业后如何回报父母？最后是“课外作业”，把上本堂课的感受，写一封书信给自己的爸爸妈妈。同学们反应十分强烈，父母们收到孩子的感恩信也十分激动，效果很好。

7. 中小学生的《弟子规》教育

2010年，我在我的家乡琼海市大园古村复建明清私塾“世德堂”，并以此为基础，建立“海南省青少年传统文化教育基地”，在海南省教育厅的指导下，面对全省中小学生和社会公众开展优秀传统文化教育普及活动。目前已免费赠发《弟子规》教材10万多册、《弟子规》学习光盘4000多套。社会各界反映良好，有“海南新民谣”为证：“干部不学《弟子规》，一不留神被双规；世人不学《弟子规》，一不留神家破碎；学生不学《弟子规》，一不留神前程毁；全民都学《弟子规》，社会和谐幸福美。”

8. 企业员工的《弟子规》教育

华商书院是一家专门为企业董事长、总经理举办的民办国学教育机构。我担任该书院的首席学术顾问并讲授儒家主张和《论语》课程。在教学中，我特别强调《弟子规》对于培养合格的现代企业员工的意义，并专门编写了一部《弟子规企业员工读本》。在我的倡导下，华商书院各班级都自费印刷这一读本，累计达百万册之多。各位企业家学员在组织本企业员工学习的过程中，紧紧抓住三个层次：“感恩而尽孝：感谢父母、感谢社会；尽孝而尽忠：忠于企业、忠于国家；尽忠而尽力：努力做好人、做好事”，教化了员工，温暖了家庭，办好了企业，造福了社会。

9. 结语与讨论

1）“传统”与“现代”

目前，《弟子规》教育已经在中国各地普遍开展。事实证明，《弟子规》教育所提倡的“感恩爱众，自律自强”的精神，能够培养在校学生和社会公众的独立人格与和谐处理人际关系的能力，从而培养其现代公民意识，是有极大作用的。这就启示我们，中国传统文化中其实蕴藏着我们现代人所需要的精神营养。

2）“臣民”与“公民”

有论者认为，儒家所代表的传统教育其目的在于培养当时统治者所需要的绝对服从的“臣民”。其实，孔子说：“君使臣以礼，臣事君以忠”，两者是各自独立，相互对待的关系。《弟子规》也主张：“亲有过，谏使更”，并不是提倡绝对服从。因此，《弟子规》教育只会促进而并不会妨碍现代公民的成长。

3）“权利”与“义务”

有人认为，《弟子规》更多讲的是人的义务，而几乎不讲人的权利。我们承认，这是事实，这也是我们认为《弟子规》可以作为现代公民教育的辅助教材而不是唯一读本的原因。但必须指出的是，在以自我为中心的权利意识过分泛滥的今天，《弟子规》所突出的人的义务意识不失为现代社会难得的一副“清醒剂”。

三、书面报告

企业伦理与国学教育：以华商书院为例

（一）什么是企业伦理？

企业伦理（Enterprise Ethics，Business Ethics）指企业在处理其利

益相关者（stakeholder）的关系中所必须遵循的道德准则，包括劳资伦理、客户伦理、同业伦理、股东伦理、政商伦理、社会责任、社区伦理、环境伦理等。

（二）当代中国发展呼唤企业伦理的建构

当代中国，处在典型的社会、经济、文化的转型期。旧的秩序已经消解，新的秩序正在建立。于是，在当代中国的市场经济大潮中，同样出现了欧美工业化早期道德沦丧的种种乱象，包括压榨员工、坑害顾客、恶性竞争、假冒仿制、欺诈行骗、商业贿赂、行业垄断等。这些，已经引起了政、商、学界的高度重视，企业伦理的建构成为当代中国经济与社会发展的迫切课题。

（三）国学中蕴藏着丰富的伦理资源

中国是一个历史悠久的国家，拥有丰富的传统文化资源。19 世纪中叶以后，西方学术大规模涌入中国，人们为了与“西学”相区别，就将原有的中国传统文化称之为“国学”。

国学中蕴藏着十分丰富的伦理道德资源，可以为现代企业伦理的建构所借鉴，包括“天人合一”的环境伦理，“仁者爱人”的人际伦理、“勤劳敬业”的工作伦理、“义以生利”的商业伦理、“无信不立”的信用伦理等。诸如“君子爱财，取之有道”、“商品就是人品，商道即为人道”、“经商不损陶朱义，货殖何妨子贡贤”，这些古训流传至今，不绝于耳。

（四）华商书院的国学教育目标

据观察，中国民营企业家的成长分为三个阶段：第一阶段是“个体工商户”，这时候他们考虑的是个人的生存、家庭的温饱；第二阶段是“私营企业主”，这时候他们考虑的是企业的生存、员工的温饱；第三阶段是“社会企业家”，只有到了这个阶段，把个人的价值与社会的价值、物质的价值与精神的价值融为一体，意识到“企业是社会的公器”，自己是社会公器的守护者，才能称得上是名副其实的“企业家”。

华商书院的学员基本处在上述第二个阶段即“私营企业主”，帮助他们修炼自己，提高心性，顺利跨向第三个阶段，成为一个“社会企业家”——这就是华商书院的国学教育目标。

（五）国学教育对提升企业伦理的作用

我们在“国学”教育中，注重培养企业家的领袖素质，帮助他们正确处理“立己”与“立人”的关系，不断提升个人的领导魅力，从而增强对员工的凝聚力，对客户的吸引力，对社会的号召力。在此过程中，新的企业伦理精神逐渐形成。下面仅举三例。

1. 关爱员工

华商书院第 29 期学员王成，坚持身体力行，用《弟子规》的精神处理自己与亲人、员工、客户的关系。每年春节前夕，他都以个人的名义给员工的父母汇上“红包”。在汇款人附言中，他这样写道：“爸、妈：您的孩子某某在公司工作和生活均好。春节到了，给您汇上500元，祝二老身体健康，节日快乐！儿：王成叩首”。这种“老吾老以及人之老”的行为，让员工与老板更加心贴心，他们对企业的忠诚和付出也就就更加自觉了。

2. 服务客户

华商书院第 16 期学员秦长岭的企业“秦工国际”，经营大型机械出口。他以孔子“悦近来远”的精神处理企业与员工及客户的关系，把“服务得让客户感动”作为企业的追求。有一次，一位刚果客户采购的一箱价值 3 万多元人民币的挖掘机配件，在加纳特马港口丢失了，客户希望再买一箱配件送给他们。尽管根据失物地点鉴定，该公司不需负任何责任；但在了解客户的要求以及配件的紧急程度后，秦长岭决定由本公司出钱再买一整箱配件赠送给客户。客户被这种舍己为人的举动深深地感动了，更加坚定地要与该公司保持长期的合作关系。

3. 奉献社会

2012 年 8 月 5 日，华商书院第 28 期学员企业的员工皮祖强勇救落水母子英勇献身。得知这一消息后，华商书院校友会第一时间组织开展“一人一百爱心接力活动”，组织全体华商书院学员为英雄家庭捐款 80 多万元。在当年年底举行的上海华商书院年度大会期间，主办方还以此为契机，组织慈善拍卖会，共筹集善款 500 多万元，作为华商书院学员企业员工紧急救助基金。实际上，华商书院学员的爱心早已越出学院，仅 2008 年汶川地震捐款总额就达 5000 多万元；2014 年 4 月刚刚发生的雅安地震，华商书院学员捐款总额到目前为止就有 3000 多万元。

（六）结语与讨论

1. 人性善恶

人性究竟是善的还是恶的，几千年来争论不休。在儒家内部，孟子和荀子也是各执一词，但他们都接受孔子“性相近，习相远”的思想，把最后的落脚点放在塑造人性、扬善去恶之上。在儒家看来，管理就是教育，管理者就是教育者，管理的过程就是教育的过程。企业伦理的形成，同样也离不开教育的作用。

2. 文化资源

马克斯·韦伯在《新教伦理与资本主义精神》一书中，论证基督新教的道德伦理观念促进了现代企业精神特别是工作伦理的形成。中国不是基督教国家，其企业伦理的精神资源只能从本民族的文化传统中去寻找。以儒学为主干的中华传统文化曾经塑造了中国人的伦理品格，也必将对现代企业伦理的建构作出应有的贡献。

3. 奖惩机制

儒家主张“明德慎罚”，“德”不可不明，所以需要教育；“罚”虽然要慎重，但不可缺少。教育当然重要，但教育也不是万能的。现代企业伦理建构，是在市场经济和法治社会的背景中进行的。为此，我们主张，伦理教育和制度建设要“两手抓，两手都要硬”，从而形成对企业行为的社会奖惩机制，方能真正完成现代企业伦理建构的历史使命。

四、华商书院国学教育学员案例

案例一　从“草根”到“君子”——运用国学智慧提升自身素质的廖清江先生

人物简介：廖清江，华商书院11期学员，福建厦门三江集团董事长。

问：廖先生，您15岁就开始独立谋生，现在已经成为一家大企业的董事长，请问为什么您还要不断学习，特别是学习国学智慧？

答：随着改革开放的不断推进，中国的企业家正从世界上汲取新鲜的知识和理念，中国的企业在世界舞台上愈发展示出更加成熟的姿态。中国企业的未来，取决于中国企业家和职业经理人队伍的快速成长；而企业家队伍的成长，不仅取决于管理方法技巧的提高，更取决于企业家心境的包容、淡定和果敢。而以中国易、儒、禅、道等为代表的中国智慧，恰恰蕴涵了企业家最急需、最丰富的智慧、思路、格局、底蕴。这就是我和我的同学们走进华商学院，学习国学的原因。

问：学习国学智慧，对您个人处世能力和领导能力带来哪些变化？

答：我因为学了国学，自己的人生和事业才发生了巨大的变化：

从国学课堂回到公司，下属们看到了我亲切的笑容，温柔的话语，对人赞美的真诚，对人关心的亲切，主动听人意见的谦和，对待不同意见的包容，工作中冷静的思路，具体事务上各守其位不再乱干预乱插手，过去的拍脑袋经验式的决策方式正在让位于集体科学的群策群力，从过去只关心自己挣钱多少转变到了关心众人的发展，从过去低级的竞争正在走向俗人不可争的境界！

从国学课堂回到家里，亲人见到学了国学企业家的笑模样，夫妻会拥抱；见到儿女更加亲切，话语中多了许多温柔，目光中多了很多珍惜甚至是愧疚；在老人面前多了更多体贴，对家人少了些挑剔多了些赞美和感谢，家庭多了很多温馨，虽然金钱没有增加，但心中却陡然增加了很多幸福！

走进朋友圈子，谦卑代替了过去的傲慢，儒雅的举止代替了过去的俗话连篇，请教和协商代替了过去一事一理无休止的争执，具体事上的计较被乐于奉献所代替，互相的防备被主动建立的信任所代替，低级的竞争被友好的合作所代替。

过去，我们都是以自我为中心，现在我开始走向先去理解别人，变得愈发谦卑自信；过去，我遇到事情总是心急火燎，现在我知道那都是人生的考题，于是，我多了很多的镇定和智慧；过去我总是自以为是的时候多，现在我拥有了以更宽广的心胸去吸纳别人的智慧。

问：您如何运用国学智慧塑造您所在企业的企业文化？

答：企业文化是指企业在经营过程中形成的观念形态的总和，是企业价值观念、企业精神、经营境界和广大员工认同的道德标准与行为准则。

企业文化是企业家全面的知识结构，新型的人才观念，高品位的文化教育素养，终身的学习能力以及经久不衰的人格魅力在企业中的体现。在一定意义上讲，有什么样的企业家就有什么样的企业文化，企业家应成为企业文化建设的领袖人物。我在学习“国学”智慧中，充分了解我对企业所带来的影响。

我的信念体系与行为方式都会决定企业文化的水平和企业文化的风格，决定企业员工的文化习惯，企业文化具有企业家人格的特征。我将国学的智慧形成文字、图片、培训教材等媒介，然后通过沟通、培训、引导等方式把它们传播到所有的员工中去。

在这个过程中，企业家本人率先垂范，身体力行，言传身教，是搞好企业文化的关键，因为上行下效，领导不做的事，员工怎么会愿意，怎么会真心去做呢？越来越多的企业成功经验表明，优秀的企业大多拥有优秀的企业文化，而优秀的企业文化往往与企业家的思想和价值观密切相关。随着市场经济的发展，竞争层次提高，企业家的经营方略也发生变化，在不断加强制度管理的同时，也开始有意识地运用文化的力量。

案例二　“人品”与“商品”——学习国学修炼心性拓展经营的周湛文先生

人物简介：周湛文，华商书院第 2 期学员，广州艺洲人文化传播有限公司董事长。

问：周先生，作为一个从社会底层奋斗起来的企业老板，您可否谈谈在学习国学前后您个人对企业经营的认识？

答：6 年前，我就开始接触国学，刚开始的时候，其实没有太大感觉，只是觉得国学对于个人修心正身很有帮助，但却也没有意识到运用在企业管理中。学习时间久了，慢慢发现我们的国学实在是博大精深，宋代名相赵普曾以“半部论语治天下”，你想想，天下都可以治了，更何况是一家企业？

对于我个人来说，国学改变了我在企业管理中的价值观。从我创业之始，作为一个商人，理所当然认为金钱至上；但学习国学后，静心思考发现，企业要走得长远，必须保有良知，注重成长。“人品”即“商品”，以诚感人，以理服人，以礼相待，以德报怨的道理在做人与做生意上都是适用的。作为企业的管理者，我必须在思想上有所成长，从而感染到员工的成长、合作伙伴的成长才能实现艺洲人的长远发展。“你的成长，我的骄傲”作为艺洲人的企业文化，也正是我希望将国学运用到企业管理实践中的一个理念。可以说，从前只是一个普通的商人，但在国学的熏陶下，我希望自己能逐步成为一名良知企业家，在发展企业的同时也要“反哺社会”。

问：您说学习国学让您内心强大，那么这种变化对您的家庭和企业带来什么影响？

答：国学知识博大精深，我们必须对其博采众长，“以儒管理，以佛修心，以道正身”也正是我在国学学习中的心得。所以家庭和公司对我来说都是一个修炼心性的道场，国学背后所蕴藏的意义对于我的家庭和企业都有非常大的指导意义。“仁”是核心，家人和员工一样，都需要被尊重，所谓“尊人”，只有真正的尊重别人，让他们体会到自己在生活和工作中的重要性，才能积极地发挥主观能动性，另外，要“安人”，发自内心地关心家人和员工，从自身做起，以身作则，才能感染到对方，也能令其怀有果报之心。《道德经》中记载：“清静无为、有无相生、反者道之动”，无为并不代表不作为，而是强调在自身发展的过程中，不能违背客观规律，在现代利欲熏心的社会中，很多企业家为了赚钱无所不为，罔顾社会责任。但我认为，一个优秀成功的企业家，也应该学会给予，怀有一颗感恩与宽容的心，承担起该有的家庭与社会责任，在家人与员工心中树立起榜样的形象。

问：您在您的企业中积极营造家庭和学校的氛围，为什么要这样做？这样做对您拓展企业经营有帮助吗？

答：在我们艺洲人，午餐和晚餐都是到食堂用餐的，高层与员工一样，都是到员工餐厅排队就餐，从不另开小灶；我们定期举办主管沙龙，与公司会议不一样，员工各自话家常，互相交流家庭生活中的小心得；包括我们每年“六一”是公司的开放日，员工可以带自己的家人来公司参与各种家庭活动，这些都是我希望在艺洲人中建立一种“家文化”的氛围。家对于每个人来说都是一个心灵归属的地方，通过以上种种的方式使员工对企业产生一种“恋家”的心态，也就使员工在工作中也能保持愉悦感，能够安心地在公司工作。

作为华商书院的一员，自身在学习国学精粹的同时，我也愿意将我学习到的东西分享给我身边的人。每次在华商书院学习完国学课都受益匪浅，会迫不及待地跟我们公司的高层分享我的学习收获；在每位新员工入职的时候，我都会亲自给他们上一堂“国学课”。我希望在公司内形成一种自上而下的学习氛围，让国学的知识渗透到企业的细节当中，希望令每位员工都能认同艺洲人的企业文化，与企业一起努力，共同成长。

案例三　“悦近”而“来远”——运用儒家智慧经营国际企业的秦长岭先生

人物简介：秦长岭，华商书院第16期学员，山东济南秦工国际董事长。

问：秦先生，您是印第安纳大学MBA，在美国接受过系统的现代管理科学教育，那为什么在您回国创业之后，却要以“儒学作为企业管理之主旨”？

答：我出生孔子的故乡——山东，从小就深受儒家文化的影响。《论语》中的任何一句话，如果读懂了，悟透了，做到了，就是企业管理的无上智慧。比如“近者悦，远者来”。就是说，如果你让身边的人高兴了，远方的人就会自动来到你这里。对发展客户来说，就是如果现有的客户满意了，高兴了，其他的客户听说了就会主动来找我们。对招聘人才来讲，就是如果公司现有的人对公司和工作满意，那么人才就会源源不断地到公司来工作。

我将《论语》的内容分为个人修养和管理智慧两大类，并整理出100句话在公司内部学习。现在这100句话的中文和英文版本已经在《儒风大家》、《华商企业家》等杂志上发表。我们将“修己安人、成人达己”作为公司的发展理念。也就是说要想自己成功，必须首先能帮助他人成功，帮助他人成功要靠自己不断学习，不断提升自我修养和专业能力，才能有能力去帮助他人。

我们创办了自己的杂志《秦工国际》，通过杂志宣传我们的儒家思想、管理理念，宣传我们的客户、我们的员工。通过我们对儒家文化的学习、宣传和应用，我们公司取得了很大的发展，也取得了良好的业绩，赢得了社会的认可，成为山东大学社会实践基地，济南市进出口协会副会长单位和济南海关A级出口资质单位。

问：秦总，您在企业员工中大力开展《弟子规》教育，那么，它到底给企业和员工带来过哪些影响呢？如果过于强调遵守规矩的话，它是不是会抑制企业和员工的创造力呢？

答：说起弟子规，我要特别感谢黎红雷教授，第一次读由黎教授编辑整理的《弟子规》，我就被它深深吸引住了，决定号召公司所有人都学习和背诵这本书。这本书内容非常丰富，包括居家、外出、待人接物与学习等我们应该遵守的规范。

我们的人才理念“人人都是精英，努力就能成功”，就来源于《弟子规》中的“勿自暴，勿自弃，圣与贤，可驯致”，意思是说不要自以为是而狂妄自大，也不要自甘堕落而放弃自己，圣贤的境界虽高，但只要坚持不懈，循序渐进，人人都可达到这个层次。这种理念不但没有抑制员工的创造力，而且增强了大家不断进步的信心。

《弟子规》上讲“凡取与，贵分晓，与宜多，取宜少”。我们在和客户商谈合作时，就尽可能多地给客户让一些利润，多给客户提供一些服务。这样，我们就能不断得到客户的认可，形成长期的合作。

通过学习《弟子规》，许多员工不但在工作、学习上有了很大的进步，而且家庭、邻里、朋友等各方面人际关系处理也有了很大的改善。有位女员工就曾说过，以前和婆婆的关系不太好，学《弟子规》后和婆婆的关系融洽多了。

问：您为什么要对国外客户传播儒家文化，他们可以接受吗，这样做对你们之间的商业交往有什么意义？

答：我们公司的使命是“传播中华文化，推广秦工品牌”。文化无国界，儒家思想在世界的影响非常大，许多国外的朋友都对孔子和儒家思想有所了解。

每次接待来自国外的客户，当我们把孔子的画像、《论语》的英文译本和我们的秦工杂志送给客户。在给客户简单介绍孔子和儒家思想的时候，我们就立刻找到了共同的话题，拉近了彼此的距离；同时也增强了客户对我们的认同感和信任感，从而促进了业务上的合作。

有的朋友不仅喜欢儒家思想，甚至是非常执着。2010年，作为主要发起人，我倡导成立了“中华大儒商文化研究协会”，英国朋友Paul知道后，通过和客户交流仁、义、礼、智、信等儒家思想，专门从英国飞到中国参加我们的揭牌仪式并在大会上发言。我们赢得了客户的高度认同。

通过在合作中不断地按照儒家思想要求去规范我们的行为，我们赢得客户的尊重和长期合作，在保障客户的利益的同时，秦工国际形成了独特的竞争优势，也打造出了我们独特的秦工品牌。

案例四　“中学为体，西学为用”——博采中西企业管理智慧的黎远先生

人物简介：黎远，华商书院第2期学员，华商书院校友总会会长，澳门汇邦集团董事长。

问：黎先生，澳门是中国和西方文化最早碰撞和融合的地方，您在这里工作，对您的世界观和企业观的形成有什么影响？

答：非常感谢有这个机会跟你探讨这个问题。澳门是一个非常有趣的地方，一个文化很丰富的地方。中西文化在这里交融，把华人的智慧和西方制度当中的优势合二为一。我在澳门工作20年，学到很多东西，当然，我充分的吸取了中华传统文化的精髓，比如说仁义礼智信，比如说大道无为，普度众生等。然后呢，用来激励自己，同时一起教化我们的员工，最大限度地去提升他们的潜能，从而形成我们企业的最核心竞争力。那就是人才，通过不断地让他们成长，变成社会的人才，甚至变成社会的栋梁。同时西方文化的渗透，也让我把英语练好了。更让我放眼世界，放手去学习，最重要的是将西方管理学当中最优秀的比如说制度，标准，流程，规范化，来活学活用，把它变成企业当中里最核心的竞争力，通过这样不断地营销和创新，创造客户，再创造客户，让企业越做越强，业务越做越大，最终我们就有了价值。

问：您主张中国的企业管理文化应该是“中学为体，西学为用”，其内涵到底是什么，这与当代中国建立“现代企业制度”的意愿冲突吗？为什么？

答：企业竞争的核心是什么呢？这是一个问题，是大家面临的非常重要的一个问题。我想它不简单的是性价比或者品牌的高低，或者是采用科技的先进性，企业经营的核心，应该是人才的经营，是把一个生人变成熟人，把熟人变成一伙人，再变成合伙人，最后把合伙人连接成为连体同心的“血缘兄弟”，这样一个组织。那么共同在商海拼搏的这么一个过程，上阵只有“亲”兄弟父子兵，才能够无往不利，无往不胜，这是中华文化传统屡试不爽的真理，所以对我来讲，“中学为体”就是

继承中华文化的精髓：勤劳、勇敢、孝敬、仁义、自强、厚德。把这些优秀的品质变成企业的核心价值观，通过不断地提高员工的综合素质，进而提升他们的心志，最终让员工和企业家上下统一、上下同心，共同创造价值；最终奉献这个社会，让所有人一起实现梦想。“西学为用”呢，主要在“用”字。可以理解为，通过对西方现代管理体系的学习，为我所用。西方制度讲究自由、讲究平等、讲究严谨，把任何工作事务都分成岗位责任，然后通过流程的设计，通过制度的设计，最终建造一个像流水线似的闭循环系统。我们的员工如果想多赚钱，提升自己在公司的职位，想有一个好的回报，就得努力工作，完成岗位的职责，然后一步步往前推进。我们中国的企业家呢，把“老板”这个身份的意义分解成为：“老”就是老师，不断地去教化和培养我们的员工；“板”呢，就是规矩，就是建立我们的制度，建立我们的机制。那么西学为用呢，就是学习西方管理学的精髓。通过运用 IT 的力量，通过指令的执行，制度规则的约束，使企业的运行管理成为一个高效运作的系统。这个系统不断地提升，就最终可以实现企业的预订目标。那么这么个情况下呢，你刚刚问的现代企业制度，实际上与“中学位体，西学为用”是不冲突的，它们是相辅相成的。

问：您作为华商书院校友总会会长，请简单介绍一下您和您的团队的工作？

答：2010 年 1 月 22 日，华商书院校友总会正式在北京成立，我很荣幸被推选为第一届会长，迄今为止，校友总会在全国成功开设和运行了 51 家分会，我们现在拥有企业家会员超过 3000 名。我们肩负着“携手同门成长，富强我们的祖国，为世界和谐发展而奋斗终生”的伟大使命，共同努力打造这个平台。我们建立了华商企业行业联盟，还有华商慈善基金，都是为了“聚商海领袖，铸中华商魂；弘扬中华文化，打造卓越企业”。我们定期组织学习、互访、研讨、修炼，大家相互交流探讨，相互鼓励帮助，从差异中找寻共性，将这些共性融于每个企业当中去，使企业家通过自己的修炼实现成长，同时也带着他的员工的整体素质的提升，从而使这个公司得到成长，得到发展壮大。华商书院校友会希望通过合作的方式，相互投资、相互持股等结成“企业生态圈”，形成以企业信用体系为基础的互帮、互助、互学、互利的“生态圈小气候”，只要有发展的机会，这个圈子能够迅速聚拢资本、人才、渠道等资源，把商业机会快速转换成价值，最终还要把创造的价值回报于社会。

问：那么在我们采访的最后，请您直接用英语向美国企业家同行们说几句您最想说的话。

Answer：I am very grateful to address excellent American entrepreneurs on this occasion. The Chinese people are hard-working，brave，open-minded，and hospitable. Although before 1978 the close-door policy made our nation fell behind，after the reform and opening-up，we have been learning from advanced countries with positive，sincere and open-minded attitude，and have explored a management mode with Chinese characteristics combining both Chinese and Western elements.Such a mode works well for us，our company develops fast and steadily and the employees are happy.Our American entrepreneur counterparts are very welcome to visit our Welbond Group and our Huashang College. We also warmly welcome American professors，scholars，students and entrepreneurs to come to China. We will lead you to many outstanding enterprises in our Huashang College；we will lead you to families of Chinese entrepreneurs to see how filial，loving，and happy they are.Many of them are industry pacesetters，and also well-known dutiful sons.Many of them are philanthropists whose good deeds have impressed their counterparts and the society.We are willing to learn from you American entrepreneurs with face-to-face exchange about your approaches of success and magic management tools. We also eagerly hope that we could have the opportunity to visit the US and communicate with American entrepreneurs. We want to be with you，walk into your enterprises and learn from you. If there is any chance，we expect to do our business in the US，investing there，just as your enterprises make investment in China. The Chinese culture is extensive and profound. It nourishes all creatures on the earth and delivers all living beings from torment. We hope the Chinese culture can blossom in the land of the US and nourish things there as well. We are looking forward to the day, when entrepreneurs from China and the US learn from each other, help each other, get along swimmingly with each other, change their relationship from competition to cooperation, enhance their competence and the realm of thought, build a world entrepreneurship in a new era. That is the soul of enterprises: delivering all living beings from torment, undertaking universal responsibility, striving for the progress, peace and happiness of humanity.

To conclude, I quote Deng Xiaoping, chief designer of China's reform and opening, as saying "I am a son of Chinese people, and I deeply love my motherland and people". I sincerely wish all the Chinese overseas students in Harvard have excellent achievements.I hope you will return to your motherland in the future contribute to national rejuvenation and prosperity with your talents and wisdom.Our great motherland needs you; Chinese people are calling for you! We have a home.Its name is China. We are looking forward to your coming back.

（中文翻译）

答：感谢今天有机会和美国的优秀企业家同行说几句话。中华民族是一个勤劳、勇敢、开放学习、热情好客的民族，虽然 1978 年前因为闭关锁国使我国落后，但改革开放以后，我们用积极、虔诚和虚心的态度向先进国家学习，并结合我们中国灿烂文化的特色，探索走出一条有中国特色的、中西合璧的管理模式，这个模式我们用得好，公司发展快速稳健，员工很快乐。非常欢迎美国企业家同行来我们汇邦集团、华商企业家平台参观、交流。我们将热情地欢迎美国的教授学者、学生和企业家朋友们来到中国，我们会带你们走入我们华商学院平台的优秀企业参观交流；走入华商学院学兄的家里，看他们是多么孝敬，多么慈爱，多么幸福。他们很多人是行业标兵，又是出了名的孝子，孝行感动天地。他们很多人是慈善家，他们的善心感动学兄，感动社会。我们愿意向美国的企业家们拜师学艺，得到你们的面对面指导，传授你们的制胜之道和管理法宝。我们也殷切地希望有机会能到美国，和美国的企业家交流，走到你们的中间，走入你们的企业，向你们学习。如果有机会，我们愿意把我们的企业发展到美国去，向你们投资，就如你们的企业到中国投资一样。中国文化博大精深，它滋养万物众生，拥有普度众生的情怀。我们也希望中华文化能够传播到美国的土地，让美国万物得到滋养。我们期待着那一天的到来，中美两国企业家互相学习、互爱互助、水乳交融，由竞争到合作，提升格局和境界，铸就新时代的世界企业家精神，那就是企业商魂：普度众生，兼济天下，为人类的进步、和平、幸福而努力奋斗！

最后，我想借用中国改革开放总设计师邓小平的一句话："我是中国人民的儿子，我深情地爱着我的祖国和人民。"我衷心地希望在哈佛大学的中国留学生取得优异的成绩，日后能回到祖国，用你们的才能和智慧为民族复兴和国家富强作出贡献！伟大的祖国需要你们，祖国人民呼唤你们！我们拥有一个家，她的名字叫中国，期待着你们回家！

附录二　博鳌儒商论坛报告

博鳌儒商论坛简介

博鳌儒商论坛由国际儒学联合会、中华孔子学会、中国孔子基金会共同指导，中华孔子学会儒商委员会发起组织，是定址、定期举行的非营利性组织，其宗旨是弘扬儒家商道精神，创建当代工商文明，其使命是构建学者与企业家相互交流的平台，帮助企业成长，促进儒学振兴，为人类社会的发展作出贡献。首届理事会由苏州固锝、宁波方太、东莞泰威、河南雏鹰、广州香雪、深圳聚成等45家发起企业董事长组成，学术委员会由来自北京大学、清华大学、中国人民大学、复旦大学、中山大学、长江商学院等高校的15位专家学者组成。现任理事长为黎红雷教授。

弘扬儒家商道，重铸商业文明

——博鳌儒商论坛2016年年会圆满举行①

2016年12月28日至29日，以“儒家商道智慧与现代企业治理”

① 郑济洲撰，新华网、凤凰网、中国孔子网、26国学网，2017年3月6日。

为主题的博鳌儒商论坛2016年年会在海南博鳌隆重举行。本次年会由国际儒学联合会、中华孔子学会、中国孔子基金会共同指导，国际儒联儒学与企业管理委员会、中华孔子学会儒商委员会联合主办，哈佛大学荣誉教授杜维明先生发表视频讲话，来自北京大学、清华大学、中国人民大学、复旦大学、中山大学、长江商学院等高校的数十位专家学者和来自全国各地的300多位企业家齐聚博鳌，就如何运用儒家思想管理企业、如何运用传统商道智慧经营企业、如何借鉴传统文化建设企业文化等议题，展开了深入的研讨和广泛的交流。

在年会开幕式上，论坛指导单位国际儒联赵毅武副会长、中华孔子学会李存山副会长、中国孔子基金会牛廷涛常务副秘书长，论坛所在地海南省琼海市委黄基钊常委先后致辞。赵毅武指出，当代儒商要从修身做起，齐家、治企，对与之相关的利益共同体负起责任，积极倡导向善的力量，为社会作出贡献。李存山指出，此次儒商论坛标志在“儒”字中包含了“子贡”二字，当代儒商要效法子贡“博济众生、立己立人、生财有道、富而好礼”的精神。牛廷涛指出，博鳌儒商论坛的举办，倡导商人的儒家化，弘扬“义以生利”的经营理念，必将促进中国经济更健康地发展。

本次年会安排了四场主题演讲，先后由中国社会科学院李存山教授、清华大学张国刚教授、上海财经大学张雄教授、华东师范大学朱杰人教授主持。博鳌儒商论坛发起单位中华孔子学会儒商委员会主任、中山大学黎红雷教授发表了本次年会的主旨报告《儒家的商道智慧》。他通过对三十多年来中国企业家“文化资本”的考察，提炼出当代儒家的八大商道，即组织之道——拟家庭化的企业组织形态、教化之道——教以人伦的企业教化哲学、管理之道——道之以德的企业管理文化、经营之道——义以生利的企业经营理念、品牌之道——诚信为本的企业品牌观念、领导之道——正己正人的企业领导方式、战略之道——与时变化的企业战略智慧、责任之道——善行天下的企业责任意识。黎教授指出，当代世界管理学正面临着根本性的“范式转移”（Paradigm shift），曾经引领风骚的西方管理理论，已经不能独自应对当代世界经济全球化、企业国际化、文化多元化、信息网络化背景下的管理实践要求，东西方管理理论的相互补充与不断融合成为必然的趋势。因此，中国企业家的儒商实践及其理论结晶“儒家商道智慧”，必将为当代世界管理学的发展，作出重大的贡献！

中国人民大学张践教授在《儒家思想与企业公共关系》的演讲中指出，在中国发展企业公共关系，必须与中国的文化环境相结合，因此儒学中很多文化资源可用于现代企业公共关系建设，其中仁者爱人、为政以德、诚实守信更是不可或缺的三大要素。中国政法大学李晓教授在《传统商道智慧与现代企业经营》的演讲中，通过诠释《史记·货殖列传》中的精彩内容后指出，企业没有新旧大小之分，要想经营成功，必须做到精诚与专注。清华大学彭林教授在《传统礼仪与企业文化》的演讲中，从礼是人之所以为人的标志、礼是中国人一切习俗的美德、礼主敬和礼尚往来等四个方面，对中国传统“礼”文化进行讲解。

苏州固锝集团吴念博董事长在《践行儒家商道，建设幸福企业》的演讲中指出，现代社会发展的一个重要推动力量来源于企业，企业已经成为社会的中坚力量，我们要创造一个和谐美好的幸福社会，选择创建幸福企业是一个很好的尝试。深圳聚成集团陈永亮董事长在《当代企业家的坚守与创新》的演讲中指出，当代企业家要坚守以求道，创新以求变。道来自于传统文化的继承与弘扬，变则要依据世界的发展而与时俱进。北京纳通医疗集团赵毅武总裁在《优秀传统文化在当代企业经营与文化建设中的意义及纳通的实践》的演讲中指出，在个人、企业与社会之间，必然需要形成一种平衡，以达到三者的和谐统一，这就是个人、企业与社会的互惠共赢之道。

本次年会还组织了三场商儒对话，围绕如何运用儒家思想管理企业、如何运用传统商道智慧经营企业、如何借鉴传统文化建设企业文化等主题，分别由华南理工大学晁罡教授、长江商学院周立教授和上海财经大学郝云教授主持，西安交通大学雷原教授、复旦大学马涛教授、中山大学王永丽教授参与，二十多位企业家上台和教授们开展了面对面的研讨，并进行了台上台下的互动，就儒家商道智慧如何落实到企业经营管理和企业文化建设的实践中，交流了各自的体会和经验。

年会期间，举行了博鳌儒商论坛第一次会员大会，大会通过了“共同声明”，一致确定，博鳌儒商论坛是定址、定期举行的非营利性组织，其宗旨是弘扬儒家商道精神，创建当代商业文明，其使命是构建学者与企业家相互交流的平台，帮助企业成长，促进儒学振兴，为人类社会的发展作出贡献。大会选举产生了由45家发起单位和发起企业代表组成的论坛理事会和15位专家学者组成的论坛学术委员会，推选黎红雷教授为理事长，张践教授为学术委员会主席。

在年会的闭幕式上，论坛组委会主席黎红雷教授发表了声情并茂的总结发言。他指出，博鳌儒商论坛的正式成立及其2016年年会的圆满举行，为愿意跟企业家交朋友的学者和愿意跟学者交朋友的企业家，提供了一个相互了解、相互学习、相互切磋的平台，这无论对于儒商的发展还是儒学的复兴，都具有十分重大的意义。黎教授当场赋诗一首：“海浪河波一线连，商儒携手更无间。济民济世思同向，立命立心责共担。端木生涯存旧典，陶朱事业续新篇。放观玉带滩头外，碧水蓝天点点帆。”在黎教授的带领下，300多位与会者齐声朗诵，祝愿儒商事业不断走向辉煌。

儒家的商道智慧

——在博鳌儒商论坛2016年年会上的主旨报告

黎红雷

各位领导、各位来宾、各位朋友：

大家好！我首先代表博鳌儒商论坛组委会，并以我个人的名义，欢迎大家来到美丽的海南岛，来到我本人的家乡，美丽的万泉河畔，参加博鳌儒商论坛2016年年会，见证这么多的企业家和专家学者济济一堂，共同推进我们的儒商事业、儒学事业的发展，向大家表示衷心的感谢！

本次年会的主题是：儒家商道智慧与现代企业治理。我受大会组委会的委托，就本次年会的主题作一个简单的介绍，我跟大家报告的题目是《儒家的商道智慧》。这个问题恐怕要从三年前我的哈佛之行说起，2013 年 5 月中下旬，我受哈佛大学的邀请，在那里做了几场报告，其中重要的一场就是《中国企业家的国学教育》，主要以我提议创办的华商书院为例，讲的是中国企业家怎么进行国学教育的。期间，有一位麻省理工学院企业家精神研究中心的主任罗伯茨教授，提出了一个问题，他说，据他的观察和了解，在中国改革开放三十多年成长起来的企业家，特别是民营企业家，在他们创办企业之前，基本上没有受过什么现代管理科学的训练，没读过什么 MBA、EMBA——读也是后来的事情了。那么他的问题是：中国的民营企业家靠什么来办企业？他把这个问题提出来，我当时愣了一下。所谓“不识庐山真面目，只缘身在此山中”，中国改革开放三十多年来，我们还真的没有认真思考过这个问题。开放是向欧美开放、向欧美学习，学市场经济、学企业管理，我们一般都自然而然地认为，我们的企业家管理企业所依靠的当然就是欧美的这一套。但是，罗伯茨教授的问题显然不能这样回答，我大概停留了差不多 1 分钟，最后，回答了四个字：“文化资本”，英文叫“capital culture”。什么意思？我们办企业需要投资，那是金融资本，但是，投资是要钱生钱的，谁来生钱？人。而人是文化的产物。中国民营企业家有个很好的文化传统，流传了几千年的文化传统，这就是以儒家思想为代表的中国传统文化。尽管一百年来大传统被打倒了，但是，小传统还在。什么叫小传统？我们的爸爸妈妈、爷爷奶奶，从小教我们怎么做人，怎么做事，这些“老人言”就是我们的小传统，与生俱来的文化基因。比如老人言：“在家靠兄弟，出门靠朋友”，我们办企业，就会把员工当兄弟姐妹，抱团打天下；老人言：“上梁不正下梁歪”，我们当老板的，就要以身作则，言传身教；还有老人言：“和气生财”、“善心有善报”，如此等等，这些，就是我们的从小就接受的做人做事的“小传统”，我们的企业家就是靠这个去做企业的。

小传统连着大传统。孔子说：“三人行必有我师焉。”（《论语·述而》）根据我的观察，中国的民营企业家，起码接受过三个人的教导：一个是老人言，就是家风家教；一个是圣人言，就是国学经典；再一个是前人言，就是传统商道。第一个是老人言，所谓“不听老人言，吃亏在眼前”，当然老人言也有过时的东西，但是几千年的家风家教传下来，肯定是好东西传下来，不好的东西自然就淘汰了。第二个是圣人言，很多企业家还是想读书的，早在“国学热”之前，很多企业家自己都读了“四书”、“五经”、诸子百家。近十几年来，各个高校都办了很多国学班，我们是 2006 年办了华商书院，专门探讨如何运用国学经典治理企业。最后，前人言。毕竟我们是企业家，古代就是商人，在商言商。中国有悠久的经商传统。三千多年前有一个朝代叫殷朝，后来又被人称为“商朝”。为什么叫商朝，是因为周朝灭亡了以后，它的后代找不到谋生手段，他们就去经商，“经商”一词就是这么来的，所以，我们有悠久的经商传统，并留下了丰富的商道智慧。各位可以看一下这次会议的文件袋，上面有两行字：“陶朱事业，端木生涯”。很多人只知道子贡，不一定知道端木。其实子贡就是端木，端木赐，复姓端木，名赐，字子贡。“经商不损陶朱义，货殖何妨子贡贤”。从司马迁的《史记·货殖列传》，直到明清时期流传的《陶朱公商训》，这些都是传统中记载的商道。

当然，现在我们已经进入了 21 世纪，面对的是全球化的大环境，我们不可以只躺在老祖宗的遗产上吃饭。所以，我提出现代商道，要重铸中华商魂。重铸之路：儒学为道，西学为术，以道御术，中西合璧。任何文化都有道和术，三十多年来，我们中国人学习西方管理科学技术，学的是人家的术，但要提醒大家的是，西方企业也有自己的道，就是德国思想家韦伯讲的“新教伦理与资本主义精神”。但是，我们中国人学不到，因为我们不信基督教。虽然现在有很多人信基督教，但是，大多数中国人不信基督教，我们信的是几千年来的优秀传统儒学之道。至于术，我们在恢复传统的同时，不能故步自封，要把西方的先进技术和管理科学融合进来，这就是我们要走的路。我观察三十多年来成功的中国民营企业家，最后，总结出了适用于当代企业治理的儒家八大商道。具体来说，就是：组织之道——拟家庭化的企业组织形态；教化之道——教以人伦的企业教化哲学；管理之道——道之以德的企业管理文化；经营之道——义以生利的企业经营理念；品牌之道——诚信为本的企业品牌观念；领导之道——正己正人的企业领导方式；战略之道——与时变化的企业战略智慧；责任之道——善行天下的企业责任意识。

第一，组织之道——拟家庭化的企业组织形态。中国是世界上最重视家庭的民族，而家庭是人类社会组织最基本的形式，儒家对家文化的影响相当深入，所以家国一体，修身、齐家、治国平天下。没有国就没有家，当然没有家也就没有国。《论语·颜渊》有言："四海之内，皆兄弟也。"《孟子·梁惠王上》曰："老吾老以及人之老，幼吾幼以及人之幼。"后来到北宋，张载在《西铭》中提出："民吾同胞，物吾与也。"天下的兄弟姐妹都是我的同胞，都是同一个父母，就是天地所生的。有人会奇怪，天地怎么会是父母？而现代科学的发现，恰恰证明了儒家这个论断的正确，地球上的人是怎么来的，如果相信进化论的人都知道，人是猴子变的，是一条很长的生物链，最后追溯到了海洋中最早的无机物，在海水中碰碰撞撞变成了第一个有机物的细胞，这大概就是地球上所有生物的"父母"。现代进化论，用儒家的话来说，就是天地生人。现在不少企业家把儒家的家庭观运用到了企业管理当中，比如苏州固锝公司的幸福企业大家庭建设，老板把自己当成"大家长"，员工则把企业当成自己第二个家。这就是所谓"拟家庭化的企业组织形态"。

第二，教化之道——教以人伦的企业教化哲学。儒家提倡教育，特别强调教化，教育与教化有什么不同？教化，就是"随风潜入夜，润物细无声"（杜甫《春夜喜雨》），儒家讲言传身教。当父母要教化子女，当老板要教化员工，都要以身作则。孔子曰："君子之德风，小人之德草，草上之风，必偃。"（《论语·颜渊》）老板的品行就像风一样，员工的品行就像草一样，风往哪边吹，草就往哪边倒，这就是企业文化的概念。什么叫企业文化？企业文化就是企业家精神的体现。老板准备办什么样的企业，准备让企业有什么样的风气，什么是好的，什么是不好的，提倡什么，反对什么，这就是企业文化。孔子说过："君子学道则爱人，小人学道则易使。”（《论语·阳货》）这里讲的就是管理者与被管理者之间的互动关系。君子是老板，学了这个道理，关怀你的下属；员工学到了，企业才能够把他们组织起来，进而实现企业的目标。

第三，管理之道——道之以德的企业管理文化。儒家强调德治，但并不否认法治，而是德法并济，以德为主。关于儒家的管理理念，孔子说过一句著名的话：“道之以政，齐之以刑，民免而无耻；道之以德，齐之以礼，有耻且格。”（《论语·为政》）如果光靠政治、法律、刑法的手段来管理老百姓或者管理员工，规定做到的就不罚你，没规定到的呢？有人说，中国人最会钻空子，“见到绿灯赶快走，见到黄灯抢着走，见到红灯绕着走。”因此，光靠法律和规章制度是管不好中国人的。儒家提出“礼治”，这里的“礼”，既包括道德规范也包括法律制度。“耻”是懂得羞耻，不好意思做坏事。这里的“格”字有两种解释：一个是革除，去掉不好的东西；一个是人心归服。我觉得这两种解释并不矛盾。当一个企业家、一位领导者，推行善的文化，员工自然向善，当然就把恶隔除掉，就与你同心同德了。如海航陈峰所说：“以德平天下人心，大家就会无怨无悔地跟着你走。”

第四，经营之道——义以生利的企业经营理念。现代人对儒家的义利观存在很多误解。比如，经常挂在人们嘴边的“君子喻于义，小人喻于利”（《论语·里仁》），这其实讲的是在上位的执政者与在下位的小民百姓，对于义与利的不同态度，而不是讲义利之间的关系。根据我的研究，真正体现儒家义利观精髓的，是《春秋左传》中孔子本人讲的这句话：“义以生利，利以平民。”讲道义必然产生利益，而利益则要满足老百姓的需求。我们现在做企业，应该提倡“利他主义”。正如阿里巴巴马云所说：考量一个企业是否成功，不能只看你这个企业有没有成功，而是要看你的客户有没有因为你而成功。放弃自己的利益，让别人先成功，最后自己也成功，这才是最佳的经营哲学。

第五，品牌之道——诚信为本的企业品牌观念。一个企业从小到大，要逐步形成自己的品牌。现在一讲品牌塑造，就是西方的营销技术。其实，中国传统商道有一句老话：“酒香不怕巷子深”，首先把自己的产品做好，自然就会有人来买，在这个基础上再去推销，品牌就树立起来了。企业靠什么树立品牌，就是诚信。孔子说过："人而无信，不知其可也。"（《论语·为政》）信用是人的第二张脸皮，一个人、一个企业如果不讲信用，大家就不知道如何跟他打交道了。而外在的信用来源于内心的真诚。《中庸》上说："不诚无物，是故君子诚之为贵。"方太茅忠群提出"人品、企品、产品，三品合一"的理念，就是儒家诚信观在企业品牌塑造中的运用。

第六，领导之道——正己正人的企业领导方式。中国的领导文化，它不是管人的，而是理人的，怎么理？以身作则，引导他们。孔子说过："其身正，不令而行；其身不正，虽令不从。"（《论语·子路》）中国企业的教父式人物联想柳传志说得好："以身作则不是企业管理的第一要素，而是唯一要素。"

第七，战略之道——与时变化的企业战略智慧。企业的战略要适应时代的变化，《周易》有言："时止则止，时行则行，动静不失其时，其道光明。"我在华商书院上课时问学员，如果只用一个字来描述孔子，你们认为哪个字最合适？很多同学都提到德、仁、道等等。那么，你们知道孟子用什么字吗？"时"。孟子说："孔子，圣之时者也。"（《论语·万章下》）很多人说儒家保守落后，其实真正的儒家是与时俱进的。不跟着时代前进，是陋儒小儒，跟着时代前进就是大儒伟儒。《中庸》有言："君子之中庸也，君子而时中。"儒家的时变观对于现代企业的战略变革依然具有重要的指导作用，海尔张瑞敏的"五次战略变革"就是生动的例子。

第八，责任之道——善行天下的企业责任意识。2008 年金融危机以来，企业的社会责任问题越来越引起学界和企业界的重视，遗憾的是，直到目前为止，西方的企业社会责任理论还相当不完善，并没有形成共识。其实中国人很早就有深刻的责任观。孔子曰："己欲立而立人，己欲达而达人。"（《论语·雍也》）孟子曰："穷则独善其身，达则兼善天下。"（《孟子·尽心上》）这就是很好的责任意识。企业讲责任不是作秀，而是要发自内心把自己的事情做好，把身边的人照顾好，不断扩展，最后兼善天下。大连万达的王健林提出八个字“共创财富、公益社会”作为企业的核心价值观。万达要求所有员工，在入职时就要签订合同，每年要为社会义务做一件好事。这是把慈善变成企业的文化，发自内心地做，持续不断地做，最后成为一种习惯。

以上约略地讲了我所理解的儒家商道智慧。我的研究已经完成，即将由人民出版社出版。我的结论是：当代企业管理理论，从对物的研究转向对人的研究，从对企业本身的研究转向企业与环境关系的研究，从管理科学转向管理文化，从刚性管理转向柔性管理，从集权管理转向参与管理，从常规管理转向创新管理。当代中国企业家的儒商实践及其所形成的“儒家商道智慧”，正好超越了20世纪西方管理理论的教条，引领着当代世界管理理论发展的新潮流，在企业的组织、教化、管理、经营、领导、品牌塑造、战略变革、社会责任等方面，提供了鲜活的经验和深刻的启迪。

总的来看，过去一个世纪以来世界上的企业治理方式，可以说有三种经验、三个版本，美国经验是“管理1.0版”，以简单的组织应对简单的环境；日本经验是“管理2.0版”，以简单的组织应对复杂的环境；现在我们的中国经验是“管理3.0版”，以复杂的组织应对复杂的环境。我在思考，当代管理理论正在面临着根本性的“范式转移”，曾经引领风骚的西方管理理论，已经不能独自应对当代世界经济全球化、企业国际化、文化多元化、信息网格化背景下的企业治理实践的需求，东西方管理理论的相互补充与不断融合已成为必然的趋势。因此，中国企业家的儒商实践及其理论结晶“儒家商道智慧”，必将为当代世界管理学的发展，作出伟大的贡献！

谢谢大家！

附录三　中华儒商宣言①

巍巍中华，郁郁文明；伟哉孔子，集其大成。
三千弟子，惟道是弘；子贡一脉，货殖精英。
神州崛起，企业引领；富而好礼，正心明性。
尊德问学，修己安人；商界领袖，重铸魂灵。
敬天循道，进退守正；仁义礼智，诚信经营。
德法并用，化育员工；义利合一，博施济众。
率先垂范，易俗移风；悦近来远，和而不同。
与时俱进，达权执经；合作发展，共生共赢。
当代子贡，誓担大任；振兴华夏，勇当先锋。
天地立心，生民立命；弘扬圣学，万世太平！

① 黎红雷撰，2015 年 12 月 5 日在深圳召开的“中华优秀传统文化与现代企业管理暨国际儒学联合会第八次儒学普及工作座谈会”上发布。

参考书目

1. 程树德撰，程俊英、蒋见元点校：《论语集释》，中华书局 1990 年版。

2.（清）焦循撰，沈文倬点校：《孟子正义》，中华书局 1987 年版。

3.（清）王先谦撰，沈啸寰、王星贤点校：《荀子集解》，中华书局 1988 年版。

4.《十三经注疏》整理委员会整理：《春秋左传正义》，北京大学出版社 1999 年版。

5.（汉）司马迁撰，裴骃集解，司马贞索引，张守节正义：《史记》，中华书局 1959 年版。

6.（汉）董仲舒著，（清）苏舆义证，钟哲点校：《春秋繁露义证》，中华书局 1992 年版。

7.（东汉）班固撰，颜师古注：《汉书》，中华书局 1962 年版。

8.（南朝・宋）范晔撰，（唐）李贤等注：《后汉书》，中华书局 1965 年版。

9.（唐）孔颖达疏，（清）阮元校刻：《十三经注疏・尚书正义》，中华书局 1980 年版。

10.（唐）孔颖达疏，龚抗云整理，王文锦审定：《礼记正义》，北京大学出版社 2000 年版

11.（唐）韩愈著，马其昶校注，马茂元整理：《韩昌黎文集》，上海古籍出版社 1986 年版。

12.（宋）司马光编著，（元）胡三省音注：《资治通鉴》第一册，中华书局 1976 年版。

13.（宋）张载著：《张载集》，中华书局 1978 年版。

14.（宋）罗大经撰：《鹤林玉露》，中华书局 1983 年版。

15.（宋）朱熹撰：《四书章句集注》，中华书局 1983 年版。

16.（宋）黎靖德撰，王星贤点校：《朱子语类》，中华书局 1986 年版。

17.（明）王守仁著，吴光、钱明、董平、姚延福编校：《王阳明全集》，上海古籍出版社 2011 年版。

18.（清）张履祥著：《杨园先生全集》，中华书局 2014 年版。

19.（清）顾炎武著，黄汝成集释，栾保群、吕宗力点校：《日知录集释》，上海古籍出版社 2006 年版。

20. 王明编：《太平经合校》，中华书局 1979 年版。

21. 李泽厚著：《中国古代思想史论》，人民出版社 1985 年版。

22. 苏东水总主编：《中国管理通鉴》，浙江人民出版社 1996 年版。

23. 方东美著：《方东美集》，群言出版社 1993 年版。

24. 余英时著：《儒家伦理与商人精神》，广西师范大学出版社 2004 年版。

25. 杜维明著：《新加坡的挑战——新儒家伦理与企业精神》，高专诚译，三联书店 1989 年版。

26. 杜维明著：《儒家思想新论——创造性转换的自我》，曹幼华、单丁译，江苏人民出版社 1995 年版。

27. 许倬云著：《从历史看领导》，三联书店 1994 年版。

28. 许倬云著：《从历史看组织》，上海人民出版社 2004 年版。

29. 许倬云著：《从历史看管理》，香港商务印书馆 2005 年版。

30. 曾仕强著：《中国管理哲学》，台湾东大图书公司 1981 年版。

31. 曾仕强著：《中国式管理》，中国社会科学出版社 2006 年第 2 版。

32. 成中英著：《C 理论：中国管理哲学》，学林出版社 1999 年版。

33. 成中英著：《易经管理哲学基础》，江苏人民出版社 2015 年版。

34. 黎红雷著：《儒家管理哲学》，广东省高等教育出版社 2010 年版。

35. 黎红雷著：《人类管理之道》，商务印书馆 2000 年版。

36. 黎红雷主编：《治道新诠》，中山大学出版社 2011 年版。

37. 黎红雷主编：《中国管理智慧教程》，人民出版社 2006 年版。

38. 潘承烈、虞祖尧等著：《中国古代管理思想之今用》，中国人民大学出版社

2001 年版。

39. 俞荣根著：《儒家法思想通论》，广西人民出版社 1998 年版。

40. 席酉民、尚玉钒著：《和谐管理理论》，中国人民大学出版社 2002 年版。

41. 高宣扬著：《布迪厄的社会理论》，同济大学出版社 2004 年版。

42. [英] 亚当 · 斯密著：《国民财富的性质和原因的研究》，郭大力、王亚南译，商务印书馆 1972 年版。

43. [美] 雷恩著：《管理思想的演变》，孙耀君等译，中国社会科学出版社 1986 年版。

44. [美] 泰罗著：《科学管理原理》，冯风才译，中国社会科学出版社 1984 年版。

45. [法] 法约尔著：《工业管理与一般管理》，周安华译，中国社会科学出版社 1982 年版。

46. [德] 韦伯著：《经济与社会》，林荣远译，商务印书馆 1997 年版。

47. [美] 梅奥著：《工业文明的人类问题》，陆小斌译，电子工业出版社 2013 年版。

48. [美] 巴纳德著：《经理人员的职能》，孙耀君译，中国社会科学出版社 2007 年版。

49. [美] 孔茨、韦里克著：《管理学》，郝国华、金慰祖、葛昌权等译，经济科学出版社 1993 年版。

50. [美] 马斯洛著：《动机与人格》，许金声、程朝翔译，华夏出版社 1987 年版。

51. [美] 麦格雷戈著：《企业的人性面》，许是祥译，台湾中华企业管发展中心 1979 年版。

52. [美] 威廉 · 大内著：《Z 理论》，黄明坚译，香港长河出版社 1982 年版。

53. [美] 帕斯卡尔、阿索斯著：《日本企业管理艺术》，陈今淼译，中国科学技术翻译出版社 1984 年版。

54. [美] 施恩著：《职业的有效管理》，仇海清译，三联书店 1992 年版。

55. [美] 达夫特著：《组织理论与设计》，张秀萍、王风彬译，清华大学出版社 2008 年版。

56. [美] 戴明著:《戴明论质量管理》,钟汉清、戴久永译,海南出版社 2003 年版。

57. [美] 穆尔著:《竞争的衰亡——商业生态系统时代的领导与战略》,梁骏等译,北京出版社 1999 年版。

58. [美] 扬西蒂、莱维恩著:《共赢:商业生态系统对企业战略、创新和可持续性的影响》,王凤彬等译,商务印书馆 2006 年版。

59. [美] 彼得・圣吉等著:《第五项修炼—学习型组织的理论与实务》,郭进隆译,上海三联出版社 2001 年版。

60. [美] 彼得・圣吉等著:《修练的轨迹——引动潜能的 U 型理论》,台湾天下文化出版社 2006 年版。

61. [美] 德鲁克著:《管理——任务、责任、实践》,中国社会科学出版社 1987 年版。

62. [美] 雷恩著:《管理思想的演变》,孔令济译,中国社会科学出版社 1997 年版。

63. [英] 克雷纳著:《管理百年》,邱琼等译,海南出版社 2003 年版。

64. [韩] W. 钱・金、[美] 勒妮・莫博涅著:《蓝海战略》,吉宓译,商务印书馆 2005 年版。

65. Oleve Sheldon, *The Philosophy of Management*, Lendon: Putman & Sons, 1923.

66. D.F.Drucker, *The Effective Executive*, New York: Haper & Row, 1985.

67. Radnall Collins, *Intearetion Riutal Chains*, Pirnceton : Pirnceton University perss, 2004.

68. T.J.Peters and R.H.Waterman, Tr, *InSearch of Excellence*, New York: harper &Row, 1982.

69. 世界环境与发展委员会:《我们共同的未来》,王之佳、柯金良译,夏堃堡校,吉林人民出版社 1997 年版。

70. [日] 涩泽荣一著:《论语与算盘》,宋文、永庆译,九洲图书出版社 1994 年版。

71. [日] 中根千枝著:《日本社会》,许真、宋峻岭译,天津人民出版社 1982

年版。

72. [日] 稻盛和夫、梅原猛著：《回归哲学—探求资本主义的新精神》，卞立强译，学林出版社 1996 年版。

73. [日] 稻盛和夫著：《活法》，周庆玲译，东方出版社 2005 年版。

74. [日] 稻盛和夫著：《干法》，曹岫云译，华文出版社 2010 年版。

75. 廖庆洲著：《日本企管的儒家精神》，经济日报社 1983 年版。

76. 费孝通著：《乡土中国　生育制度》，北京大学出版社 1998 年版。

77. 王海民编著：《十大管理哲理故事经典》，海潮出版社 2006 年版。

78. 金错刀编著：《马云管理日志》，浙江大学出版社 2013 年版。

79. 蒋云清著：《马云谈商录》，北京联合出版公司 2014 年版。

80. 方兴东、刘伟著：《阿里巴巴正传》，江苏凤凰文艺出版社 2015 年版。

81. 林汶奎著：《马云的互联网思维》，湖南科学技术出版社 2015 年版。

82. 王卜著：《大道与匠心》，中信出版集团 2006 年版。

83. 周永亮、孙虹钢著：《方太儒道》，机械工业出版社 2016 年版。

84. 广通编著：《联想名言录》，地震出版社 2005 年版。

85. 冯仑：《野蛮生长》，广东人民出版社 2013 年版。

86. 张涛著：《柳问：柳传志的管理三要素》，浙江人民出版社 2015 年版。

87. 王健林著：《万达哲学》，中信出版社 2015 年版。

责任编辑:方国根

图书在版编目(CIP)数据

儒家商道智慧/黎红雷 著. —北京:人民出版社,2017.6(2018.9重印)
ISBN 978-7-01-017762-5

Ⅰ.①儒… Ⅱ.①黎… Ⅲ.①儒家-应用-企业管理 Ⅳ.①F272

中国版本图书馆CIP数据核字(2017)第120664号

儒家商道智慧

RUJIA SHANGDAO ZHIHUI

黎红雷 著

人民出版社 出版发行
(100706 北京市东城区隆福寺街99号)

涿州市星河印刷有限公司印刷 新华书店经销

2017年6月第1版 2018年9月北京第3次印刷
开本:710毫米×1000毫米 1/16 印张:23.75
字数:340千字 印数:10,001-13,000册

ISBN 978-7-01-017762-5 定价:59.00元

邮购地址 100706 北京市东城区隆福寺街99号
人民东方图书销售中心 电话 (010)65250042 65289539